김종대의 국민건강보험

김종대의 **국민건강보험** 說

초판 1쇄 찍은날 2014년 11월 10일
초판 1쇄 펴낸날 2014년 11월 12일

지은이 김종대·김학준

펴낸이 최윤정
펴낸곳 도서출판 나무와숲 | 등록 2001-000095
주 소 서울특별시 송파구 올림픽로 336 1704호(방이동, 대우·유토피아빌딩)
전 화 02)3474-1114 | 팩스 02)3474-1113 | e-mail : namuwasup@namuwasup.com

값 20,000원
ISBN 978-89-93632-42-2   03330

김종대의
국민건강보험

說

나무와숲

건강보험의 정신서이자 철학서

2012년 12월 블로그 〈김종대의 건강보험 공부방〉을 시작했습니다. 건강보험 현장에서 건강보험 일을 하고 있는 직원들과 소통을 하기 위해서입니다. 저는 1977년 우리나라가 의료보험을 도입할 때 의료보험 담당과장이었고, 1987~1988년 의료보험 전 국민 확대 계획을 수행한 주무국장(의료보험국장)이었습니다. 제가 생각하는 건강보험의 역사와 이론, 철학, 그리고 현재의 좌표와 미래의 방향을 직원들과 공유할 필요가 있었습니다.

돌이켜보니 2014년 10월까지 23개월간 160편의 글을 올렸습니다. 한 달에 7편, 일주일에 한두 편 정도의 글을 올린 셈입니다. 160편의 글에는 애초 목적한 대로 건강보험의 역사가 있었고, 이론이 있었고, 철학이 있었고, 현재의 좌표와 미래의 방향이 있었습니다. 이 가운데 100여 편의 글을 따로 추리고 교정을 보아 책으로 만듭니다.

책 이름을 『김종대의 국민건강보험說』로 지었습니다. '건강보험 개론', '건강보험 입문'이라는 제목도 검토했으나, 전문 서적이 아니어서 '개론'과 '입문'의 명칭을 붙이기에는 낯간지러운 면이 있었고, 그렇다고 '건강보험 이야기'라고 하자니 수필 또는 자서전의 느낌이 강했습니다. 전문 서적과 수필의 중간쯤 되는 제목을 고민하다 '설(說)'이라는 단어를 찾았습니다. '說'은 중의적인 표현입니다. 그대로 풀면 '이야기'라는 뜻이 되고, 'ㅇㅇ학설' 하는 학문적 의미도 있습니다.

저는 '공부방' 글에 건강보험의 실무보다는 정신과 철학을 담고자 애썼습니다. 건강보험의 역사에 대해서는 제도 이후의 공식 역사보다는 제도 이전의 역사를 밝혀 애초 의료보험을 도입할 때의 정신을 살피고자 했고, 보험의 원리를 밝혀 최초로 보험자의 철학을 정립하고자 했습니다. 또한 보험료 부과체계와 진료비 심사·지급 체계를 밝혀 비정상을 정상으로 바꾸고자 했으며, 담배 소송 글을 통해 보험자의 의무를 밝히고자 했습니다. 따라서 '공부방' 글을 담은 이 책은 건강보험 실무서가 아니라 건강보험의 정신서이자 철학서라고 할 수 있습니다.

공부방 글을 쓰면서 건강보험에 관한 참고서적이 없어 어려움이 많았습다. 대학에서 건강보험을 공부하는 학생들이, 공단에 갓 입사해 건강보험을 이제 막 알아 가려 하는 신입 직원이, 공단에서 오랫동안 실무적으로만 건강보험 업무를 해온 직원들이, 건강보험에 관심이 있는 일반 국민이 쉽게 고를 만한 책이 없었습니다. 이 책이 이들에게 도움이 되기를 바랍니다.

공부방 글은 많은 자료 조사와 통계 분석이 뒷받침되어야 합니다. 이 작업은 공단 조직의 도움이 있기에 가능했습니다. 따라서 공부방 글은 제가 썼지만, 공단 직원 전체가 쓴 것이기도 합니다. 특히 지난 2년 반 동안 저와 함께 일한 김학준 보좌역의 도움이 컸습니다. 그에게는 어려운 개념과 복잡한 논리를 쉽게 푸는 재주가 있습니다. 제가 글의 주요 개념과 논리 구성, 전개에 대해 구술하면 그는 어김없이 이를 쉽게 풀어냈습니다. 그 또한 이제 건강보험의 전문가가 되었습니다. 공동저자로 이름을 올려 그에게 고마움을 표합니다.

2014년 10월 염리동 집무실에서
김 종 대

Contents

PART I

건강보험의 과거와 현재

1장 건강보험의 역사

의료보험 전사 前史
1963~1977

이 글은 다음 네 가지 자료를 참고하여 기술했다.

첫째, '의료보험연합회'가 1996년 발간한 『의료보험의 발자취』 및 국민건강보험공단이 2011년에
출판한 『평생건강을 향한 아름다운 여정』이다.

둘째, 보건사회부 '사회보장심의위원회'가 1970년 발표한 「의료보험시범사업평가조사」 등을 포함
한 국가기록원의 의료보험 시범사업 관련 기록물이다.

셋째, 1976년부터 1977년 7월 1일 의료보험제도의 시행 이전까지 보건사회부 복지연금국 연금
기획과[1] 사무관 및 사회보험국 보험관리과장으로서 임의 설립된 시범의료보험조합에 관한
관리·운영 업무를 수행했던 필자의 경험이다.

넷째, 당시 '사회보장제도심의위원회'로 활동했던 일부 위원들의 서적과 증언을 참고했다.

우리나라는 1977년 7월 1일 500인 이상 사업장을 대상으로 의무적인 의료보험을 시작했
다. 그 때문에 많은 사람들이 이때를 우리나라 건강보험의 시작으로 말하곤 한다. 그러나 건강
보험과 같은 중요한 제도가 하루아침에 뚝딱 시작된 것은 아니다. 1963년 의료보험법이 제정
된 후 비록 적은 숫자였지만 1977년 이전까지 전국에 걸쳐 의료보험조합이 운영되었던 역사
가 있었다.

---

[1] 1973년 12월 국민복지연금법이 제정(1974.1.1 시행)되자 정부는 복지연금 시행 준비를 위해 1974년 보건사회
부에 '복지연금국'을 신설하고 여기에 연금기획과와 수리조사과 등 2개 과를 설치했다. 그러나 1973년 말 중동전
쟁으로 말미암아 1차 석유 파동이 일어나자, 경제불황 및 물가상승 등으로 국민복지 연금 시행이 보류되었다.
그러나 복지연금국은 존치하여 임의 시범의료보험관리운영(연금기획과)과 의료수가 업무(수리조사과) 등 의
료보험 실시 준비 업무를 1977년 7월까지 수행했다.

이 글은 1963년 의료보험법 제정 이후 1977년 공식 의료보험 실시 전까지 피용자와 자영인 의료보험조합을 정리한 것이다. 이러한 시범적 조합의 경험은 ① 보험료 설정, ② 급여 적절성, ③ 재정자립도 등의 평가를 통해 이후 국가가 감당 가능한 의료보험을 제도화하는 데 중요한 기초가 되었다.

이 시기 의료보험 시범사업의 설립 경과와 운영 상황, 그리고 실적 등을 되짚어 보는 것은 현재의 건강보험에 대한 깊은 이해와 통찰을 제공한다. 더불어 건강보험을 도입하고자 하는 여러 국가가 각 국의 상황에 적합한 의료보장제도를 만드는 데도 의미 있는 자료가 될 수 있을 것이다.

조합 설립 현황(1965~1977)

피용자조합		자영자조합	
조합명	설립 연도	조합명(지역)	설립 연도
한국종합화학	1965.11		
봉명흑연광업소	1966.04		
		부산청십자(부산)	1968.10
대한석유공사	1973.07		
		옥구청십자(전북 옥구)	1973.10
		춘성(강원 춘성)	1974.06
		거제청십자(경남 거제)	1974.07
		백령적십자(경기 옹진)	1974.12
		영동(충북 영동)	1975.02
협성	1975.05		
		증평메리놀(충북 증평)	1975.07
		삼화(충남 서산)	1977.08

※ 1973년 호남비료와 충주비료가 합병되어 한국종합화학이 설립되면서 호남비료의료보험조합은 한국종합화학 의료보험조합으로 변경됨.

1. 의료보험법 제정 전

1) 사단법인 부산노동병원 _ 1955

대한민국 제정헌법 제19조는 "노령, 질병, 기타 근로능력이 없는 자는 법률이 정하는 바에 의하여 국가의 보호를 받는다"고 규정하고 있다. 비록 이후 한국전쟁과 빈약한 국가 경제력으로 사회보장제도 실현은 유보되었지만, 이 조항은 우리나라 사회정책의 헌법적 근거로서 커다란 의의를 가진다.

병원 이용이 매우 어려웠던 1955년에 부산 지역의 한 독지가가 '사단법인 부산노동병원'이라는 일종의 건강보험조합을 설립하여 병원 이용이 어려운 일반 근로자의 질병 치료를 담당하고자 했다. 노동조합에 가입한 사람과 가입자의 직계 존비속을 대상으로 했는데, 이용 대상자는 3만 8,000여 명에 이른다. 조합원은 당시 200환의 회비를 내고 회원증을 교부받아 노동병원을 이용할 수 있었다.

그러나 질병이 발생했을 때는 회비를 잘 납부했으나, 건강할 때는 회비를 잘 납부하지 않는 이른바 '역선택'이 발생했다. 이 노동병원의 회원제 이용 방식의 진료사업은 당시 국가기관의 지원 없이 병원 자체의 사업으로 이루어진 것으로서, 이것이 우리나라에서 처음 나타난 의료보험 형태라고 볼 수 있다.

당시 이 노동병원을 이용한 노동조합은 부두노조, 기아산업노조, 대산조선공사노조, 그리고 이용사 및 영양사 노조 등이었다. 병원 의료진으로는 의사 6명, 간호원 10명, 약사 1명, 그리고 조산원 2명이었다. 병상은 처음 20여 개에서 70여 개로 증가했다. 병원 규모가 커지고 근로자의 병원 이용률이 높아지자, 이를 전국으로 확대하려는 취지에서 병원 명칭을 '사단법인 한국노동병원'으로 바꾸고 임원진도 개편하여 이사장은 신영식, 총무는 손창달이 맡았다.

한국노동병원은 의료보험사업을 전개하는 한편 질병 발생 빈도, 진료 횟수 및 이환율 등을 조사·연구했으며, 1959년 8월에는 「의료보장을 중심으로 한 한국의 사회보장 도입을 권고함」이라는 건의서를 정부에 제출하기도 했다.

2) 건강보험 도입을 위한 연구회 _ 1959

우리나라에서 의료보험제도에 대한 구체적인 논의는 1959년 10월 보건사회부 의정국 주관 아래 '건강보험 도입을 위한 연구회'라는 모임에서 시작되었다. 이 연구회는 당시 윤유선 의정국장, 손창달 의무과 촉탁, 엄장현·양재모 의정국 자문위원, 정경균 의정국 촉탁을 포함한 8명으로 이들은 매주 목요일 오후 보사부 회의실에서 모임을 가졌다.

1960년 7월 연구회가 활성화되면서 엄장현과 양재모를 의정국 연구원으로 위촉했다. 이 두 사람은 당시 의정국 의정과에서 서기관 대우의 촉탁으로 근무하던 손창달과 함께 다른 나라 사회보장제도에 관한 문헌과 자료들을 수집하고 연구하여 그 결과를 발표했다. 그중 하나가 1961년의 「건강보험제도 5개년계획 시안」이다.

특히 엄장현의 「의료보험 도입에 관련된 문제에 관한 견해 및 예비권고」는 제도 시행의 기초 여건을 점검하고 예비적 구상을 밝힌 것으로서 의의가 있다. 건강보험 도입을 위한 국가적 여건 등을 검토하면서 공식적인 조사연구위원단 설치를 언급했는데, 이는 이듬해 공식화한 사회보장제도심의위원회를 예고하는 것이기도 했다.

이 보고서에 이어 건강보험제도 연구위원의 자격으로 양재모는 「사회보장제도 창시에 관한 건의」를 정부에 공식 제출했다. 여기에서 그는 건강보험 시행을 위한 입법, 시행 범위, 시행 방안, 관련 조치 계획까지 망라하여 구체적인 의료보험 시행계획을 제시했다. 이는 1960년 1월 2일부터 4월 28일까지 약 4개월 동안 세계보건기구(WHO) · 국제노동기구(ILO) · 스위스 · 서독 · 영국 · 노르웨이 · 핀란드 · 덴마크 · 대만 · 일본을 순방하면서 각국의 의료보장제도를 연구 시찰한 결과였다.

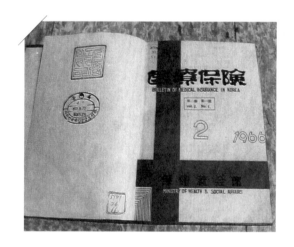

의료보험을 확산시키기 위해 사회보장심의위원회와
의정국에서 발행한 계간 《의료보험》
(1965년 9월~1967년 11월 제4호로 종간)

「사회보장제도 창시에 관한 건의」의 주요 내용

- 사회보장제도는 한국의 여건상 장기보험보다는 질병·산재·분만 등 단기보험을 중심으로 전개되어야 한다.
- 전 국민을 대상으로 실시하기는 어려우므로 공무원과 광공업계 생산업체의 종업원을 대상으로 하되 우선 서울과 탄광지대인 장성 한두 지역부터 실시하는 시범사업을 한다.
- 보건사회부의 한두 국이나 과에서 할 일이 아니라, 상공부·문교부·내무부·부흥부·재무부·입법계·학계로 이루어진 '사회보장심의회'를 만들어 추진해야 한다.
- 적용 단계로 처음에는 가족을 제외했다가 점차 가족을 포함하고 적용 대상 기관도 공무원, 교원, 대기업 피용자에서 점차 중소기업 피용자로 확대한다.
- 운영은 정부 감독 하의 반관반민 단체에서 담당하되, 의료보험과 산재보험 등 모든 사회보험 사고를 망라하여 운영하는 것이 바람직하다. 이는 각 보험 사고의 경계 설정이 곤란하기 때문이다.
- 보험급여는 일반의를 보험의로 정한 다음 피보험자가 각각 선택한 보험의에 등록케 하고 등록된 피보험자수에 따라 인두제로 진료 보수를 지급하며, 행위별수가제는 과잉진료의 위험 등 부작용이 많고 전문의 이용은 일반의의 추천으로 병원급 이상에서만 이루어져야 한다.
- 현금 급여, 즉 질병·분만 등으로 인한 수입 감소를 보전하는 상병수당제도를 평소 임금의 50% 수준에서 실시한다.
- 사업에 소요되는 총 경비는 임금 총액의 7.5%로 설정하고 근로자·사용주·정부가 각각 2.5%씩 부담하는 것으로 했으며, 지출은 의료급여가 5.05%, 현금급여가 1.45%, 운영비 1.00%로 추계했다.

전반적으로 유럽 제도에 치우쳐 있는 느낌이 없지 않으나 이 건의의 많은 부분은 1970년대 후반부터 본격화된 사업 전개의 주요 논점을 잘 파악하고 있을 뿐만 아니라 예견이 상당 부분 적중했다. 1960년대 초의 이러한 선구적 열의가 의료보험법 제정 필요성을 도출하는 계기로 작용했고, 사회보장의 중핵으로서 의료보험이 탄생하는 밑거름으로 작용했다.

3) 사회보장제도심의위원회 _ 1962

앞서 말한 '건강보험 도입을 위한 연구회'의 엄장현 연구원이 1960년 「의료보험 도입에 관련된 문제에 관한 견해 및 예비권고」를 통해 상설적인 보험제도 논의체를 설치할 것을 주장한

바 있었는데, 이것이 1960년 12월 민주당 정부(윤보선 대통령)가 개최한 '전국종합경제회의'에서 구체화되었다.

건국 이래 최초의 대규모 종합학술회의였던 이 대회는 각계, 각 지역 대표 300여 명이 모여 7개 분과별로 며칠간에 걸쳐 개최되었다. 7개 분과 중 고용 및 생활수준 분과에서 최천송은 사회보장제도를 도입하기 위한 연구 기구로서 사회보장제도심의위원회(이하 '사보심')를 설치할 것을 주장했는데, 이 주장은 만장일치로 채택되었다. 서울대학교 강당에서 윤보선 대통령, 장면 총리가 참석한 가운데 성균관대학교 변희용 총장의 사회로 진행된 종합토의에서 이 주장은 노총 등의 지지에 힘입어 원안대로 통과되었다. 이후 1962년 3월 20일 사회보장제도심의위원회 규정이 제정되었다.

「사회보장제도심의위원회 규정」의 주요 내용

> 보건사회부 장관의 자문에 응하여 사회보장제도에 관한 사항을 조사·심의하기 위하여 보건사회부에 사회보장제도심의위원회를 둔다.

> 위원회는 위원장·부위원장 각 1인을 포함한 위원 20인 이내로 조직하되 위원장은 보사부 차관, 부위원장은 보사부 기획조정관으로 하며 기타 위원은 사회보장제도에 대한 학식과 경험이 풍부한 자 및 관계 공무원 중에서 보사부 장관이 임기 1년으로 위촉 또는 임명한다.

> 위원장은 위원회에서 의결된 중요 사항을 지체없이 보사부 장관에게 보고한다.

> 위원회에는 15인 이내의 전문위원을 두어 사회보장제도에 관한 사항을 조사 연구케 한다.

> 전문위원은 공무원이 아닌 자로서 사회보장에 관한 학식과 경험이 풍부한 자를 보사부 장관이 임명한다.

이러한 규정에 따라 1962년 초대 심의위원장에 한국진 보사부 차관, 부위원장에 강봉수 기획조정관이 임명되었으며, 위원으로는 중앙대 교수 백창석, 최고회의 자문위원 손정준, 연세대 교수 양재모, 국회의원 육지수, 서울대 교수 하상락, 서울대 교수 김치선이 위촉되었다. 그리고 노동국장 김문영, 사회국장 김원규, 의정국장 김용승이 공무원 위원으로 임용되었다.

또 실제 연구 업무를 맡은 전문위원으로는 최천송·심강섭·한상무·조만제, 그리고 전문위원 보조로는 박필재·남상복·민부기·강남희가 임명되었다. 전문위원들은 삼청동에 있는 사회지도자훈련원에 사무실을 빌리고 4개 반(종합반·노동반·의료보험반·공적부조반)으로 연구를 시작했다.

사보심은 1963년 말에 제정된 「사회보장에 관한 법률」에 따라 법적 기구로 격상된 후, 1966년 국제사회보장협회(ISSA)의 준회원으로 가입했다. 이들은 초창기 사회보장제도의 산실 역할을 했으며, 1986년 말 한국인구보건연구원으로 연구 기능이 이관될 때까지 25년 동안 유지되었다.

1962년 3월 발족된 사보심의 4개 연구반 중 의료보험반은 최천송·강남희 등을 중심으로 본격적인 연구를 시작했다. 당시 사보심은 사회보험 중에서도 의료보험과 산재보험에 중점을 두었는데, 이는 경제개발로 증가하는 고용 근로자 추세에 비추어 시기적절한 정책 과제였기 때문이다.

2. 의료보험법의 탄생 _ 1963

사보심 의료보험반은 1962년 9월 법안의 요강을 만든 다음 1963년 2월에 1차 시안을 만들었다. 핵심 내용은 500인 이상 사업장을 당연적용대상으로 하고, 그 시행 시기를 5년 유예하는 것이었다. 이 초안에서 강제가입에 관한 조항은 1963년 당시 국가재건최고회의의 문교사회위원회 심의과정에서 헌법 위반과 계약자유의 원칙에 위배된다는 논리가 제기되었다.

아울러 당시의 경제 여건과 기업 여건으로 보아 당연가입은 기업과 정부의 부담이 된다는 점을 감안하여 300인 이상 사업장의 사업주는 당해 근로자 2분의 1의 동의를 얻어 보건사회부 장관의 승인을 얻도록 했다. 그러나 최고회의 상임위원회의에서 최종 심의, 의결된 것은 근로자 300인 이상을 상시 고용하는 사업소의 사업주는 근로자 300인 이상의 동의를 얻어(법 17조) 의료보험조합을 설립할 수 있도록 한다는 것이었다.

1963년 12월 16일 「의료보험법」(법률 제1623호)이 마침내 제정되어 우리나라 최초의 의료보험제도는 사업장 근로자부터 독일이나 일본처럼 다보험자 조합 방식의 자치·민주적 운영 방식(법 24조 및 25조, 운영위원회)을 채택하게 되었다. 그 후 1964년 6월 5일 동법 시행령(대통령령 제1832호)과 1964년 10월 27일 동법 시행규칙(보건사회부령 제145호)이 각각 제정되었으며, 또한 관련 하위 법령도 제정되었다.

1964년 12월 20일 보건사회부 예규로 의료보험 요양급여 기준까지 마련되어 의료보험사업을 위한 기본 법 체계는 형식적 완성을 보게 되었다. 요양급여 기준은 진료에서의 각종 기준을 정하고 수가의 상호 협의 방식을 제시하는 등 나름대로 사업 착수 기반을 구축했다.

「의료보험법」 제정 과정(1956~1964)

1959. 08	사단법인 한국노동병원(이전의 부산노동병원)이 의료보장을 중심으로 한국사회보장제도 도입을 권고함
1959. 10	보사부 '건강보험 도입을 위한 연구회'
1960. 12	전국종합경제회의 고용 및 생활수준 분과위원회에서 '사회보장심의위원회' 창설 건의
1962. 03	사회보장제도심의위원회 규정안 통과
1962. 07	국가재건최고회의 의장의 '사회보장제도 확립' 지시 각서(제 12531호)
1963. 02	사회보장제도심의위원회 의료보험반, 의료보험법 1차 시안 완성
1963. 11	의료보험법안 최고회의 문교사회위원회에 회부
1963. 12	제139차 최고회의 상임위원회(헌정 상태의 국회 본회의에 해당)에 상정
1963. 12	의료보험법(법률 제1623호) 공포
1964. 06	의료보험법 시행령(대통령령 제1832호)
1964. 10	의료보험법 시행규칙(보사부령 제145호) 공포

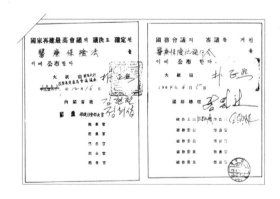

임의보험으로 시행되던 의료보험제도의 근거 법령으로 제정 의료보험법(왼쪽)과 같은 법 시행령(오른쪽)

「의료보험법」(1963)의 주요 내용

(목적) 제1조 "이 법은 사회보장에 관한 법률에 의하여 의료보험사업을 행함으로써 근로자의 업무 이외의 사유로 인한 질병, 부상, 사망 또는 분만과, 근로자의 부양가족의 질병, 부상, 사망 또는 분만에 관하여 보험급여함을 목적으로 한다."

(피부양자) 제2조 "남자 60세 이상, 여자 55세 이상인 직계존속, 배우자(사실상 혼인관계에 있는 자를 포함한다) 및 미성년 자녀로서 주로 그 근로자의 수입에 의하여 생계를 유지하는 자"

(임의설립·임의적용) 제8조 "근로자는 이 법에 의한 의료보험에 가입할 수 있다."

제17조 "의료보험에 가입한 근로자 300인 이상을 상시 사용하는 사업주는 …… 보건사회부 장관의 승인을 얻어 의료보험조합을 설립할 수 있다."

(임의탈퇴) 제10조 "피보험자는 다음 각 호의 1에 해당하는 사유가 발생한 때에는 그 사유가 발생한 날의 익일로부터 피보험자로서의 자격을 상실한다 …… 4. 탈퇴한 때"

(보험자) 제12조 "이 법에 의한 의료보험의 보험자는 의료보험조합으로 한다."

(보험급여의 종류) 제28조 "이 법에 의한 보험급여의 종류는 다음과 같다.
1. 요양급여, 2. 장제급여, 3. 분만급여"

(운영위원회) 제24조 및 25조 의료보험조합에 10인 이상 14인 이내의 운영위원으로 구성된 운영위원회(사업주가 1/2 선정하고 피보험자가 1/2 호선)를 두어 예산과 결산, 사업보고, 재산의 관리와 처분, 정관의 변경, 임직원의 보수, 보험료의 징수와 보험급여에 관한 사항, 조합의 운영의 관한 사항을 의결

(국고 보조) 제43조 "국가는 매 연도 예산의 범위 안에서 대통령령이 정하는 바에 의하여 의료보험사업의 사무 집행에 소요되는 비용의 전액을 보조하고 그 보험급여에 소요되는 비용은 그 일부를 보조할 수 있다."

(보험료) 제44조 ③항 "보험요율은 임금액의 100분의 3 이상 100분의 8 이내의 범위 안에서 대통령령이 정하는 바에 의하여 보건사회부 장관이 정한다."

(피보험자 및 사업주의 보험료 분담) 제44조 ③항 "보험료는 피보험자 및 그 피보험자를 사용하는 사업주가 대통령령이 정하는 바에 의하여 분담한다."

법령은 보험자단체, 심사·지불 기구를 언급하지 않아 각 조합이 보사부의 감독 아래 심사·지급을 포함하는 모든 사업을 직접 운영토록 하고 있다. 다만, 법 제49조 제1항은 지방의료보험심사위원회와 중앙의료보험심사위원회를 지방과 보건사회부에 두도록 하고 있는데, 이는 보험자와 정부 사이에 설치된 유일한 기구였다. 이는 이후의 의료보험심사위원회와 재심사위원회에 해당하는 것이다.

법 제39조와 제40조에서 보험의료기관(현재의 요양기관)은 의료법상 의료기관만을 대상으로 보험자의 신청에 따라 보사부 장관이 지정토록 했고, 보험의료기관은 "언제든지" 보건사회부 장관에게 지정취소를 요구할 수 있는가 하면, 보건사회부 장관은 지정 취소 일자를 정하여 "지체없이" 요구인과 보험자에게 취소 통고토록 하고 있어 명목은 지정제이지만 계약제 이상으로 의료기관에게 자율성이 주어져 있었다.

이러한 최초 법령의 윤곽은 사실상 거의 시행되지 못했지만 우리나라 조합 방식 의료보험 제도의 골간이 되었고, 일부는 1977년 피용자 의료보험이 전면 시행될 때까지 유지되었다.

3. 피용자 임의의료보험

1) 중앙의료보험조합 _ 1965

의료보험법에 의해 보건사회부 지방의정과와 사회보장제도심의위원회(사보심)는 시범사업장 선정 기준을 정하고 이 기준에 따라서 몇 개 정부 관리 기업을 선정한 후에 제1차 후보 사업장에 대해 실시를 권했다. 그러나 ① 의료보험법 적용 대상이 극히 일부였고 ② 임의가입제도를 택했을 뿐 아니라 ③ 사회보험에 대한 낮은 인식과 ④ 보험료에 대한 부담감 등으로 각 사업장이 수용하지 않았다. 그리하여 2차로 금융 계통의 후보 사업장에 대해서 교섭을 벌였으나 마찬가지로 좌절되고 말았다.

그 와중에 예상치 않았던 곳에서 조합 설립 의사를 통보해 왔다. 비록 성공에 이르지는 못했지만 「의료보험법」에 의해 탄생한 제1호 조합인 '중앙의료보험조합'이었다. 서울 종로구 계동 147번지에 위치한 현대병원이 주축이 되어 시사문화사, 풍진사업사, 소사신앙촌제사공사, 삼흥실업, 고려와사공업주식회사, 대한중석 서울제련소 등 7개 사업장이 의료보험법 제17조 제2항에 의하여 공동조합 형태의 조합을 설립하겠다고 신청한 것이다.

1965년 3월 29일 7개 사업장 3,424명의 근로자 중 가입 동의자 511명이 조합설립 인가신청서를 제출함에 따라 사보심의 강남희 등이 현대병원을 위시하여 참여 사업장에 대한 실태조사에 들어갔다. 그 결과 1965년 4월 23일 보건사회부는 중앙의료보험조합의 설립을 인가했다.

중앙의료보험조합은 현대병원과 영등포연합병원을 보험의료기관으로 지정하고 1965년 5월 1일 손정준 당시 보사부 차관이 참석한 가운데 개소식을 갖고 현대병원 내에 설치된 사무소에서 업무를 시작했다. 이때 5월 한 달간의 급여 실적은 입원 1건, 외래 111건, 수술 1건, 분만 1건이었고 급여비는 모두 16만 1,600원이었다. 보사부는 6월 21일 1차 사업비로 국고 3만 3,640원을 지급했으며, 조합은 6월 23일 풍과치과의원을 보험의료기관으로 추가 지정했다.

　　그러나 사업주나 피보험자의 보험료 납부에 대한 미온적 태도와 사업비 부족으로 더 이상 조합을 운영할 수 없는 상태에 이르러 6월 이후에는 실질적인 급여 업무가 중단되고 말았다. 보사부는 8월 12일 지방의정과 관계관을 보내 실태를 점검하고 회생시킬 수 있는 방안을 모색했다. 10월 1일 재출발을 목표로 조합 정비를 지시함과 더불어 8월 26일 2차 사업비 3만 276원을 지급했다. 그러나 조합이 이미 상호 불신과 비협조의 늪에서 헤어나오지 못함으로써 보사부는 결국 1965년 11월 29일 중앙의료보험조합의 설립인가를 취소하고 말았다.

　　제1호 의료보험조합의 실패는 임의가입제라는 법령상의 미비가 가장 큰 원인이었다. 조합 측은 가입률 15%에도 불구하고 나머지 근로자들도 몇 개월 내에 가입할 것으로 낙관했으나 (질병이 발생했을 때는 보험료를 잘 납부하지만 건강할 때는 보험료를 잘 납부하지 않는) 역선택의 고리에 걸릴 수밖에 없었다. 당시 보험료가 어느 정도였는지 참고로 한 번 살펴보기로 하자. 1962년 자료이다.

보험료율 산출을 위한 기본 조건(1962)

- 근로자 월평균 임금 : 5,150원(1962년 조사)
- (가구) 월지출 의료비 : 347원(서울시민, 근로자, 봉급생활자 평균치)
- 가구원 규모 : 5.5명
- 의료보험 적용대상 가구원 : 3.5명(남자 60세 이상, 여자 55세 이상의 직계존속과 미성년 직계비속 및 배우자)
- 사망률 : 12인(인구 1,000명당)
- 장제비 : 본인 5,000원, 부양가족 3,000원
- 출생률 : 40인(인구 1,000명당)
- 분만비 : 본인 2,000원, 부양가족 1,500원
  - 출처 :「의료보험 시범사업 평가조사」(1970, 보건사회부 사회보장심의위원회)

　　1962년 근로자의 월평균 임금은 5,150원이다. "보험료율은 임금액의 100분의 3 이상 100분의 8 이내의 범위 안에서"(법 44조) 정하도록 했으니, 월 보험료는 154~412원 사이였을 것이다. "사업주는 각각 보험료의 2분의 1에 해당하는 금액을 보험료로서 분담"(시행령 38조)하도록 되어 있어 근로자가 실제 납부하는 월 보험료는 77~206원 사이였을 것이다.

앞 표에서 보듯, 당시 가구당 월 지출 의료비는 347원이다. 의료보험조합 전에는 이 금액을 모두 본인 부담으로 지출했지만, 의료보험조합 가입 후 의료비의 30%만 본인이 부담(1975년 조사에 의한 임의의료보험조합의 본인부담은 평균 30% 안팎이었다)하게 되어 월 지출 의료비 중 104원만 본인이 부담하면 되었다. 경제적으로 월 243원의 이익이 있었을 것이다.

의료보험조합 가입으로 얻게 된 의료비 이익 243원과, 그로 인한 지출인 월 보험료 77~206원과 비교하면 평균적으로 월 37원(월 보험료 206원이었을 때)에서 166원(월 보험료 77원이었을 때)의 경제적 이익을 얻게 되었을 것이다. 더욱이 장제비와 분만비 등의 현금급여까지 감안한다면 실제 이익은 더 많았을 것이고, 의료접근도 향상 같은 보건의료적 측면까지 고려하면 근로자의 이익은 더 커졌을 것이다.

위의 분석은 전체 근로자를 평균해서 나온 것이므로 개별적, 그리고 일시적으로 보험료만 내고 의료비 이익은 없는 경우도 있었을 것이다. 그러나 전체적으로 근로자에게 이익이었던 것이 확실함에도 '역선택'의 문제가 생긴 것은 의료보험에 대한 인식 부족과, 개별 가계의 경제적 어려움으로 인해 의료보험료를 납부할 경제적 여유가 없었기 때문으로 보인다('앞날'의 이익인 보험보다는 보릿고개를 넘는 '지금 당장' 먹고사는 문제가 더 급했을 것이다). 결국 의료보험제도는 경제성장이 뒷받침되어야 한다.

우리나라가 평균수명, 영아사망률, 주요 질병 지표 등 객관적 지표에서 OECD 평균보다 우위를 점하게 된 광의적·간접적 동인도 '경제성장과 소득수준 향상' 덕분이라고 본다. 그리고 경제성장과 소득수준의 향상을 발판으로 한 의료보험제도의 도입과 전국민의료보장 조기 실시가 직접적 동인이라고 할 수 있다.

'역선택'이라는 원인 말고도 제1호 의료보험조합인 중앙의료보험조합이 실패한 또 한 가지 이유는, 당시 정희섭 보사부 장관도 언급한 바와 같이 당시 상황에서 "여러 사업체가 합쳐서 하나의 의료보험조합을 경영해서는 도저히 소기의 목적을 달성할 수 없다"는 데 있다. 의료보험에 대한 인식 부족, 역선택 등이 문제가 되는 의료보험 도입 초기 상황에서 이해관계와 입장이 다른 일곱 개의 사업체가 모여서 보험료율, 보험료 액수, 보험료 납부(미납) 상태 등을 조율하고 일치시켜 나가기는 쉽지 않았을 것이다.

그 밖에도 사업 주체가 사회보장사업을 한다는 뚜렷한 사명감에서 출발했다기보다 현대병원 측은 의료 수요의 제고로 병원 경영상의 실리를 도모한다는 부수적 효과에 이끌리고 있었고, 참여 사업체도 한번 가서 치료만 받아도 보험료는 손해보지 않는다는 지극히 이해타산적인 생각에서 안이하게 사업에 참여한 것이 실패를 불러왔다고 할 수 있다.

2) 호남비료의료보험조합과 봉명흑연광업소의료보험조합

중앙의료보험조합의 실패로 인해 실질적인 최초의 의료보험조합이 된 것은 1965년 9월 25일 전남 나주에서 설립된 호남비료의료보험조합이라고 할 수 있다. 그 후 1966년 봉명흑연광업소의료보험조합, 1973년 대한석유공사, 1975년 협성의료보험조합까지 임의보험 시대의 피용자 의료보험조합은 이들 4개 조합이 전부였다.

초기의 피용자 의료보험조합은 의료보험에 대한 인식이 낮아 상당한 어려움을 겪었다. 호남비료의료보험조합도 사회보장제도심의위원회가 강권하다시피 하여 설립된 것으로 알려지고 있다. 반면 봉명흑연광업소의료보험사업은 사업장이 자진해서 실시했고, 사업장의 적극적 지원으로 운영 실태도 좋았다. 이는 광업 분야의 특수성과 비교적 오랜 의료부조사업의 뒷받침이 있었기 때문이었을 것이다.

이 두 피용자 의료보험조합의 초기 운영 실태에 대해 당시 사보심이 평가한 결과 인식과 통계 부족 그리고 의료기관의 지정이나 수가, 보험료 등에서 현실적 배려의 부족, 연금과 산재보험 등 관련 제도와 의료보험제도의 한계 등이 문제로 지적되었다.

호남비료의료보험조합 _ 1965

서울시 중구 을지로 2가 199-63에 본사를 두고 전북 나주군 나주읍 송월리에 공장을 가지고 있는 호남비료주식회사 의료보험조합은 1965년 9월 25일 보사부 장관의 설립인가 2개월여 후인 1965년 11월 1일 보험급여를 개시했다. 주사무소는 서울 본사에 두고 분사무소를 전남 나주공장에 설치했다. 설립 당시의 피보험자수는 343명으로 전체 종업원수의 약 25%였는데, 부양가족 1,730명까지 합하면 총 수혜 대상자수는 2,073명이었다.

초기 호남비료의료보험조합은 피보험자의 구성 여건과 모사업장의 입지적 조건 등 여러 가지 특수성이 있는 데다 처음부터 역선택 현상이 나타나 운영상의 애로가 많았다. 그러나 설립 이듬해에는 피보험자수 565명에 부양가족수 2,036명으로 총 수혜 대상자수가 2,601명으로 증가했다. 특히 1인당 평균 부양가족수가 5명에서 3.6명으로 줄어든 것은 출범 당시 외면했던 (부양가족수가 적은) 젊은 근로자가 많이 가입했기 때문이다. 1967년에는 총 3,500명으로 수혜 대상자가 증가했다. 그러나 이듬해부터는 다시 급격히 수가 줄어들었다.

법령에 의거하여 피보험자와 사용자가 반반씩 부담하는 보험료가 주된 수입원이었고 보험재정의 약 15%에 상당하는 국고지원이 큰 도움이 되었다. 급여는 지속적으로 증가하여 1972년 무렵에는 보험재정을 위협하기에 이르렀다.

피보험자가 서울과 나주에 분산되어 있어 서울 지역은 가톨릭의대 부속 성모병원 1개소를 지정하여 진료를 전담케 하고 나주 지역은 사업장 부속병원과 전남대 부속병원, 그리고 사설 병원 두 곳을 지정하여 보험급여를 수행케 했다.

호남비료의료보험조합의 연도별 현황

(단위 : 명, 원)

구분	피보험자	부양 가족수	수입			지출	
			보험료	국고	잡수입	보험급여비	사무비
1965	343	1,730	304,356	44,988	―	315,582	26,978
1966	565	2,036	3,075,581	595,221	338,905	3,308,866	327,727
1967	719	2,781	4,441,647	904,066	42,787	4,057,958	482,945
1968	660	2,607	5,036,462	811,076	398,905	5,682,499	439,083
1969	641	1,796	5,446,169	1,145,780	444,375	6,621,885	451,350
1970	554	1,819	6,185,833	1,086,100	677	6,428,968	400,800
1971	490	1,615	6,213,121	880,300	1,433	5,879,390	354,100
1972	468	1,665	6,583,988	1,153,300	30,656	8,994,115	330,100

봉명흑연광업소의료보험조합 _ 1966

경북 문경군 마성면 외어리 1152번지에 소재한 봉명흑연광업소의료보험조합은 1966년 4월 1일 급여 개시 당시 종업원들에게 가입을 적극 권장함으로써 전체 종업원의 95%인 590명(남자 574명, 여자 16명)이 가입, 거의 강제적용에 가까운 효과를 보았다. 보험급여비의 가파른 증가세에도 불구하고 보험재정은 양호하여 잉여금까지 비축하게 되었다.

지정 의료기관은 광업소 부속병원과 경북의대 부속병원, 상주적십자병원 등 3개소였으나 거리 관계로 수혜자의 98%가 광업소 부속병원을 이용했다. 봉명광업소의료보험조합은 보험료 수입과 급여 양 측면에서 균형을 이루면서 임의의료보험 가운데 가장 모범적인 사례가 되었다.

1970년 조합원을 대상으로 한 조사에서 가입 동기를 물었을 때, 조사 대상의 70%가 회사에서 권유해서 가입했다고 대답했고, 30%는 의료보험의 필요성을 느껴 가입한 것으로 나타났다. 보험료 부담에 대해 36.9%가 '너무 많다'고 응답했고, '적당하다'거나 '그저 그렇다'고 응답한 비율은 73.1%였다. 매월 부담하는 보험료는 대개 200~300원 사이였다. 또한 조합 가입자의 61.8%가 보험급여에 불만을 가지고 있었고, '만족한다'는 비율은 2.1%에 불과했다. 그러나 이와 같은 여건 속에서도 의료보험제도의 필요성에 대해서는 대상자의 80.1%가 꼭 필요한 제도라거나 적극적 추진이 필요하다고 응답했다.

봉명흑연광업소의료보험조합의 연도별 현황

(단위 : 명, 원)

구분	피보험자	부양 가족수	수입			지출	
			보험료	국고	잡수입	보험급여비	사무비
1966	625	2,642	1,661,705	435,771	—	1,200,057	251,355
1967	640	2,792	2,917,638	689,120	—	2,966,319	289,505
1968	580	2,565	3,083,286	696,963	2,500	3,519,984	383,168
1969	634	2,075	4,595,336	945,940	38,850	4,379,505	452,246
1970	637	2,163	5,734,892	1,002,700	45,182	5,586,218	457,600
1971	665	2,274	7,336,800	1,226,300	79,800	6,801,915	475,200
1972	627	2,129	6,607,606	1,120,300	216,000	6,440,605	430,400

4. 의료보험법 1차 개정 _ 1970

1) 의료보험법 개정 경위

1963년 제정법이 법제도와 현실 여건의 미비로 사실상 사문화되다시피 하자, 사업부진을 제도적 차원에서 타개해야 한다는 요구가 일반 여론은 물론이고 정치권에서도 제기되었다. 제1차 경제개발 5개년계획이 순조롭게 진행되어 국민의 생활수준이 향상됨에 따라 의료보장에 관한 기대감도 지속적으로 상승했다.

특히 1967년 총선에서 집권여당인 공화당은 의료보험 실시를 선거 공약으로 내세우고, 공약 이행 차원에서 1968년 의원입법 형태로 피용자 강제적용을 골자로 하는 개정안을 국회에 상정했다. 1968년 2월 26일 오원선 의원 외 40인이 보사위원회에 제출한 개정안은 같은해 7월 1일 제66회 국회 제10차 보건사회위원회에 상정되었다.

제안 설명에서 오원선 의원은 의료보험사업이 부진을 면치 못하는 주요 사유가 사업주의 사회연대의식 부족, 기업의 재정난, 근로자의 저소득, 의료보험에 대한 인식 부족, 강제가입

결여로 인한 역선택 발생이었다면서, 개정 골자로 ① 임의가입 방식의 자영자 의료보험 도입, ② 근로자·공무원·군인에 대한 강제가입 근거 마련, ③ 군소 사업장의 임의포괄 적용, ④ 의료보험조합중앙연합회 설치, ⑤ 강제징수 등 9개 사항을 내세웠다.

이 안은 대부분 수용되어 보건사회위원회를 통과했으며, 개정안이 국회 법사위원회에서 일부 수정되었다. 법사위는 법안을 세 차례 심의했는데, ① 보험료 등 징수금 독촉시 소멸시효(2년)의 중단, ② 조합의 강제설립, ③ 보험료의 강제징수 세 가지가 논점이 되었다.

이에 대해 논란 끝에 ① 독촉은 '최고(催告)'의 성격을 갖는 것인데 민법상 재판 절차를 거친 경우가 아니면 소멸시효를 중단시킬 수 없다는 전문위원의 해석에 따라 삭제되었고, ③ 보험료의 강제징수도 세금처럼 국가와의 관계가 아니라 조합과 가입자의 관계일 뿐이라는 이유로 삭제되었다. 다만, ② 강제가입·강제설립은 근로자의 권리를 제한하는 것이 아니라 헌법상의 권리를 옹호하는 복지정책의 일환이라는 점에서 수용되었다.

※ 반면 현행 국민건강보험법에는 '소멸시효 중단'과 '보험료 강제징수' 조항이 규정되어 있다. 91조(시효) 2항에 '소멸시효 중단' 사유를 규정하고 있는데 1호에 '보험료의 고지 또는 독촉'을 그 사유로 정하고 있다. 또 81조(보험료 등의 독촉 및 체납처분) 3항에 "보험료 등을 내지 아니하면 국세 체납 처분의 예에 따라 징수할 수 있다"고 규정해서 사실상 보험료 강제징수를 정하고 있다.

제1차 개정법안은 1970년 8월 7일 법률 제2228호로 공포되었고, 자영자 의료보험의 법률적 설립 근거 또한 마련하게 되었다.

2) 의료보험법 1차 개정안의 주요 내용

1차 개정법과 제정법의 주요 차이점은 다음과 같다.

개정 의료보험법과 제정법의 주요 차이

구분	제정(1963)	개정(1970)
대상	근로자 및 가족	근로자, 공무원, 군인, 자영자 및 그 가족(7조)
가입 방식	임의가입	• 근로자, 공무원, 군인의 강제가입(7조 1항) • 자영자 임의가입(7조 2항)
보험자	의료보험조합	(11조 2항) • 정부는 공무원과 군인의 의료보험 관장 • 조합은 근로자와 자영자의 의료보험 관장
사업 전담 기관	규정 없음(조합)	중앙 및 지방에 의료보험 금고를 설치(12조 1항)
조합	단일(피용자조합)	이원화(피용자조합과 자영자조합)(13조 1항)

구분	제정(1963)	개정(1970)
강제설립	규정 없음	대통령이 정하는 바에 의하여 사업자가 당연히 조합을 설립(14조1항)
조합 연합체	규정 없음	의료보험조합중앙연합회(29조)
요양기관	의료법상 의료기관	정부 관장 의료보험에 한해 보건소와 보건지소를 지정할 수 있음(42조3항)
보험료	임금 총액의 3~8% 내에서 보사부 장관이 정함	임금 총액의 2~8% 내에서 보험자가 정하여 보사부 장관이 승인(47조3항)
보험료의 분담	피보험자와 사업주	•근로자의 경우 피보험자와 사업주(48조 1항) •자영자는 사업주로 갈음할 수 있는 자가 분담 가능(48조 2항) •공무원·군인의 경우 피보험자와 국가 또는 지방자치단체(48조 3항)

근로자로 한정했던 대상을 공무원·군인·자영자로 확대했다. 다만 근로자·군인·공무원은 강제가입하도록(7조 1항) 했고, 자영자는 임의가입하도록(7조 2항) 해 가입 방식을 달리했다.

보험자에 정부가 추가되어 "의료보험의 보험자는 정부 또는 의료보험조합으로 한다"(11조 1항)로 규정했다. 정부는 공무원과 군인, 의료보험조합은 근로자와 자영자의 의료보험사업을 관장한다(11조 2항). 비록 시행은 되지 못했지만 정부를 보험자로 규정한 유일한 법이었다.

※ 1977년 본격 실시를 앞둔 1976년 12월 22일 2차 개정안에서는 보험자에서 정부가 빠지고, 1종 조합과 2종 조합으로(해당 법 13조) 된다. 대신 "의료보험사업은 보건사회부 장관이 관장한다"(2조)는 '정부 관장' 조항이 들어가게 된다.
또 1차 개정안까지만 해도(제정법에도 마찬가지다) '용어의 정의' 조항에 '보험자'를 정의하고 있었다.
"보험자라 함은 의료보험사업의 경영 주체로서 보험료의 징수와 보험급여를 행하는 자를 말한다"(2조 4호)라고 되어 있다. 이 조항은 2차 개정안(1976.12.22)에서 빠진 이후 현재까지 법에서 보험자 정의를 따로 하지 않고 있다.
① 보험자 정의를 법에서 정하는 것과, ② '정부 관장' 조항이 새로 생긴 것과, ③ 정부가 보험자인 것과 등등이 의미하는 바를 따로 정리할 필요가 있다.

또 1차 개정안에서는 의료보험조합을 강제로(당연히) 설립하도록(14조 1항) 했다. 제정법에는 따로 규정이 없는 만큼 임의설립이라고 보아야 할 것이다. 이상이 1차 개정안의 주요 내용이다.

1차 개정법은 1970년 8월 7일부터 시행할 예정이었으나, 사업 시행에 대한 정치적 결단을 내리지 못하면서 시행령과 시행규칙을 마련하지 못했다. 법 개정 후속으로 시행령이 개정되지 못한 데는 정부 재정 여력의 부족과 의료계의 반발 때문이었다. 대한의학협회는 1971년 5월

제23차 정기총회에서 의료보험 실시에 앞서 의협의 입장이 반영되지 않을 때에는 지정거부 등 의권 옹호를 위한 행동 통일을 결의하기도 했다.

1차 개정법의 핵심은 의료보험조합의 강제설립과 강제가입, 그리고 이를 바탕으로 한 의료보험의 강제실시이다. 이는 곧 의료보험의 본격 실시를 의미한다. 1차 개정법이 예정대로 실시되었다면, 우리나라 의료보험의 본격 실시는 1977년이 아니라 1971년 8월 7일이 되었을 것이다.

그러나 법은 개정됐지만, 법의 실행을 뒷받침하는 시행령은 1977년 의료보험이 본격적으로 실시될 때까지도 마련되지 못했다. 1차 개정안은 시행조차 하지 못하게 된 상태에서, 의료보험 본격 실시를 준비하는 2차 개정안(1976.12.22)이 만들어졌다. 그리고 이에 따라 2차 개정안의 시행령(1977.3.14)도 만들어졌다. 결국 1차 개정안은 시행령도 만들지 못한 상태에서 역사 속으로 사라지게 된 것이다.

다음 표는 제정법(1963)에 따라 설립되어 우리나라 의료보험의 효시를 열었던 피용자 의료보험조합과 관련된 주요 연혁이다.

피용자 의료보험조합 관련 주요 연혁

1965. 04	중앙의료보험조합 설립
1965. 09	호남비료의료보험조합 설립*
1965. 11	중앙의료보험조합 설립인가 취소
1966. 03	봉명흑연광업소의료보험조합 설립
1968. 02	의료보험법 개정안 제출(오원선 의원 외 40명)
1970. 08	의료보험법 개정안 공포(법률 제2228호)
1972. 09	단계적 의료보험 실시 계획 확정
1973. 05	대한석유공사의료보험조합 설립
1975. 05	협성의료보험조합 설립

※ 1973년 한국종합화학 의료보험조합으로 변경됨.

5. 자영자 임의조합의 출현과 청십자운동

1) 부산청십자의료보험조합 _ 1968

1차 개정법(1970.8.7) 시행령 개정 지연 상태가 계속되는 가운데서도 이 개정법에 의해(7조 2항) 8개의 자영자조합이 나타났다. 부산청십자의료보험조합은 1968년에 시작된 순수한 민간 의료보험조합으로서 1970년 제1차 개정법에 자영자 임의의료보험조합 설립 근거가 마련된 후 일련의 자영자조합이 출현하는 데 선구적 역할을 했고, 1972년을 전후한 이른바 '청십자 운동'의 진원지가 되었다.

부산청십자의료보험조합은 성산(聖山) 장기려 박사의 개인적 명망이 구심력으로 작용한 특별한 유형이었다. 피난지인 부산에서 복음의원을 개원하여 운영하던 장기려 박사는 1968년 2월 농촌운동가 채규철로부터 서구 의료보장제도를 소개받고 23개 교회의 신도들을 중심으로 1968년 5월 13일 부산청십자의료보험조합을 창립했다. 창립 당시 회원수는 약 700명이었고, 조합 명칭은 미국의 청십자제도(Blue Cross Plan)에서 착안한 것이었다.

같은 해 7월 말 1,129명으로 조합원을 늘려 갔지만 보험료 미납과 위험분산 미흡(역선택 등)으로 적자경영을 면치 못했다. 이에 따라 당시 스웨덴 아동구호연맹(SSCF)의 피보조자(Client, 보조를 받는 사람)를 중심으로 해서 만든(1969.2) 부산의료협동조합과 통합하여 조합원 1만 4,000여 명의 청십자의료협동조합(1969.4.28)으로 발전했다. 이후 자영자 의료보험 시범기관으로 지정되어 정부 보조를 받았으며, 1974년 3월 31일에는 의료보험법에 의한 청십자의료보험조합으로 개편, 인가받았다.

부산청십자의료보험조합의 연도별 주요 현황

(단위 : 세대, 명, 천 원)

구분	세대	인원	수입			지출	
			보험료	(지방비)	국고	보험급여비	사무비
1968	415	1,662	–		–	–	–
1970	2,947	13,770	11,245		4,224	15,426	2,207
1972	2,953	13,172	14,268		5,227	18,461	3,920
1974	4,648	19,730	38,086	(2,507)	6,506	29,665	6,165
1976	4,850	20,505	66,413	(5,459)	9,334	68,967	9,756
1978	4,734	18,775	84,331	(5,588)	9,135	81,088	18,062

구분	세대	인원	수입			지출	
			보험료	(지방비)	국고	보험급여비	사무비
1980	6,638	23,560	206,474	(3,450)	22,338	166,868	37,148
1982	19,032	72,064	764,437	(5,600)	67,659	700,564	95,837
1984	38,612	142,890	2,424,525	(5,600)	62,760	2,189,511	232,604
1986	53,588	197,359	5,051,629		159,869	4,395,390	361,442
1988	64,952	234,366	7,096,686		150,647	6,537,040	557,902

※ 기타 수입, 기타 지출은 제외. 지방비는 보험료에 포함되어 있음.

📷

1968.5.13 부산청십자의료보험조합 현판식

2) 청십자운동의 대두와 자영자조합의 출현

부산청십자의료보험조합의 성공은 점차 일반에 알려지게 되어 1970년 서울에 이어 1972년 광주, 인천, 수원, 제주, 경북(대구), 대전, 전주, 거제, 옥구, 전남, 청주, 제천, 진주, 춘천, 원주, 충주, 강릉, 구미, 포항, 영주, 영덕 등지로 청십자운동이 계속 확산되었다.

그러나 이들은 어떤 조직 체계를 갖춘 것은 아니었다. 부산과 서울의 사례를 본받아 각 지역별로 자생적으로 출현한 것으로 일부는 시도에 그쳤고, 일부는 정식 출범은 했으나 곧 해산되었으며, 일부만 정부 인가를 얻어 전국민의료보험이 실시될 때까지 유지되었다.

활발한 청십자운동은 1972년 11월 2일 '한국청십자의료협동조합중앙회'의 창립으로 이어졌다. 전·현직 고위관료를 포함한 사회지도층 인사들을 망라한 청십자중앙회는 우리나라의 의료보험사업이 일정기간 민간이 주도하는 형태로 전개될 수밖에 없을 것이라는 입장에서 그 구심체를 형성해 보고자 하는 의도로 출발했다.

이러한 시도는 일정한 성과를 내게 되었다. 청십자중앙회 창립 후 약 6개월 뒤에 서울을 비롯해 수원·대전·전북(전주)·옥구·경북(대구)·제주의 7개 조합이 보건사회부에 설립인가 신청을 한 것이다. 그러나 1973년 7월 31일 신청서가 일괄 반려되면서 설립이 무산되었다. 반려 사유는 시행령이 마련되지 못했을 뿐만 아니라 법정사무비, 보험급여 보조비 등을 지원할 정부 재원이 부족하다는 것이었다. 이로 인해 인가를 받지 못한 임의조합 대부분은 사업을 포기하고 해산해야 했다.

이후에도 시행령이 미흡한 상태에도 불구하고 청십자운동 등의 영향으로 전국각지에서 적지 않은 건수의 자영자조합 설립인가 신청 또는 청원서가 보사부에 제출되었다. 그 대부분은 소위 지방 유지들이 개업의를 중심으로 조합을 조직하여 정관을 만들고 조합원의 서명을 받아 시도한 것들이었다.

보사부는 그중 일부를 인가해 주었다. 1973년 10월 10일 씨그레이브병원을 모체로 하는 옥구청십자의료보험조합과 1974년 6월 5일 춘성군 신동면 보건지소를 모체로 하는 춘성의료보험조합을 필두로, 1977년 8월 13일 삼화의료보험조합에 이르기까지 공신력 있는 기관이 운영하는 조합을 중심으로 선별적으로 인가함으로써 모두 8개의 자영자조합이 공식 출현했다.

자영자 의료보험조합 관련 주요 경과

1968. 05	부산청십자의료보험조합 창립(순수 민간 의료보험조합)
1969. 07	부산청십자의료협동조합 (청십자의료보험조합과 부산의료협동조합의 통합) 설립
1969. 08	부산청십자의료협동조합을 자영자 의료보험 시범기관으로 지정
1972. 11	한국청십자의료협동조합중앙회 창립
1973. 10	옥구청십자의료보험조합 설립
1974. 03	청십자의료협동조합을 의료보험법에 의한 청십자의료보험조합으로 개편
1974. 06	춘성의료보험조합 설립
1974. 07	거제청십자의료보험조합 설립
1974. 12	백령적십자의료보험조합 설립
1975. 02	영동의료보험조합 설립
1975. 07	증평메리놀의료보험조합 설립
1977. 08	삼화의료보험조합 설립

이로써 의료보험법에 따라 공식 인가된 조합은 피용자조합 4개(호남비료의료보험조합, 봉명흑연광업소의료보험조합, 대한석유공사의료보험조합, 협성의료보험조합)[2]와 자영자조합 8개소(부산청십자의료보험조합, 옥구청십자의료보험조합, 춘성의료보험조합, 거제청십자의료보험조합, 백령의료보험조합, 영동의료보험조합, 증평메리놀의료보험조합, 삼화의료보험조합)로 모두 12개소에 이르렀다. 이 12개 의료보험조합이 1977년 정부가 정식 의료보험사업을 개시할 때까지 공백기를 메워 주었다.

조합 설립 현황(1965~1977)

피용자조합		자영자조합	
조합명	설립 연도	조합명(지역)	설립 연도
한국종합화학	1965.11		
봉명흑연광업소	1966.04		
		부산청십자(부산)	1968.10

---

2   1965년 해산된 중앙의료보험조합은 제외.

피용자조합		자영자조합	
조합명	설립 연도	조합명(지역)	설립 연도
대한석유공사	1973.07		
		옥구청십자(전북 옥구)	1973.10
		춘성(강원 춘성)	1974.06
		거제청십자(경남 거제)	1974.07
		백령적십자(경기 옹진)	1974.12
		영동(충북 영동)	1975.02
협성	1975.05		
		증평메리놀(충북 증평)	1975.07
		삼화(충남 서산)	1977.08

※ 1973년 호남비료와 충주비료가 합병해 한국종합화학이 설립되면서 호남비료의료보험조합은 한국종합화학의료보험
조합으로 변경됨.

6. 임의조합에 대한 평가

1) 조합의 주요 현황

임의의료보험조합에서 구체적인 운영은 사실상 개별 조합에 일임되어 있었다. 정부는 국고
를 일부 지원하고 있었지만 재정에 대한 책임은 어디까지나 조합에 있었던 것이다. 임의조합들
은 살아남기 위해 보험료와 보험급여 양면에 걸쳐 다양한 방안들을 강구했다.

정부 인가 조합의 가입자는 전체 인구의 0.19%였다. 다수의 의료보험조합은 조합의 배경이
된 기관이나 단체의 후원을 받고 있었는데, 이러한 후원은 까다로운 정부 인가의 조건 중 하나
이기도 했다. 예컨대 춘성의료보험조합은 서울대 보건대학원이 후원하는 춘성군 보건소 진료
소와 강원도 및 춘성군의 지원이 있었으며, 옥구청십자조합은 옥구 씨그레이브병원에서 요양
비와 사무비를 지원하고 있었다. 영동조합[3]은 강원도 및 강릉시가, 증평조합은 증평메리놀병
원이, 거제청십자조합은 서울대 보건대학원이 운영 및 평가를 지원하고 있었다.

임의의료보험이 어느 정도 궤도에 오른 1975년 당시 조합의 일반적 현황은 다음 표와 같다.

---

[3] 강원도 강릉시에 1975년에 설립된 의료보험조합. 충북 영동의료보험조합(1976년 설립)과는 다른 조합이다.
충북 영동조합은 설립 인가를 받지 못한 것으로 보인다.

피용자 의료보험조합은 보험료를 법정 최저선인 월 급여의 100분의 3 수준으로 하고 있는데, 대한석유공사는 예외적으로 정액 보험료를 책정했다. 자영자 의료보험의 1인당 보험료는 최저인 거제청십자조합의 60원에서 최고액인 춘성의료보험조합의 500원까지 편차가 있지만, 대개 1인당 100~200원 정도를 월납액으로 하고 있었다.

임의의료보험조합의 주요 현황(1975)

(단위 : 원)

조합명 (피/자)	조합원 가족(명)	보험료 (%, 원)	의료비 분담률(%)			비고 (가족)
			조합	본인	병원	
한국종합 화학(피)	420	3	본 80	20	–	분만 2,000 (가 1,500)
	1,572		가 60	40		장제 3,000 (가 5,000)
봉명흑연 광업소(피)	640	3	본 90	10	–	분만 10,000 (가 5,000)
	1,662		가 90	10	–	장제 20,000 (가 10,000)
대한석유 공사(피)	1,540	본인 400	본 48	32	20	분만 50,000
	3,264	가족 200	가 32	48	20	장제 50,000 (가 30,000)
부산청십자 (자)	4,300	가입비 1,000	입 20	입 30	입 50	분만 3,000
	9,700	1인당 240	외 50	외 –	외 50	장제 6,000
옥구청십자 (자)	2,300	1인당 100	입 40	입 40	입 20	분만 4,000
	6,900		외 48	외 32	외 20	장제 5,000 (가 3,000)
춘성(자)	750	1인당 500	입 48	입 32	입 20	분만 2,000
	3,000		외 40	외 40	외 20	장제 5,000
거제청십자 (자)	950	1인당 60	80	20	–	분만 2,000
	2,486					장제 3,000
백령적십자 (자)	1,470	세대당 200	입 9	입 21	입 70	분만 2,000
	6,780			–	외 100	장제 5,000
영동(자)	1,520	1인당 100	입 42	입 28	입 30	분만 2,000
	4,135		외 42	외 28	외 30	장제 5,000
증평(자)		1인당 200	70	30	–	분만 2,000
						장제 10,000

※ 한국종합화학은 1967년 설립된 호남비료 의료보험조합이 1973년 변경된 것이다.
※ 1975년 설립된 협성조합(피용자)과 1977년 설립된 삼화조합(자영자)은 자료가 누락되었고,
   1975년 설립된 증평조합(자영자)의 경우 보험료와 분담률 규정만 확인된다.
※ '피/자'는 '피용자/자용자' 구분

인가 조합에는 국고 보조도 있었다. 1969년 4월 26일 「의료보험 국고보조금 교부 사무규칙」(보사부 예규 232호)을 제정, 사무비에 대해서는 "매월 말 현재의 피보험자수를 기준으로 하여 예산 단가 이내에서 이를 보조한다"(제2조)고 했다. 보험급여비에 대하여는 "매월 보험급여실적 총액의 100분의 10 이내에 해당하는 금액으로 한다"고 했으며, 교부 방법은 교부 신청에 따라 매분기 초에 개산(槪算 : 대강 하는 계산) 교부하고 다음 분기 교부시에 정산하는 방식을 취했다.

그러나 보험급여비 보조는 정률제로 정해진 규정에도 불구하고 사무비 보조와 같이 사실상 피보험자당 정액 방식으로만 이루어졌는데, 이 규정을 제정하기 전인 1965년과 제정한 후인 1975년 사이에는 금액 차이만 있었다.

임의조합 국고지원 규모(1965~1982)

(단위 : 원)

연도	조합수	총 지원액	지원 기준 (피보험자 1인당 월액)
1965	1	53,743	
1966	2	1,030,992	•1965 (피용자조합)
1967	2	1,593,190	– 사무비 보조 : 39.5원
1968	2	1,508,039	– 급여비 보조 : 26.37원
1969	3	3,059,720	•1975 (자영자조합)
1970	3	6,554,900	– 사무비 보조 : 77원(피용자조합은 40원)
1971	3	6,676,000	– 급여비 보조 : 100원(피용자조합은 50원)
1972	3	7,500,200	•1985
1973	5	8,421,764	– 사무비 보조 : 30원
1974	7	16,200,000	– 인건비 보조 : 조합 규모별 4급 6호봉 인건비
1975	11	26,182,000	⋯▸ 3천 명 미만 조합 : 1명분
⋮	⋮	⋮	⋯▸ 6천 명 미만 조합 : 2명분
			⋯▸ 4천 명 미만 조합 : 9명분 등
1982	7	126,774,000	– 급여비 보조 : 없음

1975년도의 조합별 수지 현황은 다음 표[4]와 같다. 수입은 보험료 수입, 국고 보조, 지원금 등으로 이루어져 있고 지출 항목은 보험급여비, 사무비, 기타 지출 등이다. 조합운영비는 자영자조합의 경우 피용자조합보다 현저히 높았다.

이는 자영자조합의 성격상 예컨대 자격관리, 징수 등에 필요한 운영비가 많을 수밖에 없고

---

[4] 1977년 만들어진 삼화의료보험조합은 이 글의 통계가 1975년과 1976년 당시의 것이어서 수록되지 않았다.

피용자조합의 경우 기업체에서 직접 부담해 주는 부분이 컸기 때문이다. 이러한 현상은 그 후 당연적용 체계 하의 직장조합·지역조합에서도 비슷하게 나타났다.

조합별 수지 현황(1975)

(단위 : 천 원)

구분	수입				지출			
	계	보험료	국고	기타	계	급여비	사무비	기타
계	270,844	179,690	26,182	64,972	255,097	209,001	28,567	17,528
피용자	116,369	94,651	3,805	17,913	103,172	98,031	4,148	993
한화	20,300	13,970	445	5,885	14,791	14,171	570	50
봉명	24,463	21,290	850	2,323	22,205	20,391	482	832
유공	61,608	49,950	1,961	9,697	56,318	54,107	2,100	111
협성	9,999	9,441	549	9	9,858	8,862	996	0
자영자	154,475	8,5039	22,377	47,059	151,925	110,970	24,369	16,586
부산	80,089	65,358	9,334	5,397	87,106	68,967	9,868	8,271
옥구	12,766	3,356	3,089	6,331	13,579	9,183	3,765	631
거제	11,464	3,718	2,141	5,605	7,778	5,593	2,076	109
백령	25,430	4,324	2,786	18,320	23,578	15,572	3,266	4,740
영동	6,916	3,442	2,223	1,251	6,607	3,453	2,850	304
증평	9,536	2,735	561	6,240	9,040	5,591	1,005	2,444
춘성	8,224	2,117	2,243	3,864	4,237	2,611	1,539	89

다음 표에서 보듯이 조합의 재정자립도는 조합별로 차이가 있었으나, 대체로 낮은 상태에 머물렀으며 거의 모든 조합이 끊임없는 적자에 시달렸다.

조합별 재정자립도(1975)

재정자립도	조 합
30% 이하	백령적십자·춘성의료보험
30~50%	옥구청십자·거제청십자
50~70%	증평메리놀병원·영동의료보험·협성교육재단

한편 1976년을 기준으로 본 급여 실적은 아래 표와 같다. 피용자조합과 자영자조합의 수진율은 유사하지만 피용자조합이 자영자조합에 비해 입원은 높고 외래는 낮게 나타났다. 의료비분담률에서 피용자조합은 조합 부담이 크지만, 자영자조합은 병원 부담이 큰 것으로 나타났다. 이는 자영자조합이 요양기관의 적극적 지원을 받아 운영되어 왔음을 명확히 보여주는 것이다.

종별 보험급여 실적(1976)

(단위 : 건, 천 원, %)

구분		계	피용자조합	자영자조합
급여 건수	계	89,855	21,668	68,187
	요양급여	84,267	21,240	63,027
	분만급여	763	401	362
	장제급여	205	27	178
	부가급여	4,620	–	4,620
급여 금액	계	209,001	98,031	110,970
	요양급여	189,673	85,968	103,705
	분만급여	12,953	11,538	1,415
	장제급여	1,875	525	1,350
	부가급여	4,500	–	4,500
수진율	계	164.8	151.5	169.7
	입원	2.4	3.0	2.1
	외래	162.4	148.5	167.6
의료비분담률	조합부담	36.9	50.1	29.0
	본인부담	30.8	37.7	26.6
	병원감액	32.3	12.0	44.4

2) 조합 운영상의 어려움

시범조합에는 법률적 미비, 경제발전 정도, 사회보험에 대한 일반적 인식 등에서 기인하는 다양한 문제들이 있어 재정자립과 운영 효율성 면에서 어려움이 아주 많았다.

첫째, 임의가입 방식이어서 역선택이 많았다. 개인의 자발적 선택에 따라 보험에 가입함으로써 의료이용률이 높은 대상자가 선호하는 경향이 두드러졌던 것이다. 그 결과 조합의 재정 자립도가 낮게 나타나 임의 방식에 의한 의료보험은 발전에 한계가 있음을 단적으로 보여주 었다. 비교적 가입률이 높았던 대한석유공사의료보험조합의 경우에도 종업원을 대상으로 사업 취지와 내용을 홍보하고 가입을 적극 권장했음에도 종업원의 72.3%만이 가입 신청을 했고 나머지 27.7%는 기피했다. 미가입자 대부분은 미혼 여사원과 자신의 건강을 자신하는 사람들이었다.

둘째, 보험재정에서 자립하기가 어려웠다. 피용자보험에서 재정자립을 이룰 만큼 충분한 가입자를 확보하지 못했기 때문이다. 가입자(피용자)는 역선택 경향이 있었고, 사업주는 가입자 확대에 소극적이었다. 보험료 일부를 사업자 측이 부담하게 되어 있으므로 보험재정에 큰 도움이 되지만, 오히려 이로 말미암아 사업주가 보험 적용을 회피하여 피용자보험의 확대가 어려움에 처하기도 했다.

자영자보험에서는 본인 부담 외에 정부의 일부 지원이 있다고 하지만 크게 도움이 되지 못했다. 게다가 자영자조합은 관할 지역이 넓고 조직력이 없어 관리가 어려울 뿐만 아니라 운영비도 많이 들었으며 낮은 경제수준과 계절적으로 편중된 수입 구조 때문에 보험료 징수가 어렵고 징수율마저 낮아 조합의 재정자립이 어려웠다.

셋째, 조합의 관리 운영 한계를 들 수 있다. 낮은 보수로 조합원의 퇴직률이 높아 사업의 연속성에 지장이 많았다. 또한 보험재정 수입조차 부정기적이어서 운영의 안정성이 보장되지 않았을 뿐 아니라 효율성마저 낮게 나타났다.

넷째, 의료 공급의 미약이다. 쌍방계약제에 의하여 의료 공급이 이루어지기 때문에 피보험자가 선택할 수 있는 의료기관이 제한되었고, 조합의 재정형편상 병원의 지원에 의존하게 되므로 해당 병원의 선의가 의료 공급을 좌우하는 가장 큰 변수가 되었다.

다섯째, 대부분의 자영자조합은 법체계상의 기준 미흡과 재정 사정 때문에 조합 자체적으로 정한 각종 기준과 절차에 따라 운영되는 임의적 또는 탈법적 현상을 보였다. 대한석유공사조합이 보험료를 자영자조합과 같이 정액제(피용자 보험료는 정률제로 하도록 법에 규정되어 있음)로한 것이 대표적인 예이며, 특히 급여제한 기준에서 조합별로 다양한 임의적 기준이 채택되었다.

대개 가입 전 질병을 철저히 배제했고 가입 후에도 3개월 전후의 수급대기 기간을 설정했으며, 60일 또는 90일이 지나도 치유되지 않는 질병, 신경정신과 질환, 법정전염병 대부분이 급여제한 대상이 되었다. 심지어 암·고혈압·당뇨병 등이 제한되는 경우도 있었으며, 대부분 수급상한선을 설정, 운영함으로써 실제 피보험자들이 보험급여를 받아야 함에도 급여제한에 걸려 혜택을 받지 못하는 경우가 많았다.

이 때문에 자영자조합은 전체 피보험자 중에서 안정된 장기 피보험자의 비율이 매우 낮았다. 이러한 현상은 비교적 성공적으로 운영되었던 부산청십자의 경우에도 크게 다르지 않았다.

7. 임의조합의 역사적 의미

임의의료보험 시범사업은 1977년부터 피용자의료보험이 강제적용으로 전환되면서 사람들의 관심에서 멀어졌다. 또 1981년 4월 의료보험법 개정에서 지역의료보험의 추진 방향이 당연적용으로 전환되면서(7조) 임의의료보험과 관련된 모든 규정이 본문에서 삭제되었다. 다만, 부칙 제2조의 경과 규정에 따라 자율적으로 운영되다가(매년 국고지원과 행정감사를 받기는 했음) 1988년 농어촌의료보험 실시 및 1989년 전국민의료보험 달성과 함께 임의의료보험 시범사업은 완전히 사라지게 되었다.

당시 의료보험 시범사업의 문제점은 결국 ① 임의가입이라는 제도적 결함, ② 지역가입자의 낮은 경제수준, ③ 정부의 재정부담 능력 부족, ④ 낮은 사회연대의식, ⑤ 제도 운영 기술의 부족 등에 기인한 것이다.

특히 조합 운영을 사업체의 시설·인력으로 보완할 수 있었던 피용자조합과 달리, 자영자조합은 관리운영비의 비중이 높았고 보험료를 통한 재정 확보를 기대하기 어려웠기 때문에 상당한 정부 재정 투입이 필요한 상황이었다. 당시 자영자조합은 대부분 부속 병·의원을 직영하거나 요양기관과 간접적으로 연계를 맺고 있었는데, 이러한 구조적 장치 없이는 자영자조합의 운영이 불가능했을 것이다.

1976년 2차 개정 의료보험법이 임의 방식을 탈피하여 강제적용되고, 자원 확보가 용이한 피용자조합부터 시작하여 대상을 점진적으로 넓혀 나가는 방향성을 설정하게 된 것은 바로 이러한 경험을 반영한 것이었다. 1963년 의료보험법 제정에서 1977년 의료보험이 공식적으로 시작되기까지의 공백기에 실시된 시범사업에서 체득한 경험은 이후 건강보험 제도화의 중요한 근거가 되었다.

서구에서 시작된 의료보험제도를 우리나라의 상황과 조건에 맞춰 시범운영하면서, 가능한 것과 시기상조이거나 우리 실정에 맞지 않는 것에 대한 함의를 얻을 수 있었던 것이다.

지역의료보험 시범사업
1981~1987

이 글은 다음 세 가지 자료를 주로 참고하여 기술했다.

첫째, '의료보험연합회'가 1996년 발간한 『의료보험의 발자취』 및 국민건강보험공단이 2011년에
출판한 『평생건강을 향한 아름다운 여정』이다.

둘째, 「제2종 의료보험 시범사업 세부시행 계획 수립 자료조사(보건사회부, 1981)」, 「지역의료
보험 시범사업의 평가와 향후 대책」(보건사회부, 1984) 등을 포함한 국가기록원의 지역의료
보험 시범사업 관련 기록물이다.

셋째, 1980년 1월부터 1985년 4월까지 청와대에 파견되어 당시 보건사회부의 가장 중요한
추진 과제였던 직장의료보험 확대 시행 경과와 지역의료보험 확대를 위한 시범사업 실시
점검 및 대통령 보고를 맡았던 필자의 경험이다.

더불어 필자가 1986년 전국민의료보험 달성의 명(命)을 받아 보건사회부 사회보험국장에
보임하여 1988년 1월의 농어촌의료보험 실시 및 1989년 전국민의료보험 실시 과제를 맡아
지역의료보험사업을 최종 관리·평가했던 내용도 반영했다.

    지금까지 1963년 의료보험법 제정 과정부터 1977년 7월 의료보험 강제실시 전까지의 '의
료보험 전사'를 다루었다. 잘 알려지지 않은 내용인 만큼 많은 사람들과 같이 공유하기 위해서
이고, 현재의 우리 의료보험을 이해하는 데 중요한 시사점을 얻을 수 있기 때문이다. 아울러
이제 막 의료보험을 도입하기 위해 공단의 건강보험 국제연수 과정에 참여하는 외국 관계자들
에게도 실질적인 도움을 주고 싶어서이다.

    1977년 7월 500인 이상 사업장을 대상으로 도입한 의료보험의 이후 과제는 공무원과
500인 이하 사업장에 대한 적용 확대와 농어민과 도시 자영민 등 지역의료보험으로의 확대
였다. 공무원과 교직원 의료보험(1979.1)과 300인 이상 사업장 의료보험(1979.7)은 바로 실시
할 수 있었다. 어려운 것은 농어민과 도시 자영민 등 지역의료보험으로의 확대였다. 공식적으
로는 1988년 농어촌 지역의료보험 실시, 1989년 도시 지역 확대로 전국민의료보험이 실시된
역사를 가지고 있지만, 이 또한 의료보험 도입처럼 준비 단계, 즉 '전사(前史)'가 있었다. 지금부
터 지역의료보험 도입을 위한 시범사업 역사에 대해 알아보기로 하자.

① 의료보험 시대의 개막을 알리는 1977년 당시 언론 보도(1977년 7월 1일 중앙일보).

② 1977년 1월 13일 근로자를 대상으로 의료보험사업을 펼치기 위해 전경련 회의실에 모인 기업인들.

③ 1980년 2월 29일에 개최된 제1회 의료보험공동협의회.

1. 의료보험 실시 배경

우리나라는 1977년에 의료보험제도를 공식적으로 시작한다. 이러한 역사적 출발은 1963년의 의료보험법 제정, 피용자 임의의료보험 시범사업, 자영자로 대상을 확대하기 위한 1970년의 의료보험법 1차 개정, 그리고 자영자 임의의료보험 시범사업과 같은 제도적 정비와 실험이 있었기에 가능했다. 당시 우리나라는 세 차례에 걸친 경제개발 5개년계획으로, 석유파동 등의 난관 속에서도 1인당 국민소득이 1960년대 초에 비해 7~8배 증가했다. 경제발전과 산업화의 가속이 국민생활을 바꾸면서 우리나라도 드디어 의료문제를 사회보장 투자의 하나로 바라보게 되었고, 경제성장과 의료보장을 상호보완적 관계로 조명하기 시작했다. 이러한 제도적 기초(1963년 의료보험법 제정)와 사회경제적 분위기가 의료보험제도를 공식적으로 시작하게 된 배경이라 할 수 있다.

1976년 12월 의료보험법 2차 개정으로 '사업장 강제적용'이라는 제도적 장치가 마련됨에 따라 의료보험이 실시되었다. 1977년 7월 500인 이상 사업자를 대상으로 시작하여, 1979년 7월에는 300인 이상, 그리고 1981년부터는 100인 이상 사업장으로 피용자 의료보험이 확대·정착되어 갔다. 이에 따라 그때까지 임의적용 방식으로 규정되어 있던 지역의료보험도 직장의료보험처럼 당연적용 방식으로 정비할 필요성이 제기되었다.

사업장 의료보험이 확대되는 가운데 지역의료보험에 대비해 수행했던 '지역의료보험 시범사업'을 살펴보기로 하자. 1981년에 시작한 홍천·옥구·군위의 1차 시범사업과 1982년부터 시작한 강화·보은·목포의 2차 시범사업은 전국민의료보험으로 발전하는 데 중요한 시사점을 준 경험이었다. 이 시범사업의 전개와 그에 대한 평가를 현 시점에서 되돌아보면서 향후 건강보험의 미래를 설계하는 데 교훈으로 삼고자 한다.

먼저 우리나라에 의료보험을 공식적으로 도입할 수 있게 한 1976년 의료보험법 2차 개정과 사업장 강제적용 의료보험사업을 간략히 살핀 뒤, 지역의료보험 시범사업에 대해 알아보기로 하자.

2. 사업장 의료보험의 시작과 확대

1) 2차 의료보험법령 개정 _ 1976

의료보험의 공식 출발을 위한 의료보험법 2차 개정 법안은 1976년 11월 30일 국회 본회의에 상정되었으며, 12월 22일 법률 제2942호로 공포되었다. 개정 법률은 전문 개정으로 1차 개정법에 비해 크게 달라졌지만 사회보험 방식, 강제적용[5], 노사 공동 부담, 조합 방식 등 제도의 골격은 유지되었다.

의료보험법 2차 개정은 ① 일반 직장 및 자영자 의료보험, ② 공·교 의료보험, ③ 공적부조에 의한 의료보호 등 3원화된 의료보장 법체계를 갖추었다. 또한 사업장 근로자를 제1종 피보험자로, 지역주민 등 그 밖의 국민은 제2종 피보험자로 규정했다. 그리고 대통령령이 정하는 사업장(500인 이상 사업장)은 강제 방식으로, 그 밖의 사업장은 임의포괄 방식, 피용자 이외 주민들은 임의가입 방식의 조합을 설립하도록 했다.

※ 강제 방식과 임의포괄 방식, 임의가입 방식의 차이점 : 강제 방식은 '강제적용·강제가입', 임의포괄 방식은 '임의적용·강제가입', 임의가입 방식은 '임의적용·임의가입'. 임의포괄 방식은 강제 방식과 임의가입 방식의 중간 단계로 조합 설립은 임의이지만, 일단 설립을 하면 해당 사업장의 근로자는 조합 가입이 강제되는 것이다.

다음은 1976년 전면 개정한 제2차 의료보험법 개정의 주요 내용이다.

1976년 의료보험법 전면 개정의 주요 내용

(의료보장 법체계의 3원화 골격 마련) 제5조 "국내에 거주하는 국민은 의료보험의 피보험 대상이 된다. 다만, 공무원연금법·군인연금법 또는 사립학교교원연금법의 해당자나 다른 법률에 의하여 의료보험에 가입된 자 및 생활보호법에 의한 보호를 받는 자와 그 세대에 속하는 자는 제외한다"고 하여 공적부조에 의한 의료보호, 일반 직장 및 자영자 의료보험, 공·교 의료보험으로 3원화.

(제1종 피보험자와 제2종 피보험자) 제6조에서 사업장의 근로자를 제1종 피보험자로, 지역주민 등 기타 국민은 제2종 피보험자로 규정.

(강제적용과 임의적용) 제7조 및 제8조에서 대통령령이 정하는 사업장의 근로자는 당연적용하고 기타 사업장의 경우 피보험자로 될 자의 3분의 2 이상의 동의로 조합을 설립할 수 있도록 하여 임의포괄적용을 명시했으며, 일정 지역 내 피용자 이외의 주민들이 순수한 임의가입조합을 설립할 수 있도록 규정.

(표준보수월액제도 규정) 제12조에서 제1종 피보험자의 보험료 계산을 위해 대통령령으로 정하는 표준보수월액제도 규정.

---

[5] 1970년의 1차 개정에서 근로자·공무원·군인에 대해서는 강제가입의 근거를 마련했고, 다만 자영자는 임의 가입 형태로 추가했다.

(중앙의료보험조합연합회) 제27조에서 '중앙의료보험조합연합회'를 설립토록 하여 조합의 보험재정의 위험을 보장하기 위하여 필요한 조치를 하며 피보험자 및 피부양자의 복지를 증진하기 위한 의료시설 또는 복지시설을 설립·운영할 수 있도록 하여 구법의 '의료보험조합 중앙연합회'의 목적인 임의보험조합의 상호 친선과 운영 합리화를 뛰어넘는 기능을 하도록 규정.

(요양취급기관) 제29조, 제32조 및 제33조에서 요양취급기관 지정에 관한 규정을 두어 이전에는 보사부 장관이 보험의료기관을 지정토록 하였으나 개정법은 보험자가 보사부 장관의 승인을 얻어 지정토록 하고 의료기관의 지정취소 요구권을 폐지.

(보험료) 제49조 3항, 제50조 및 제51조에서 제1종 조합의 보험료율을 1,000분의 30 내지 1,000분의 80의 범위 내에서 조합 정관으로 정하도록 했고 노사가 각각 2분의 1씩 부담하며, 제2종 조합의 보험료액은 피보험자와 피부양자의 수만을 기준으로 정하도록 하고 전액 본인이 부담하도록 규정.

(의료보험심사위원회) 제57조 내지 제66조는 각 시도별로 피보험자 대표, 사용자 대표, 의약계 대표 각 3인과 공익 대표 4인으로 의료보험심사위원회를 설치하고, 여기에서 피보험자의 자격, 보험료 또는 보험급여에 관한 처분에 대한 불복을 심사하도록 했으며, 불복의 소는 심사위원회의 결정을 거친 후가 아니면 제기할 수 없도록 규정.

※ 종전의 중앙의료보험심사위원회와 지방의료보험심사위원회의 2층적 구조를 변경.

2차 개정법은 사업 실시의 주요 부분을 시행령에 위임하고 있는데, 1977년 3월 14일 공포된 개정 시행령의 주요 내용은 다음과 같다.

1977년 개정 의료보험법 시행령의 주요 내용

(당연적용사업장) 제4조에서 상시 500인 이상의 근로자를 사용하는 사업장과 보건사회부 장관이 지정하는 공업단지에 입주한 사업장, 그리고 주한외국기관으로서 상시 500인 이상의 대한민국 국민인 근로자를 사용하는 사업장을 당연적용 사업장으로 규정.

(표준보수월액) 제5조에서 30등급의 표준보수월액을 정하여 월보수 22,500원 미만은 20,000원을, 389,000원 이상은 400,000원을 각각 표준보수월액으로 삼아 상하한선제를 채택.

(당연적용사업장) 제4조에서 상시 500인 이상의 근로자를 사용하는 사업장과 보건사회부 장관이 지정하는 공업단지에 입주한 사업장, 그리고 주한외국기관으로서 상시 500인 이상의 대한민국 국민인 근로자를 사용하는 사업장을 당연적용 사업장으로 규정.

(표준보수월액) 제5조에서 30등급의 표준보수월액을 정하여 월보수 22,500원 미만은 20,000원을, 389,000원 이상은 400,000원을 각각 표준보수월액으로 삼아 상하한선제를 채택.

(자영자조합의 관할 지역) 제12조는 자영자조합의 관할지역을 시·군·구로 하되 인근 지역 주민도 가입할 수 있도록 느슨하게 규정.

(조합의 구성) 제18조 내지 제32조에서 조합은 운영위원회, 이사회, 감사, 대표이사를 두도록 규정.

(본인 일부부담) 제34조에서 본인 일부 부담을 규정했는데 다음의 범위 내에서 조합 정관으로 정하도록 함.

구 분	입 원	외 래
피보험자	30% 이내	40% 이내
피부양자	40% 이내	50% 이내

(부가급여) 제35조는 부가급여로 장제비와 상병수당을 규정하여 제1종 피보험자가 요양으로 인하여 취업할 수 없게 된 경우 그 취업할 수 없게 된 기간 1일에 대하여 표준 보수월액의 100분의 2의 범위 안에서 정관에서 정하도록 규정.

현금급여, 즉 질병·분만 등으로 인한 수입 감소를 보전하는 상병수당제도를 평소 임금의 50% 수준에서 실시한다.

사업에 소요되는 총경비는 임금총액의 7.5%로 설정하고 근로자, 사용주, 정부가 각각 2.5%씩 부담하는 것

2) 사업장 의료보험의 시행과 정착

정부 조직 개편과 의료보험협의회

1963년 의료보험법 제정 이후 임의의료보험사업을 주관해 온 부서는 의정국 지방의정과 였다. 1970년 2월 13일 직제 개편으로 의정국 의료제도과로 의료보험 업무가 이관되었다가, 1973년 연금제도 도입을 위해 사회국 내에 신설된 사회보험과, 1974년부터는 사회보험과의 확대 개편으로 신설된 복지연금국으로 옮겨졌다. 1977년 복지연금국은 사회보험국으로 개칭

되어 보험제도과, 보험관리과, 연금기획과, 수리조사과의 4개 과로 운영되었다. 초대 사회보험 국장에는 최수일이 임명되었고, 보험제도과장에는 전계휴, 보험관리과장에는 필자가 각각 임명되었다.

1977년 피용자 의료보험사업의 시작에서 전국경제인연합회(이하 전경련)의 역할은 매우 특별했다. 아직 의료보험 시행에 대한 정부의 정책적 의지가 형성되지 않았던 1974년부터 전경련은 의료보험사업에 대해 적극적 관심을 표출했다. 여기에는 조만간 경제계가 의료보험사업의 당사자로 개입할 것이라는 판단과 더불어 이미 각 기업이 개별적으로 실시하고 있었던 의료비 공제사업을 국가 제도로 발전시킬 필요성 증대가 고려되었을 것이다.

전경련은 전문가 간담회와 기업의 의료비보조제도 조사, 의료보험 시범사업 현황 분석, 외국 사례 연구 등을 수행했고, 1976년 정부의 의료보험 확대 의지가 확실해지자 이와 같은 조사 결과를 바탕으로 대정부 건의서를 발표했다. 이어 전경련은 의료보험사업을 추진할 민간기구로 의료보험협의회를 구성하기로 하고, 1977년 1월 13일 전경련 회의실에서 '의료보험협의회'(이하 협의회) 발기 및 창립총회를 개최했다.

협의회는 개정 의료보험법의 '중앙의료보험조합연합회' 관련 규정을 적용하기 전까지 회원사에 대한 교육·지도·계몽 및 의료보험조합 설립 준비 사업을 수행하고, 의료보험조합 설립 이후에는 의료보험법 제27조의 중앙의료보험조합연합회로 발전하는 것으로 구상되었다.[6]

조합의 설립

협의회는 보건사회부로부터 송부된 의료보험 당연적용대상 사업장 명부를 기초로 전경련·대한상공회의소·한국경영자협의회 등 경제단체와 협조하여 의료보험 당연사업장 실태조사 및 조합 설립 대상 사업장 확정, 의료보험조합 설립 준비에 필요한 자료 제작 및 교육 등을 전개했다. 500인 이상 당연적용 사업장에 대해서 조합설립 준비요원이나 조합 직원을 훈련시켜 조합을 직접 설립하도록 했다. 한편, 공업단지 등 공동조합 설립 지역에 대하여는 보건사회부와 협의회가 공동으로 4개의 의료보험조합 설립추진반을 편성하여 조합 설립 업무를 순회지도했다.

5월 초 보건사회부는 접수된 조합설립 인가신청서를 심사하여 7월 1일 현재 498개 조합 (1977년 말 513개 조합)이 설립, 운영되었다. 피보험자수 약 110만 명, 피부양자수 약 190만 명, 도합 약 300만 명으로 전체 인구의 8.2%에 해당하는 인구가 의료보험 체계에 편입되었고,

---

6 1977년 7월 1일 전국의 486개 의료보험조합이 설립되고 일제히 의료보험 급여가 개시됨에 따라 협의회는 의료보험법 제27조에 의한 중앙의료보험조합연합회의 기능을 수행할 수 있도록 운영부와 업무부를 두는 등 체제를 개편하고 임의법인에서 사단법인인 전국의료보험협의회로 재발족하게 된다. 이후 1981년 9월 19일 중앙의료보험조합 연합회의 발족에 따라 협의회는 해산되었다.

1977년 1월부터 실시된 의료보호 인구 약 210만 명(약 5.8%)[7]을 더하면 총 인구의 14% 정도가 의료보장제도의 혜택을 받게 되었다.

의료보험 적용 확대와 제도 정비

1977년 12월 31일에는 「공무원 및 사립학교 교직원 의료보험법」이 공포되어 시행되었는데, 제도적 틀은 의료보험법과 유사하나 보험자에 대해서 공·교의료보험관리공단이라는 전국단일조합을 보험자로 했다.

1979년 7월 1일은 피용자 의료보험제도의 1차 확대 및 체제 정비가 이루어진 시점으로, 이러한 적용 확대와 제도 정비는 피용자 의료보험 실시 초기부터 구상되어 있던 것이다. 300인 이상 사업장을 대상으로 확대하면서 새로 728개 사업장의 23만 8,000여 명이 혜택을 받게 되었다. 또한 요양취급기관의 일괄지정, 중앙심사·지급 체계의 구축, 급여율의 균일화 등의 제도개선이 이루어졌다. 300인 이상의 사업장 적용 확대 과정에서 500인 이상 사업장과는 달리 사업장별로 단독조합을 구성하기가 현실적으로 어렵고 공동조합을 설립하지 않을 수 없었기 때문에 행정구역 단위를 기초로 '의료보험 확대 실시에 따른 조합 설립(편입 또는 합병)지구'를 61개 편성했다.

직장의료보험의 적용 대상이 300인 이상 사업장에까지 확대되는 사업이 마무리되자 보건사회부는 곧바로 공·교의료보험법을 개정했다. 1979년 2월 28일 공포된 이 법은 공·교의료보험 적용대상을 확대하여 장기 하사 이상의 군인 가족과 사립학교 경영기관 직원(재단 근무자)도 이 법의 적용을 받도록 했다.

1980년에는 제1차 조합 통폐합과 100인 이상 사업장 적용 확대를 위한 제도개선이 있었다. 500인 이상 사업장을 모체로 설립된 단독 의료보험조합이 규모가 작다는 인식이 시행 초기부터 있었고, 300인 이상 사업장 적용 확대를 위해 5,000명이라는 기준에 입각하여 공동조합이 설립되면서, 조합 통폐합을 통한 규모의 확대가 필요하다는 요구가 1980년 협의회 정기총회에서 결의문 형태로 채택되기에 이르렀다.

보건사회부는 기존 조합의 여러 가지 여건을 고려하여 일단 3,000명 미만의 조합을 통폐합한다는 내용의 기본계획을 확정하고 97개 조합에 대하여 1980년 7월 12일자로 조합 편입 또는 합병 명령을 내렸다. 1981년 1월 1일부터 100인 이상 사업장에 대해 의료보험을 당연적용하게 되면서 2,014개소 31만 6,602명이 사업장 의료보험에 추가되었다.

---

[7] 1977년 12월의 의료보호법 제정 이전에도 의료 시혜의 확대·강화를 위하여 의료보호에 관한 규칙을 만들어 1977년 1월부터 저소득계층에 대한 의료보호를 시행했다.

피용자 의료보험제도 확대 과정(1976~1981)

1976. 12	제2차 의료보험법 개정(법률 제2942호)
1977. 1	전국의료보험협의회 발족
1977. 3	의료보험법 시행령 전문 개정(대통령령 제8487호)
1977. 6	의료보험 요양급여기준 제정(고시 제17호)
1977. 7	500인 이상 사업장 근로자 의료보험 실시(486개 조합 설립)
1977. 12	공무원 및 사립학교 교직원 의료보험법(법률 제3081호)· 의료보호법(법률 제3076호) 제정
1979. 1	공무원 및 사립학교 교직원 의료보험 실시
1979. 4	전국의료보험협의회 ISSA 정회원 가입
1979. 7	300인 이상 사업장 근로자 적용 확대(29개 지구공동조합 설립)
1979. 12	공무원 및 사립학교 교직원 의료보험법 개정(법률 제3217호)
1981. 1	100인 이상 사업장 의료보험 적용 확대
1981. 10	전국의료보험협의회를 재편, 중앙의료보험조합연합회 발족
1981. 12	보건사회부, 직종의료보험조합 인가(문화예술인·이미용·숙박목욕업) 중앙의료보험조합연합회, 의료보험조합연합회로 개칭

3. 지역의료보험 시범사업의 배경

1) 지역의료보험 필요성과 여건 성숙

지역의료보험의 필요성

1977년 1월부터 저소득계층에 대한 의료보호를 시행했지만, 경제적으로 어려운 자영자들은 여전히 의료보장의 기회를 갖지 못한 상태였다. 의료보장을 더 절실히 필요로 하는 계층이 의료보장 기회를 갖지 못하면서 대리 수진, 진료 목적 위장취업 등과 같은 사회문제가 나타나게 되었다.

이와 더불어 당시 보험수가와 일반수가의 격차 문제가 정책결정자들에게 중요한 문제로 부각되었다. 의료보험 입안 당시 일반수가 수준은 이미 보험수가를 100으로 보았을 때 140이었으며, 의료보험 확대 과정에서 일반수가는 점점 올라가 병원에 따라 100대 200을 웃도는 경우도 있었다.

일반수가 수준(1977, 1982, 1984)

구분	1997	1982	1984
일반수가 수준 (보험수가 100)	140	157	172~177

※ 한국인구보건연구원, 「의료보험진료수가 조사연구 보고서」, 1984.

이러한 자영자 의료보험에 대한 요구와 더불어 정치적 입지를 강화해야 하는 제5공화국의 상황이 결합하여 제2종 의료보험 시범사업을 시행하게 되었다.

지역보건의료망 확충

비록 시범사업 형태이긴 하지만 지역의료보험사업을 실시할 수 있게 된 배경에는 그것을 가능케 한 최소한의 보건의료망이 구축되었다는 사실을 빼놓을 수가 없다. 도시 지역의 민간 의료기관을 제외한 공공의료부문의 발달 과정을 잠시 살펴보면 다음과 같다.

"1951년 9월 25일 국민의료법이 제정·공포되어 이 법에 의해 전국에 500여 개의 보건진료소가 설치되었는데, 이는 오늘날 보건소의 기초가 되었다. 1962년 9월 24일 보건소법의 전면 개정으로 보건진료소는 점차 보건소로 대체되어 전국에 189개소의 현대적 의미의 보건소가 생겨났다"(『의료보험의 발자취』, 의료보험연합회, 1996, 363쪽에서 인용).

※ 1950~60년대 공공의료 부문의 발달과정에 대해 「의료보험의 발자취」를 그대로 인용하였으나, 몇 가지 의문 사항이 있어 밝히기로 한다.

첫째, 인용문에는 "1951년 제정·공포한 「국민의료법」에 의해 전국에 500여 개의 보건진료소가 설치되었다"고 했는데, 「국민의료법」에는 보건진료소 조항이 없다(보건소 조항 또한 없다. 보건소의 법적 근거는 1956년 12월 31일 「보건소법」이 제정되면서 생긴 것이다). 다른 자료들을 보면 보건소의 시작을 1945년 11월의 군정법령 제1호와 제25호의 후생부 설치로 보기도 한다. 그런데 군정법령에서도 예방보건 중시의 공공의료를 규정하고 있지만, 보건소 및 보건진료소를 명시하고 있지는 않다.

둘째, 아래 표에 따르면 1958년까지 499개였던 보건진료소가 1959년부터 일시에 사라졌는데, 이중 소수는 보건소가 되었다고 하나 나머지 보건진료소들의 정리가 어떻게 이루어졌는지는 알 수 없다.

이상과 같은 의문 사항은 '건강보험의 역사'가 아닌 '공중보건의 역사'에서 다루어야 할 주제로 여기서는 의문을 제기하는 것으로 그치고자 한다. 의문 사항을 그대로 기재하는 것은 후학이 이를 참고하여 연구에 도움을 주고자 하는 뜻이 있다.

연도별 보건기관 증가 추세(1953~1988)

(단위: 개소)

연도	보건소	보건지소	보건진료소
1953	15	–	471
1956	17	–	505
1958	26	–	499
1959	68	–	–
1961	87	–	–
1962	189	–	–
1965	189	–	–
1968	191	1,354	–
1975	198	1,338	–
1978	202	1,336	–
1981	218	1,321	396
1984	224	1,303	1,310
1986	225	1,303	2,000
1988	249	1,315	2,038

※ 보건진료소의 개념은 1958년 이전과 1981년 이후가 서로 다름. 1981년 이후는 「농어촌 보건의료를 위한 특별 조치법」(1980)에 의해 설치됨. 다음 쪽 본문 참조.
※ 보건사회부, 『보건사회통계연보』

　1968년 도시 지역을 제외한 전국 행정구역은 91개 읍, 1,382개 면이었기 때문에 1968년 보건기관 분포를 보면 무의면은 거의 해소되었으나(완전 해소는 1983년), 충분한 보건의료망에는 미치지 못했다. 이에 1980년대 들어서 보건사회부는 모든 의료 욕구를 민간의료와 공공의료가 적절히 분담하여 충족시키고자 하는 노력을 가속화했다.

　이러한 노력의 결과가 종합보건의료 시범사업과 그 사업의 결과를 전국적으로 확대한 1차 보건의료제도의 확립이었다. 정부는 도농간 의료 불균형을 해결하기 위해 1980년 12월 31일 「농어촌보건의료를 위한 특별조치법」을 제정했다.

　이 법으로 예비역 장교의 병적에 편입된 의사·치과의사를 보건소와 보건지소 등에 근무하도록 하는 공중보건의 제도와 아울러, 간호원 및 조산원을 일정기간 교육하여 보건예방 활동과 경미한 의료행위를 제한적으로 할 수 있게 하는 보건진료원으로 양성하여 무의촌에 설치한 보건진료소에서 공중보건 업무를 담당하게 하는 제도가 만들어졌다.

그중 공중보건의제도는 「국민보건의료를위한특별조치법」(1978.12.5 제정)에 따라 이미 도입된 바 있었지만, 정규 의료인이 아닌 간호원 등의 인력을 보건진료원으로 하여 1차 보건의료에 복무하게 한 조치는 당시로서는 획기적인 것이었다.

1981년 10월 396개소였던 보건진료소는 이듬해인 1982년에는 752개소(보건진료원 732명), 1980년대 후반에는 2,000여 개소로 증가했다. 이들 보건진료원은 농어촌 의료보험이 도입되는 데 한몫 했다.

종합보건의료 시범사업(마을건강사업)

종합보건의료 시범사업은 1972년 프랑스 파리에서 개최된 국제경제대한원조협의(IECOK) 회의에서 우리 정부가 군립병원을 설립하기 위한 차관을 요청한 것이 계기가 되었다. 1975년 9월 13일 한국 정부와 AID(미국 국제개발청)는 500만 달러 차관 협정을 체결했는데, 차관사업의 최종 목적은 첫째, 저소득 주민에게 경비절약형 종합보건의료전달사업을 계획·실시·평가할 능력을 배양하는 것이었고, 둘째는 몇 개 군을 대상으로 다른 지역에 재현 가능한 경비절약형 종합보건의료 전달 체계를 성공적으로 시범사업하는 것이었다.

첫 번째 목적을 위하여 1975년 12월 한국보건개발연구원법이 제정되었고 이듬해인 1976년 4월 12일 동 연구원을 설립했다. 1981년에는 가족계획연구원을 흡수통합하여 한국인구보건개발연구원으로 개편했고, 그 후 1990년에 한국보건사회연구원으로 다시 개편했다.

두 번째 목적을 위해서는 마을건강사업으로 불리는 단위사업인 종합보건의료 시범사업을 실시했는데, 1976년 9월 한국보건개발연구원은 사업지역을 홍천·옥구·군위로 선정했다. 특히 마을건강사업 중에서 의료보험과 관련하여 주목을 끈 것은 홍천군의 마을건강대동회와 옥구군의 의료보험사업이었다.

홍천군의 마을건강대동회는 회원들로부터 일시에 1,500원의 회비를 받고 1977년 7월부터 1980년 12월까지 1차 진료를 무료로 시행하는 시한부 사업이었다. 전 주민의 29%가 가입한 이 사업은 너무 낮은 회비에 1차 진료비를 무제한으로 제공하고 유급 사무장의 급여가 지나치게 많은 등의 문제로 1979년 2월 말부터 신규 회원 가입을 중지했다. 본격적인 의료보험과는 내용상 차이가 있지만 지역주민의 의료보장 욕구를 확인할 수 있었다는 수확이 있었다.

옥구군의 의료보험사업은 1979년 9월부터 시작했다. 주민의 절반가량이 가입, 보험료 징수율이 68% 수준이고 보험급여비 대 보험료 징수액이 100 : 67.5이었다.

성공적이라고 보기는 어렵지만 어쨌든 이 종합보건의료시범사업 덕분에 3개 지역에는 보건의료망이 비교적 충실히 갖춰졌고, 주민들이 의료보험사업의 의의를 수용하는 데 일부 긍정적인 작용도 했다. 1980년 3월 한국보건개발연구원은 3개 군 종합보건의료시범사업 결과

보고 때 이 지역에 정식으로 제2종 의료보험 시범사업을 실시하도록 정부에 건의하기에 이르렀다.

2) 시범사업 결정과 법령 정비

제2종 의료보험 시범사업 결정

1980년 6월 보건사회부 장관은 1981년 7월 1일부터 제2종 의료보험 시범사업을 홍천·옥구·군위 지역에서 실시하겠다고 공표했다. 보건사회부는 시범사업의 실시 목표를 "농어촌 주민 및 서민층에 대한 의료보험 도입시 재원 조달, 급여 수준, 의료 공급 및 전달 체계의 모형을 구축하여 2종 의료보험의 확대에 참고하려는 것"으로 정하고 1981년도 예산으로 2억 2,000만 원을 확보했다.

그리고 같은 해 9월 대통령의 농어촌의료보험 도입 지시, 부총리의 시범사업 방침 발표로 거의 확정하기에 이르렀으며, 10월 15일 대통령에 대한 보건사회부 업무보고인 「복지국가 건설을 위한 보사행정 개선 및 장기사업 추진계획」에 포함함으로써 최종 방침을 정하게 되었다.

「복지국가 건설을 위한 보사행정 개선 및 장기사업 추진계획」의 시범사업 내용

- 1981년도 3개 군, 1982년도 6개 군을 선정, 모두 9개 군에서 시범사업 실시
- 1985년도에 지역 실정에 따라 이를 확대
- 1991년도에 전국 농어촌에서 의료보험 실시

보건사회부는 이에 기초하여 1981년 1월 20일 시범사업 실시 방안 수립, 3월 30일 시범사업지역 의료자원 현지조사를 실시하는 한편, 의료보험 법령 정비 작업에 들어가 지역 및 직종 의료보험사업의 법적 기반을 구축했다.

제2종 의료보험의 법적 근거 마련

시범사업 실시를 앞두고 지역의료보험도 종래의 임의 방식에서 강제 방식으로 전환하기 위해 의료보험법을 개정했다(법률 제3415호).

1980년 의료보험법 제4차 개정안의 주요 내용

(강제가입) 주민의 소득수준, 의료시설의 분포 상황 등에 따라 대통령령이 정하는 지역의 주민은 당연적용 피보험자가 됨(제7조 제2항).

(임의포괄 방식) 지역 또는 직종 조합의 경우 조합원으로 될 자 3분의 2 이상의 동의를 얻어 보건사회부 장관의 인가를 받으면 관할 대상이 되는 자 모두가 제2종 피보험자가 됨(제2조 제2항 및 제19조 제1항).

(보험료 산출) 지역 단위 제2종 조합은 세대별 소득수준 및 피보험자수에 따라 대통령령으로 정하는 등급 구분에 의하여 조합 정관으로 정하도록 했고 직종 또는 직역별 제2종 조합의 보험료는 피보험자의 월소득수준에 따라 일정 보험료율을 곱하여 산출함(제49조).

(보험료 전액부담) 제2종 조합의 보험료는 조합원인 세대주 또는 피보험자가 전액부담(제51조 제2항).

의료보험법 개정에 따른 시행령 개정안은 1981년 5월 18일 대통령령 제10307호로 개정, 공포했고 뒤이어 시행규칙 개정은 1981년 6월 1일 보건사회부령 제675호로 개정, 공포했다. 주요 내용은 자격취득신고 절차, 자격상실신고 절차, 피보험자증 교부 및 재발급 절차 등과 각 조문에서 제2종 관계 사항을 부분 수정한 것이 대부분이었다.

4. 지역의료보험 시범사업의 착수

1) 1차 시범사업 조합의 설립

1981년 5월 14일 보건사회부는 시범사업지역 3개 도(강원도·전라북도·경상북도) 보건과장과 3개 군(홍천군·옥구군·군위군) 부군수 및 보건소장, 전국의료보험협의회, 한국인구보건연구원 관계자와 회의를 열고 여기서 「제2종 의료보험 시범사업 세부계획」을 시달했다. 이때부터 1981년 7월 급여 개시까지 약 한 달 반 동안 조합 설립을 준비했는데, 각 도는 보건진료소 운영비 및 장비구입비 배정, 보건기관 시설·인력·장비 확보를 지원했고 전국의료보험협의회는 홍보 활동을 진행했다.

조합에는 총무과와 징수과 2개 과를 두어 총무과는 자격관리와 급여 업무를, 징수과는 보험료 부과와 징수 업무를 맡았다. 또 지역주민의 편의를 위해 각 읍·면 사무소에 조합지소를 설치하여 4급 지소장 한 명씩 상주하면서 자격관리, 보험료 징수, 홍보 등 초기 지역의료보험 정착의 제1선 업무를 담당했다.

1차 시범사업지역 일반 현황(1980)

구 분	홍 천	옥 구	군 위
행정구역	1읍 9면	2읍 8면 1출장소	1읍 7면
면적(km²)	1,786.03	342.02	612.81
인구(명)	101,043	105,883	53,495
세대수	20,370	21,363	12,025
– 농가	12,497	13,199	9,615
– 비농가	7,873	8,164	2,410
경지면적(ha)	16,373	16,616	8,673
(세대당)	(1.31)	(1.25)	(0.9)
세대당 소득(천 원)	2,410	2,582	2,173
2종 세대수	14,385	15,088	8,495
(1981년 말) 인구수	73,482	70,032	38,298

※ 보건사회부, 2종 의료보험시범사업 추진 실적 분석·평가 및 개선 대책, 1982.

2) 1차 시범사업 급여 개시

1981년 7월 1일, 제1차 시범사업이 급여 개시에 들어갔다. 시범사업 출범 후 보건사회부를 비롯한 관계기관의 가장 첨예한 관심은 보험료 징수율이었다. 보험료 징수율은 최초로 실시하는 제2종 강제의료보험에 대한 주민의 참여도를 나타내는 가장 민감한 지표였기 때문이다. 7월분 보험료의 8월 중 징수율은 홍천군이 43.6%, 옥구군이 51.7%, 군위군이 71.3%로 평균 52.3%에 불과했다. 이는 장차 전국민의료보험 확대를 위한 최초의 시범사업의 진로를 불투명하게 만드는 문제였다.

언론은 지역의료보험 시범사업의 부진을 크게 보도했다. 이런 상황에서 국회 보건사회위원회가 1981년 11월 16일부터 18일까지 시범사업지역을 현지답사했다. 또한 1982년 2월 15일부터 3월 1일까지 보건사회부 보험제도과장을 반장으로 하여 중앙의료보험조합연합회·한국인구보건연구원의 직원들로 구성된 합동작업반은 1981년 하반기의 시범사업 실적을 분석·평가하여 『제2종 의료보험 시범사업 추진실적 분석, 평가 및 개선대책』(보건사회부, 1982.3)을 출간했다. 이 보고서는 진료 목적 위장전입자 방지 대책, 대가족 세대 및 도서지역 보험료 하향조정, 3개월 보험료 동시 고지, 선납제도 도입, 피보험자증에 보험료 납부인란 신설, 미납자 급여제한, 적자보전 대책, 보험료 인상, 요양취급기관 지정 확대, 보건기관 기능 강화, 중앙홍보반 편성 등 홍보 강화, 보험료 부과방식 변경 등 다양한 개선안을 제시했다.

3) 2차 시범사업 준비

1982년 7월 1일로 계획한 제2차 시범사업지역은 당초 6개 지역이었으나, 1981년 9월 3개 지역으로 조정했다. ① 중소도시형 1개, ② 평야농촌형 1개, ③ 도서어촌형 1개 등 3개 지역이었다. 대상 지역 선정 기준은 서울 및 각 직할시, 제주도, 제1차 시범사업 실시 도인 강원, 전북, 경북, 도청소재지, 신설 시 등을 제외한 지역 중에서 한국인구보건연구원이나 내무부에서 추천한 지역, 그리고 의료자원 및 소득수준이 비교적 높은 지역이었다. 1982년 2월 8일부터 12일까지 현지조사를 실시한 보건사회부는 3월 31일 대상 지역을 강화군(도서어촌형), 보은군(평야농촌형), 목포시(중소도시형)로 결정하여 고시했다.

제2차 시범사업 준비는 제1차 시범사업 때보다 훨씬 강화되었다. 대표적인 것이 보건사회부가 중앙의료보험조합연합회 내에 지역의료보험 시범사업을 전담할 2종 사업과를 설치하도록 한 것이다.[8] 한편 제1차 시범사업에서 나타난 가장 큰 문제점인 보험료 부과 방법 개편을 위해 보건사회부는 담당 사무관을 일본에 보내 보험료 부과 방식을 비롯한 일본의 건강보험제도를 조사하도록 했다. 조사 결과 제2차 시범사업에서는 일본 국민건강보험 보험료 부과 방식과 거의 유사한 4요소 방식(세대당+피보험자당+소득비례+재산비례)을 채택했다.

또한 보건사회부는 중앙의료보험조합연합회와 함께 현지조사반을 편성하여 1982년 3월 23일부터 29일까지 지역주민의 소득 실태, 요양기관 분포 실태 등 기초조사를 실시한 후, 이를 기초로 그동안 수립한 실시 방안과 함께 「제2종 의료보험 추가시범사업 계획」(1982.4)과 「제2종 의료보험 추가 시범사업 세부지침」(1982.4)을 만들었다.

보험료 부과 방식의 변경(1차 시범사업 : 세대당 피보험자수×1인당 등급별 정액 ⇒ 2차 시범사업 : 4요소 방식)으로 부과 작업이 최대 난관에 봉착하면서 전반적으로 추진 일정이 앞당겨져 1차 시범사업 때보다 조합설립 인가가 한 달가량 **빠르게** 4월 29일에 시달되었다. 마지막 준비 기간은 주로 보험료 부과, 피보험자증 및 대장 작성, 고지서 작성 등의 작업에 치중했다. 그리하여 1982년 7월 1일 제2차 시범사업 급여를 개시하게 되었다.

---

8 2종 사업과는 1987년 설치한 지역보험부의 전신이 되었다.

2차 시범사업지역 일반 현황(1982)

구 분	강 화	보 은	목 포
행정구역 면적(km²)	1읍 12면 405	1읍 10면 598	27동 35
인구(명)	89,307	79,474	226,747
세대수 － 농가 － 비농가 － 어업	20,104 12,540 6,753 811	16,421 11,768 4,653 －	47,670 1,423 46,247 1,764
경지면적(ha) (세대당)	17,753 (1.42)	13,151 (1.12)	1,119 (0.79)
세대당 소득(천 원)	4,021	3,101	4,674
2종 세대수 (1982년 말) 인구수	16,442 75,963	11,312 57,187	28,489 124,787

5. 시범사업의 전개

시범사업은 장차 지역의료보험의 전국적 확대를 위한 시범 내지 실험적 사업이었기 때문에 전개과정과 상황은 중요한 관심사였다. 따라서 시범사업에 대한 연구나 평가 자료가 다수 만들어졌고, 보건사회부와 중앙의료보험조합연합회가 공동으로 조사하여 발간한 공식적인 시범사업 실적 분석·평가 자료도 다수이다.

보건사회부 발간 시범사업 분석·평가 자료

- 2종 의료보험 시범사업 추진실적 분석·평가 및 개선대책(1982.3)
- 2종 의료보험 제1차 시범사업 평가보고서(Ⅱ)(1984.8)
- 2종 의료보험 시범사업 평가보고서(Ⅲ)(1984.8)
- 2종 의료보험 시범사업 사업실적 분석보고서(Ⅳ)(1984.8)
- 지역의료보험 연도별 실적(1986.10)
- 시범지역 의료보험 연도별 실적(1988.11)

위 공식 자료의 내용을 근거로 시범사업의 현황을 업무 분야에 따라 자격관리, 보험료 부과, 보험료 고지 및 징수, 보험급여 및 진료 전달 체계, 보험재정 및 국고지원, 그리고 홍보로 나누어 살펴보기로 하자.

1) 자격관리

시범사업지역의 제2종 피보험자는 직장보험 및 공·교보험의 피보험자 및 피부양자, 의료보호대상자를 제외한 모든 주민을 당연적용대상으로 했기 때문에 6개 지역은 부분적인 개보험(皆保險)이라고 할 수 있다. 제2종 보험은 제1종(직장보험)이나 공·교와 달리 부양(피부양자) 개념은 적용하지 않고, 주민등록상 세대를 자격관리 및 보험료 부과·징수 단위로 했다. 초기에는 주민등록상 세대 개념을 우선하였으나 점차 가족·혈연 개념, 경제 단위 개념을 도입하여 사실상 별도의 세대가 한 세대로 등록한 경우에는 신청 또는 직권으로 이를 분리했다.

피부양자 없이 모든 적용 대상자가 피보험자로 되기 때문에 피보험자와 그 배우자에게만 국한하는 분만급여는 제1종 보험과 달리 모든 대상자에게 적용했다. 또한 세대주가 보험료 납부 의무가 있기 때문에 만약 세대주가 제1종 피부양자인 경우에는 '피보험자가 아닌 조합원'이 되었다.

※ 지역의료보험조합의 가입자는 원칙적으로 '조합원'이자 해당 지역보험의 '피보험자'여야 하나, 세대주가 직장의료보험의 피부양자인 경우 지역의료보험조합의 조합원 자격은 부여되나 피보험자는 되지 않는다. 이를 '피보험자 아닌 조합원'이라고 한다. 이들은 해당 세대의 보험료 부과에 사용되는 '피보험자당 보험료'에 산입되지 않을 뿐 아니라, 의료보험 적용도 피부양자로 등록된 직장의료보험조합의 적용을 받는다. 다만, 세대주로서 지역의료보험 피보험자인 나머지 세대원들의 보험료를 납부할 의무는 있다.

제2종 의료보험 지역이 시범사업을 실시하는 6개 지역에 국한되자 의료보험을 기피해서 관외로 전출하는 사례가 많았다. 그런가 하면 반대로 심장판막증 수술 등 고액 진료를 목적으로 전입하는 사례도 많아 조합은 자격심사를 강화하지 않으면 안 되었다. 자격관리는 주민의 전출입·출생·사망 등 각종 신고시 읍·면·동 사무소의 지소 요원이 담당했다.

주민들의 당연적용에 대한 거부감은 보험료에 대한 불만과 함께 시범사업 정착의 가장 어려운 문제였다. 그러나 이는 시일을 두고 지속적으로 설득해야 했기 때문에 보건사회부, 중앙의료보험조합연합회, 각 조합은 간담회나 교육, 홍보 등을 통하여 이 문제에 꾸준히 대처해 나갔다.

2) 보험료 부과

1차 시범사업지역의 인두세 방식

　1차 시범사업지역의 보험료 부과는 3등급 인두제 방식이었다. 1등급 세대는 피보험자 1인당 400원, 2등급 세대는 피보험자 1인당 600원, 3등급 세대는 피보험자 1인당 800원으로 하여 보험료를 산정하는 것이 제1차 시범사업 보험료 부과 방법의 전부였다. 더구나 1등급과 3등급은 전체 세대의 각 10% 정도이고 나머지 80%는 모두 2등급이었기 때문에 제1차 시범사업은 사실상 인두정액제에 가까웠다. 이러한 방식은 농어촌 지역에 어느 정도 부합하는 것이어서 1차 시범사업지역에서는 보험료 부과에 대한 저항이 거의 나타나지 않았다.

1차 시범사업지역의 보험료 부과 방법

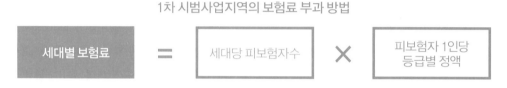

※ 1983년부터는 세대당 기본보험료가 추가됨.

　1차 시범사업지역의 보험료 부과 방식은 2차 시범사업지역에서 새로운 방식을 도입했음에도 불구하고 그대로 유지되다가 1983년에 세대당 1,000원씩의 기본 부담을 설정하여 아래 표와 같은 인두정액제의 문제점을 보완한 데 이어 1984년 10월 군위군이 4등급으로 등급을 확대했다. 그리고 이듬해인 1985년 하반기에는 홍천군과 군위군이 7등급으로, 옥천군이 5등급으로 각각 등급을 확대했다. 등급을 확대한 것은 소득수준을 세분화하여 보험료 부과에 이를 반영하기 위한 것이었다.

> **1차 시범사업지역 보험료 부과 방식(인두정액제)의 문제**
>
> ❖ 농어촌 주민의 소득원이 다양하여 소득수준을 정확히 반영한 보험료 부과가 어려움.
> ❖ 읍·면별, 리·동별 등급 책정으로 지역간 소득수준이 감안되지 않아 동일 등급 내에서도 주민의 생활수준 격차가 심하여 이에 따른 불만이 많았음.
> ❖ 인두정액제 방식이 세대를 단위로 하지 않고 가구원을 단위로 함으로써 부유한 소가족 세대와 가난한 대가족 세대 간의 질적 균형이 유지되지 않음.
> ❖ 도시 지역에 적용하기 어려움.

2차 시범사업의 응익할(應益割)·응능할(應能割) 방식

2차 시범지역에서는 1차 시범지역 인두정액제의 문제점을 보완하기 위해 응익할(기본보험료)과 응능할(능력비례 보험료) 개념을 도입하여 복잡한 보험료 부과 방식을 택하게 되었다.

응익할은 주민의 기본 부담으로서 어느 세대나 동일한 금액을 부과하는 세대평등할과, 가구원 1인당 일정액을 부과하는 피보험자균등할로 구성되어 가구원 수에 비례하여 부담도 커지게 되었다. 응능할은 능력비례 보험료로 소득세 및 농지세액에 따라 부과하는 소득할과, 토지 및 건물에 대한 재산세 자료를 근거로 부과하는 자산할로 이루어진다. 이때 소득세할, 농지세할, 토지분재산세할, 건물분재산세할은 각 7등급으로 구분했다.

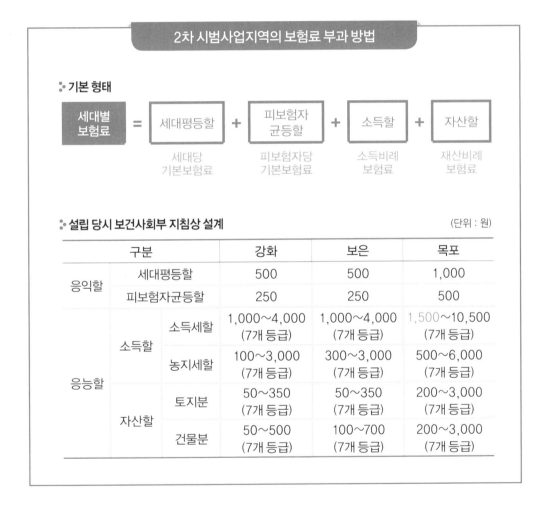

2차 시범사업지역의 보험료 부과 방법

기본 형태

세대별 보험료	=	세대평등할	+	피보험자 균등할	+	소득할	+	자산할
		세대당 기본보험료		피보험자당 기본보험료		소득비례 보험료		재산비례 보험료

설립 당시 보건사회부 지침상 설계 (단위 : 원)

구분		강화	보은	목포
응익할	세대평등할	500	500	1,000
	피보험자균등할	250	250	500
응능할	소득할 소득세할	1,000~4,000 (7개 등급)	1,000~4,000 (7개 등급)	1,500~10,500 (7개 등급)
	소득할 농지세할	100~3,000 (7개 등급)	300~3,000 (7개 등급)	500~6,000 (7개 등급)
	자산할 토지분	50~350 (7개 등급)	50~350 (7개 등급)	200~3,000 (7개 등급)
	자산할 건물분	50~500 (7개 등급)	100~700 (7개 등급)	200~3,000 (7개 등급)

2차 시범사업지역의 보험료 부과는 시행령 규정상 3등급 이상 7등급 이내를 준수한 것이다. 그러나 사실상 각 세대의 보험료 액수 차이가 너무 커지면서 등급을 더 세분화할 필요가

있었다. 이에 조합이 보건사회부에 꾸준히 요구한 결과, 보건사회부는 1985년 시행령을 개정하여 '3등급 이상 15등급 이내'로 등급 수를 변경했다.

또 당초 보건사회부 지침에 없던 근로소득세를 소득세할에 포함하거나 별도 기준으로 채택하는가 하면, 농지세할도 갑류와 을류로 나눠 적용하는 등 각 조합은 지역 실정에 맞게 부과기준을 끊임없이 개선해 나갔다. 세액에 비례한 부담 원칙도 납세자 수가 예상보다 적자, 미과세대상자 중 일정 과표 이상의 세대를 1등급으로 설정하는 등 조정했다. 지역의료보험 전면 확대 시 세액이 아닌 과표를 보험료 부과기준으로 삼은 것이 이미 시범사업 때 지역에 의해 부분 도입된 셈이다(지역보험료는 아직 과표를 기준으로 하고 있으니, 30년 전 기준을 사용하고 있는 셈이다).

보험료 부과에서 2차 시범사업지역의 방식이 1차 시범지역의 방식보다 다양한 소득수준을 차등화했다는 점에서 나아진 것은 사실이었지만, 실제 부과에서 2차 시범지역의 방식은 현실이 뒷받침해 주지 못하는 측면이 있었다. 보험료 부과 4요소 중 기본이 되는 소득세할 보험료는 국세청(농지소득의 경우 각 시·군)의 소득파악률이 낮아 소득비례성이 빈약했다. 농어촌 농지세 파악률이 그나마 일정수준에 달해 있어 상대적으로 사정이 나았지만, 농어촌 읍 지역을 포함한 도시 지역은 소득파악률이 아주 낮았던 것이다. 도시형인 목포시의 경우 소득세할 보험료 해당 세대수가 시범 기간 내내 10~14%에 불과했고, 총 보험료에 대한 금액 구성비는 1983년 7월 현재 7.5%에 불과했다.

능력비례 부담 보험료 적용 세대수 구성비

(단위 : %)

구분	1982년도				1985년도			
	소득세	농지세	토지	건물	소득세	농지세	토지	건물
강화	4.2	62.3	74.0	75.5	7.0	57.4	75.7	78.1
보은	6.3	60.4	69.3	71.8	9.4	60.7	73.3	75.2
목포	10.0	1.1	28.2	41.0	12.4	0.4	22.3	32.2

보험료 구성요소별 금액 구성비

(단위 : %)

구성	세대당 보험료	피보험자당 보험료	소득비례 보험료	재산비례 보험료
평균	17.7	50.9	13.4	18.0
강화	16.3	42.9	22.3	18.5
보은	22.6	34.7	20.1	22.6
목포	16.8	59.4	7.5	16.3

※1983년 7월 현재
※보건사회부·의료보험조합연합회, 「2종 의료보험 시범사업 평가보고서(Ⅲ)」, 1984.8.

보험료 인상이 주로 기본 부담 쪽에 비중을 두다 보니 시간이 갈수록 능력비례 보험료의 비중은 감소했다. 특히 시범사업 초기에는 세무서 등에서 확보한 자료의 활용률이 관내 이동이나 주소 불명확 등의 사유로 저조했기 때문에 이러한 문제점은 더욱 악화되어 전산 도입 필요성이 강하게 제기되었다. 또한 ① 소득 시점과 보험료 부담 시점에 2년가량의 시차 발생, ② 관할구역 외 소득·재산 파악 곤란, ③ 재산 실소유자와 명의자의 상이 등 많은 문제점이 있었다.

그럼에도 불구하고 지역의료보험 전면 확대시 2차 시범지역의 보험료 부과 방법은 부분적 개선 후 그대로 적용했는데, 그것은 당시로서는 향후 방향을 제시한 유일한 대안이었기 때문이다.

3) 보험료 고지 및 징수

시범사업 초기에 보험료 징수는 주민참여도, 즉 제도 정착과 관련하여 중요한 관심사였으며, 재정수지 균형 차원에서도 중요하게 부각되었다. 보험료 징수가 초기 시범사업의 최대 과제로 부상함에 따라 각 조합은 직접 방문하여 징수하는 방식을 택했다. 각종 공과금이 자진납부 체계로 전환되어 가는 시점이었기 때문에 방문 징수가 시대에 뒤떨어진 방식이라는 지적도 많았지만 단기간에 가시적 성과를 보고자 하는 정책 당국과 조합의 입장으로 인하여 이 방식이 상당 기간 유지되었다.

보험료 징수에 대한 저항은 당연적용에 대한 저항과 함께 각 지역조합이 초기에 공히 겪어야 했던 난관이었다. 보건사회부와 연합회는 제도 자체를 거부하는 보험료 미납세대가 전체 2종 의료보험 세대의 10% 안팎일 것으로 보고 현지에서 이들의 숫자와 거부 사유, 생활 정도, 의료보험 이해도 등을 직접 조사하기도 했다. 특히 부락 단위로 집단거부 반응을 보인 지역에서는 각 조합들이 여론 주도자 설득, 사랑방 좌담회 개최 등 다양한 방법을 동원했다. 그 결과, 급여 개시 1~2년 후에는 집단거부는 거의 사라지고 개별적인 고질 체납자만 남게 되었다.

목포시를 제외한 5개 군의 징수율은 시범사업 1~2년 후에는 거의 90%를 상회할 정도로 개선되었다. 시범사업에서 나타난 이러한 경향은 향후 지역의료보험을 전 국민으로 확대할 경우에도 징수율이 지속적으로 높아져 보험재정이 안정될 수 있다는 가능성을 보여주었다. 시범사업 기간의 납부 방법 경향도 이러한 긍정적 전망에 일조했다. 보험료 자진납부 비율이 점차 늘어난 것이다. 이처럼 자진납부가 정착되어 감에 따라 1985년 12월 31일 보사부는 징수 수수료(이·동장이 방문징수를 대리함에 따라 3%의 수수료를 주었다)를 폐지했다.

보험료 징수 방식별 금액 구성비

(단위 : 천 건)

구분	1981	1982	1983	1984	1985	1986	1987
계	119	574	897	915	875	834	750
자진납부	42	209	338	390	447	488	502
지소장 징수	62	264	369	409	355	294	218
이·동장 징수	16	101	190	116	73	52	30

※ 이·동장 징수 건수는 총 징수 건수에서 자진납부 및 지소장 징수 건수를 제외한 실적임.

보험료 체납 처분, 즉 강제징수는 1982년 5월 옥구군에서 처음 실시한 이래 각 지역에서 연 1~2회 실시했다. 체납 처분은 징수 자체의 효과보다 사회보험의 강제성을 인식시키고 미납세대에 대한 파급효과에 더 주목한 것으로서, 저소득계층에 대해서는 대개 실시를 유보했다.

한편 보험료 고지 방법은 지역조합의 보험료 징수 형태와 맞물려 초기에는 월별 고지, 월별 징수 형태를 유지했다. 그러나 농어촌 지역은 도시 지역과 달리 현금유통기와 현금고갈기의 차이가 커서 월별 고지가 실정에 잘 맞지 않는 측면이 있었다. 예를 들어 군위군은 1982년 12월 268.7%의 엄청난 징수율을 보인 반면, 이듬해 1월에는 28.2%에 머물렀다. 이러한 현상은 추곡수매, 영농자금 대여 등과 밀접한 관련이 있었다.

이에 각 조합은 월별 고지 외에 3개월치를 1매의 고지서로 고지하는 방법, 3매의 고지서를 동시에 고지하는 방법 등으로 실정에 맞추고자 했다. 직장조합 실정에만 부합하는 법률상 납부기한 '익월 10일'도 장애 요인이었다. 이에 각 조합은 이 규정을 무시하고 조합별로 별도의 납기를 정하여 운영하기도 했는데, 결국 1987년 12월의 법 개정시 이를 반영하여 납기를 '월말'로 개정했다.

※ '익월 10일'과 '월말' 납부기한과 보험료 징수
징수기간을 연장한 것도 아니고, '다음달 10일'에서 '월말'로 납부기한만을 변경한 것이 보험료 징수에 어떻게 유리한 것인지 궁금할 수도 있을 것 같다. 지금도 그렇지만 당시에도 대개의 공과금(수도세나 전기세 등)의 납기일은 '매월 말일'이었다. 대부분의 가정에서는 이러한 각종 지출을 한 달 동안 마련해 두었다가, 월말쯤 읍내에 나가 한꺼번에 처리하는 것이 통상적이었다. 금융기관이 지금처럼 농촌 곳곳에 설치되어 있지도 않았고, 자동이체의 개념도 없었기 때문에 '익월 10일'이라는 의료보험료 납부기한은 매우 번거로운 것이었다(의료보험료 납부를 위해 10일쯤 한 번 더 읍에 나가야 했다). 게다가 항상 돈이 급한 상황에서 월말 지출에서 다음달 10일 지출을 위해 남겨둘 여유가 없었고, 또 설사 남겨두더라도 10일이 되기 전에 돈 쓸 일이 생겨 그 돈을 쓰고 말았다. 보험료 납부기한을 '월말'로 변경한 것은 이런 사정을 반영한 것이다.

4) 보험급여 및 전달 체계

시범사업지역의 보험급여 수준은 기존의 1종 보험과 동일하게 외래는 진료비의 30%(단, 병원 및 종합병원은 50%), 입원은 20%를 본인이 부담하도록 했는데 이는 보험종별 급여를 차등하는 일본보다 발전된 것이었다. 그러나 분만비와 장제비는 정액 10,000원으로 1종 보험보다 낮았다.

한편 보건기관(보건소·보건지소·보건진료소)은 시범지역에 한해 방문당 수가를 적용했다. 시범사업 초기 방문당 수가는 당시로서도 매우 낮아 보건진료소의 경우 방문당 본인부담액은 180원에 불과했다. 그러나 1983년 10월 이후에는 보건기관(보건소·보건지소)도 진료수가 기준을 따르도록 하여 일반의료기관과 같게 했다. 다만, 보건진료소는 방문당 정액수가제를 그대로 유지하되, 수가만 조정하여 1회 방문 1일분 투약당 600원, 1일분 투약 추가시마다 500원씩 가산하도록 했다.

보건기관 진료수가

구분	보건(지)소	보건진료소
1981.7.1부터	1회 방문당 1,200원 (본인부담 360원)	1회 방문당 600원 (본인부담 180원)
1983.10.1부터	진료수가 기준에 따라 산정 (진찰료·입원료는 일반의료기관보다 저렴한 기준 적용)	1회 방문당 600원 +1일분 투약 추가시마다 500원

※ 자료: 지역의료보험 시범사업 종합평가 및 재정 안정화 방안, 1986.

요양취급기관은 각 조합이 직접 보건기관과 의원을 1차 진료기관으로, 병원 및 종합병원을 2차 진료기관으로 구분하여 지정했다. 관할지역 내의 의료기관은 모두 지정하고 관할지역 외는 필요에 따라 지정했다. 다만 관내는 병원·종합병원도 1·2차 동시 지정(사실상 1차)되는 경우가 있었고, 관외의 전문의원은 의원급이지만 2차로 지정되는 경우가 있었다.

같은 1차 진료기관에서도 보건지소·보건진료소와 보건소·의원 사이에 역시 의료 체계가 구축되어 있는 경우가 많았고, 2차 진료기관 중에서도 각 조합은 특정 종합병원을 3차 진료기관으로 지정하는 경우가 많았다.

시범사업지역의 진료 전달 체계

원칙적으로 관할지역 내로 진료 지역이 제한됨에 따라 많은 주민들은 관외 지정을 폭넓게 허용해 줄 것을 요구했다. 이에 옥구군은 군산시를, 군위군은 대구 북부 지역을 개방했다. 이러한 소진료권 제도는 관할지역 내에 일반의료기관이 진출하는 경향을 보여 지역의료 강화라는 긍정적 효과가 있기도 했다.

시범지역의 수진율은 초기부터 꾸준히 상승했으며, 특히 1984년과 1987년에 크게 향상되었다. 초기에는 도시 지역인 목포의 수진율이 높았지만, 시간이 지나면서 농어촌 지역의 수진율이 더 상승했다.

시범사업지역의 연도별 수진율

(단위 : 회/년)

구분	1981	1982	1983	1984	1985	1986	1987
평균	1,033	1,276	1,376	1,689	1,615	1,736	2,134
5개군	1,033	1,144	1,326	1,637	1,612	1,733	2,211
목포시	–	1,603	1,508	1,830	1,624	1,742	1,939

보건기관 이용률은 1981년 1차 시범사업 계획시 방문 횟수 기준으로 총 외래 방문 횟수 대비 75%(보건소·보건지소 35%, 보건진료소 40%)로 설계되었으나 그 수준에 미치지 못했을 뿐 아니라 점차 감소했다. 그러나 1986년부터는 다소 오르기 시작해 보건기관이 전체 외래진료의 3분의 1 정도를 담당하는 선에서 유지되었다.

시범사업지역의 보건기관 이용률

(단위 : %)

구분	1981	1982	1983	1984	1985	1986	1987
건수 기준	62.6	37.5	28.9	23.3	22.9	29.0	35.6
방문 횟수 기준	55.8	30.9	21.6	17.7	17.0	23.3	29.0

※ 보건기관 이용 건수(횟수)/총 외래 건수(횟수), 목포시 제외.

건당 진료비도 지속적으로 올랐다. 시범사업 기간 내내 목포시는 5개 군 지역에 비해 외래 건당 진료비가 높은 반면, 입원 건당 진료비는 낮았다.

건당 진료비

(단위 : 원)

구분	1981	1982	1983	1984	1985	1986	1987
5개 군	6,234	10,308	12,457	13,600	15,238	15,216	15,448
목포시	–	12,564	15,718	16,244	17,449	16,744	17,861
평균	6,234	10,757	13,448	14,377	15,839	15,692	16,067

보험료 징수율 제고라는 과제로 인해 제2종 시범사업 조합은 초기 몇 년 동안 급여관리 업무에 큰 관심을 갖지 못했다. 그러나 진료 목적 위장전입자 색출, 구상권 행사, 다른 법령에 의한 수급권, 장기체납자가 갑자기 밀린 보험료를 내고 고액 진료를 받는 등의 문제가 발생하면서 급여관리가 재정에 미치는 중요성을 인식하게 되었다.

각 조합은 2~3개월 범위 내에서 신규 전입자의 입원 급여 제한 기간을 두기도 했고 보험료를 2~3개월 체납한 경우 급여를 제한하기도 했다. 이후 정부도 급여관리의 중요성을 인식하여 1984년 10월에는 6개 시범사업조합에 급여과(당시 급여계)를 신설토록 하여 현지조합의 급여관리 업무를 지원했다.

시범사업지역 조합과 관련한 진료비는 모두 해당 조합에 직접 청구했다. 그중 보건기관에 근무하는 사람은 각 조합에서 직접 심사하여 지급했고, 일반의료기관에 근무하는 사람은 중앙의료보험조합연합회에 송부하여 심사토록 한 후 그 결과에 따라 각 조합이 지급했다.

5) 보험재정 및 국고지원

6년 반에 걸친 제2종 의료보험 시범사업 기간에 재정자립도 향상은 지속적 관심의 대상이었다. 처음부터 관리운영비는 전액 국고 부담으로, 보험급여비는 전액 주민 보험료로 충당한다는 원칙이 수립되어 시범사업 기간에 최소한 겉으로는 이러한 원칙이 지켜졌다.

그러나 1차 시범사업 초기 6개월 만에 이미 재정적자가 드러나기 시작했다. 이에 보건사회부는 긴급히 보건사회부 의료보험 관련 예산액에서 3억 원을 남겨 1981년 12월 중앙의료보험조합연합회에 전달하고 이를 특별회계로 관리토록 한 다음, 재정지원을 위한 대여금 규정을 제정하여 보건사회부 장관의 승인 아래 지역 시범조합에 대여할 수 있도록 했다.

대여금 규정에 따르면 대여 조건은 무이자이고 대여 기간은 2년이지만 보건사회부 장관이 승인할 경우 연장할 수 있고, 상환 능력이 없다고 판단될 경우 역시 보건사회부 장관 승인으로 탕감할 수 있었다. 결과적으로 시범지역 주민이나 조합이 재정자립 의지를 갖게 한다는 뜻에서 대여금이라는 이름을 붙였지만, 사실상 국고지원이었던 것이다.

시범사업 연도별 재정자립도

(단위 : %)

구분	1982	1983	1984	1985	1986	1987
평균	60.6	63.4	64.9	76.9	95.1	78.2
5개 군	60.6	67.2	69.1	82.4	99.4	78.5
목포시	–	56.4	56.2	63.9	84.8	77.4

※ 1차 시범지역의 1981년도 실적, 2차 시범지역의 1982년도 실적은 제외.

시범사업 재정적자의 주요 원인으로는 주민들의 이해 부족, 보험료 납부 기피, 부담 능력 부족, 급여비 과다지출 등이 있지만, 무엇보다 가장 큰 원인은 보험급여 수준을 1종 보험 등과 동일하게 한 반면 보험료 수준은 낮게 출발한 데 있었다. 그러나 보험료를 낮게 책정한 이유가 당시 지역주민의 경제력이나 사회보장에 대한 의식이 성숙하지 못한 데 있었기 때문에, 지역의료보험의 수지균형을 이루지 못한 근본 원인은 사실 여기에 있다고 할 수 있다.

결과적으로 정부는 1982년 6월 22일 1차 시범사업 3개 지역에 대한 1억 8,000여만 원의 대여를 시작으로 같은 해 12월 29일에는 2차 시범사업지역까지 포함한 6개 지역에 2억 8,000여만 원을 대여하는 등 1987년 말까지 모두 13차례에 걸쳐 약 80억 원을 대여했다. 또한 대여금에 대해 대여 기간 만료 전에 1년간 상환 기간을 연장하는 조치를 취해 오다가 1989년 8월 보건사회부 장관의 승인을 받아 전액 탕감했다.

시범사업 재정 현황(시범사업 전반)

(단위 : 백만 원)

구분		계	홍천	옥구	군위	강화	보은	목포
수입(A)	계	43,387	8,010	6,120	4,400	7,614	4,873	12,370
	보험료	26,764	4,989	3,766	2,665	5,256	3,044	7,044
	차입금	7,980	1,525	1,006	664	952	616	3,217
	국고 부담	7,675	1,217	1,238	962	1,204	1,118	1,936
	기타 수입	968	279	110	109	202	95	173
지출(B)	계	43,392	7,978	6,114	4,362	7,586	4,782	12,570
	보험급여비	35,305	6,732	4,831	3,362	6,300	3,613	10,467
	관리운영비	7,675	1,217	1,238	962	1,204	1,118	1,936
	기타 지출	412	29	45	38	82	51	167
과부족 (A-B)		-5	32	6	38	28	91	-200

※ 차입금: 재정지원 대여금

한편 조합이 중앙의료보험조합연합회에 납부하는 일반회비와 심사수수료가 특별감면되었고, 애초에 낮은 선에서 출발한 보험료도 6개 지역 모두 대폭 인상했다. 1983년 6~8월경 평균 39.3%(최고 : 홍천 64.9%, 최저 : 목포 28.8%) 오른 것을 시작으로 보험료 조정이 계속되어 급여비 대비 보험료 부과액은 1983년 77.5%에서 1985년에는 90.9%로, 1986년에는 105.1%로 크게 개선되었다.

이러한 노력에 힘입어 1985년 군위군과 보은군이 재정흑자로 돌아섰고 1986년에는 목포시를 제외한 5개 군 지역이 흑자가 되었는데, 이는 1988년부터 농어촌 의료보험 전면실시를 결정하는 데 큰 힘이 되었다. 그러나 1987년에는 다시 재정이 악화되어 국고지원이 없는 지역조합의 재정자립이 현실적으로 어렵다는 인식 아래 농어촌 의료보험 전면 확대 계획 수립시 총 재정의 35%를 정부 부담으로 하는 방침(1988년 4월에 50%선으로 확대)이 나오게 되었다.

시범지역의 6년 반에 걸친 총 재정 현황은 앞의 표와 같다.

6) 홍보 활동

시범사업은 출발 초기부터 홍보에 많은 노력을 기울였다. 의료보험 시범사업 홍보는 해당 지역의 사업 성공뿐 아니라 장기적으로 국민들에게 사회보험제도의 장점과 특수성을 이해시키는 데 큰 도움이 된다는 정책당국의 의지가 있었기 때문이다. 1981년 거의 모든 조합은 반상회·예비군 교육·민방위 교육 등을 의료보험 홍보의 기회로 삼았고, 연합회는 포스터·표어·전단 등 물량적 지원을 했다.

1982년 8월부터 보건사회부와 중앙의료보험연합회 합동으로 편성·운영한 '중앙홍보반'은 초창기 시범사업 홍보에서 중요한 역할을 담당했다. 중앙홍보반 운영의 취지와 배경은 첫째, 각 지역별로 실시되는 사업이 정부의 공식 사업으로서 사보험이나 지방사업 차원이 아님을 알리려는 의도가 있었고, 둘째 차량·영사기·인력 등의 지원 필요성이 있었으며, 셋째 보건사회부와 연합회에서 직접 현지사업 진행 상황을 파악할 필요성이 있었기 때문이다. 중앙홍보반은 1983년까지 운영하다가 그 후 조합 업무가 정착하고 조합별로 차량을 구입하게 되자 해산했다.

1984년부터는 각 지역별로 의료보험에 관한 초·중·고교생 글짓기대회, 웅변대회, 리·동장 교육 등을 개최하여 의료보험에 관한 저변 인식 고취에 나섰다. 글짓기대회나 웅변대회는 자라나는 새 세대를 대상으로 좀 더 원대하게 사회보장으로서의 의료보험의 의의를 환기시킨다는 뜻에서 추진한 것으로, 많은 숫자의 보건사회부장관상과 연합회장상 그리고 적잖은 상금을 지원했다. 또한 글짓기대회에서 입상한 작품은 각종 홍보물에 게재하여 의료보험의 필요성을 생생하게 전달함으로써 이중의 홍보 효과를 올렸다.

6. 시범사업의 성과와 한계, 그리고 시사점

1980년 지역의료보험 시범사업 계획을 수립하던 당시 시범사업 기간은 1984년 말까지였다. 시범사업 종료 후에는 지역의료보험을 확대 실시하여 1985년부터는 2종 적용 대상자의 30%, 1987년에는 60%, 1988년에는 90%를 포괄한다는 것이 당초의 구상이었다. 그러나 대상자 확대라는 당초 구상은 실현되지 못했고, 1984년 12월 보건사회부는 시범사업을 더 이상 확대하지 않고 기존 시범사업의 기간만 2년 더 연장한다고 발표했다. 이러한 계획 변경의 가장 큰 원인은 시범사업의 부진이었다. 보험료 징수율은 부분적으로 높아졌지만 전반적으로 재정 적자가 해소될 기미는 보이지 않았던 것이다.

1·2차 지역의료보험 시범사업이 성공적이었는지를 논의하기는 쉽지 않다. 재정안정을 이루지 못했고, 예정대로 확대하지도 못했기 때문이다. 그러나 시범사업에서 발견한 문제점을

향후 지역의료보험의 설계에 반영했을 뿐 아니라, 시범사업의 착수와 전개 과정을 통해 지역의료보험 제도의 실시를 적극적으로 추동했다는 점에서 의의가 있었다.

7. 지역의료보험 시범사업의 교훈

1981년부터 실시했던 지역의료보험 시범사업은 지역의료보험 확대로 가는 징검다리였고, 지역의료보험 확대는 전국민의료보험으로 가는 중요한 기로였다. 따라서 지역의료보험 시범사업은 우리나라에서 전국민의료보장 체계가 어떻게 가능한지를 가늠하는 시험장인 셈이었다. 지역의료보험제도 형성의 측면에서 볼 때, 정부는 시범사업을 통해 지역의료보험 관리운영 체계로서 지역조합을 시험할 수 있었고 보험료 부과기준이나 가입 방식에 대해서도 중요한 교훈을 얻을 수 있었다.

첫 번째는 관리운영 체계에 관한 것이다. 당시 정부가 가장 적극적으로 검토했던 방식 중 하나는 일본과 같은 시·군·구 지역정부 운영 방식이었다. 그런데 일본은 당시 지방자치제가 도입되어 선거로 자치단체장을 선출했다. 선출직의 지방자치단체장이 의료보험을 관장하게 되면서 일본은 포퓰리즘으로 인해 상당한 적자 상태에 직면할 우려가 있었다. 보험 운영 원리에 따라 보험료를 올리거나 급여를 제한할 필요가 있어도, 선거를 의식하여 그렇게 하지 못하는 경우가 생기기 때문이다. 당시 우리나라는 지방자치가 요원한 실정이었지만, 정치적 상황 변화에 따라 지방자치제를 도입할지도 모를 일이었다. 실제로 1988년 농어촌 의료보험 실시, 1989년 도시 지역 의료보험 실시 이후 6년 뒤인 1995년 우리나라도 광역 및 기초 단체장을 선출하는 지방자치제를 전면 실시하게 되었다.

또 한편으로 검토했던 것은 당시 전국적 조직을 가지고 있던 농협과 같은 조직을 기반으로 운영하는 체계였다. 그런데 농협은 면 단위까지 조직은 있었으나 시·군·구 단위에서는 지부의 형태로 실질적인 권한을 행사하기 어려운 상황이었다. 의료보험 시범사업을 시·군·구 단위로 했고, 실제 도입을 할 때도 시·군·구 단위로 해야 하는 상황에서 면 단위로 움직이는 농협 조직은 맞지 않았다.

수많은 논의와 검토를 거친 끝에 운영 체계와 관련해 지역의료보험 도입의 몇 가지 기준이 정해졌다. 그것은 ① 보험의 원리에 입각해 보험료 부과나 보험급여가 결정되어야 하고, ② 보험 운영에 있어 정치적 운영이 되지 않아야 하며, ③ 시·군·구 단위로 이루어져야 한다는 것이었다. 결국은 시·군·구마다 특수법인 형태의 보험자(조합)를 설립하는 것으로 결정하게 되었다.

두 번째로 보험료 부과기준의 설정 문제였다. 보험료는 기본적으로 소득을 중심으로 부과해야 한다. 하지만 당시 소득파악률이 10% 내외였기 때문에 소득·재산·가족수 등을 기준으로 하되 형평성을 고려하기 위해 주민 대표로 구성하는 조합운영위원회(30~50인)에서 자치적으로 결정하도록 했다.

이는 시범사업에서 보건사회부의 지침에도 불구하고 각 조합이 지역의 형편에 맞게 보험료를 조정했던 경험과 관련이 있었다. 즉, 지역의료보험의 경우 보건사회부의 지침에 따라 재산은 기본적으로 5등급으로 나누도록 하고 지역(산간·농어촌 등)적 특성에 따라 범위를 설정하는 등 기준을 마련하지만, 최종 결정은 주민 대표로 구성되는 각 조합 운영위원회가 융통성 있게 등급을 조정할 수 있도록 했다.

세 번째로 임의가입 방식은 부적절하다는 것이었다. 임의와 강제가 혼합될 경우 인근 지역으로 전·출입하는 등의 방식으로 보험료를 회피하고, 필요한 경우에만 보험급여를 받는 역선택이 발생하여 재정 안정성에 큰 무리를 줄 가능성이 있다는 것이 시범사업을 통해 실증되었기 때문이다. 또한 시범사업 해당 지역에서 당연적용 방식을 지속하면서 보험료 징수 등의 실적이 점차 개선된 사례도 많이 참고되었다.

지역의료보험 시범사업은 의료보험 정착과 확대에서 ① 운영 체계, ② 부담 능력과 재원 조달, 그리고 ③ 의료전달 체계 합리화의 중요성을 강조했다. 그리고 이러한 점은 지속가능한 의료보장을 고민하고 있는 현재의 국민건강보험에도 여전히 유효한 시사점을 준다.

2장 건강보험의 현재

추가부담 없이 보장성 확대하기
└→ 건강보험의 과거와 현재, 미래에서 답을 구하다

1. 건강보험에 대한 시대적 요구

– "일상적 수준의 보험료 인상으로 폭발적 수준의 보장성 확대를 뒷받침하라"

지금 우리 사회의 화두는 복지이다. 4대 중증질환 보장, 기초연금, 무상보육 등 최근 사회 이슈가 다 복지이다. 그런데 각종 언론 매체에서 알 수 있듯이, 특히 증세나 국민의 추가 부담 없이 복지를 확대하는 것이 국민적 욕구이자 정치적 욕구이다.

건강보험도 마찬가지이다. 추가부담 없이 보장성을 높이는 것이 정치적·국민적 욕구이자 바람이라고 할 수 있다. 국정과제인 "의료보장성을 높이고 지속가능성을 제고하겠다", "건강의 질을 높이는 보건의료서비스 체계를 구축하겠다"는 내용도 한마디로 말하면 복지의 가장 첫 번째 과제라고 할 수 있는 건강보험의 질을 높이고 보장성도 확대하겠다는 것이다.

하지만 최근 복지 증세 논란에서 보듯이, 국민에게 부담을 더 지우는 것에 대한 거부감이 대단히 크다. 국민들은 부담을 크게 늘리면서 국정과제를 실현하는 것을 바라지 않는다. 이는 대폭적인 보험료율 인상이나 큰 폭의 정부 지원 없이 건강보험 보장성을 확대해야 한다는 것을 의미한다.

최근 5년간 건강보험료는 연평균 3.77%씩 인상됐다(국고 지원액도 비슷한 수준으로 증가). 그러나 보장성 확대는 일상적 수준에 머물렀다. 건강보험 급여 품목과 대상이 꾸준히 늘긴 했지만, 그때그때 필요한 한두 개 정도를 확대하는 것에 그쳤던 것이다. 연평균 보험료 3.77% 인상은 일상적 시기의 일상적 수준의 인상률이라고 할 수 있다.

현 정부 들어와서 4대 중증질환 보장, 3대 비급여(상급병실·선택진료·간병비) 해결, 전체적인 질병의 보장성 강화 등 급여(보장성) 확대를 추진하고 있다. 보장성 확대에서 지난 5년간의

'일상적' 수준이 아닌 '폭발적' 수준이다. 이를 뒷받침하기 위해서는 그에 걸맞은 보험료의 인상과 국고 지원이 뒤따라야 한다. 그러나 국민적·정치적 요구는 그렇지 않다.

따라서 현재 우리에게 주어진 과제는 '일상적 수준의 보험료 인상'으로 '폭발적 수준의 보장성 확대'를 뒷받침하는 것이다. 그 가능성과 해법을 건강보험의 과거·현재·미래를 조망하면서 찾아보려고 한다.

2. 현재의 건강보험 패러다임, 77패러다임
– 전국민건강보험 달성을 위한 개발도상국형 패러다임

답을 찾기 위하여 우리나라가 건강보험을 본격적으로 시행한 지난 36년간, 과거에서 현재까지 우리가 어떠한 기조를 유지했는지를 되짚어 볼 필요가 있다. 1977년도에 건강보험을 시행했고, 1989년도에 전국민건강보험을 달성했으며, 2000년도에 보험자를 하나로 통합하여 지금에 이르렀다.

건강보험 시행 이후 지금까지의 패러다임은 '저부담-저급여-혼합진료-치료위주' 시스템이라고 정리할 수 있다. 보험료 부담이 그리 많지 않고, 급여 또한 많지 않다. 그리고 '한 번의' 진료에 급여와 비급여가 함께 이루어지는 혼합진료를 허용하여, 특실에 입원하거나 선택진료를 받아도 건강보험이 적용되지 않는 차액만 본인이 부담하면 된다. 또한 예방보다는 치료 위주의 시스템이다.

이러한 현재까지의 패러다임은 한마디로 '전국민건강보험 달성을 위한 개발도상국형 패러다임'이라고 정리할 수 있다. 77년도 패러다임, '77패러다임'이라고 말할 수도 있겠다. 77패러다임은 이제 막 도입한 건강보험의 정착과 빠른 확산에 최적화된 시스템이었다. 저부담은 가입자(국민)의 저항을 줄였고(저급여는 저부담에 따른 어쩔 수 없는 선택이었다), 혼합진료 허용은 공급자(의료기관)의 저항을 줄였다. 그리고 치료 위주는 '병을 고쳐 달라'는 국민의 직접적 욕구에 부응했고, '예방'보다는 보건의료시스템을 구성하기도 쉬웠다. 때문에 77패러다임은 '전국민건강보험 달성'에 적합했고, '개발도상국형'이라고 정의하는 것이다.

이런 패러다임을 바탕으로 우리나라는 세계에 유례없이 건강보험을 시행한 지 12년 만인 1989년 7월 전국민건강보험을 달성할 수 있었다. 그리고 그 패러다임을 현재까지 유지하고 있다. 이 패러다임은 전국민건강보험이 달성될 때까지 분명 성공적이었고, 지금도 실패였다고 볼 수는 없다. 하지만 이러한 패러다임은 몇 가지 문제들을 야기했다.

3. 77패러다임이 야기한 문제 여섯 가지

첫째, 보장률이 낮다. 서두에서 말했듯이 건강보험에 대한 시대적 욕구, 정치적 욕구에서 보장성 문제가 제일 먼저 거론된다. 4대 중증질환 보장, 무상의료 실시 등이 논의되는 것도 바로 이러한 문제에서 기인한다. 그래서 낮은 보장성을 우리가 안고 있는 첫 번째 문제로 꼽는다.

둘째, 보험료의 부담(부과체계)이 형평에 어긋나고 불공정하다. 이 문제는 2012년부터 우리가 여러 차례 토의를 거쳐 개선방안도 제안했고, 너무나 잘 아는 사실이기 때문에 더 자세한 언급은 하지 않기로 한다.

셋째, 급여 구조가 형평에 어긋나고 불공정하다. 이 문제 또한 여러 차례 언급한 것으로 빅5병원, 상급병원, 종합병원, 병원, 의원 간에 부익부 빈익빈의 불형평하고 불공정한 구조가 심화되고 있다.

지난 10년간의 전체 보험급여비에서 차지하는 비율을 비교해 보면, 빅5병원은 2001년에 4.1%였으나 2011년에는 6.1%로 높아졌다(48.8% 증가). 상급종합병원은 2001년에 12.4%였으나 2011년에 16.3%(31.5% 증가), 종합병원은 2001년 11.7%였으나 2011년에 15.3%(30.8% 증가), 병원은 2001년에 5.8%였으나 2011년에 14.1%(143.1% 증가. 요양병원 포함)로 증가했다. 그 결과 병원급 이상은 2001년에 총 29.9%였으나 2011년에는 45.7%를 차지했다(52.8% 증가). 반면 의원은 2001년 34.1%였으나 2011년에는 21.6%로 오히려 줄었다(36.7% 감소). 건강보험에서 의원급 비중은 점점 줄어들고, 병원급 이상은 확대되고 있는 것이다

2001년에서 2011년까지 1개 요양기관당 진료비의 변화가 어떠했는지 살펴보기로 하자. 빅5병원은 3.3배, 상급종합병원은 2.9배, 종합병원은 2.65배, 병원은 2배 증가했다. 반면 의원은 1.3배 증가하는 데 그쳤다(요양병원은 3.81배 증가). 빅5병원, 상급종합병원, 종합병원, 병원, 의원 순으로 증가했음을 알 수 있다. 큰 병원일수록 진료비 증가율이 두드러진다. 이것은 비급여가 포함되지 않은 수치로, 비급여를 포함하면 빅5병원이나 종합병원과 의원 간의 격차는 훨씬 더 커질 것이다.

위 두 가지 통계에서 알 수 있듯이 현재의 '급여(건강보험급여. 여기서는 의료공급이라고 이해하면 된다) 구조'는 병원 규모가 클수록 유리하다고 생각할 수 있다. 다음은 의원급에 불형평한 사례이다.

빅5병원에 근무하던 내과과장이 개원할 경우를 가정하면 초진료는 건당 1만 3,190원이다. 하지만 빅5병원 내과과장으로 진료하면 1만 7,270원으로 4,080원(상대가치점수 차이) 더 많다. 여기에 선택진료비가 더해지면 2만 6,770원으로 초진료 차이는 2배가 된다. 게다가 일반 의원은 환자 75명까지 진료할 경우에만 건당 1만 3,190원이 적용되고, 76~100명은 10% 감액, 101~150명은 25% 감액, 150명 초과는 50% 감액되어 초진료 차이는 더욱 커진다(대형 병원은

이런 감액제도가 없다). 지난 10년간의 통계 변화와 이런 불형평한 사례들을 보면 불공정한 급여 구조에 의문을 가질 수밖에 없을 것이다.

넷째, 재정누수 방지가 미흡하다. 진료비 청구·심사·지불·사후관리 체계의 흐름에서 재정 누수가 상례화되어 있다. 이로 인해 다음과 같은 문제들이 발생한다.

① 요양기관(의료기관)의 급여비용(진료비) 청구를 가입자의 자격관리를 하는 보험자(공단) 가 아닌 심평원에 함으로써, 부적정한 가입자(외국인 등)의 진료비를 일단 지급한 이후 환수하는 '사후관리'만 하게 되어 이중 삼중의 낭비를 가져오고 있다. 진료비 지급 전 '사 전관리'를 못하고 있는 것이다(이 책 PART Ⅱ 「보험자」에서 자세히 서술했으니 참조 바람).

② ①에서 기인하는 문제이지만, 공단은 부적정한 가입자의 부당수급(진료)에 대한 '적기 조 사'를 현재 구조상 하지 못하고 있다. 공단이 심평원으로부터 심사내역을 받는 시점은, 심평원이 진료비 심사를 청구받은 45일 뒤이다. 요양기관(의료기관)이 진료비 청구를 한 두 달씩 한꺼번에 모아서 청구하는 것을 감안하면, 진료 시점으로부터는 서너 달 뒤가 되는 것이다. 심사내역을 받아서, 그것을 공단이 가지고 있는 자격 자료 및 BMS(부정급 여적발시스템)와 연동하여 부정조사를 하는 데 또 한두 달이 지난다. 결국 부정수급 적발 은 진료 시점으로부터 5~6개월 뒤가 된다. 그 정도이면 건강보험 무자격자인 외국인은 진료 후 본국으로 돌아가고, 보험사기 집단은 증거를 은폐하고, 사무장 병원은 폐업 후 잠적하기 충분한 시간이다. 부당수급 및 보험사기 적발 시점을 단축해야 한다.

③ 심평원으로부터 ②의 심사내역을 받긴 받되, 세부적인 심사조정내역은 받지 못하고 있 다. '세부적인 줄 단위 심사조정내역'은 BMS에서 필수적인 요소이다. 자료가 세밀할수록 깊이 숨겨진 보험사기와 부정급여, 부정청구를 적발해 낼 수 있기 때문이다. 지금은 개 략적인 자료로 개략적인 조사만 할 뿐이다.

④ 현지조사 인력이 부족해 전산 심사와 서류 조사에 집중하고 있다. 현재 부당청구에 대한 현지조사는 실무적으로 심평원이 담당하고 있는데(현지조사권은 복지부에 있음), 현지조사 는 1%에 불과하다. 만일 전체 요양기관(의료기관)을 현지조사한다고 하면 100년 걸린다. 공단은 전국 시·군·구에 지사가 있어 현지조사를 할 수 있는 인프라를 가지고 있다. 공 단의 인프라를 활용하면 훨씬 더 효과적이고 광범위한 현지조사를 진행할 수 있다.

⑤ 동일한 의료기관에서 동일한 환자에 대해 건강검진도 하고 치료도 한다. 건강검진비용 도 공단이 지불하고, 치료비용(진료비)도 공단이 지불한다. 그런데 비용 청구는, 하나는 (건강검진) 공단에, 하나는(진료비) 심평원에 한다. 예를 들어 어떠한 사람(A)이 장기요양 시설에 있다고 하자. A가 가끔 아파 병원에서 치료를 받는다고 할 때, A의 장기요양비용 도 공단에서 지불하고, 치료비용(진료비)도 공단에서 지불한다. 그런데 비용 청구는 하나

는(장기요양비용) 공단에 하고, 하나는(진료비) 심평원에 한다. 그리고 장기요양비용 심사는 공단에서 하고, 진료비 심사는 심평원이 하는 것이다. 비정상이다.

⑥ ⑤로 인하여 보험사기·부정수급·부정청구 조사의 효율성이 떨어지고 있다. 동일 인물에 대한 비용(건강검진비용·진료비·장기요양비용), 동일 의료기관이 청구한 비용(건강검진비용·진료비)을 같은 시간에 같은 테이블에 놓고 비교 대조하면서 보아야 한다. 그런데 청구 기관이 공단과 심평원으로 각각 다르고, 심사기관 역시 각각 다르다. 게다가 공단에 접수되는 시점도 각각 다르고, 진료비에 대한 세밀한 조정 내역조차 받지 못한다. 이 모든 자료가 한 기관에 집중되고, 한 기관에서 자료를 관리하고, 한 기관에서 심사하고, 같은 테이블에 놓고 같은 시점의 자료를 비교 대조하면, 지금보다 훨씬 더 효율적인 심사를 할 수 있어 보험사기 적발과 부정수급·부정청구를 적발해 낼 수 있다.

⑦ 심평원의 심사 기능도 좀더 정교해지면 좋을 것이다. 현재는 심평원의 심사가 끝난 자료를 넘겨받아 공단이 다시 점검한다. 다음은 2012년 공단이 다시 점검하여 환수결정한 내용이다. 전산 확인을 통해 3만 8,125개 기관에 청구 오류 등 99억 원(53만 건)을 환수결정했다. 또한 사무장 병원 등 보험사기 적발로 206개 기관에 835억 원(251만 건), BMS 확인 등 사후 진료내역 확인으로 1,349개 기관에 77억 원(654만 건), 진료내역 통보 등으로 4억 원(10만 건) 등 총 1,016억 원에 달하는 부당청구 금액을 요양기관으로부터 환수결정했다. 또한 타 보험에서 지급해야 할 교통·산재사고 등의 공단부담 진료비 1,167억 원(55만 건), 무자격자 진료 113억 원(53만 건), 체납 후 진료 68억 원(9만 건) 등 1,348억 원에 달하는 가입자의 부정수급에 대해서도 환수결정했다. 이렇게 공단이 사후관리를 통해 2012년 요양기관과 가입자가 부당청구하거나 부정수급한 금액 총 2,364억 원을 환수결정한 것이다. 한편 2012년 한 해 동안 심평원이 심사를 통해 삭감한 금액은 2,700억 원이었고, 공단에서 심평원에 부담금으로 지원한 금액은 1,891억 원이었다. 결국 심평원이 건강보험 재정을 절감해 준 금액은 800억 원 정도이다.

다섯째, 예방사업을 하는 데 적합하지 않은 보험시스템이다. 예방증진사업보다는 치료 위주의 보험운영시스템이다. 만성질환 증가에 따라 건강보험의 재정 부담이 급증하고 국민 건강이 위협받고 있으나, 현행 건강보험 급여 체계는 질병 치료 중심으로 되어 있고 질병의 사전예방을 위한 서비스는 거의 없는 실정이다.

여섯째, 앞서 설명한 문제점들로 인해 결과적으로 민간보험이 대단히 활성화되어 있다. 한국의료패널 조사에 따르면, 전체 세대의 78%가 민간보험에 가입해 있고, 한 가구당 3.8개의 민간보험에 가입해 있다. 납부하는 민간보험료는 월평균 23만 원(종신·연금보험 포함)이다. 2012년 세대당 평균 건강보험료는 지역가입자의 경우 7만 5,000원, 직장가입자의 경우 8만

9,000원(개인 부담)이었다. 78%의 가구에서 평균 건강보험료의 2배 이상을 민간보험료로 내고 있는 것이다. 이것 또한 건강보험이 가지고 있는 근원적인 문제이다.

지금까지 언급한 건강보험이 안고 있는 근원적인 문제를 간략히 정리해 보면, 건강보험의 보장성이 낮고 보험료 부담과 급여가 불공평하며, 치료 위주의 시스템으로 예방사업을 하는 데 적합하지 않고, 재정누수를 방지할 수 없는 보험운영시스템이라는 것이다. 이로 인해 민간보험이 활성화되어 국민의 부담이 늘어나고 있다. 이런 상황은 지금의 패러다임이 유지되는 한 지속될 수밖에 없다.

4. 건강보험을 둘러싼 외부 환경

지금까지 건강보험 내부의 문제를 살펴보았다. 한편 건강보험을 위협하는 외부의 위험 요소도 많이 있다.

첫째, 저출산·고령화 현상으로 보험료를 부담해야 할 계층은 점점 줄어드는 반면, 급여(진료)를 받는 계층은 늘어나고 있다. 통계청 자료를 보면 생산가능인구가 2013년 현재 3,671만 명이고, 점점 늘어나 2016년에 최고치에 이르렀다가 이후로는 내려가 2060년엔 2,187만 명까지 줄어들게 된다. 노령화지수는 1978년 10%, 2006년 51%, 2011년 73%, 2013년은 83%로 높아져 우리 사회가 급속히 노령화되고 있음을 알 수 있다. 이런 현상은 진료비에서도 나타난다. 전체 진료비에서 노인 진료비가 차지하는 비중은 2000년에 17.5%였으나 2012년엔 34.4%로 급격하게 늘어났다.

※ 노령화지수 : 15세 미만의 인구에 대한 65세 이상 인구의 비율을 말한다.

둘째, 고혈압·당뇨·대사증후군 등 만성질환 위주로 질병 구조가 빠르게 변하고 있다. 전체 진료비에서 만성질환 진료비가 차지하는 비중이 2002년 25.5%에서 2011년 35.5%로 높아졌다. 노인 진료비 증가와 더불어 심각한 상황이라 할 수 있다.

셋째, 보장성을 확대하라는 정치적·사회적·국민적 요구가 계속 높아지고 있다. 국민의료비 중 건강보험·산재보험 등을 포함한 공공지출(공적지출)이 얼마나 차지하느냐가 보장성과 관련이 있는데, 2011년 기준으로 우리나라의 국민의료비 중 공적 지출 비중이 55.3%인 반면, OECD 평균은 72.2%였다.

2009년도 기준으로 국민 1인당 GDP가 우리나라와 비슷한 수준(구매력 기준 약 2만 7,000 달러)인 국가의 보장률과, 주요 선진국이 과거 이와 비슷한 소득수준이었을 때의 보장률은 평균 80%쯤이다. 그런데 2011년 우리나라의 보장률은 63%(현금급여 포함)이다. 2010년엔

63.6%였고, 2009년엔 65%였다. 보장성을 확대하는 정책을 계속 펴왔지만, 건강보험 보장률은 점점 내려가고 있는 것이다. 이러한 이유로 국민의 요구 수준은 더욱 높아져 지난 대선에서 여당은 4대 중증질환 100% 보장, 야당은 무상의료를 주장하면서 입원 90% 보장, 외래 70% 보장을 공약했던 것이다.

이상 세 가지가 건강보험을 둘러싼 만만치 않은 외부환경이다. 부담 계층은 줄어드는데 급여 계층은 늘고, 질병 구조는 만성질환으로 빠르게 변하고 있는 반면, 국민들의 보장성 요구 수준은 갈수록 높아지고 있는 것이다. 77패러다임이 야기한 6가지 건강보험의 내부적 문제와 이상의 3가지 외부환경을 모두 극복하면서 건강보험의 미래를 개척해 나가야 하는 것이 우리의 과제이다.

5. 미래의 패러다임
– 보장률 확대를 위한 선진형 패러다임

이러한 내부적 문제와 외부적 환경에서 어떻게 해야 국민의 욕구, 시대적 욕구, 정치적 욕구를 수용하면서 건실하고 지속가능한 건강보험제도를 만들 것인가가 우리가 안고 있는 최대 과제이며 목표이다. 이 문제는 단순히 산술적으로 풀 수 있는 문제가 아니다. 전체를 놓고 봐야 해답을 찾을 수 있다. 앞서 '77패러다임'이라고 지칭했던 '전국민건강보험 달성을 위한 개발도상국형 패러다임'으로는 당면한 문제를 풀 수 없다.

'77패러다임'은 지난 36년간 '전국민건강보험 달성'과 유지로 그 역사적 소명을 다한 만큼 이제는 새로운 패러다임으로 바꾸어야 할 때이다. 새로운 패러다임은 전국민건강보험의 토대 위에서 국민의 요구인 '보장률 확대'를 목표로 해야 한다. 또한 새 패러다임은 '개발도상국형'을 대체하는 '선진형'이어야 한다. 그런 점에서 새 패러다임은 '보장률 확대를 위한 선진형 패러다임'이라고 이름 지을 수 있을 것이다. '77패러다임'과 구분하기 위해 이를 약칭하여 '선진형 패러다임'으로 부르기로 하자.

6. 선진형 패러다임이란?

'선진형 패러다임'은 77패러다임을 대체하는 것이다. 77패러다임이 '저부담-저급여-혼합진료-치료위주' 시스템이었다면, 선진형 패러다임은 77패러다임이 야기한 내부적 문제를 극복하는 방향이어야 한다. 그것은 ① 부담과 급여에서의 형평성과 공정성 확보, ② 혼합진료의 예외적 허용, ③ 예방과 재정누수가 방지 가능한 보험운영시스템을 내용으로 한다. 그리고 달라진 국민의 요구에 맞춰 부담의 증가 없이 보장률을 높일 수 있어야 한다. 그러면 '선진형 패러다임'의 내용을 구체적으로 정리해 보자.

첫째, 보험료 부담에서 형평성과 공정성을 높여야 한다. 현재의 보험료 부과기준은 4가지, 부담하는 사람은 6가지 부류로 나눌 수 있는데, 급여를 받는 혜택(질병치료·보장률)은 동일하면서 보험료를 부담하는 부과기준이 각각 다른 것 자체가 형평성과 공정성을 해치고 있다.

※ 보험료 부과기준 4가지 : 직장가입자(보수), 직장가입자 중 보수 외 소득 7,200만 원 초과자(보수+보수 외 소득), 지역가입자 중 소득 500만 원 초과 세대(소득+재산+자동차), 지역가입자 중 소득 500만 원 이하 세대(재산+자동차+평가소득, 평가소득:성+연령+재산+자동차+소득)

※ 보험료 부담하는 사람 6가지 부류 : 위 4가지에 직장 피부양자(보험료 부담 없음), 지역세대원(500만 원 이하 세대의 세대원, 보험료 부담 있음) 추가

현재의 보험료 부과체계는 근로자에게 과도한 부담을 지우고 있다. 2011년 기준 근로자의 근로소득 총수입액은 437조 8,000억 원인데 국세청은 이중 294조 6,000억 원에 과세하고(연말정산으로 소득공제를 하고 남은 소득), 건강보험료는 근로소득 총수입액보다도 많은 452조 8,000억 원에 부과한다. 건강보험료는 국세청이 근로소득으로 정의하지 않는 일반사업장의 복지포인트, 고정적으로 받는 기타수당 등에도 부과하기 때문이다. 일명 건강보험에서만 사용하는 '총보수' 개념이다.

반면 사업소득 총수입액은 785조 2,000억 원 중 국세청은 사업소득세로 이중 71조 5,000억 원에 과세하지만(재료대·인건비 등 사업경비 제외), 건강보험료는 29조 3,000억 원에만 부과한다. 연금소득 총수입액은 19조 9,000억 원 중 국세청은 1,000억 원에 대해서만 과세하고, 건강보험료는 4조 6,000억 원에 부과한다. 강의료 등 기타소득은 총수입액 12조 원 중에서 국세청은 5조 원에 과세하고 건강보험료는 4,000억 원에 대해서만 부과한다. 근로소득 외에 어떤 소득도 총수입액보다 많은 금액에 보험료를 부과하지 않고 있다. 게다가 보험료를 부과하고 있는 소득조차 일관된 부과기준 없이 각기 다르게 적용하고 있다.

그나마 국세청이 공단에 통보해 주는 소득에는 건강보험료를 부과할 근거라도 있지만, 현재 공단이 통보받지 못해 보험료 부과 근거조차 없는 소득이 174조 2,000억 원이다. 그리고 통보는 받지만 건강보험료를 부과하지 않는 소득이 75조 4,000억 원이다. 따라서 총 249조 6,000억 원이 추가로 보험료를 부과할 수 있는 기반이라 할 수 있다.

※ 다행히 2013년 8월에 발표된 세법 개정안에 4대 사회보험기관이 요청하면 국세청의 과세 정보를 제공받을 수 있는 근거가 마련되었다. 이에 따라 건강보험법과 금융실명거래 및 비밀보장에 관한 법률을 고치면 전체 소득자료에 보험료를 부과하는 것이 가능해졌다.

보험료를 부과할 수 있는 소득이 249조 6,000억 원이나 됨에도 여기에 보험료를 부과하지 않으면서, 가입자 간 형평성과 공정성은 상실되고 보험료 수입도 부족하게 된 것이다. 이 부족분을 지금은 지역가입자의 '비(非)소득'에 보험료를 부과하는 것으로 메우고 있다. 자가·전세·

월세 등 재산, 자동차, 가족구성원의 성별·나이 등에 보험료를 부과하는 것이다. 이런 '비소득'에 부과하는 보험료는 약 89조 원의 소득이 있다고 추정하고 부과하는 것이다.

이렇게 보험료를 부과하다 보니 전체 민원의 82%가 보험료 부과와 징수에 관한 민원이다. 민원은 들끓는데 보험료 징수는 잘 안 되고 있다. 6개월 이상 체납한 보험료가 2조 원이 넘고 6개월 이상 체납하면서 진료 받은 금액이 3조 원이 넘는다.

또 현재의 부과체계는 건강보험 '무임승차자'를 양산하고 있다. 직장가입자의 피부양자 제도가 그렇다. 건강보험 혜택을 받는 기준(요양급여 기준)은 누구나 동일한데, 지역가입자의 세대원은 '소득이 없어도' 성별과 나이에 따라 보험료를 부과하는 데 반해 직장가입자의 피부양자는 '소득이 있어도' 보험료를 내지 않고 있다. 직장가입자는 1,399만 명인데 피부양자는 2,012만 명이나 된다. 직장가입자 한 명의 보험료로 2.4명(본인 포함)이 건강보험 적용을 받고 있는 것이다. 게다가 피부양자 중에는 소득이 있는데도 보험료를 내지 않고 있는 사람이 229만 명에 달한다. 건강보험 '무임승차'이다.

※ 2012년 9월부터는 7,200만 원 이상의 종합소득, 2013년 8월부터는 4,000만 원 이상의 연금소득에 대해서는 보험료를 부과하고 있다. 하지만 퇴직·양도·상속·증여·일용근로소득과 4,000만 원 이하 금융소득 등에 대해서는 국세청으로부터 소득 자료 자체를 받지 못하고 있다.

이런 불형평하고 불공정한 보험료 부과체계를 개선하기 위하여 2012년 우리 공단은 『실천적 건강복지 플랜』을 통해 '소득 중심 보험료'를 제안했다. 그런데 일각에서 소득 파악의 미비로 시기상조라는 주장을 하고 있다. 그러나 그렇지 않다.

2012년 기준으로 우리나라 전체 세대수는 2,116만 세대인데 그중에서 '소득이 파악되는 세대'는 79.7%인 1,686만 세대이다. 2013년도 기준으로는 전체 2,179만 세대 중에서 80.8%인 1,761만 세대의 소득이 파악되고 있다. 이는 전년도에 비해서 1%p 올라간 수치이다. '소득 자료가 없는(소득 파악이 안 되는)' 세대는 2013년 기준으로 418만 세대이고 2012년에는 430만 세대였다. 이처럼 소득 파악이 안 되는 세대가 점점 줄고 있다.

게다가 현재는 국세청으로부터 통보받지 못하고 있는 4,000만 원 이하 금융소득, 양도·상속·증여 소득, 기타소득 등에 관한 자료를 2013년 8월 발표된 세법개정안에 근거하여 향후 받게 되면, 소득이 파악되는 세대는 95% 정도가 될 것이라 추산된다. 소득 중심 보험료를 하기 위한 조건은 이미 마련되어 있고 상황은 점점 개선되고 있다.

『실천적 건강복지 플랜』에 담은 대로 '소득 중심의 부과체계 개편 방안'을 실시한다면 5.8%(2012년 기준)의 보험료를 5.5%로 낮출 수도 있다는 시뮬레이션 결과가 나왔다. 또한 소득 중심의 부과체계에서 지난 5년간의 일상적 인상 수준(연평균 3.77% 인상)을 적용해 보험료율을 5.8%에서 5년 후 6.11%까지만 높이면 23조 3,000억 원을 조달할 수 있다는 결과도 나왔다. 이렇게 공단은 특별히 부담을 늘리지 않으면서 보장률을 높이기 위한 재원을 조달할 수 있는 방안을 마련해 시뮬레이션 결과까지 모두 공개했다. 이것이 보장성 80%를 달성할 수 있는 주요 재원이 될 것이다.

둘째, 혼합진료를 예외로 해야 한다. 건강보험을 운영하는 일본에도 우리나라와 마찬가지로 비급여가 있다. 보험급여가 되지 않는 진료가 있기 때문이다. 하지만 일본은 혼합진료를 원칙적으로 허용하지 않는다. 진료 과정에 비급여가 있으면, 보험급여가 되는 진료 행위를 포함하여 해당 진료비용 전체에 대해서 보험급여를 해주지 않고 본인이 전부 부담하게 한다.

이에 반해 우리나라는 비급여 진료를 받더라도 비급여 비용만 본인이 부담하면 되도록 혼합진료를 허용하고 있다. 예를 들어 보험급여가 되는 기준 병실 대신 비급여인 상급병실을 이용할 경우 기준 병실에 대한 보험급여를 제외한 나머지만 본인이 부담한다.

건강보험은 '필수적'이면서, 보험 원리 내에서 '적정한' 수준의 급여 행위를 보장하는 것이 원칙이다. 따라서 가입자가 비급여에 해당하는 진료를 받는 것에 대해서 보조하는 형태로 보험급여를 하는 것을 원칙적으로 허용해서는 안 된다. 일본에서는 혼합진료를 허용해야 한다는 가입자의 주장을 기각한 대법원 판례가 있을 정도로 혼합진료 금지를 엄격하게 적용하고 있다.

우리나라에서 혼합진료를 허용했던 것은 보장성의 범위가 좁은 것을 보완하기 위한 것이었으므로 앞으로 보장률이 높아지고, 이른바 3대 비급여(상급병실료·선택진료비·간병비)가 급여화되면 혼합진료를 금해야 한다. 다만 말기 암환자의 신의료기술 치료 등 예외적인 경우에 한해 허용해야 할 것이다(지금은 대부분의 치료에서 비급여와 급여를 혼합하여 치료하는 것이 일반화되어 있다). 비급여를 제한하는 혼합진료의 원칙적 금지는 보장성 확대와 건강보험 재정관리의 필수적 요소이다. 최근 몇 년간의 예에서 알 수 있듯이 급여 항목을 아무리 늘려도 그보다 많은 양의 비급여가 늘어나면 돈(재정)은 돈대로 쓰면서도 보장성은 제자리이거나 후퇴하기 때문이다.

셋째, 재정누수가 상례화되어 있는 현재의 시스템을 바꾸어야 건강보험 재정관리를 제대로 할 수 있다. 아무리 보험료를 올리고, 국고 지원을 늘려도, 재정누수가 있으면 헛일이다. 최대한 재정누수를 막는 것을 제도화해야 한다.

앞에서 자세히 언급했지만, 진료비 청구를 보험자인 공단에 하지 않는 것으로 인한 행정력 낭비, 부정·부당 수급과 보험사기 적발에서의 비효율성 등 건강보험 재정누수 요소가 상례화되어 있다. 자격관리를 하는 보험자가 진료비 청구 자료를 직접 받지 못해, 일단 진료비 지급 이후 환수하는 '사후관리'에 매달려 이중 삼중의 행정력을 낭비하고 있다. 이로 인해 부정수급 조사를 진료 시점으로부터 5~6개월 뒤에 시작하게 됨으로써 '적기 조사'를 못하고 있다. '세부적인 줄 단위 심사조정내역'을 받지 못해 '깊이' 숨겨진 보험사기와 부정급여·부정청구를 적발하는 데 한계가 있다. 또한 건강검진비용·장기요양비용·건강보험 진료비용을 청구·심사·지불하는 기관이 다르고 시점이 달라 보험사기와 부정급여·부정청구 적발에 있어 효율성이 떨어진다.

진료비 청구만이라도 보험자인 공단에서 한다면 위와 같은 문제점은 대부분 해소할 수 있다. 진료비 지급 전 자격 확인을 할 수 있어 '사전관리'가 가능해지고, 보험사기·부정수급·부정청구 조사 시점을 2~3개월 앞당기게 되면 '적기 조사'가 가능해지며, 건강검진비용·장기요양비용·진료비용 등 세 가지 청구 비용을 '같은' 시점에 '같은' 테이블에 놓고 비교하게 되면 보험사기·부정수급·부정청구 조사의 효율성을 높일 수 있다.

한 예로 장기요양 수급자가 장기요양시설에 입소해 있는 기간에 또 다른 병원에서 입원 진료를 받고 있다거나, A병원에서 중한 질병으로 특정 처치나 수술을 받은 사람이 B병원에서 예방 목적의 건강검진을 받은 경우 자료를 연계해서 사실 여부를 확인할 수 있다.

공단은 진료비 청구를 받으면 그 자료를 바로 심평원에 넘겨 심사하도록 하면 된다. 그러면 심평원의 심사와, 공단의 자격 확인 및 부정조사가 동시에 이루어진다. 심평원이 심사한 자료를 공단에 넘기면, 그동안 공단이 자격 확인한 내용과 연동하여 정당한 진료비만 지급하고 무자격자 진료비 등에 대해서는 지급 보류 후 조사를 하게 된다(사전조사). 공단은 자격 확인에 필요한 청구·심사 권한을 가지게 됨으로써 보험자로서의 위상을 명실상부하게 갖게 되고, 심평원은 공단이 위탁한 심사를 하는 심사 전문기관으로 거듭나는 것이다.

2013년 7월부터 심평원이 하고 있는 자동차보험 진료비 심사를 떠올리면 이는 명확해진다. 교통사고 피해자는 보험급여(인적·물적 피해) 청구를 자동차보험회사에 한다. 보험회사는 청구받은 보험급여 중 진료비는 심평원에 위탁하여 심사를 한다(실무적으로는 교통사고 환자를 치료한 요양기관이 심평원으로 진료비 지급을 청구하고, 심평원은 그 자료를 2~3일 이내 보험회사로 보낸다). 보험회사는 청구받은 보험급여 중 무자격자가 있는지 가려내고 보험사기가 있으면 조사를 한다. 이것이 민간보험이든 사회보험이든 보험자와 심사기관의 올바른 관계인 것이다.

사회보험으로서 건강보험제도를 시행하는 나라에서 우리처럼 전도된 진료비 청구·지불 제도를 운영하는 나라는 없다. 비정상을 정상으로 돌리자는 것이다. 현재의 비정상으로는 상례화된 보험재정 누수를 막을 수 없기 때문이다. 기본이 바로 서고, 정의로운 건강보험제도를 만들어야 한다.

상례화된 보험재정 누수는 현재의 '급여결정' 구조도 마찬가지이다. 현재는 의료행위·약제·치료재료 등의 '급여결정'(보험급여 여부 및 가격 결정), 신의료기술 관리, 급여 사후관리 등에 있어 보험자의 역할을 제대로 할 수 없는 구조이다. 급여결정은 보험재정 지출의 최초 단계이다. 이것이 보험자의 기능 밖에서 이루어져 재정상황·경제성 등이 균형 있게 고려되지 못하고 있다. 재정지출의 최초 단계인 급여결정은 보험자가 하지 못하면서도, 실제 재정관리 책임은 보험자인 공단이 지고 있다.

넷째, 예방 위주의 건강보험 운영시스템을 갖추어야 한다. 예방사업과 보험재정의 누수를 방지할 수 있는 시스템을 만들어 나가는 데 있어 공단의 빅데이터가 핵심적인 역할을 하게 될 것이다. 공단은 5천만 명의 개인별 소득 등 인적 자료, 건강검진 자료, 진료내역 자료 등 747억 건이 내장된 '건강정보DB' 구축을 2012년 3월 완료했다. 또 DB를 보완하여 맞춤형 건강서비스에 활용하기 위해 서울대 산학협력단 등 16개 기관과 업무협약을 체결하여 시범연구사업을 진행 중이며 연말까지 완료할 예정이다. 그리고 노인장기요양보험 자료까지 '건강정보DB'에 내장하는 작업을 하고 있다.

'건강정보DB'에는 고혈압·당뇨·대사증후군 등 5,000만 명의 개인별 건강검진 자료가 다 들어 있다. 건강검진을 강조하는 건 건강검진이 철저해야 하기 때문이다. 그래야 실수 없이 완벽한 건강서비스를 제공할 수 있다. 예를 들어 어느 시·군, 어느 지사 관내에 고위험군 환자가 있는지 정확하게 알 수 있고, 전국 178개 지사와 53개 출장소의 인력을 통해 환자 특성에 맞는 맞춤형 서비스를 할 수 있다.

「실천적 건강복지 플랜」에 따르면, 예방·건강검진·건강증진 중심의 맞춤형 건강서비스 강화로 향후 5년간 8조 5,000억 원의 진료비를 절감할 수 있다. 또 급여결정 구조 및 진료비 청구 지불체계 합리화로 6조 2,000억 원의 재정누수를 방지할 수 있다. 이렇게 건강보험의 패러다임을 전환하면 보험료 부과체계 개선을 통해 추가로 확보할 수 있는 23조 3,000억 원을 포함하여 총 37조 9,000억 원의 재원을 마련할 수 있다. 보장성 80% 달성을 위해 필요한 36조 6,000억 원을 충분히 조달할 수 있는 것이다.

4대 중증질환의 보장률은 산정특례가 있어서 지금도 보장률이 76.1%가 넘는데, 전체 건강보험 보장률이 80%가 되면 95% 수준까지도 올라갈 수 있다. 고액진료비 상위 30대 이상 중증질환의 보장률은 공단 조사에 따르면 75.5%이다. 전체 보장률이 80%로 올라가게 되면 이것 또한 95% 수준으로 올라가게 된다.

마지막으로 불형평한 급여 구조 개혁이 남는다. 3번에서 대형 병원과 의원 간의 불형평한 구조를 예로 든 내용이다. 이는 '보건의료 공급체계 개선'의 내용으로서, 대형 병원과 의원 간의 불형평한 구조는 '의료전달 체계를 확립'해야만 해소된다. 의료기관의 종별 기능을 정립해야 하고 1차 의료를 강화해야 한다. '보건의료 공급체계 개선'에는 또 효율적인 의료자원의 관리, 약가 및 약품비 적정화, 진료비 지불제도 개선 등이 이루어져야 한다. 단기간에 풀 수 없는 내용들이다. 또한 공급자의 협조가 필요한 사항이다. 장기적인 건강보험의 숙제라 할 수 있다.

7. 지금 선진형 패러다임으로 전환해야 하는 이유

과거에는 '전국민건강보험 달성'이라는 목표를 빨리 달성하기 위해서 형평성과 공정성의 문제를 감수했다. 즉, 목적이 수단을 정당화했던 것이다. 그동안 이러한 문제를 바꿀 수 있었던 기회가 없었던 것은 아니다.

우리나라 건강보험은 1977년에 시행되기 시작해 1989년에 전국민건강보험으로 확대되었다. 이후 1992년부터 전국민건강보험이 정착되어 1994년, 1995년에는 당기수지가 흑자였고 각 조합이 쌓아 놓은 누적 적립금도 1년치 급여비보다 많았다.

그런데 1996년부터 2002년까지 당기수지 적자가 난 데 이어, 2001년에는 누적 적립금까지 모두 소진해 완전히 재정이 파탄나면서 은행에서 3년 동안 총 34조 7,850억 원을 빌려야 했다. 적립금 같은 건 생각할 수도 없었다. 2003년에는 당기수지는 흑자였으나 누적수지는 여전히 적자였다. 그러나 2004년 들어 당기수지와 누적수지 모두 흑자로 돌아서고, 2005년까지 다소 안정세를 보였다. 하지만 다시 2006년부터 2010년까지 당기수지 흑자와 적자를 반복(2008년만 흑자)하다가 2011년과 2012년에 당기수지 흑자를 기록했다.

1994~1995년 당기수지가 흑자이고 누적 적립금도 1년치 급여비보다 많았을 때 '선진형 패러다임'으로 바꿨어야 했다. 선진형 패러다임으로 바꾸기 위해서는 재정이 뒷받침되어야 하기 때문이다. 선진형 패러다임의 요체는 '보장률 향상'에 있다. 그래서 명칭도 '보장률 확대를 위한' 선진형 패러다임인 것이다. 최근 4대 중증질환 보장에서 보듯이 '보장률 향상'은 물질적 기반, 즉 재원이 뒷받침되어야 한다. '선진형 패러다임'은 보장률 80%를 목표로 하기 때문에 더 많은 재원이 필요하다.

1989년에 시작한 전국민건강보험제도가 정착되어 '안정기'에 접어든 1994~1995년 무렵, 게다가 '당기수지가 흑자이고 누적적립금도 1년치 급여비보다 많아' 물질적(재정) 기반이 갖춰져 있을 때 '선진형 패러다임'으로 바꿔야 했지만 안타깝게도 기회를 놓쳤다.

그러나 기회는 있다. 지금이 마지막 기회이다. 2011년과 2012년 당기 수지 흑자를 기록했고, 2013년에도 흑자가 예상된다. 3년 연속 당기 흑자이다. 누적적립금도 연말이면 6조 원 이상이 될 것으로 예상된다.

2016년부터 생산가능인구가 줄어든다고 한다. 그리고 지금은 의료비가 여러 가지 이유로 감소하고 있지만 2014년 하반기부터는 상당히 증가할 것으로 예상된다. 따라서 이렇게 재정이 약간이라도 뒷받침되고 의료비가 감소하는 지금이 '패러다임 전환'을 해야만 하는 때이다.

재정이 뒷받침된 현 상황에서, 보험료 부과체계 개선으로 보험료 부과 기반을 확충하고, 진료비 청구·지불 시스템 등 재정누수 요소를 제거하는 등 건강보험 개혁을 하면 '추가 부담 없이 보장률 향상'이라는 우리의 목표를 달성할 수 있다.

이는 또한 '의료보장성 강화를 통한 지속가능성 제고', '건강의 질을 높이는 보건의료서비스 체계 구축'이라는 현 정부의 국정과제를 실현하는 길이기도 하다. 지금이 건강보험의 패러다임을 '개발도상국형'에서 '선진형'으로 바꿀 수 있는 적기이자 마지막 기회이다. 또다시 때를 놓치는 우를 범해서는 안 된다.

한국 보건의료의 현재와 국정과제, 그리고 건강보험

1. 의료(건강)가 복지의 핵심

현 정부는 2013년 2월 인수위 활동을 마무리하면서 국정과제 140여 개를 발표했다. 그중 의료분야 국정과제는 '의료보장성 강화 및 지속가능성 제고'와 '건강의 질을 높이는 보건의료서비스 체계 구축' 두 가지이다. 두 과제에는 14개 세부추진계획이 있다.

'의료보장성 강화 및 지속가능성 제고' 국정과제에는 ① 4대 중증질환 보장, ② 어르신 임플란트 급여, ③ 본인부담상한제 부담 완화, ④ 실직자 보험료 부담 완화, ⑤ 보험료 부과체계 개선, ⑥ 수가 및 지불 제도 개선, ⑦ 장기요양의 치매 등급 신설, ⑧ 노노(老老)케어 확대 등 8개 세부추진계획이 있다. 그리고 '건강의 질을 높이는 보건의료서비스 체계 구축' 국정과제에는 ① 예방과 건강증진, ② 의료공급 체계 효율화, ③ 응급의료, ④ 공공의료, ⑤ 노인의료, ⑥ 의료 인프라 등 6개 세부추진계획이 있다. 국정과제 자료집을 보면 각 세부추진계획에는 구체적이고 더 많은 내용이 담겨 있다.

의료 분야가 이렇게 포괄적으로 국정과제에 설정된 경우는 역대 어느 정부에서도 없었던 일이다. 의료가 복지의 중요한 핵심으로 부상했기 때문일 것이다.

의료 분야 국정과제는 모두 건강보험으로 귀결된다. '의료보장성 강화'는 직접 연관되어 있고, '보건의료서비스 체계 구축'은 급여(의료서비스) 구조 개혁으로 건강보험 급여 체계와 연결되어 있다. 지금이야말로 그 어느 때보다도 중요한 시기라 할 수 있다.

2. OECD 통계로 본 우리나라 보건의료의 현주소

먼저 국제 비교를 통해 현재 우리 보건의료의 좌표를 돌아보아야 할 필요가 있다. OECD는 5개 분야 27개 지표를 제시하고 있는데, 이를 짚어 보면 '현재 우리는 어디쯤 와 있는가? 그리고 어디로 가야 하는가?'를 가늠할 수 있을 것이다. 이를 토대로 깊이 생각하고 고민할 때 구체적인 실현 방안과 실천 계획 그리고 추진 전략을 수립할 수 있다.

첫째, '건강관리 상태' 지표이다.

① 평균수명(기대수명)은 2010년 우리가 80.7세인데, OECD 평균은 79.8세이다. 처음 비교를 시작한 1970년도에 우리는 62.1세로, OECD 평균 70.1세보다 8세 짧았다. 그러나 2005년에는 78.5세로 같아졌고, 현재는 OECD보다 1세 정도 길어졌다.

② 영아사망률(영아 1,000명당 사망자 수)은 2010년 우리가 3.2명인데, OECD 평균은 4.3명이다. 이 또한 처음 비교를 시작한 1970년에 우리가 45명, OECD는 28명이었다. 1985년에 가서는 우리가 13명으로 OECD 평균 14명보다 적어졌다. 그 이후 영아사망률에서도 우리나라가 우위에 있다.

③ 주요 질병 지표이다. 암 사망률은 인구 10만 명당 2010년 우리가 193.8명으로, OECD 평균 215.3명보다 적다. 뇌혈관질환 사망률은 우리가 87.8명, OECD가 74.7명으로 우리가 많다. 허혈성 심장질환 사망률은 우리가 42.8명이고 OECD는 129.6명으로 우리가 적으며, 호흡기계 질환 사망도 우리가 65.0명이고, OECD는 68.8명으로 우리가 적다. 뇌혈관질환을 제외하면 우리가 우위에 있다.

④ 자살률 지표이다. 인구 10만 명당 2010년 우리가 33.8명인데, OECD는 12.9명으로 우리가 세 배 가까이 많다. 이 부분이 특징이고 독특하다고 할 수 있다.

⑤ 마지막으로 '자기가 얼마나 건강하다고 생각하는가?', 즉 주관적 건강상태이다. 2010년 우리는 37.6%로 100명이면 37명 정도가 자신이 건강하다고 생각하고, 나머지는 자신이 건강하지 않다고 생각했다. OECD는 69.7%로 우리보다 자신이 건강하다는 사람이 더 많았다.

종합해 보면 평균수명, 영아사망률, 주요 질병 지표 등 '객관적인' 보건의료 지표에서 우리는 OECD보다 우위에 있다. 그러나 자살률, 본인이 건강하느냐 등 '심적·정신적·주관적' 지표는 우리가 열세에 있다.

두 번째, 시설·장비·인력 같은 '의료자원' 지표이다.

① 총 병상수(급성기·만성기)는 인구 1,000명당 2010년 우리가 8.8병상인 데 비해, OECD 평균은 4.9병상으로 우리가 훨씬 많다. 급성기 병상도 우리가 5.5병상, OECD는 3.4병상으로 우리가 많다.

② 의료 인력에서 의사 수는 1,000명당 2010년 우리가 2.0명인데 OECD는 3.1명이고, 간호사는 우리가 4.6명인데 OECD는 8.7명, 의과대학 졸업생 수는 인구 10만 명당 2010

년 우리가 7.1명인데 OECD는 10.3명으로 인력에서는 OECD보다 우리가 적다.

③ 장비에서 CT가 인구 100만 명당 2010년 우리가 35.3대인데, OECD는 22.6대로 우리가 훨씬 많다. MRI는 우리가 19.9대, OECD는 12.5대로 이 또한 우리가 많다.

종합해 보면 우리는 인력은 적고, 시설·장비는 많다. 수요자 입장에서 보면 인력은 '받는 서비스'이고, 시설·장비는 '지출하는 비용'이다. 다른 나라에는 없는 간병비, 한 시간 대기 1분 진료, 선택권 없는 선택진료, 병원 바뀔 때마다 MRI. 이런 문제가 여기에서 기인한다.

세 번째, '의료 이용' 지표이다.

① 외래진료 건수가 국민 1인당 2010년 우리가 12.9건인데, OECD는 6.4건으로 우리가 두 배 정도 많다. 의료보험제도가 1977년에 도입된 후, 1978년도 의료보험 외래 건수는 연간 1.75건이었다. 전국민의료보험이 달성된 1989년 이듬해인 1990년도에는 외래 방문이 7.1건으로 늘어났고, 현재는 16.5건으로 의료 이용이 급속하게 늘어났다.

② 치과도 우리가 연간 1.6건이고, OECD가 1.3건으로 우리가 많다.

③ 평균 재원일수는 환자 1인당 우리가 14.2일이고, OECD가 8.5일로 우리가 훨씬 길다.

④ 출생아 1,000명당 제왕절개도 우리나라가 352명인 데 비해, OECD는 261명으로 우리가 훨씬 많다.

이처럼 모든 지표에서 우리가 OECD보다 의료 이용이 훨씬 많다. '아프면 누구나 병원에 갈 수 있는' 의료 체계가 구축되어 있기 때문일 것이다. 높은 접근성, 낮은 문턱이라 할 수 있는데 '저부담'으로 인한 '의료쇼핑(남용)' 문제의 원인이라 할 수도 있다.

네 번째, '의료비' 지표이다.

① 국민의료비, 즉 GDP 대비 의료비는 2010년 우리가 7.1%이고, OECD 평균이 9.5%로 우리보다 높다. 그러나 2000년도에 우리 국민의료비가 4.5%인 것을 감안하면 우리의 증가율이 최근 5년간 11.0%이고 30년간 평균 연 14.4%로, OECD 6%보다 두 배 이상 빠른 속도로 늘어났음을 알 수 있다. 이것을 다시 1인당 국민의료비로 따져 보면 우리가 2,035달러이고, OECD가 3,268달러이며, 미국이 8,233달러이다.

② 공공지출, 즉 보장성 부분은 국민의료비 중에서 공공지출(건강보험·산재 등)이 2010년 우리가 58.2%인 데 비해, OECD는 72.2%이다. 2011년 우리의 '건강보험 보장률'은 약 63%

이고, OECD 평균은 80% 정도 된다. 우리의 공적 보장률이 낮음을 알 수 있다. 이것을 뒤집어 말하면 가계부담은 우리가 국민의료비의 32.1%로, OECD 20.1%보다 높다.

③ 약제비도 2010년 우리가 국민의료비의 21.6%를 차지하고 있는데, OECD는 16.6%로 우리가 대단히 높음을 알 수 있다. 이것을 '건강보험'으로만 보면 약제비(조제료 포함)가 전체 진료비의 35.3%, 순수 약품비는 29.2%로 대단히 높다. 치료재료가 약 6%이므로 (의료행위의) 기술료는 60% 안팎 수준이라고 할 수 있다.

종합하면, 의료비는 낮은데 그 증가율은 대단히 빨라 의료비 증가를 억제하는 정책이 필요하다. 의료비 증가에서 가장 많은 부분을 차지하는 것이 노인 진료비와 만성질환 진료비이다. 따라서 '치료' 중심에서 '(질병)예방·(건강)증진'으로 패러다임을 전환해야 한다. 반면 낮은 보장률은 지난 대선의 화두로 떠올라 4대 중증질환 보장 같은 '보장성 강화' 공약의 원인이 됐다. 높은 약제비는 약제비 절감 정책의 필요성을 말해 준다. 약제비를 절감하여 '낮은 기술료'를 보완하는 쪽으로 정책 방향을 잡아야 한다. '성분명 처방' 같은 약제비 절감 정책에 대한 의사들의 전향적인 의식 전환이 필요한 이유이다.

다섯 번째, '비의료' 지표이다.

① 15세 이상 인구 중 2010년 우리나라 흡연율은 22.9%로 OECD 평균 21.1%에 비해 높다.
② 15세 이상 인구의 연간 알코올 소비량도 우리가 12.1리터이고, OECD가 9.5리터로 우리가 많다.
③ 다만 만성질환과 관련된 과체중에서는 우리가 30.2%인 데 비해, OECD는 56.7%로 우리가 유리한 입장이다.

이처럼 과체중 또는 비만 부분에서는 우리가 체질적으로 유리한 입장에 있으나, 흡연과 음주는 상당히 취약함을 알 수 있다. 현재 논의되고 있는 죄악세를 도입한다면 담배와 술에 부과하는 것이 우선일 것이다. 그리고 담배와 술을 수입·제조·판매하는 회사에 책임을 묻는 정책도 고민해야 한다.

보건의료 통계로 OECD와 비교를 한 결과, 우리 보건의료의 현주소를 알 수 있었다. 우리가 어디에 있고, 부족한 점은 무엇이고, 어디로 나아가야 할지 알 수 있다.

3. 상전벽해의 주인공, 건강보험

앞에서 OECD와의 통계 비교를 통해 우리 보건의료의 현주소를 알아보았다. 우리나라가 평균수명, 영아사망률, 주요 질병 지표 등 객관적인 지표에서는 OECD를 앞서고, 외래진료 건수도 우리가 2배 이상 많아 '아프면 누구나 병원에 갈 수 있는' 의료 체계가 구축되어 있음을 알 수 있었다.

이런 우위는 70,80년대와 비교하면 상전벽해(桑田碧海)라 할 수 있다. 1970년 우리 평균수명이 62.1세, OECD가 70.1세로 우리가 8세 짧았으나, 2010년 우리가 80.7세, OECD가 79.8세로 우리가 1년 더 길어졌다. 영아사망률도 1970년 우리가 45명, OECD가 28명이었으나, 2010년 우리가 3.2명, OECD가 4.3명으로 우리가 줄어들었다.

국민 1인당 연간 외래진료 건수도 1978년 우리가 1.75건에서 2010년 16.5건으로 9배 이상 증가했고, OECD 6.4건에 비해 2배 이상 많은 것으로 나타났다.

괄목상대·상전벽해라는 말이 우리 보건의료 발전에 딱 맞음을 알 수 있다. OECD 평균보다 우위를 점하게 된 근본 동인이 무엇인지를 생각해 보고, 다음 단계를 보아야 한다.

필자는 그것의 광의적·간접적 동인은 '경제성장과 소득수준의 향상'이라고 본다. 그리고 경제성장과 소득수준의 향상을 발판으로 한 '의료보험제도'의 도입과 '전국민의료보장' 조기 실시가 '직접적' 동인이라고 할 수 있다.

우리나라 의료보험제도가 1977년 7월 직장의료보험에서 시작하여 전국민의료보험을 달성한 것이 1989년 7월 1일이다. 12년 만에 5천만 명 전체 국민의 의료가 보장된 것은 서구의 어떤 나라와도 비교할 수 없다. 건강보험제도의 원조인 독일이 전국민건강보험 시행에 124년 걸렸고, 가장 빨리 확대한 나라인 일본조차도 제도 도입 36년 만인 1962년에 전국민의료보험을 시행했다.

우리 보건의료의 상전벽해는 '의료보험'이 있어 가능했다. 앞으로도 '객관적' 지표 뿐만 아니라 '내용적' 지표까지 우리 보건의료를 OECD 수준 이상으로 발전시키기 위해선 건강보험을 더욱 튼튼히 하고 반석 위에 올려놓아야만 한다. 따라서 건강보험의 '지속가능'이 앞으로 우리 보건의료 발전의 핵심이라고 할 수 있다.

4. 복지의 출발이자 보건의료의 중심, 건강보험

건강보험이 중요한 또 한 가지 이유는 역사적으로 '의료보장'이 복지의 출발이었고, 현재는 '보건의료'의 중심이기 때문이다.

복지의 주요 구성은 의료보장, 소득보장, 사회복지서비스이다. 어느 나라든지 소득보다 의료가 복지의 핵심 부분을 차지하고 있고, 역사적으로도 의료보장부터 시작해서 소득보장, 사회복지서비스로 가는 것이 발전 과정이었다. 우리도 1977년 의료보험 실시(의료보장), 1988년 국민연금 실시(소득보장)가 있었고, 그 전후로 중간중간에 노인복지법·장애인복지법 등 개별 사회복지서비스 법들이 생겨났다.

현재 보건의료가 복지에서 차지하는 비중이 어떠한지, 그리고 건강보험이 보건의료에서 차지하는 비중이 어떠한지 알아보자. 보건의료와 복지를 주관하는 부서가 보건복지부이고, 복지부 소관 법률이 79개 있다. 그중에서 '의료와 보건' 법률이 51개이고, '사회보장과 국민연금' 법률이 28개이다. 보건의료 법률이 65%를 차지하고, 여기에 시행령과 시행규칙까지 포함하면 모두 302개의 법령이 있다. 그중에서 국민건강보험법은 한 개의 단일법이다.

과거에는 의료법·약사법 등이 중요했다. 그러나 지금은 국민건강보험법을 중심으로 다른 보건의료 법률이 촘촘히 연결되어 있다. OECD의 주요 보건의료 지표인 병상수, 의료인력, 의료장비, 외래진료 건수, 재원일수, 국민의료비, 공공지출 부분(보장성), 약제비 등이 의료법·약사법과도 관련되어 있지만, 모두 건강보험제도 운영으로 귀결된다.

제약산업법 또한 제약시장이 대부분 건강보험 급여 여부로 결정되기 때문에 건강보험과 직결되어 있다. 의료기기·치료재료·장애인보장구도 마찬가지이다. 노인 진료비와 만성질환 진료비를 억제하기 위해 '치료' 중심에서 '(질병)예방·(건강)증진'으로 전환하기 위해서는 국민건강증진법이 중요하지만, 이 또한 건강보험 패러다임을 바꾸는 문제이다.

이렇듯 보건의료법의 중심에 건강보험이 있고, 많은 부분이 연결되어 있어서 국민건강보험법이 먼저 정리되지 않으면 다른 법률이 정리될 수 없는 것이 오늘의 현실이다. 그만큼 국민건강보험법은 의료보장 부분의 중핵이라 할 수 있다.

의료보험이 도입되는 순간부터 의료보험(건강보험)은 보건의료의 중심에 있었고, 시간이 지나면서 그 중요성은 점점 더해져 온 것이다. 현재 건강보험이 이렇게 중요한 위치까지 왔는데, 미래는 어떻게 가야 하는가? 우리가 같이 고민하고 깊이 생각해 보아야 한다.

이 고민의 요체는 '지속가능성과 보장성'이다. 현재 건강보험이 중단되면 보건의료시스템이 정지된다는 것을 의미한다. 지속가능한 건강보험이란 지속가능하고 양질을 담보한 보건의료 시스템을 유지하는 것이다. '건강보험의 지속가능'을 위해 무엇이 문제인지 짚어 볼 필요가 있다.

5. 위협받는 지속가능성

1) 외부 요인

먼저 외부 위험 요인을 살펴보기로 하자. 외부 위험 요인의 핵심은 건강보험 '수입'은 줄어들고 '지출'은 늘어나는 '재정 위험성'이다.

첫째, 인구구조인 '저출산·고령화'이다. 저출산으로 보험료를 내야 할 인구는 줄어드는 반면, 고령화로 진료비를 지출해야 하는 인구는 늘어나고 있다. 통계청에 따르면 노령화지수(65세 이상 노령인구/15세 미만 인구)가 현재 83%로 계속 높아져 왔다. 의료보험 도입 이듬해인 1978년에는 10%였던 것이 2006년에 50대50으로 같아졌고, 2011년에는 72.8%로 급속하게 증가하고 있다.

둘째, 노인 의료비가 급속도로 늘어나고 있다. 건강보험 전체 진료비 중 노인 의료비가 2000년 17.5%에서 2011년 33.3%로 늘어난 데 이어, 2020년에는 46.7%까지 급증할 것으로 예상된다.

셋째, 만성질환 진료비가 증가하고 있다. 전체 진료비 중 만성질환 진료비는 10년 전 25.5%였으나, 2011년에는 35.4%로 늘어났다. 국민영양조사에 따르면 30세 이상 고혈압 환자가 28.9%, 당뇨병 환자가 10.1%, 대사증후군 환자가 28.8%를 차지하고 있다.

한편 우리 공단 연구원이 경제성장률과 보험료 인상률 등 다른 요인은 현재 수준으로 놓고 인구구조 변화만을 반영하여 건강보험 재정을 추계한 결과, 2030년에 최소 16조 원에서 최대 28조 원의 당기적자가 발생할 것으로 예측되었다. 만약 경제성장률이 낮아지거나 보험료 인상이 원활하게 이루어지지 못한다면 더 큰 적자가 발생할 수도 있다.

2) 내부 요인

다음은 건강보험제도가 안고 있는 내부적 위험 요인이다.

첫째, 보험료 부담의 공정성과 형평성이다. 우리가 병원에 가면 본인부담금은 똑같은데, 건강보험료는 여섯 종류로 각기 부담률이 다르다.

① 직장가입자는 보수의 5.89%를 사용자와 본인이 50%씩 부담한다. 일반 근로자 대부분이 여기에 속한다.
② 근로자이지만 임대소득이나 다른 소득이 연간 7,200만 원을 초과한 사람은 2012년 9월부터 그 소득에도 보험료를 별도로 부과하고 있다.

③ 지역가입자 중 연간 종합소득이 500만 원을 초과하는 사람은 소득과 재산, 자동차에 보험료를 부과한다.

④ 지역가입자 중 종합소득이 연간 500만 원 이하인 자는 재산·자동차와 소득 대신 평가 소득(성·연령, 재산, 자동차 등)을 기준으로 보험료를 부과한다.

⑤ 신생아·학생·노인처럼 근로능력이 없는 사람 중 직장가입자의 피부양자는 보험료를 부담하지 않지만,

⑥ 신생아·학생·노인이지만 지역가입자의 세대원은 성·연령 등에 따라 보험료를 부담하고 있다.

이렇게 각기 다른 건강보험료 부과기준으로 인해 연간 6,400만 건의 민원이 발생하고 있다. 형평성이 결여됐기 때문이다.

'소득'에 건강보험료를 부과하는 것이 사회보험의 기본이다. 그러나 우리는 어떤 소득에는 보험료를 지나치게 많이 부과하고, 어떤 소득에는 보험료를 전혀 부과하지 않거나 일부만 부과하고 있다. 2011년의 경우를 예로 들어 보자.

2011년 우리나라의 총 소득액은 1,462조 7,000억 원이다.

그중에서 근로소득은 437조 8,000억 원인데, 국세청은 294조 6,000억 원에만 과세(연말정산 등으로 비용 제외)하고, 건강보험료는 근로소득보다 많은 452조 8,000억 원에 부과한다(야간수당·복지포인트 등 국세청에서는 소득으로 잡지 않는 금액을 포함하여 '총보수'에 보험료를 부과).

또 금융소득은 61조 7,000억 원인데, 국세청은 49조 8,000억 원에 과세하고, 건강보험료는 1조 3,000억 원에만 부과한다.

사업소득 785조 2,000억 원 가운데 국세청은 71조 5,000억 원에 과세하고, 건강보험료는 29조 3,000억 원에만 부과한다.

연금소득은 19조 9,000억 원인데 국세청은 1,000억 원에 과세하고, 건강보험료는 4조 6,000억 원에 부과한다.

기타소득은 12조 원인데 국세청은 5조 원에 과세하고, 건강보험료는 4,000억 원에만 부과한다.

퇴직·양도·상속·증여·일용근로소득은 146조 1,000억 원인데 국세청은 90조 8,000억 원에 과세하고, 건강보험료는 부과하지 않고 있다.

이처럼 현행 보험료는 근로소득에만 과도하게 부과하고 있는 체계이다. 근로자가 손해를 보고 있는 셈이다. 또 근로소득 외 소득이 있는 고소득자가 상대적으로 소득 대비 보험료를 적게 부담하고 있어, 사회보험 원리에 역행하는 부담의 역진성이 발생하고 있다.

2009년 OECD는 "사회보험의 근로소득에 대한 의존은 정규 고용의 8~10%, 전체 고용의

5~6%를 감소시킨다"는 연구 결과를 발표했다. 지금처럼 근로소득에 대한 과중한 보험료 의존은 고용에도 부정적인 영향을 미친다는 것이다.

'근로소득 외 소득'에 보험료를 아주 적게 부과하므로 보험료 수입이 부족할 수밖에 없다. 그 부족분을 지금은 지역가입자의 '비소득'에 보험료를 부과하는 것으로 메우고 있는 형편이다. 자가·전세·월세 등 재산, 자동차, 가족구성원의 성별·나이 등 가입자의 특성 등에 따라 보험료를 부과하고 있는 것이다. 현재 지역가입자의 보험료 구성 내역을 보면 소득 비중 26.8%, 재산 비중 48.2%, 자동차 비중 12.5%, 성별·나이 비중 12.5%로 돼 있다.

만일 '모든 소득'에 대해 보험료를 부과한다면 지금처럼 주택·전월세·자동차에 대해 보험료를 매기지 않아도 된다. 현재 가장 많은 민원이 발생하고, 국민들이 가장 불합리하다고 여기는 분야가 "소득이 없는데 주택·전월세·자동차 때문에 보험료가 증가했다"는 것이다. 베이비부머들이 은퇴를 앞두고 있는 만큼 그 민원은 더 많아질 것이다.

그러나 부과체계가 소득 중심으로 개선되면 '근로소득만' 있는 근로자(전체 근로자의 80~90%)는 현재보다 보험료를 덜 내게 될 것이다. 더불어 근로자 건강보험료의 절반을 부담하고 있는 기업에도 이익이 된다. 소득 중심의 보험료 부과체계는 근로자뿐만 아니라 경총 등 경제계에도 상생이 되는 방안이다.

지금까지 건강보험의 지속가능성을 위협하는 내부적 요인인 부과 문제에 대해 이야기했다. 6종류로 나누어서 건강보험료를 부과하는 것, 소득의 종류에 따라 보험료 부과가 천차만별인 것, 이 두 가지가 '부과의 불형평성'이다. 소득기준인 사회보험 기본원리에도 맞지 않기 때문이다.

그런데 소득 중심 보험료를 말하면, 소득을 파악할 준비가 안 됐다는 이야기를 많이 한다. 그러나 그렇지 않다. 건강보험 가입 세대는 2,116만 세대인데, 공단은 그중 1,686만 세대(79.7%)의 소득 자료를 보유하고 있다. 소득 자료가 없는 세대는 430만 세대이다.

하지만 이 430만 세대의 자료도 대부분 확보할 수 있다. 국세청에 이미 일용근로자 549만 명의 소득액 47조 2,000억 원과 양도·상속·증여 소득자 약 65만 명의 71조 5,000억 원의 자료가 있으며, 4천만 원 이하 금융소득 52조 5,000억 원, 퇴직소득 27조 4,000억 원에 대한 자료도 보유하고 있다. 국세청과 관계기관 등의 자료를 연결하면 95% 세대의 소득 자료를 확보할 수가 있다.

대만은 소득 자료가 없는 세대에는 '전체 소득 평균' 보험료를 부과하고, 소득 평균에 미치지 못해서 보험료를 내지 못하는 세대에는 국가가 지원하고 있다. 소득 파악이 안 되기 때문에 소득 중심으로 부과할 수 없다는 것은 사회보험 방식의 건강보험제도를 시행하는 모든 국가의 예에 비추어 봐도 사실이 아님을 알 수 있다.

그러면 우리나라는 1988년 농어촌 의료보험, 1989년 전국민의료보험을 도입할 때, 왜 소득 기준으로 하지 않은 것일까? 그때는 다른 나라에서 최소 36년, 최대 124년에 걸쳐 '전 국민' 의료보장을 달성한 터에, 우리나라는 제도 도입 12년 만에 소득 파악이 10%도 되지 않는 상황에서 '전 국민' 의료보험을 적용해야만 했기 때문이다. 그래서 소득·재산·자동차로 소득을 추정해서 보험료를 부과한 것으로, 그 당시로서는 최선의 아이디어였던 셈이다.

그때만 해도 자동차는 사치품으로 간주되었고, 재산이 많은 사람이 소득도 많을 것이라고 추정했다. 동장이나 면장이 남의 집 숟가락 개수까지 알고 있을 정도로 비공식적 소득 파악이 앞서고 있었다. 이런 이유로 시·군 단위별로 가입자 대표(운영위원회)가 모여서 자율적으로 관내 가입자의 보험료를 결정하게끔 했다. 그때는 그 방법 외엔 다른 방법이 없었다.

그러나 지금은 IT 발달로 우리나라의 소득 자료 확보율은 세계 최고 수준이다. 지금은 시대가 많이 변했다. 이제는 부과체계를 '소득 중심'으로 개선해야 한다. 다행스럽게도 새 정부의 국정과제에 '소득 중심'으로 부과체계를 개선하라는 항목이 들어 있다.

두 번째, 급여(의료서비스) 공급에서도 형평성이 결여되어 있다.

전체 진료비(급여비) 중 기관별 점유율을 살펴보면, 소위 빅5병원의 진료비는 2001년 전체 진료비 중 4.1%에서 2011년에는 6.1%로 약 50% 증가했다. 같은 기간 상급종합병원은 12.4%에서 16.3%로 약 40%, 일반종합병원은 11.7%에서 15.3%로 약 40% 증가했다. 이에 반해 의원급은 2001년 34.1%에서 2011년 21.6%로 오히려 줄어들었다.

이를 다시 1개 기관당 진료비 증가율을 살펴보면, 2001년부터 2011년까지 10년 동안 빅5병원의 기관당 진료비는 233%가 늘었다. 이는 공단부담금과 법정본인부담금을 합한 것이다. 공단에서 지급한 급여비만 보면 294%나 늘었다. 빅5병원을 제외한 39개 상급종합병원은 기관당 진료비가 190%, 공단부담금은 219% 늘었다. 종합병원도 진료비가 165%, 공단부담금은 199% 늘었다. 병원은 진료비가 105%, 공단부담금도 비슷하게 105% 늘었다. 이에 비해 의원은 30.5%, 공단부담금은 30.2% 늘었고, 약국은 129% 늘었다.

그런데 이것은 비급여를 제외한 것이다. 비급여는 종합병원이나 상급종합병원 등 병원급 이상에서만 창출된다. 비급여를 감안하면 의료의 부익부 빈익빈 현상이 더욱 심해지고 있음을 알 수 있다. 감기에만 걸려도 종합병원에 간다.

이를 볼 때 의료의 급여에서도 형평성과 공정성의 문제가 있음을 알 수 있다. 이것이 내부적으로 안고 있는 또 하나의 위험 요인이다.

이상으로 건강보험의 지속가능성을 위협하는 외부 요인과 내부 요인을 살펴보았다. 저출산·고령화, 노인 진료비 증가, 만성질환 진료비 증가가 외부 위협 요인이고, 보험료 부담의 공정성과 형평성 결여, 급여(의료서비스) 공급의 형평성 결여가 내부 위협 요인이다. 하루빨리 대책을 세워야 한다.

6. 현장에 답이 있다

2012년에 공단은 「실천적 건강복지 플랜」을 발표했다. 플랜에서 공단은 첫 번째로 '보장률 80%' 목표를 제시했다. 우리 공단이 나아갈 방향을 정한 것이다. 그리고 목표 달성을 위한 구체적인 방안도 같이 제시했다. 국정과제를 합리적이고 현실적으로 실현하기 위한 방안이다. '보장률 80%'를 목표로 설정한 근거는 다음과 같다.

① 2010년 OECD 국가의 평균 보장률이 80%이고(국민의료비 대비 '공적비용' 부담 지출 비중이 OECD 평균 72.2%인데, 이를 건강보험 보장률로 환산시 약 80% 수준임),

② 과거 주요 선진국의 국민 1인당 GDP가 현재 한국 소득수준인 2만 7,000달러(한국 2009년 2만 7,133달러)였을 때의 국민의료비 대비 공적비용부담지출 비중도 평균 74.5%(보장률 80% 이상) 수준이었으며,

③ 2009년 말 현재 한국과 1인당 GDP가 유사한 국가의 국민의료비 대비 공적비용부담지출 비중의 평균도 70.3%(보장률 80% 수준)라는 데 있다.

그러면 '보장률 80%' 목표를 달성하기 위해서는 어떻게 해야 할까?

첫 번째로, 우리 보험제도가 내적으로 안고 있는 문제, 즉 형평성과 공정성의 문제를 개혁해야 한다. 먼저 부과체계를 소득 중심으로 공정하고 형평성 있게 바꾸면 부담을 늘리지 않으면서 5년간 23조 3,000억 원을 조달할 수 있다. 보험료를 낮춰도 소득이 있는 사람은 있는 대로 내고, 없으면 없는 대로 내니, 전체적으로 볼 때 7.3%는 보험료가 올라가고 나머지 92.7%는 보험료가 내려가는데도 오히려 보험료는 더 걷히는 것이다.

두 번째로, 건강보험 패러다임을 바꿔서 맞춤형 건강서비스를 해야 한다. 이는 2012년 상반기에 구축이 완료된 건강정보DB가 있기에 가능하다. 건강정보DB에는 5,000만 명이 10년간 진료받은 내역, 건강검진 받은 자료, 소득, 자격 자료가 축적되어 있다. 이를 활용하기 위해 100만 명을 추출한 표본DB를 2012년 말에 구축했다. 그리고 2013년 3월 22일 학자들을 모아놓고 공개했다. 맞춤형 건강서비스를 위해 공단이 2012년 1년 내내 준비한 결과였다. 건강정보DB를 토대로, 부과체계 개편에 따른 유휴인력을 교육시켜 맞춤형서비스를 하게 되면 5년간 8조 5,000억 원을 절감할 수 있다.

과거와 현재까지의 건강보험 패러다임은 유럽이든 일본이든 대만이든 우리나라든, 어느 나라든 간에 '질병이 발생한 후' 의료비를 보장하는 것에서 출발했다. 그러나 지금은 저출산·고령화로 인구구조가 달라졌고, 그에 따라 급증하는 노인·만성질환 진료비를 억제하는 쪽으로 지향 구조도 달라졌다. 이제는 '(질병)예방과 (건강)증진'으로 나아가야 한다. 치료를 안 한다는

것이 아니라, 패러다임을 예방 중심의 구조로 바꿔야 한다는 것이다.

그 출발점은 '건강검진'에 있다. 지금과 같은 형태의 건강검진으로는 패러다임을 바꾸는 데 문제가 있다(건강검진과 관련해서는 PART Ⅳ, 2장의 「건강보험의 터닝포인트」 참고).

세 번째로, 급여결정 구조와 진료비 청구·심사·지불 체계를 합리화해야 한다. 그렇게 하면 6조 2,000억 원의 재정누수를 막을 수 있다. 부과체계를 개선하고 건강보험 패러다임을 바꿔서 재정을 절감해도, 절감한 재정이 새어나가면 안 되기 때문이다.

그러면 진료비 청구·심사·지불 체계 합리화란 무엇을 말하는 것일까?

실제 사례를 들어 설명해 보자. 2008년도에 외국 국적 동포(조선족) 김모씨가 ㈜○○회사에 취업해서 그해 9월 8일에 퇴직했다. 그런데 그는 9월 18일에 ○○종합병원에 입원하여 진료를 받았다. 2009년 1월 6일 병원은 건강보험심사평가원에 진료비를 청구했고, 공단은 2009년 2월 4일 진료비를 해당 병원에 지급했다.

그런데 2012년 5월 공단 급여관리실에서 개발한 BMS(급여관리시스템, Benefit Management System)로 점검해 보니 이상한 점이 발견되었다. 그래서 6월 27일 환수결정을 내렸으나, 김씨는 거소 확인이 되지 않아 부당이득금 환수가 불가능했다. 그 금액이 무려 1,991만 원이었다. 심사평가원에 진료비를 청구한 2009년 1월 6일, 그 무렵 공단으로 청구가 왔다면 공단은 즉시 자격 확인과 내부시스템으로 적발해 그런 문제가 발생하지 않았을 수도 있었을 것이다.

이런 사례는 비일비재하다. 해외에서 거주하는 사람이 형제자매 이름으로 진료받는 것은 통계에 잡히지도 않는다. 이러한 현재의 불합리한 진료비 청구를 합리적으로 바꾼다면 힘을 안 들이고 재정누수를 막을 수 있다.

한편 2012년 요양기관에서 허위·부당 청구한 금액이 1,016억 원에 이른다. 2012년 교통사고·산재 환자가 건강보험으로 진료받은 금액도 1,167억 원이다. 진료비 청구·심사·지불 체계가 제대로 된다면 이러한 부분들의 재정누수를 막을 수 있다. 이렇게 하면 5년간 6조 2,000억 원을 절감할 수 있다.

이번에는 급여결정 구조를 살펴보기로 하자. 간암치료제를 예로 들어 보자. 이 약은 한 알에 2만 3,000원 정도 되어 한 달 약값이 한 사람당 280만 원, 1년에 3,300만 원 정도 된다. 이 약은 2011년 1월 1일부터 보험급여가 되었다. 급여 등재 당시 임상실험을 한 결과, 치료반응률이 2.3%에 불과하고 2.3개월 생명을 연장시키는 효과가 있다는 결과가 나왔다.

생명을 경시해도 된다는 의미가 결코 아니다. 이 약제에 대한 보험급여는 과연 어떻게 바라보아야 할까? 2012년 국정감사에서 치료반응률 2.3%이면 100명 중 2~3명에게만 치료 반응이 나타난다는 것인데, '비용경제성' 측면에서 보험급여가 적절한지 지적을 받았다. 이 약제의 기술적 타당성과 안정성, 효용성은 물론이고 사회적 합의를 이끌어내는 데까지 건강보험 재정을 책임지는 공단의 역할을 대한 고민을 해야 한다. 이건 필자가 눈에 보이는 약으로 예를 든 것이다. 치료 행위 같은 부분도 봐야 할 것이다.

급여결정 구조, 진료비 심사·청구·지불 체계가 합리적으로 이루어져야 건강보험 재정누수를 막을 수 있다. 일부에서 이야기하는 기관 이기주의의 문제가 아니다. 건강보험 운영원리의 문제이며, 재정관리의 문제이며, 지속가능성의 문제이다.

'소득보험료'로 부과체계 개선, '예방·증진'으로 패러다임 전환, 급여결정 구조·진료비 심사 청구 지불 체계 개선 등으로 총 37조 9천억 원을 더 조달할 수가 있다. 이 비용을 재원으로 해서 5년간 보장성을 80%로 올릴 수 있다. 보장성을 80%로 맞추면 4대 중증질환 보장률도 자동적으로 100% 가까이 올라갈 것이다.

PART_ II

건강보험의 기초 이론

1장 보험자론

보험자

　최근 '보험자'와 관련하여 법(「국민건강보험법」) 개정 움직임이 있다는 얘기를 들었다. 그 얘기를 듣는 순간 든 생각은 '보험자가 공단이어야 하는 이유가 뭐지?'였다. 그 생각은 '보험자란 무엇인가?'로, 그리고 '보험은 무엇인가?'로 점점 더 근본적인 물음으로 바뀌어 갔다. 이 글은 생각이 근본에 도착하게 된 과정과는 반대로, '보험은 무엇인가?'라는 근본 물음에서 시작하여 출발지로 되돌아오는 과정으로 서술한다.

1. 보험이란?

　건강보험은 '보험'으로서의 기본적 특성과, '사회'보험이라는 공익적 특성을 동시에 지니고 있는 제도라 할 수 있다.

　따라서 '건강보험에서 보험자란 무엇인가?'라는 주제에 대해 본격적으로 들어가기 전에, 먼저 ① '보험'의 개념과 원리가 무엇인지, ② 역사적 진화 과정은 어떠했는지, 그리고 ③ '사회'보험으로서의 특성은 무엇인지 등을 살펴보기로 하자.

1) 보험의 개념

　학문적으로 보험은 경제적·사회적·법적·수리적 관점에 따라 다양하게 정의하고 있다.

　첫 번째는 '경제적' 관점이다. 보험은 '재무적' 손실 위험을 감소(reduction)시키는 제도이다. 피보험자(개인)는 자신의 '재무적' 위험을 보험자(보험회사)에게 이전(transfer of risk)하여 위험을 감소시키고, 동시에 보험자는 개별적 위험을 모아(결합, combination of risk) 관리함으로써 전체 위험을 감소시키려는 목적을 갖고 있다.

두 번째는 '사회적' 관점이다. 보험은 '소수에게 발생한 손실을 다수가 분담'하는 것을 목적으로 한다. 손실의 분담(sharing of loss)은 '다수가 공동으로' 형성하는 기금(accumulation of funds)을 통해 가능해진다. 사회에는 예기치 못한 손실이 발생하지만 누구에게 나타날지는 불확실하며, 불확실한 손실을 대비하기 위한 '사회적 제도'로서 고안된 것이 바로 보험이다.

세 번째는 '법적' 관점이다. 보험은 보험자와 피보험자(또는 보험계약자) 사이에 맺어진 '법적 계약'을 의미한다. 계약의 내용은 재무적 손실의 보상(indemnity of loss)이다.

네 번째는 '수리적' 관점이다. 보험은 확률이론과 통계적 기법을 바탕으로 미래의 손실을 예측하여 피보험자가 부담해야 할 몫을 배분하는 제도이다.

이러한 다양한 관점에서의 개념을 종합해서 정의하면, 보험이란 ① 경제적 불안을 제거할 목적으로, ② 우발적인 사고 발생의 위험이 있는 다수의 경제 주체가, ③ 법적 계약을 통해, ④ 수리적 기초에 의하여 산출된 부담금을 미리 모금하여 공동재산을 형성하고, ⑤ 사고가 발생한 경우, 이 공동재산으로부터 재산상 보상을 받는 제도라고 할 수 있다.

2) 보험의 운영 원리

보험이 '건전'하게 운영되기 위해서는 다음과 같은 몇 가지 기본 원리가 적용되어야 한다.

첫 번째는 '보험등식(수지상등)의 원칙'이다. 보험등식(insurance equation)이란 자금 수입과 지출의 균형(수지상등)을 의미한다. 보험자(보험회사)가 보험을 장기적으로 건전하게 운영하기 위해서는 이 보험등식을 만족시키기 위해 노력해야 한다.

두 번째는 '확률과 대수의 법칙'이다. 보험에는 수리적 뒷받침이 있어야 하는데, 미래의 손실을 가능한 한 정확하게 예측하기 위해서이다. 확률 이론과 대수의 법칙을 이용한다. 이를 이용하여 예측 가능한 손실을 기초로 보험료를 비롯한 보험제도의 기본 요소를 결정한다.

※ '대수의 법칙'이란 작은 규모로는 불확정적이나 규모가 클수록 더 엄밀한 규칙성을 찾을 수 있다는 것으로, 우연한 사고의 발생 확률은 샘플의 수가 많으면 많을수록 일정한 수준으로 수렴하는 것을 의미한다.

세 번째는 '가입자 평등대우의 원칙'이다. 개개의 보험가입자는 평등한 대우를 받아야 하고, 모든 보험가입자에 적용하는 보험료율에 따른 보험료를 내야 하며, 급여는 동일하게 받아야 한다는 원칙이다.

3) 보험의 역사

보험의 기원에 대해서는 고대 중국과 바빌론 시대까지 거슬러 올라가는 등 학자에 따라 다양한 견해가 있으며, 학계의 통일된 정설이 있지도 않다. 그러나 현대적 형태의 보험이 본격적으로 시작되고 발전해 온 과정에 대한 학계의 일반적 견해는 다음과 같다.

① 14세기 : 중세 암흑기를 지난 르네상스 초기에 이탈리아 베니스 등 상업도시에서 해상무역이 발달했는데, 태풍으로 인한 선박 침몰 같은 예상치 못한 사고에 공동으로 대응하기 위해 해상보험이 발달했다. 이때의 해상보험은 보험자, 피보험자, 보험계약 내용을 보험증권에 기재하는 등 이미 현대적 보험 계약 형태를 갖추었다.
② 14~16세기 : 해상보험은 이후 서부유럽으로 전파, 확산되었으며, 역사상 최초의 체계적 보험계약법인 '바르셀로나 조례'(1435)가 제정되기도 했다.
③ 17세기 : 1666년 런던 대화재 이후 화재보험 수요가 급증하면서, 화재보험을 전문으로 하는 회사가 설립되어 여러 나라로 확대되었다. 17세기 후반부터 확률 이론 연구가 활성화되기 시작하고, 생명보험사업의 기초인 생명표(生命表)가 개발되었다.
④ 18세기 : 18세기 말 영국에서 시작된 산업혁명으로 생산과 수송 수단이 기계화되면서 기계보험·자동차보험 등 새로운 보험상품이 개발되었으며, 2차 세계대전 이후에는 200여 종이 넘는 손해보험상품이 개발되었다.
⑤ 19세기 : 산업혁명 이후에는 특히 노동자들의 질병·산업재해와 같은 위험에 대비하기 위한 보험들이 등장하기 시작했는데, 이 보험들이 사회보험제도의 모태가 되었다고 할 수 있다.

4) 사회보험의 탄생

산업혁명 이후 노동자 계층이 많이 생겨났는데 19세기 후반 불황으로 인해 실업과 빈곤이 심화되고, 사회주의 사상이 발달함에 따라 노동문제와 빈곤문제를 해결하기 위한 국가적 노력의 필요성이 크게 증대되었다.

이러한 상황에서 19세기 말 독일의 비스마르크 정권은 노동자 계층의 소득을 보장하기 위한 사회보장을 목적으로 1883년 질병보험, 1884년 재해보험, 1887년 폐질 및 노령보험을 각각 제도화했다.

"당시의 비스마르크 수상은 팽배하는 사회주의의 확산을 경계하기 위해 공장 노동자의 환심을 살 필요가 있다고 판단, 노동자 복지의 핵심 조치로 간주되던 건강보험 도입을 결정한 것이다. 건강보험을 가장 먼저 도입한 것은 이 제도가 정치적으로 가장 문제가 적었기(보수파도 수

긍할 수 있는) 때문이다. 대기업 종사자 중심으로 지역 단위 조합이 결성되어 서비스를 제공하는 체계로, 비용은 고용주가 1/3, 근로자가 2/3를 부담했으며 최대 13주의 상병수당을 지급했다 (독일은 2009년 전 국민이 공적건강보험 혹은 민영건강보험의 어느 하나에 가입하도록 의무화되면서 마침내 전국민건강보험 시대로 접어들게 된다. 제도 도입 후 126년 만이다).

이 같은 독일의 움직임을 계기로 서유럽에서는 건강보험에 대한 관심이 커졌고 20세기 초반 이후 정부 주도의 건강보험이 각국에 확대되기 시작했다. 영국(1946), 프랑스(1945) 등 서구 주요 국은 노동자와 그 가족을 대상으로 하는 건강보험을 잇달아 도입하게 된다.

하지만 민영보험이 일찍 발달한 미국은 끝내 건강보험을 도입하지 못한다. 미국도 대공황기 이후 사회보장제도(OASDI)를 도입(1935)할 무렵을 전후하여 건강보험 도입을 사회적으로 크게 논의하기도 하였지만 의사단체 등의 거센 반대로 도입하지 못했다. 그러다가 2010년 오바마 대통령의 건강보험 개혁안이 상원에 통과되었고, 2012년 합헌 결정으로 미국도 건강보험 체계를 가지게 되었다. 건강보험 개혁 100년 만의 성과라는 평을 받았다.

일본은 1927년 상시근로자 10인 이상 사업장을 대상으로 건강보험을 도입했으며, 1938년에는 지역가입자와 자영업자 등으로까지 적용 대상을 확대했다"(『건강보험의 진화와 미래』, 보험미래포럼, 21세기북스, 2012, 24~27쪽 요약 발췌).

한편 독일 비스마르크 정권의 사회보험 방식(SHI)과 달리, 영국은 전 국민에게 국가가 '직접' 의료서비스를 제공하고, 무료로 의료 혜택을 제공하는 국민보건서비스(NHS)를 탄생시켰다. 이는 베버리지 보고서(1942)에 기초하여 구축한 것이다.

베버리지(Beveridge) 보고서

❖ 1941년 창설된 '사회보험 및 관련 사업에 관한 각 부처의 연락위원회' 위원장 베버리지가 1942년 제출한 보고서임.

　– 사회문제의 5대 악으로 결핍·질병·나태·무지·불결을 꼽았으며, 이 가운데 사회보장의 궁극적인 목표는 궁핍 해소라고 지적함.

　– 궁핍의 원인으로 실업·질병·노령·사망 등에 의한 소득 상실을 들고 있으며, 이에 대처하기 위한 방법으로 사회보장보험이 마련되어야 한다고 주장함.

　– 이 보고서를 토대로 이후 1946년 국가보건서비스법·국가부조법 등이 제정됨.

5) 사회보험의 개념과 특성

사회보험은 질병·노후·실업·산업재해 등 노동자의 '보편적 위험'에 대비해 '보험 방식'을 통해 소득과 건강을 '사회적으로 보장'하기 위한 '제도적 장치'를 마련하기 위해 시작되었다. 「사회보장기본법」(3조 정의)에는 "국민에게 발생하는 사회적 위험을 보험의 방식으로 대처함으로써 국민의 건강과 소득을 보장하는 제도"로 사회보험을 정의하고 있다.

사회보험도 보험인 만큼 보험의 개념과 운영 원리는 다 통용된다. 경제적 부담을 감소시키는 '경제적 관점', 사회적 제도로 고안된 '사회적 관점', 가입자와 보험자 사이에 맺어진 법적 계약인 '법적 관점', 확률 이론과 통계적 기법을 바탕으로 하는 '수리적 관점' 등 보험의 기본 개념이 적용되는 것이다.

보험의 운영 원리도 그대로 적용된다. 자금의 수입과 지출의 균형을 이루어야 한다는 '보험 등식(수지상등)의 원칙'. 이 원칙은 2001년 재정파탄을 경험한 우리 건강보험 역사에서 특히 중요하게 각인되어 있다.

'확률과 대수의 법칙', 특히 대수의 법칙은 전 국민을 대상으로 하는 우리 건강보험에 가장 잘 맞는 법칙이라 할 수 있다. "개인의 경우에는 언제 질병에 걸릴지, 진료비가 얼마나 소요될지를 전혀 예측할 수 없지만, 전 국민을 대상으로는 질병이 어느 정도로 발생하며, 얼마나 입원하는지 등의 발생률, 유병률, 입원율 예측이 가능하다. 개인에게 발생하는 위험이 불확실해도 대규모 인구 집단(전 국민)에게 발생할 위험을 계산하는 것은 가능한 것이다"(「건강보험의 이론과 실제」, 김병환·윤병준·윤치근·이준협, 계축문화사, 2006, 63쪽에서 인용).

'가입자 평등대우의 원칙'은 개개의 보험가입자는 평등한 대우를 받아야 한다는 것으로, 동일한 보험료율 적용과 동일한 급여를 받는 것이 주요 내용이다. 이 원칙에 있어 민영보험과 사회보험은 차이가 있다. 민영보험은 '보험료 부담에 비례하는 급여의 평등'이라고 볼 수 있다. 보험료율은 동일하게 적용받지만 많은 보험료를 내면 그에 비례해서 급여 또한 커진다.

그러나 사회보험(특히 건강보험)에서는 동일한 보험료율을 적용받지만 소득과 재산에 보험료를 부과하므로 소득과 재산의 크기에 따라 보험료가 달라진다. 보험료가 달라지더라도 급여는 균등하게 받는다. 그 결과 소득재분배 효과가 있다.

이 밖에 민영보험과 사회보험은 몇 가지 차이점이 있다. 민영보험 가입은 임의인 데 반해, 사회보험은 법으로 강제되어 있다. 또 관리 주체가 민영보험은 영리를 목적으로 하는 민간보험사이지만, 건강보험(사회보험)은 사회보장을 목적으로 하는 정부 또는 공공기관(비영리)이다. 사회보험과 민영보험을 표로 정리하면 다음과 같다.

사회보험과 민간보험 비교

구 분	사회보험	민영보험
가입 방식	법에 의한 강제가입	임의가입
급여 내용	개인이 부담한 보험료에 상관없이 법으로 규정	개인이 부담한 보험료 수준에 따라 계약된 급여로 규정
급여 제공 방식	법정 급여	계약 급여
관리 주체	정부 또는 공공기관(비영리)	민간 보험사(영리)

2. 보험자란?

1) 국민건강보장제도 유형

국민의 건강을 보장하기 위한 의료보장제도는 각국의 역사적 경험, 지향하는 사회복지 이념에 따라 여러 유형으로 발전해 왔다. 큰 틀에서 볼 때 각국의 의료보장 방식을 구분하는 기준은 다음 세 가지이다.

① 의료서비스 제공 주체 : 의료서비스를 직접 국가가 제공하느냐의 여부
② 재원조달 방식 : 재원을 세금으로 하는지 보험으로 하는지 여부
③ 관리운영 체계 : 의료보장 업무를 정부의 일반 행정(조직)에서 담당하는지, 별도의 조직 (기관)을 세워서 담당하는지 등

이 기준에 따라 각국의 의료보장 방식을 편의상 다음의 세 가지로 분류할 수 있다. ① 정부가 '직접' 의료서비스를 제공하는 방식(NHS), ② '다수의' 조합을 구성하여 건강보험을 운영하는 방식(SHI), ③ 국가 차원으로 운영하는 '전국민단일보험'인 전국민건강보험(NHI) 방식 등이다.

정부가 '직접' 의료서비스를 제공하는 방식(NHS)

정부가 '직접' 의료서비스를 제공한다. 즉 의료보장을 치안·국방·교육 같은 국가 공공서비스의 하나로 규정하여, 의료서비스를 제공하는 기관(의료기관)이 주로 국가 기관이거나 국가가 운영하는 기관(공공기관)이다. 때문에 재원은 당연히 '조세'를 통한 국가재정으로 조달하고, 의

료보장 업무도 정부 행정 조직을 이용한다. 우리나라로 치면 시도·시군구·읍면동에 의료보장을 담당하는 '국·과·계'가 있는 것이다. 건축 행정, 상하수도 행정처럼 의료보장 행정도 같은 맥락에서 다루어진다고 생각하면 된다. 대표적인 나라로 영국·스웨덴·덴마크 등이 있다.

'다수의' 조합을 구성하여 건강보험을 운영하는 방식(SHI)

정부가 '직접' 의료서비스를 제공하지 않는다. 의료서비스를 제공하는 기관(의료기관)은 공공기관과 민간기관이 혼재한다. '다수의' 건강보험조합을 설립하여 건강보험을 운영한다. 조합과 가입자의 계약에 따라 건강보장이 이루어진다. 따라서 SHI 방식의 나라에서는 직종에 따라 조합이 달라지거나 또는 가입자가 조합을 선택할 수 있다. 재원은 조합에 가입한 보험가입자의 보험료로 조달한다. 대표적인 나라로는 독일·프랑스·일본(직장건강보험) 등이 있다.

국가 차원에서 운영하는 '전국민단일보험'인 국민건강보험(NHI) 방식

SHI와 마찬가지로 정부가 직접 의료서비스를 제공하지 않는다. 의료서비스를 제공하는 기관(의료기관)은 공공기관과 민간기관이 혼재한다. 국가 단일보험으로, 대부분 전 국민의 보험 가입이 법으로 의무화되어 있다. 따라서 가입자와 보험자 간에 별도의 계약이 없으며, 당연히 가입자의 조합 선택 권한도 없다. 가입자는 곧 국민이라고 보면 된다. 재원은 가입자(국민)가 낸 보험료로 조달하고 일정부분 국가 지원도 있다. 나라에 따라서 건강보험을 담당하는 별도의 '행정(공무원) 조직'이 있거나, 별도의 '법인'을 둔다. 대표적인 나라가 대만과 한국이다(미국의 메디케어도 이와 유사하다).

그런데 대만·미국(메디케어)과 우리나라는 차이점이 있다. 대만·미국(메디케어)은 건강보험을 담당하는 별도의 조직이 있지만 정부기관(공무원)이다. 정부기관이라는 점에서 NHS 방식인 영국과 같지만 영국은 일반 행정 조직이고, 대만·미국은 건강보험'만'을 위한 특별조직이다. 대만은 '중앙건강보험국(BNHI)'이고 미국은 'CMS(Centers for Medicare & Medicaid Service)'이다.

대만의 BNHI와 미국의 CMS는 지방조직을 가지고 있다. 이는 일반행정 조직인 시도·시군구·읍면동에서 건강보험 업무를 처리하지 않고 (영국과는 달리) 두 기관의 별도 지방 하부조직에서 건강보험 업무를 처리한다는 것을 의미한다.

우리나라는 건강보험 업무를 담당하기 위한 별도의 법인(국민건강보험공단)이 있다. 대만의 BNHI와 미국의 CMS와 달리 공단은 정부기관이 아니고, 공단 직원 역시 공무원이 아니다. 하지만 대만의 BNHI, 미국의 CMS, 한국의 국민건강보험공단은 모두 '단일보험자'라는 지위를 갖고 있다.

2) 보험자의 개념과 역할

일반적으로 '보험자'라 함은 보험의 운영자 또는 운영 주체를 말한다. 즉, '보험계약의 당사자'로서 보험사고가 발생한 경우에 ① 보험급여비용의 지급 의무를 지고, ② 보험료를 징수할 권리를 가지며, ③ 보험에 대한 법적 책임을 최종적으로 지는 자이다.

건강보험·국민연금·산재보험·고용보험 등 4대 사회보험을 규정하는 법률을 중심으로 보험자의 역할을 살펴보기로 하자.

4대 사회보험은 고유의 보험사업을 하기 위해 별도의 법인을 두고 있다. 국민건강보험공단·국민연금공단·근로복지공단(산재보험·고용보험)이 그것이다. 법에 규정된 각 공단의 사업은 '보험자'의 사업이라 할 수 있다.

각 공단의 첫 번째 사업은 '가입자관리'(자격관리)이다. 가입자인지 아닌지 관리하는 것은 보험의 출발이다. 보험료 부과와 징수, 보험급여의 지급, 가입자가 아닌 사람이 보험급여를 받았을 때 부당이득금의 징수 등 모든 보험사업은 '가입자관리'에서 시작한다. 특히 건강보험은 직장가입자와 지역가입자로 구분하여 보험료를 부과하므로 가입자관리에 더욱 만전을 기해야 한다. 한 해 5천만 건 정도의 직장과 지역을 오가는 '(가입자)자격 변동'이 발생하고 있다.

두 번째 사업은 '보험료 부과·징수'이다. 이전에 서술한 보험 원리 중 하나인 수입과 지출의 균형을 의미하는 '보험등식(수지상등)의 원칙'을 지키는 업무이다. 보험자가 보험을 장기적으로 건전하게 운영하기 위해서는 이 보험등식을 만족시키기 위해 노력해야 한다. 체납자 관리도 이 업무의 연장선에 있다. 보험의 정의에서 서술한 '부담금을 미리 모금하여 공동재산을 형성하는' 일이다.

세 번째 사업은 '보험급여의 지급'이다. 보험에서 약정한(법에서 정한) 사고가 발생했을 때 해당 급여를 지급하는 것이다. 대표적으로 건강보험에서는 질병이고, 국민연금에서는 연금 수급 나이가 됐을 때이고, 산재보험에서는 산업재해를 입었을 때이고, 고용보험에서는 실업이라 할 수 있다. 보험의 정의에서 서술한 '사고가 발생한 경우에 공동재산으로부터 재산상 보상을 받는' 업무이다.

위 세 가지가 보험자의 가장 기본적인 업무이다. 위 업무는 해당 법에 각 공단의 업무로 다음 표와 같이 정의되어 있다. 법에 따라 단어와 문장은 조금씩 다르지만 '가입자관리', '보험료 부과·징수', '급여의 지급'이라는 보험의 본질에서 발생하는 업무를 규정하고 있다.

법에 정의된 각 공단의 업무

법률	국민건강보험법	국민연금법	산업재해보상보험법
공단	국민건강보험공단	국민연금공단	근로복지공단
법 조문	제14조(업무 등) ① 공단은 다음 각 호의 　업무를 관장한다. 　1. 가입자 및 피부양자의 　　자격 관리 　2. 보험료와 그 밖에 　　이 법에 따른 징수금의 　　부과·징수 　3~4. 생략 　5. 보험급여비용의 　　지급 　6~13. 생략	제25조(공단의 업무) 공단은 다음의 업무를 한다. 　1. 가입자에 대한 기록의 　　관리 및 유지 　2. 연금보험료의 부과 　3. 급여의 결정 및 지급 　4~7. 생략	제11조(공단의 사업) ① 공단은 다음 각 호의 　사업을 수행한다. 　1. 보험가입자와 　　수급권자에 관한 　　기록의 관리·유지 　2. 보험료징수법에 따른 　　보험료와 그 밖의 　　징수금의 징수 　3. 보험급여의 결정과 　　지급 　4~8. 생략

위의 표에서 생략으로 처리된 업무는 보험의 본질적인 업무이기보다는 각 사회보험의 특성에 따라 덧붙은 부가적인 업무라고 할 수 있다. 국민건강보험공단의 '의료시설의 운영'(표에서 생략된 7호), 국민연금공단의 '가입자의 복지증진사업'(4호), 근로복지공단의 '산업재해보상보험 시설의 설치'(5호) 등이다.

보험사업을 수행하는 공단 업무를 규정할 때 보험의 본질적인 업무를 가장 먼저 규정하는 것이 상식이다. 그래서 〈표〉에서 보듯이 국민연금공단과 근로복지공단의 업무는 ① 가입자관리, ② 보험료 부과, ③ 급여의 지급 순으로 차례대로 나온다.

그런데 국민건강보험공단의 업무는 보험의 본질에서 비롯된 업무인 '급여의 지급'(5호)보다 앞선 순위의 업무가 두 가지(생략된 3호, 4호) 있다.

3) 건강보험의 '보험자'

앞에서 생략된 건보공단의 두 가지 업무는 바로 '보험급여의 관리'(3호)와 '가입자 및 피부양자의 건강유지와 증진을 위하여 필요한 예방사업'(4호)이다. 생략하지 않은 세 가지 업무(가입자관리, 보험료 부과·징수, 보험급여의 지급)는 '보험'의 본질에서 비롯된 업무로, 건강보험뿐만 아니라 국민연금·산재보험·고용보험 등 모든 사회보험은 물론 일반 사보험까지 '보험'이라면 모두 해당하는 업무이다.

그러나 생략된 두 가지(보험급여의 관리, 건강증진·예방사업) 업무는 다른 사회보험에는 없는 '건강보험'만의 본질에서 비롯된 고유한 사업이다. 참고로 아래에 「국민건강보험법」에서 정한 공단의 업무 조항(14조) 전체를 싣는다.

공단의 업무 조항(14조)

※ 국민건강보험법에서 정한 국민건강보험공단의 업무. 1,2,5호는 보험의 본질에서 비롯된 업무이고, 3,4호는 건강보험만의 본질에서 비롯된 업무이다.

제14조 (업무 등) ① 공단은 다음 각 호의 업무를 관장한다.

1. 가입자 및 피부양자의 자격 관리
2. 보험료와 그 밖에 이 법에 따른 징수금의 부과 · 징수
3. 보험급여의 관리
4. 가입자 및 피부양자의 건강 유지와 증진을 위하여 필요한 예방사업
5. 보험급여비용의 지급
6. 자산의 관리 · 운영 및 증식사업
7. 의료시설의 운영
8. 건강보험에 관한 교육훈련 및 홍보
9. 건강보험에 관한 조사연구 및 국제협력
10. 이 법에서 공단의 업무로 정하고 있는 사항
11. 「국민연금법」, 「고용보험 및 산업재해보상보험의 보험료 징수 등에 관한 법률」, 「임금채권보장법」 및 「석면피해구제법」(이하 "징수위탁근거법"이라 한다)에 따라 위탁받은 업무
12. 그 밖에 이 법 또는 다른 법령에 따라 위탁받은 업무
13. 그 밖에 건강보험과 관련하여 보건복지부 장관이 필요하다고 인정한 업무

건강보험에서 '보험급여'는 질병이나 사고를 당했을 때 제공하는 현물로서의 '의료(서비스)'를 말한다. 따라서 '보험급여의 관리'는 '의료의 관리'라고 말할 수 있다.

의료의 관리를 좁게 얘기하면, 양적으로나 질적으로 적절한 진료를 했는지, 적절한 투약이 이루어졌는지, 적절한 처치가 있었는지 등 의료현장(병·의원 약국 등)에서 이루어지는 의료서비스의 적절성에 대한 관리라고 할 수 있다.

의료의 관리를 넓게 얘기하면, 의료현장에서의 의료서비스가 잘 이루어지도록 하기 위해 갖

춰야 하는 사회시스템까지 포괄하는 의미이다. 의료전달 체계, (인적·물적) 의료자원, 약가관리, 수가관리, 진료비 지불 제도(업무 5호인 '보험급여비용의 지급'과 더 관련이 깊음) 등이 포함된다.

결국 '의료의 관리', 즉 업무 3호인 '보험급여의 관리'는 실제로는 건강보험을 둘러싼 보건의료 체계 전반에 대한 관리라고 할 수 있다. 2013년 4월 건보공단이 진료비 지불제도 개선, 약가 및 약품비 적정화, 의료전달 체계 확립 및 의료자원 관리 등을 내용으로 하는 「실천적 건강복지 플랜 2」를 발간한 것은 법에서 정한 건강보험공단 업무의 적극적 실천이라 하겠다.

위와 같은 건강보험의 고유한 특징인 '보험급여의 관리'는 건강보험만의 독특한 구조에서 비롯된 것이다. 건강보험에는 다른 사회보험과는 달리 보험급여를 제공해 주는 '제3자'가 있기 때문이다.

이에 반해 국민연금은 가입자와 보험자 둘뿐이다. 가입자는 연금보험료를 내고 보험자는 그 돈을 잘 굴려 가입자가 연금 수급 나이에 도달하면 연금(보험급여)을 지급하면 된다. 고용보험 또한 가입자와 보험자 둘뿐이다. 고용보험은 가입자가 재직기간 중 보험료를 낸 돈으로 당사자가 실직했을 때 보험자는 실업수당(보험급여)을 지급하면 된다. 산재보험 또한 가입자(산재보험 가입자는 사업주이다)가 보험료를 내고, 산업재해가 발생하여 비용 부담이 생겼을 때(산업재해는 해당 사업주의 책임이다) 보험자가 그 비용(보험급여)을 지급한다.

※ 산재보험에도 의료서비스가 있지만 산재보험 전체 업무의 21%로 가장 핵심적인 업무라고 할 수는 없다. 산재보험의 주요 업무로는 휴업급여, 장해급여, 상병보상연금, 요양급여(의료서비스) 등이 있다.

그러나 건강보험이 정한 보험급여(의료서비스)는 보험자가 직접 제공하지 않고 '제3자'인 요양기관(병의원·약국 등)을 통해서 제공한다.

건강보험에서의 '3자 관계'는 앞의 표(법에 정의된 각 공단의 업무)에서 보듯이 법률 용어의 기술에서도 다른 사회보험과 차이가 있다. 국민연금공단과 근로복지공단은 '(보험)급여의 지급'이라고 기술하는 반면, 건강보험공단은 "보험급여 '비용'의 지급"이라고 기술한다. 건강보험에서의 보험급여는 '의료의 제공'이고 건강보험공단은 의료를 제공한 '비용'을 의료기관에 지급하는 것이기 때문이다.

'3자 관계'인 건강보험의 특성은 또 아래와 같은 (여타 사회보험의 보험자와는 다른) '건강보험 보험자'만의 독특한 역할을 요구한다.

① 구매 대리인(협상) 역할 : 의료서비스를 제공하는 의료 공급자와 의료서비스를 받는 의료 수요자(가입자) 간에는 정보의 비대칭성과 협상력의 차이가 발생한다. 정보의 비대칭성과 협상력 부족을 극복하기 위하여 보험자(공단)가 가입자를 대신하여 구매자로서 의료 공급자와 대등한 위치에서 의료서비스의 가격(의료수가·약가 등) 결정 기능을 수행해야 한다.

② 의료 공급자로부터 피보험자의 권익을 보호하는 역할 : 의료 공급자들의 우월한 정보 능력으로 인해 의료 수요자들이 잘못된 선택을 할 가능성에 대비해서 보험자가 의료 수요자의 권익 보호 기능을 수행해야 한다.

③ 의료기관의 평가 및 의료 수요자에 대한 정보 제공 역할 : 의료기관에 대한 정보 부족으로 인해 초래되는 의료 수요자들의 잘못된 선택을 방지하기 위해 정보를 제공하는 역할을 해야 한다.

위와 같은 건강보험의 특성(3자 구조)에 따른 보험자의 역할은 '가입자의 대리인'으로서의 성격을 갖는다.

4) 건강보험의 지출관리 순서

앞에서도 얘기했듯이 국민건강보험법에서 정한 공단의 업무(14조)는 다음 순서로 되어 있다. 가입자관리(1호), 보험료 부과·징수(2호), 보험급여 관리(3호), 건강증진·예방(4호), 보험급여비용의 지급(5호).

이중 '가입자관리', '보험료 부과·징수', '보험급여(비용)의 지급'은 건강보험뿐 아니라 다른 사회보험, 일반 사보험 등 보험이라면 모두 해야 하는 기본 업무이다. 보험의 본질에서 나온 업무이기 때문이다. 이 세 가지 업무는 각각 자격관리(가입자관리), 수입관리(보험료 부과·징수), 지출관리(보험급여의 지급)로서 보험의 성립과 유지에 필요한 최소한의 업무이다.

그런데 건강보험의 특수성에서 나온 '보험급여 관리'와 '건강증진·예방'이 보험의 본질적인 업무인 '보험급여(비용)의 지급'보다 앞서고 있다(국민연금공단과 근로복지공단 업무는 보험의 본질적인 업무가 차례대로 기술되어 있다). 그 이유가 무엇일까?

'보험급여 관리'와 '건강증진·예방' 또한 지출관리이기 때문이다. 건강보험에서는 '보험급여 관리', '건강증진·예방', '보험급여(비용)의 지급' 이 세 가지가 묶여서 보험의 본질적인 업무의 한 영역인 '지출관리'가 이루어진다.

국민건강보험법상 공단의 업무(14조) 세부 내용(각 호)은 지출관리의 우선순위를 정한 것이다. 지출관리에 있어 '보험급여 관리'가 먼저이고, '건강증진·예방'은 그다음이며, '보험급여(비용)의 지급'이 마지막이라는 것이다.

그러나 지금까지 건강보험공단은 지출관리에 있어 '보험급여(비용)의 지급'에만 치중하여 업무를 수행해 왔다. '보험급여 관리'와 '건강증진·예방'은 공단의 일이 아닌 것으로 여기거나 소홀히 했던 것이다.

'보험급여 관리'는 앞에서도 얘기했듯이 좁게는 의료(서비스)현장에서 적정한 진료와 처치와 투약이 이루어졌는지와 관련한 의료의 질 관리이고(관계 법령과 요양급여 기준에 부합하여 이루어졌는지), 넓게는 보건의료시스템 전반에 관한 것이다. 의료현장에서 '과잉·축소' 진료를 하지 않고(적정 진료가 이루어지고), 효율적인 보건의료시스템을 구축하는 것이 보험재정 관리의 최우선 업무인 것은 너무나 당연하다고 하겠다.

'보험급여 관리' 다음 순위의 지출관리인 '건강증진·예방' 또한 마찬가지이다. 아프지 않으면 건강보험 지출이 없는 것은 당연하다. 병에 걸리지 않도록 해야 하고, 병에 걸리더라도 (특히 만성질환) 늦게 걸리게 하는 것은 지출관리를 해야 하는 보험자가 우선적으로 해야 할 일이다. 고령화와 만성질환 시대에는 더욱 그렇다.

2012년 「실천적 건강복지 플랜」에서 '건강증진·예방'으로 패러다임을 바꾸기 위하여 '평생 맞춤형 통합 건강서비스 제공 방안'을 만들고, 2013년 『실천적 건강복지 플랜 2』에서 진료비 지불 제도 개선, 약가 및 약품비 적정화, 의료 전달 체계 확립 및 의료자원 관리 등 '보험급여 관리'에 대한 전반적인 내용을 담은 것은 이러한 이유에서이다.

한편 공단은 지출관리에 우선순위를 두었던 '보험급여(비용)의 지급'도 여러 가지 제약으로 인해 온전히 수행하지 못했다.

'보험급여(비용)의 지급' 업무는 '진료비 청구·확인·심사·지급' 업무로서 ① '정당한' 가입자가 보험급여를 제공받았는지(자격확인)와, 요양기관이 청구한 진료내역이 급여 기준에 부합하는지를 심사하는 '급여비용 확인·심사 업무'(사전업무), ② 확인·심사 결과에 따라 급여비용을 '지급하는 업무', ③ 급여비용이 지급된 이후에 가입자나 요양기관의 허위·부당 청구 사실을 확인하여 그 비용을 환수하는 사후 업무, 즉 부당이득금 징수 업무 등이다. 또 ④ 보험료 체납 등으로 인한 '급여제한 및 급여정지' 업무, ⑤ 요양기관의 현지조사(강제조사) 업무도 '보험급여(비용)의 지급' 과정의 일환으로 보아야 한다.

※ 「국민건강보험법 해설」(국민건강보험공단 법무지원실. 2011)에는 위의 다섯 가지 업무를 '보험급여(비용)의 지급' 업무가 아닌 '보험급여의 관리' 업무로 구분하고(216~217쪽), '보험급여(비용)의 지급' 업무는 단순히 '비용을 지급'하는 행위 자체만으로 축소하고 있다(219쪽). 그러나 '보험급여(비용)의 지급'은 보험의 본질에서 나온 '보험급여의 지급' 업무로 수입관리인 '보험료 부과·징수' 업무와 대비되는 지출관리 측면에서 지출관리의 전반을 포괄하는 업무로 봐야 한다. 즉 잘못된 지출이 없어야 하고(자격확인·심사, 급여제한), 잘못된 지출이 있다면 그 비용을 환수해야 하는(현지확인, 현지조사, 부당이득금 징수) 업무이다. '비용의 지급'은 자연스럽게 뒤따르는 기계적인 업무라고 봐야 한다.

위의 다섯 가지 '보험급여(비용)의 지급' 업무 중 현재 공단이 수행하고 있는 업무는 '급여비용의 지급', '부당이득금 징수', '급여제한 및 정지' 세 가지뿐이다. '보험급여(비용)의 지급'에 있어 핵심적이며 사전적 업무인 '급여비용의 (자격)확인·심사', '현지확인·조사'는 공단 밖의 업무로 되어 있다.

건보공단은 '보험급여(비용)의 지급'을 온전히 수행하기 위해 2012년 「실천적 건강복지 플랜」에서 '급여결정 구조 및 진료비 청구·심사·지급 체계 합리화 방안'을 제시한 바 있다. 법에서 정한 보험자로서의 업무를 제대로 수행하기 위해서이다. 공단이 무엇을 해야 하는지는 이미 국민건강보험법에서 다 밝혀 놓았다. 공단은 법이 지시한 바의 책무를 수행하면 된다. 앞으로 공단이 주력해야 할 부분이다.

5) 보험자의 급여결정 업무

앞에서 보험자의 업무에 대해 살펴보았다. 그중 일부를 다시 인용하기로 하자.

"세 가지가 보험자의 가장 기본적인 업무이다. 세 가지 업무는 해당 법에 각 공단(국민건강보험공단·국민연금공단·근로복지공단)의 업무로 정의되고 있는데, 단어와 문장은 조금씩 다르지만 '가입자관리', '보험료 부과·징수', '급여의 지급'이라는 보험의 본질에서 나오는 업무를 규정하고 있다."

법에 정의된 각 공단의 업무

법률	국민건강보험법	국민연금법	산업재해보상보험법
공단	국민건강보험공단	국민연금공단	근로복지공단
법 조문	제14조(업무 등) ① 공단은 다음 각 호의 업무를 관장한다. 1. 가입자 및 피부양자의 자격 관리 2. 보험료와 그 밖에 이 법에 따른 징수금의 부과·징수 3~4. 생략 5. 보험급여비용의 지급 6~13. 생략	제25조(공단의 업무) 공단은 다음의 업무를 한다. 1. 가입자에 대한 기록의 관리 및 유지 2. 연금보험료의 부과 3. 급여의 결정 및 지급 4~7. 생략	제11조(공단의 사업) ① 공단은 다음 각 호의 사업을 수행한다. 1. 보험가입자와 수급권자에 관한 기록의 관리·유지 2. 보험료징수법에 따른 보험료와 그 밖의 징수금의 징수 3. 보험급여의 결정과 지급 4~8. 생략

"'가입자관리', '보험료 부과·징수', '보험급여(비용)의 지급'은 건강보험뿐 아니라 다른 사회보험, 일반 사보험 등 보험이라면 해야 하는 기본적인 업무이다. 보험의 본질에서 나온 업무이기 때문이다. 이 세 가지 업무는 각각 자격관리(가입자관리), 수입관리(보험료 부과·징수), 지출관리(보험급여의 지급)로서 보험의 성립과 유지에 필요한 최소한의 필요조건이다."

그런데 이상한 점이 있다. 다음 표에서 보듯이 건강보험공단만 '급여의 결정'이 빠져 있고,

'급여(비용)의 지급'이라고만 되어 있다. 다른 두 공단(국민연금공단·근로복지공단)의 업무에는 급여의 '결정'이라는 단어가 들어가 있다. 급여의 결정이 무엇이고, 언제부터 국민건강보험공단의 업무에서 빠졌고, 그 이유와 의미하는 바가 무엇인지 알아볼 필요가 있다.

'급여의 결정'은 크게 ① 보험 적용 항목을 정하는 것(보장 범위 등), ② 가격을 정하는 것(가격협상 등) 두 가지이다. 이 두 가지에 따라서 보험의 지출이 결정된다. 지출 결정은 수입에 따라 달라진다. 수입 규모를 고려하여 지출 항목과 지출 가격을 정한다. 그래서 보험은 자격관리(가입자관리)는 물론이고, 수입관리(보험료 부과·징수)와 지출관리(급여결정·지급)가 한묶음으로 운영되는 것이다.

이러한 운영 원리는 사회보험이나 민간보험이나 다 똑같다. 민간보험의 약관을 한번 보자. 어떤 사고를 보장하는지, 그때 보장 가격은 얼마인지 꼼꼼히 다 적어놓았다. 보험자는 '재정관리'에 대한 책임이 있기 때문이다. 보험료 '수입'과 보험급여 '지출' 간의 합리적 순환 구조를 만들어 보험이 지속적으로 유지될 수 있도록 하는 역할이다.

그러나 지출의 결정, 즉 '급여의 결정'을 하지 못하는 현재의 건강보험공단은 수입관리만 하고 지출관리는 하지 못하는 '반쪽 보험자'라고 할 수 있다. 언제부터 이렇게 되었을까? 이에 대한 답을 찾으려면 건강(의료)보험법의 역사를 살펴볼 필요가 있다.

다음은 우리나라 건강(의료)보험의 시작이라고 할 수 있는 1963년 제정된 의료보험법이다.

의료보험법
[시행 1964.3.17] [법률 제1623호, 1963.12.16 제정]

제12조 (보험자) 이 법에 의한 의료보험의 보험자는 의료보험조합으로 한다.

제15조 (의료보험조합의 관장사항) 의료보험조합은 그 조합원인 피보험자의 보험을 관장한다.

제19조 (정관) 의료보험조합은 그 정관에 다음 각호의 사항을 기재해야 한다.

    1~5. 생략

    6. 운영위원회 위원에 관한 사항

    7~13. 생략

제24조 (운영위원회) ① 의료보험조합에 운영위원회를 둔다.

제25조 (운영위원회의 의결사항) ① 운영위원회는 다음 각호의 사항을 의결한다.

    1~6. 생략

    7. 보험료의 징수와 보험급여에 관한 사항

    8~9. 생략

　1963년 제정 의료보험법에 따르면, 보험자로 '의료보험조합'을 명시하고 있으며(12조), 의료보험조합이 보험을 관장하도록(15조) 포괄적으로 위임했고, 조합에는 운영위원회를 두어(24조), 운영위원회에서 '보험료의 징수와 보험급여에 관한 사항'을 의결하도록(25조 1항 7호) 했다.

　보험급여의 '결정'과 '지급'의 구분 없이 '보험급여에 관한 사항'이라고 규정한 것과, 조합이 보험을 관장하도록(15조) 포괄적인 위임 조항을 둔 것으로 보아, 25조의 '보험급여에 관한 사항'에는 '보험급여의 결정'과 '지급' 모두가 포함된 것으로 보아야 할 것이다.

　의료보험법은 1963년에 최초로 제정됐지만, 시행은 1977년에나 이루어지게 된다. 시행을 앞두고 의료보험법은 전면개정된다. 다음은 1976년 전면개정된 법과 시행령이다.

의료보험법
[시행 1977.1.1] [법률 제2942호, 1976.12.22 전부개정]

제 2 조　(관장) 이 법에 의한 의료보험사업은 보건사회부 장관이 이를 관장한다.

제13조　(보험자) ② 조합은 그 조합원인 피보험자의 보험을 관리 · 운영한다.

제25조　(조합의 조직 등) 조합의 조직과 그 관리 운영, 기타 조합의 해산 · 합병 등에 관하여 필요한 사항은 대통령령으로 정한다.

의료보험법 시행령
[시행 1977.3.14] [대통령령 제8487호, 1977.3.14 전부개정]

제13조　(정관) 조합의 정관에는 다음 사항을 기재해야 한다.

　　　　1~2,4,6. 생략 / 3. 운영위원회에 관한 사항

　　　　5. 보험급여에 관한 사항 / 7. 보험료에 관한 사항

　　　　8~9. 생략

제18조　(운영위원회) ① 조합에는 조합의 중요사항을 의결하기 위하여 운영위원회를 둔다.

제21조　(운영위원회의 의결사항) 운영위원회는 다음의 사항을 의결한다.

　　　　1~6. 생략

　　　　6. 보험료율에 관한 사항 / 7. 보험급여에 관한 사항

　　　　8~9. 생략

의료보험사업은 보건사회부 장관이 관장하는 것(법 2조)으로 국가의 책임을 명문화했다. 국가의 책임과 함께 조합이 보험을 관리·운영하는 것(13조)으로 보험자의 지위 또한 명확히 했다. 조합의 관리 운영에 관한 사항은 대통령령(시행령)으로 넘겼고(25조), 시행령에는 조합의 정관에 '보험급여(13조 5호)와 보험료(7호)에 관한 사항'을 기재하도록 했다. 또 조합에 운영위원회를 두고(18조), '보험료율(21조 6호)과 보험급여(7호)에 관한 사항'을 의결하도록 했다. 전면개정 전의 법과 마찬가지로 보험급여의 '결정'과 '지급'의 구분 없이 '보험급여에 관한 사항'으로 총괄적으로 규정하여 두 가지 모두를 포함한 것으로 보는 것이 타당할 것이다.

다음은 1977년 제정된 「공무원 및 사립학교 교직원 의료보험법」이다. 1977년 500인 이상 사업장 근로자를 대상으로 의료보험을 시작했고, 이후 공무원과 교직원에 대해서는 별도의 법을 만들어 의료보험을 적용했다.

공무원 및 사립학교 교직원 의료보험법
[시행 1978.7.1] [법률 제3081호, 1977.12.31 제정]

제 2 조 (관장) 이 법에 의한 의료보험사업은 보건사회부 장관이 관장한다.

제 9 조 (보험자) 이 법에 의한 의료보험의 보험자는 공무원 및 사립학교 교직원 의료보험 관리공단(이하 "공단"이라 한다)으로 한다.

제10조 (공단의 업무) 공단은 다음 각 호의 업무를 관장한다.

　　1. 피보험자에 관한 기록 및 관리 유지

　　2. 보험료의 징수

　　3. 보험급여의 결정 및 지급

　　4. 보험급여비용의 심사

　　5. 의료보험법의 규정에 의한 의료보험조합이 보험급여비용의 심사에 관하여 위탁하는 업무

　　6~8. 생략

의료보험사업은 보건사회부 장관이 관장하는 것(2조)으로 국가의 책임을 명문화했고, '공무원 및 사립학교 교직원 의료보험관리공단'을 보험자로 규정하고 있으며(9조), 보험자인 공단의 업무로 '보험급여의 결정 및 지급'(10조 3호)이라고 명확하게 '급여의 결정'을 규정하고 있다.

또 이 법에서는 보험자인 공단이 '보험급여비용의 심사'(10조 4호)를 했으며, 각 의료보험조합이 위탁하는 심사 업무도 맡도록(10조 5호) 했다. 심사 권한은 보험자인 각 의료보험조합에 있고 각

조합은 단순히 심사 업무만 '위탁'한다는 뜻이다. 지금은 심사 권한 자체가 보험자인 공단에 없다.

다음은 1997년 제정한 「국민의료보험법」이다. 지역의료보험조합과 공무원및 교직원 의료보험관리공단을 통합하는, 소위 1차 통합법안이다.

국민의료보험법
[시행 1998.10.1] [법률 제5488호; 1997.12.31 제정]

제 2 조 (관장) 이 법에 의한 의료보험사업은 보건복지부 장관이 관장한다.

제 9 조 (보험자) 이 법에 의한 의료보험의 보험자는 국민의료보험관리공단(이하 "공단"이라 한다)으로 한다.

제10조 (공단의 업무) ① 공단은 다음 각 호의 업무를 관장한다.

1. 피보험자에 관한 기록 및 관리유지
2. 보험료의 징수
3. 보험급여의 결정 및 지급
4. 보험급여비용의 심사
5. 다른 법률에 의하여 지급되는 진료비용의 심사에 관하여 위탁받은 업무
6~8. 생략

의료보험 보험자를 국민의료보험관리공단으로 정하고 있으며(9조), 공단의 업무로 '가입자 관리'(10조 1항 1호), '보험료 징수'(2호), '보험급여의 결정 및 지급'(3호) 등 보험의 본질적인 세 가지 업무를 구체적으로 규정하고 있으며, 보험급여에 있어 '결정'도 명시하고 있다. '보험급여비용의 심사' 또한 보험자인 공단의 업무로 규정하고 있으며(4호), 다른 의료보험조합(직장조합)이 위탁한 심사 업무도 규정하고 있다(5호).

1963년 「의료보험법」 제정 이후 2000년까지(국민의료보험법은 2000년 1월 1일 폐지된다) 36년간 건강(의료)보험 보험자(때로는 조합, 때로는 공단)는 '보험급여를 결정' 했으며, 급여 비용을 '심사'했다. 그러나 2000년 이후 달라진다.

다음은 1999년 제정한 「국민건강보험법」이다. 140개 직장의료보험조합과 국민의료보험관리공단을 통합하는 2차 통합법안이다. 이때부터 '의료보험'이라는 명칭은 역사 속으로 사라지고 '건강보험'이라는 명칭을 사용하게 된다. 또 이 법에 따라 기존의 「의료보험법」과 「국민의료보험법」은 폐지된다(부칙 2조).

국민건강보험법
[시행 2000.1.1] [법률 제5854호, 1999.2.8 제정]

제 2 조 (관장) 이 법에 의한 건강보험사업은 보건복지부 장관이 관장한다.

제12조 (보험자) 건강보험의 보험자는 국민건강보험공단(이하 "공단"이라 한다)으로 한다.

제13조 (업무 등) ① 공단은 다음 각호의 업무를 관장한다.

1. 가입자 및 피부양자의 자격관리

2. 보험료 기타 이 법에 의한 징수금의 부과 · 징수

3. 보험급여의 관리

4. 가입자 및 피부양자의 건강의 유지 · 증진을 위하여 필요한 예방사업

5. 보험급여비용의 지급

6~11. 생략

제31조 (재정운영위원회) ① 보험료의 조정, 기타 보험 재정과 관련된 주요 사항을 심의 · 의결하기 위하여 공단에 재정운영위원회를 둔다.

②~③ 생략

제42조 (요양급여비용의 산정 등) ① 요양급여비용은 공단의 이사장과 대통령령이 정하는 의약계를 대표하는 자와의 계약으로 정한다.

②~⑦ 생략

제43조 (요양급여비용의 청구와 지급 등) ① 요양기관은 요양급여비용의 지급을 공단에 청구할 수 있다. 이 경우 (제2항의 규정에 의한) 심사청구는 이를 공단에 대한 요양급여비용의 청구로 본다.

② 제1항의 규정에 의한 요양급여비용의 청구를 하고자 하는 요양기관은 (제55조의 규정에 의한) 건강보험심사평가원에 요양급여비용의 심사 청구를 해야 하며, 심사 청구를 받은 건강보험심사평가원은 이를 심사한 후 지체없이 그 내용을 공단 및 요양기관에 통보해야 한다.

③ (제2항의 규정에 의하여) 심사의 내용을 통보받은 공단은 지체없이 그 내용에 따라 요양급여비용을 요양기관에게 지급한다. (후단 생략)

④ 생략

⑤ 공단은 요양급여비용을 지급함에 있어 (제2항의 규정에 의한) 건강보험심사평가원이 (제56조의 규정에 의한) 요양급여의 적정성을 평가하여 공단에 통보한 경우에는 그 평가 결과에 따라 요양급여비용을 가산 또는 감액 조정하여 지급한다. (후단 생략)

⑥~⑨ 생략

제55조 (설립) 요양급여비용을 심사하고 요양급여의 적정성을 평가하기 위하여 건강보험 심사평가원(이하 "심사평가원"이라 한다)을 설립한다.

제56조 (업무 등) ① 심사평가원은 다음 각호의 업무를 관장한다.

1. 요양급여비용의 심사

2. 요양급여의 적정성에 대한 평가

3. 심사 및 평가 기준의 개발

4. 제1호 내지 제3호의 업무와 관련된 조사연구 및 국제협력

5. 다른 법률의 규정에 의하여 지급되는 급여 비용의 심사 또는 의료의 적정성 평가 에 관하여 위탁받은 업무

6. 건강보험과 관련하여 보건복지부 장관이 필요하다고 인정한 업무

7. 기타 보험급여비용의 심사와 보험급여의 적정성 평가와 관련하여 대통령령이 정하는 업무

제60조 (자금의 조달 등) ① 심사평가원은 제56조 제1항의 업무(동조 동항 제5호의 규정에 의한 업무를 제외한다)를 수행하기 위하여 공단으로부터 부담금을 징수할 수 있다.

② 심사평가원은 (제56조 제1항 제5호의 규정에 의하여) 급여 비용의 심사 또는 의 료의 적정성 평가에 관한 업무를 위탁받은 때에는 위탁자로부터 수수료를 받을 수 있다.

③ 생략

제65조 (보험료율) ① 가입자의 보험료율은 1천분의 80의 범위 안에서 (제31조의 규정에 의한) 재정운영위원회의 의결 내용을 참작하여 대통령령으로 정한다.

③ 생략

제72조 (결손처분) ① 공단은 (다음 각호의 1에 해당하는 사유가 있는 때에는) 재정운영위 원회의 의결을 얻어 보험료 등을 결손처분할 수 있다.

1~3. 생략

② 생략

제92조 (국가 부담) 국가는 매년도 예산에서 공단에 대하여 건강보험사업의 운영에 필요한 비용을 부담할 수 있다.

부칙

제2조 (다른 법률의 폐지) 의료보험법 및 국민의료보험법은 이를 각각 폐지한다.

인용한 법률이 다소 길다. 기존 법의 체계가 완전히 바뀐 최종 통합 법안으로, 심사평가원 설 립 등 보험자의 업무 변화와 관련된 조항이 많이 신설돼서 그렇다. 하나씩 차근차근 살펴보자.

건강보험사업은 보건복지부 장관이 관장하도록(2조) 하여 국가 책임을 명문화했고, 또 건강보험의 보험자는 국민건강보험공단으로(12조) 명확히 했다. 여기까지는 「국민의료보험법」과 내용이 같다. 그러나 '보험자의 업무'(13조)에서는 큰 차이가 발생한다.

다음은 「국민의료보험법」과 「국민건강보험법」의 관련 내용을 비교한 표이다.

「국민의료보험법」과 「국민건강보험법」에서의 '보험자 업무' 비교

국민의료보험법 [시행 1998.10.1] [법률 제5488호, 1997.12.31, 제정][2000.1.1 폐지]	국민건강보험법 [시행 2000.1.1.] [법률 제5854호, 1999.2.8 제정]
제10조 (공단의 업무) ① 공단은 다음 각 호의 업무를 관장한다. 1. 피보험자에 관한 기록 및 관리 유지 2. 보험료의 징수 3. 보험급여의 결정 및 지급 4. 보험급여비용의 심사 5. 다른 법률에 의하여 지급되는 진료비용의 심사에 관하여 위탁받은 업무 6~8. 생략	제13조 (업무 등) ① 공단은 다음 각 호의 업무를 관장한다. 1. 가입자 및 피부양자의 자격관리 2. 보험료 기타 이 법에 의한 징수금의 부과·징수 3. 보험급여의 관리 4. 가입자 및 피부양자의 건강의 유지·증진을 위하여 필요한 예방사업 5. 보험급여비용의 지급 6~11. 생략

용어의 차이는 있지만 두 법 모두 보험의 본질적인 업무인 '자격관리(가입자관리)', '수입관리(보험료 부과·징수)', '지출관리(보험급여의 지급)'를 규정하고 있다. 그리고 「국민건강보험법」은 '보험급여의 관리'(3호)와 '건강증진·예방'(4호)을 신설하여 건강보험만의 지출관리 내용을 추가했으며, 동시에 지출관리의 순서를 정했다. 긍정적인 측면이다.

그러나 「국민건강보험법」에서는 '보험급여의 결정'이 빠지고 '급여(비용)의 지급'만 규정하고(5호) 있다. 어디에 비용을 써야 할지를 정하는 '급여결정'은 보험에 있어 '지출결정'이다. 이때부터 보험자인 공단은 지출관리의 시작이라고 할 수 있는 '지출결정'(급여결정)을 하지 못하게 된다.

또 '보험급여비용의 심사(국민의료보험법 10조 1항 4호)'도 보험자의 업무에서 빠진다. 제대로 비용을 썼는지를 확인하는 '비용의 심사'는 지출관리의 끝이라고 할 수 있다. 지출관리의 시작(급여의 결정)과 끝(비용의 심사)을 하지 못하게 되면서 재정관리 책임이 있는 보험자인 공단은 지출관리는 하지 못하고 수입관리만 하는 '반쪽 보험자'의 지위를 갖게 된다.

그리고 '심사 업무'는 새로 설립되는 심평원(55조)으로 가게 된다. 그렇다면 '급여의 결정'은 어디로 갔을까?

다음 표를 주의 깊게 보자.

「의료보험법」과 「국민건강보험법」에서의 '심의(조정)위원회'의 기능 차이

의료보험법 [시행 1999.7.1] [법률 제5857호, 1999.2.8 일부 개정]	국민건강보험법 [시행 2000.1.1] [법률 제5854호, 1999.2.8 제정]
제5조 (의료보험심의위원회) ① 제29조 제3항의 규정에 의한 요양급여의 기준과 제35조 제1항의 규정에 의한 요양급여 및 분만급여에 관한 비용의 기준 기타 의료보험사업에 관한 주요 사항을 심의하고 보건복지부 장관의 자문에 응하기 위하여 보건사회부에 의료보험심의위원회(이하 "심의위원회"라 한다)를 둔다. 〈개정 1995·8·4〉	제4조 (건강보험심의조정위원회) ① 제39조 제2항의 요양급여의 기준과 제42조 제3항의 규정에 의한 요양급여비용 기타 건강보험에 관한 주요 사항을 심의하기 위하여 보건복지부 장관 소속 하에 건강보험심의조정위원회(이하 "심의조정위원회"라 한다)를 둔다.
의료보험법 시행령 [시행 1998.10.17] [대통령령 제15918호, 1998.10.17 일부 개정]	국민건강보험법 시행령 [시행 2000.7.1] [대통령령 제16853호, 2000.6.23 제정]
제5조 (심의위원회의 기능) 법 제5조 제3항의 규정에 의한 의료보험심의위원회(이하 "심의위원회"라 한다)는 다음 각호의 사항에 관하여 보건복지부 장관의 자문에 응한다. 〈개정 1994·12·23〉 1. 의료보험제도에 관한 사항 2. 보험급여에 관한 사항 3. 보험료에 관한 사항 4. 기타 의료보험에 관하여 보건복지부 장관이 부의하는 사항	제9조 (심의조정위원회의 소위원회) ① 심의조정위원회는 다음 각호의 사항을 심의하기 위하여 소위원회를 둔다. 1. 법 제39조 제2항의 규정에 의한 요양급여의 범위 2. 법 제42조 제1항의 규정에 의한 요양급여비용에 관한 계약이 체결되지 아니한 경우의 요양급여비용의 조정 3. 제24조 제1항의 규정에 의한 요양급여의 상대가치점수 4. 기타 심의조정위원회가 필요하다고 인정하는 특정한 안건

「의료보험법」과 「국민건강보험법」에는 '심의(조정)위원회'가 있다. 그러나 명칭이 비슷한 이 두 조직 간에는 차이가 있다.

※ 「국민의료보험법」에는 '심의위원회'가 없다. 아마도 통합 과정에서 임시(1998.10.1 시행, 2000.1.1 폐지)로 만든 법안이라서 그런 것 같다. 대신 1차 통합 이후에도 직장의료보험조합의 존속으로 2000년 1월 1일까지 시행됐던 기존의 「의료보험법」에 의료보험의 주요 골격이 그대로 유지되고 있다.

「의료보험법」의 심의위원회는 "장관의 '자문'에 응하기 위하여"(이 구절 앞에 '심의'라는 단어가 있긴 한다), 국민건강보험법의 심의조정위원회는 "주요 사항을 '심의'하기 위하여" 존재한다. 이

는 '위원회의 운영'에 관한 사항을 정해 놓은 두 법의 '시행령'에서 더욱 명확해진다.

「의료보험법」 시행령 5조에는 "장관의 '자문에 응한다"고 규정하고 있다. '심의'라는 단어는 빠졌다. 반면 국민건강보험법 시행령 9조에는 "심의하기 위하여"라고 규정하고 있다. 두 위원회의 차이는 '자문'과 '심의'의 차이인 것이다. 자문은 '의견을 묻는 것'이고, 심의는 '심사하고 토의하는 것'이다(네이버 국어사전).

자문과 심의하는 안건에도 차이가 있다. 「의료보험법」의 심의위원회는 ① 의료보험제도, ② 보험급여, ③ 보험료에 관한 사항을 자문한다(시행령 5조). 이중 보험급여와 보험료는 의료보험조합 운영위원회의 '의결' 사항(25조)과 안건이 동일하다. 똑같은 안건을 '심의위원회'는 (장관에게) '자문'하고, 보험자인 조합은 '의결'한다. 즉 보험자의 업무라는 것이다.

「국민건강보험법」의 심의조정위원회는 ① 요양급여의 범위, ② 요양급여비용의 조정, ③ 요양급여의 상대가치점수를 심의한다(시행령 9조). '요양급여의 범위'는 앞서 언급한 '급여의 결정' 중 보험적용 항목(보장 범위 등)이고, '요양급여비용의 조정'과 '상대가치점수'는 '급여의 결정' 중 '가격을 정하는 것'(가격협상 등)이다. '보험적용 항목'과 '가격'을 정하는 것이 곧 '급여결정'의 전부이다. 보험자의 업무에서 사라진 '급여의 결정'이 '건강보험심의조정위원회'로 넘어간 것이다. 건강보험심의조정위원회는 보건복지부 장관 소속 하에 두기로(법 4조) 되어 있으니 보건복지부, 즉 정부로 넘어간 것이다. 다보험자 체제에서 전국단일보험자 체제로 바뀌면서 국가의 역할을 강화한 것으로 보인다.

그러나 '국가의 책임'과 '보험자의 자치운영 원리', 이 두 가치의 관계에 대해서는 논의해 볼 여지가 있다. 이 주제는 다음 과제로 남기기로 하자.

6) 보험자의 비용 심사 업무

의료보험 통합 제정법인 「국민건강보험법」에서는 '건강보험심사평가원'을 설립하도록(55조)했다. 그리고 요양급여비용을 심평원에 청구하고(43조), 비용 심사를 심평원이 하도록(56조)했다.

그전까지 「의료보험법」·「공무원 및 사립학교교직원 의료보험법」·「국민의료보험법」에서는 보험자인 지역·직장의료보험조합, 공교의료보험관리공단, 국민의료보험관리공단이 심사를 하거나, 심사 업무를 다른 기관에서 하더라도 '위탁'이라는 용어를 써서 '심사'는 보험자 업무임을 명확히 했다.

또 요양급여비용 '청구'는 당연히 비용을 지불하는 주체인 보험자에게 하는 것이었다. '비용 심사' 전에 해야 할 일이 있기 때문이다. '자격확인'이다. 외국인 근로자, 해외 동포, 급여제한 대상 등 가입자 자격이 없는 사람에 대한 급여비용은 애초에 지급하지 않아야 하기 때문이다. 이것이 곧 '사전관리'이다. 지급했다가 환수하는 '사후관리'는 한계가 많기 때문이다.

지금이 그렇다. '보험급여비용의 청구'를 보험자가 아닌 심평원에 바로 하게 한다. 이로 인해 가입자인 국민의 출생·성장·주거지 이동·분가에서부터 사망시까지 모든 자료를 보유하고 그 자격관리(가입자관리)를 하고 있는 보험자인 공단이 부적정한 가입자에 대한 급여비용을 사전관리하지 못하고 있다. 이로 인해 지급한 이후 환수하는 사후관리만 하게 되면서 이중 삼중의 낭비를 가져오고 있다.

법 43조(요양급여비용의 청구와 지급)를 자세히 보면 지출관리의 주요 기능인 '보험급여비용의 지급'에 있어 보험자인 공단은 단순히 '현금출납기' 기능만 하고 있음을 알 수 있다.

심평원에 청구했지만 공단에 청구한 것으로 보고(1항), 심사의 내용을 '통보'받은 공단은 '지체없이' 비용을 요양기관에 지급해야 하고(3항), 심평원이 (요양급여의) 적정성을 평가하여 공단에 '통보'한 경우에는 그 (평가) 결과에 따라 비용을 '가산 또는 감액' 조정하여 지급해야(5항) 한다.

공단은 (비용을) 통보받고 '지체없이' 지급하고 통보에 따라 조정해서 지급해 주는 기관이다. '지체없이' 지급해야 하므로 '자격확인'할 여유도 없다. 일단 비용을 지급한 뒤에 잘못 지급된 비용을 환수하는 사후관리에만 매달릴 뿐이다. 재정관리 책임은 공단에 있기 때문에 그렇게라도 해야지 재정을 절감할 수 있다.

그런데 심평원 (운영)자금을 공단이 조달하고 있다. 법 60조에 심평원의 업무를 수행하기 위하여 "공단으로부터 부담금을 징수할 수 있다"고 규정하고 있고, 실제로 2012년 약 1,890억 원을 징수했다. 그런데 이 비용은 심사 업무에 국한된 비용만이 아니라, 부가적 업무 비용까지 포함되어 있다. '요양급여의 적정성에 대한 평가'(56조 2호), '심사 및 평가 기준의 개발'(3호), '조사연구 및 국제협력'(4호) 등이다.

반면 심평원이 다른 기관에서 심사 업무를 위탁받으면 그 기관으로부터는 '위탁수수료'만 받는다(법 60조 2항). 2013년 7월부터 심평원은 자동차보험 진료비 심사를 위탁받아 손해보험사로부터 그 수수료를 받는다.

보험자인 공단의 비용으로 '개발한 심사 기준'과 '조사연구한 심사 기법'을 바탕으로 심평원은 건강보험과 무관한 제3자로부터 수수료를 받는 것이다. 그 비용은 국민들이 낸 건강보험료이다.

이상으로 보험자의 업무에서 사라진 '급여의 결정'과 '비용의 심사'에 대해서 살펴보았다. 한편 통합법인 「국민건강보험법」이 제정되면서 보험자인 공단에 '새롭게' 부여된 업무도 있다. 간단히 살펴보기로 하자.

「국민건강보험법」에는 신설 조항으로 보험자인 공단에 '재정운영위원회'를 두도록(31조) 했다. '보험료의 조정'과 '보험재정'과 관련된 주요 사항을 심의·의결하는 기능이다.

이에 따라 재정운영위원회는 보험료율을 의결(65조)하고 결손처분(72조)도 할 수 있는 기능을 갖게 되었다. 보험자의 역할을 강화하고 명확히 한 것이다.

또 「국민건강보험법」에는 보험자인 공단과 의약계와의 '요양급여비용 계약' 조항(42조)도 신설되었다. 전에는 보건복지부 장관이 정하도록 했다(의료보험법 35조). 이 조항 역시 보험자의 역할을 강화하고 명확히 한 것이다.

지금까지 통합법인 「국민건강보험법」이 제정되면서 변화된 보험자 업무에 대해서 살펴보았다. 단일보험자인 국민건강보험공단이 출범하면서 새로운 보험자 업무가 생기기도 했고, 또 보험자 고유 업무가 없어지기도 했다. 그런데 보험자 업무 변화는 여기서 끝이 아니다. 통합공단 출범 후 보험재정이 파탄을 맞게 되면서 공단의 보험자 업무(기능)는 또 한 번 전환점을 맞게 된다.

7) 재정파탄 후 보험자의 업무

애초 통합공단은 2000년 1월 1일 출범하려 했지만 준비 부족 등으로 7월 1일 출범하게 된다(1999.12.31 개정). 그리고 같은 날부터 의약분업도 실시되었는데, 의약분업 시행 전후로 네 차례에 걸쳐 수가가 인상되었다.

이로 인해 통합공단은 출범하자마자 그해부터 적자를 기록하게 되었다. 2000년 1조 90억 원, 2001년 2조 4,088억 원(누적수지 1조 8,109억 원 적자), 2002년 7,607억 원(누적수지 2조 5,716억 원 적자)의 당기수지 3년 연속 적자를 기록한 것이다(「국민건강보험공단 10년사」, 313쪽). 그리하여 급기야 「국민건강보험재정건전화특별법」이 제정·시행(2002.1.9)되기에 이른다. 지금은 보험자에 대해서 논하는 자리이므로 '보험자 업무' 변화와 관련된 부분만 「재정건전화특별법」에서 인용하기로 하자. 이해를 돕기 위하여 「국민건강보험법」의 관련 규정도 함께 인용한다.

「재정건전화특별법」에는 '건강보험정책심의위원회'(이하 건정심)를 두도록(3조) 하고 있다. 건정심은 「국민건강보험법」의 '심의조정위원회'가 하던 '급여의 결정' 업무(시행령 9조)를 그대로 승계했다. 요양급여의 기준(특별법 3조 1호)과 요양급여비용(2호)을 심의·의결하도록 한 것이다.

건정심과 심의조정위원회 두 조직 모두 보건복지부 장관 아래 있는 조직이어서 '급여의 결정'이 보험자가 아닌 정부에서 이루어지는 것에는 변함이 없다. 즉 보험자 업무에는 변화가 없다. 다만 심의조정위원회는 '심의'만 했고, 건정심은 심의에 더해 '의결'까지 했다는 차이가 있다(그런 사례가 있는지는 찾아봐야겠지만, 심의조정위원회의 심의 결과와 다른 내용으로 장관이 결정할 수 있다는 뜻이다).

반면 보험자 업무 변화도 있었다. 건정심이 가입자의 보험료를 의결하도록(「재정건전화특별법」 3조 3,4호 및 8조) 한 것이다. 「재정건전화특별법」 3조에는 "국민건강보험법 31조 1항의 규정에도 불구하고" (건정심이) 지역가입자의 월별 보험료액(3호)과 직장가입자의 보험료율(4호)을 심의·의결하도록 되어 있다. 또 특별법 8조 2항에는 "직장가입자의 보험료율은 '국민건강보험법 제65조 1항의 규정에도 불구하고' 심의위원회(건정심)의 의결을 거쳐"라고 되어 있다.

「국민건강보험재정건전화특별법」과 「국민건강보험법」의 보험자 업무 비교

국민건강보험재정건전화특별법 [시행 2002.1.19] [법률 제6620호, 2002.1.19 제정]	국민건강보험법 [시행 2000.1.1] [법률 제5854호, 1999.2.8 제정]
제3조 (건강보험정책심의위원회의 설치) 국민건강보험법 제4조 및 동법 제31조 제1항(보험료의 조정에 관한 사항에 한한다)의 규정에 불구하고 다음 각 호의 사항을 심의·의결하기 위하여 보건복지부 장관 소속 하에 건강보험정책심의위원회(이하 "심의위원회"라 한다)를 둔다. 1. 국민건강보험법 제39조 제2항의 규정에 의한 요양급여의 기준 2. 국민건강보험법 제42조 제3항의 규정에 의한 요양급여비용 3. 국민건강보험법 제62조 제4항의 규정에 의한 지역가입자가 속한 세대의 월별 보험료액 4. 국민건강보험법 제65조 제1항의 규정에 의한 직장가입자의 보험료율 5. 생략	제4조 (건강보험심의조정위원회) ① 제39조 제2항의 요양급여의 기준과 제42조 제3항의 규정에 의한 요양급여비용 기타 건강보험에 관한 주요 사항을 심의하기 위하여 보건복지부 장관 소속 하에 건강보험심의조정위원회(이하 "심의조정위원회"라 한다)를 둔다. **시 행 령** 제9조 (심의조정위원회의 소위원회) ① 심의조정위원회는 다음 각 호의 사항을 심의하기 위하여 소위원회를 둔다. 1. 법 제39조 제2항의 규정에 의한 요양급여의 범위 2. 법 제42조 제1항의 규정에 의한 요양급여비용에 관한 계약이 체결되지 아니한 경우의 요양급여비용의 조정 3. 제24조 제1항의 규정에 의한 요양급여의 상대가치점수 4. 생략
제8조 (보험료액 등의 산정 절차에 관한 특례) ① 지역가입자가 속한 세대의 월별 보험료액은 국민건강보험법 제62조 제4항의 규정에 의한 절차에 불구하고 심의위원회의 의결을 거쳐 대통령령으로 정한다. ② 직장가입자의 보험료율은 국민건강보험법 제65조 제1항의 규정에 불구하고 1천분의 80의 범위 안에서 심의위원회의 의결을 거쳐 대통령령으로 정한다. 부칙 제2조 (유효기간) 이 법은 2006년 12월 31일까지 효력을 가진다.	제31조 (재정운영위원회) ① 보험료의 조정 기타 보험재정과 관련된 주요 사항을 심의·의결하기 위하여 공단에 재정운영위원회를 둔다. ②~③ 생략 제42조 (요양급여비용의 산정 등) ① 요양급여비용은 공단의 이사장과 대통령령이 정하는 의약계를 대표하는 자와의 계약으로 정한다. ②~⑦ 생략 제65조 (보험료율) ① 가입자의 보험료율은 1천분의 80의 범위 안에서 (제31조의 규정에 의한) 재정운영위원회의 의결 내용을 참작하여 대통령령으로 정한다. ③ 생략

위에서 말한 특별법의 '~규정에도 불구하고'에 해당하는 조항을 「국민건강보험법」에서 찾아보기로 하자.

「국민건강보험법」 31조 1항은 '재정운영위원회' 조항으로 "보험료의 조정을 심의·의결하기 위하여" 재정운영위원회를 두는 것으로 되어 있다. 또 같은 법 65조 1항은 '가입자의 보험료율'은 "재정운영위원회의 의결 내용을 참작하도록" 하고 있다.

이 두 조항은 통합 공단 출범에 따라 '새롭게' 부여된 보험자의 업무로, 보험자의 역할을 강화하고 명확히 한 것이다. 그런데 '급여의 결정', '비용의 심사'에 이어 새롭게 부여된 '보험료의 조정'마저도 보험자 업무에서 사라지게 된다. 재정파탄을 맞으면서 공단의 보험자로서의 고유 업무가 다시 한 번 축소된 것이다.

이후 「재정건전화특별법」의 유효기간이 만료되고 재정파탄 또한 극복하게 되면서 공단의 보험자 업무 또한 변화를 맞게 된다.

8) 현재 보험자의 업무

「재정건전화특별법」 시행과 국민건강보험공단의 자구 노력 등으로 건강보험재정은 급속도록 안정세에 접어든다. 2000년부터 2002년까지 3년 연속 당기적자를 기록했던 재정수지는 2003년 1조 794억 원의 당기수지 흑자(누적수지 1조 4,922억 원 적자)를 기록한 데 이어, 2004년 1조 5,679억 원 당기흑자와 함께 누적수지도 757억 원 흑자로 돌아섰다. 그리고 2005년에는 1조 1,788억 원의 흑자(누적 1조 2,545억 원 흑자)로 3년 연속 당기수지 흑자를 유지한다(「국민건강보험공단 10년사」 313쪽 '표−재정수지 현황'에서 인용).

애초 「재정건전화특별법」은 재정파탄 타개책으로 만든 한시법으로, 유효기간이 2006년 12월 31일까지였다. 재정상태가 정상으로 돌아오자, 특별법의 유효기간이 끝나기 하루 전인 2006월 12월 30일 「국민건강보험법」이 개정되었다. 「재정건전화특별법」의 내용을 「국민건강보험법」으로 가져온 것이다.

"보험료 예상 수입액의 100분의 14에 상당하는 금액을 국고에서 지원하고, 국민건강증진기금에서 자금을 지원받을 수 있는"(92조) 재정지원 내용이 핵심이었지만, 특별법에서 정한 '보험자의 업무 변화'에 대한 내용도 그대로 가져왔다. 그 내용은 지금까지 여러 차례 법 개정으로 조항의 번호는 바뀌었지만 현재까지도 유지되고 있다.

다음은 애초 2000년 1월 1일 「국민건강보험법」 제정 당시와 2006년 12월 30일 개정된 이후 현재까지 유지하고 있는 「국민건강보험법」의 보험자 업무 내용 변화를 비교한 표이다.

「국민건강보험법」에서의 보험자 업무 변화(제정 당시와 현재)

[시행 2000.1.1] [법률 제5854호, 1999.2.8 제정]	현 행
제4조 (건강보험심의조정위원회) ① 제39 2항의 요양급여의 기준과 제42조 제3항의 규정에 의한 요양급여비용 기타 건강보험에 관한 주요 사항을 심의하기 위하여 보건복지부 장관 소속 하에 건강보험심의조정위원회(이하 "심의조정위원회"라 한다)를 둔다. **시 행 령** 제9조 (심의조정위원회의 소위원회) ① 심의조정위원회는 다음 각 호의 사항을 심의하기 위하여 소위원회를 둔다. 1. 법 제39조 제2항의 규정에 의한 요양급여의 범위 2. 법 제42조 제1항의 규정에 의한 요양급여비용에 관한 계약이 체결되지 아니한 경우의 요양급여비용의 조정 3. 제24조 제1항의 규정에 의한 요양급여의 상대가치점수 4. 생략 제31조 (재정운영위원회) ① 보험료의 조정 기타 보험재정과 관련된 주요 사항을 심의·의결하기 위하여 공단에 재정운영위원회를 둔다. ②~③ 생략 제42조 (요양급여비용의 산정 등) ① 요양급여비용은 공단의 이사장과 대통령령이 정하는 의약계를 대표하는 자와의 계약으로 정한다. ②~⑦ 생략 제65조 (보험료율) ① 가입자의 보험료율은 1천분의 80의 범위 안에서 제31조의 규정에 의한 재정운영위원회의 의결 내용을 참작하여 대통령령으로 정한다. ③ 생략 제72조 (결손처분) ① 공단은 다음 각 호의 1에 해당하는 사유가 있는 때에는 재정운영위원회의 의결을 얻어 보험료 등을 결손처분할 수 있다. 1~3. 생략 ② 생략	제4조(건강보험정책심의위원회) ① 건강보험정책에 관한 다음 각 호의 사항을 심의·의결하기 위하여 보건복지부 장관 소속으로 건강보험정책심의위원회(이하 "심의위원회"라 한다)를 둔다. 1. 제41조 제2항에 따른 요양급여의 기준 2. 제45조 제3항 및 제46조에 따른 요양급여비용에 관한 사항 3. 제73조 제1항에 따른 직장가입자의 보험료율 4. 제73조 제3항에 따른 지역가입자의 보험료 부과 점수당 금액 5. 생략 ②~⑥ 생략 제33조(재정운영위원회) ① 제45조 제1항에 따른 요양급여비용의 계약 및 제84조에 따른 결손처분 등 보험재정에 관련된 사항을 심의·의결하기 위하여 공단에 재정운영위원회를 둔다. ② 생략 제45조(요양급여비용의 산정 등) ① 요양급여비용은 공단의 이사장과 대통령령으로 정하는 의약계를 대표하는 사람들의 계약으로 정한다. 후단생략 ②~⑦ 생략 제73조(보험료율 등) ① 직장가입자의 보험료율은 1천분의 80의 범위에서 심의위원회의 의결을 거쳐 대통령령으로 정한다. ② 생략 ③ 지역가입자의 보험료 부과 점수당 금액은 심의위원회의 의결을 거쳐 대통령령으로 정한다. 제84조(결손처분) ① 공단은 다음 각 호의 어느 하나에 해당하는 사유가 있으면 재정운영위원회의 의결을 받아 보험료 등을 결손처분할 수 있다. 1~3. 생략 ② 생략

「국민건강보험법」 제정 당시의 '건강보험심의조정위원회'는 현재 '건강보험정책심의위원회'(건정심)로 바뀌었고, 두 위원회 모두 '급여의 결정'을 하고 있다.

건정심은 또 보험료에 관한 사항(현행 법 4조 1항 3,4호)도 정하게 된다. 제정 당시 '보험료 조정'은 공단에 가입자 대표로 구성되는 재정운영위원회의 심의·의결 사항(제정법 31조)이었다.

보험료에 관한 사항이 건정심으로 가게 됨에 따라 재정운영위원회의 법규정도 바뀌게 된다. 제정 당시 "보험료의 조정 기타 보험재정과 관련된 주요 사항을 심의·의결하기 위하여"(31조)에서 "요양급여비용의 계약 및 결손처분 등 보험재정에 관련된 사항을 심의·의결하기 위하여"로 바뀌었다. 그러나 요양급여비용의 계약(제정법 42조)과 결손처분(72조)은 애초 제정법에도 재정운영위원회의 업무로 되어 있던 내용이다.

또 제정법에서 "보험재정과 관련된 '주요 사항'을 심의·의결하도록" 한 재정운영위원회는 현재 "보험재정과 관련된 '사항'을 심의·의결"하는 것으로 변경되어, '주요 사항'에서 '주요'라는 단어가 빠지게 된다.

보험료 조정과 같은 '주요 사항'이 재정운영위원회를 떠나 '건정심'으로 넘어간 것이다. 이로 인해 "보험료율도 재정운영위원회의 의결 내용을 참작하도록"(제정법 65조) 되어 있었는데, "심의위원회(건정심)의 의결을 거치도록"(현행법 73조) 바뀌었다.

지금까지 살펴본 것처럼 「재정건전화특별법」은 유효기간이 끝났지만 특별법의 보험자 업무 축소는 유효기간 없이 현재까지 지속되고 있다.

이상으로 건강보험 보험자의 업무 변화에 대해서 살펴보았다. 1963년 의료보험법 제정부터 36년 동안 보험자의 업무였던 '급여의 결정'과 '비용의 심사'가 2000년 「국민건강보험법」이 제정되면서 보험자의 업무에서 제외됐다.

특히 '비용의 심사'와 관련하여 청구 자체를 보험자가 아닌 다른 기관이 하게 함으로써 사전관리를 못하게 되어 사후관리하면서 이중 삼중의 업무 낭비가 초래되고 있다. 그리고 「국민건강보험법」 제정으로 생겨났던 공단에 가입자 대표로 구성되는 재정위원회의 업무였던 '보험료의 조정'과 '보험료율'에 관한 업무도 재정파탄을 거치면서 보험자의 업무에서 제외됐다.

이제 지출관리 업무 중 '보험급여비용의 지급'(앞서 말했듯이 급여의 결정과 비용의 청구·심사, 사전·사후관리까지 포함된 개념이다)과 관련하여 보험자에게 남은 업무는 '요양급여비용의 계약'과 '사후관리'뿐이다.

지금까지 '공단은 보험자이다'라는 전제 하에서 '보험자'에 관한 글을 썼다. "공단은 보험자일까?" "보험자가 공단이어야 하는 이유는 무엇일까?" 이 물음에 답하기 위해 우리는 '보험은 무엇인가?'라는 근본 물음에서 출발해 '사회보험이란 무엇인가?', '보험자란 무엇인가?', '각국 의료보장 방식 비교', '사회보험별 보험자 업무 비교', '건강보험만의 보험자 업무', '건강보험 보험자 업무의 역사적 변화 과정', '급여결정과 비용 심사의 행방', '현재의 보험자 업무'까지 수많은 질문에 답하며 여기까지 왔다.

이제 다시 처음으로 돌아가 첫 질문이었던 "공단은 보험자일까?"에 답할 차례다.

9) 공단은 보험자일까?

중간쯤으로 돌아가서 국민건강보험공단과 국민연금공단과 근로복지공단의 법 규정을 다시 보기로 하자.

각 공단의 법 규정

법률	국민건강보험법	국민연금법	산업재해보상보험법
공단	국민건강보험공단	국민연금공단	근로복지공단
법조문	제2조(관장) 이 법에 따른 건강보험사업은 보건복지부 장관이 맡아 주관한다. 제13조(보험자) 건강보험의 보험자는 국민건강보험공단으로 한다. 제14조(업무 등) ① 공단은 다음 각 호의 업무를 관장한다. 1. 가입자 및 피부양자의 자격 관리 2. 보험료와 그 밖에 이 법에 따른 징수금의 부과·징수 3~4. 생략 5. 보험급여비용의 지급 6~13. 생략	제2조(관장) 이 법에 따른 국민연금사업은 보건복지부 장관이 맡아 주관한다. 제24조(국민연금공단의 설립) 보건복지부 장관의 위탁을 받아 사업을 효율적으로 수행하기 위하여 국민연금공단을 설립한다. 제25조(공단의 업무) 공단은 다음의 업무를 한다. 1. 가입자에 대한 기록의 관리 및 유지 2. 연금보험료의 부과 3. 급여의 결정 및 지급 4~7. 생략	제2조(보험의 관장과 보험연도) ① 이 법에 따른 산업재해보상보험 사업은 고용노동부 장관이 관장한다. 제10조(근로복지공단의 설립) 고용노동부 장관의 위탁을 받아 사업을 효율적으로 수행하기 위하여 근로복지공단을 설립한다. 제11조(공단의 사업) ① 공단은 다음 각 호의 사업을 수행한다. 1. 보험가입자와 수급권자에 관한 기록의 관리·유지 2. 보험료징수법에 따른 보험료와 그 밖의 징수금의 징수 3. 보험급여의 결정과 지급 4~8. 생략

위 표에서 보는 것처럼 우리나라 각 사회보험 사업은 주무부처가 주관(관장)하고 있다. 국민건강보험과 국민연금은 보건복지부 장관이, 산재보험은 고용노동부 장관이 주관하고 있다. 표에는 없지만 고용보험 또한 고용노동부 장관이 주관하고 있다.

※ 고용보험법 3조. 고용보험의 업무는 (공단과 같은) 별도의 법인 설립 없이 대부분은 고용노동부의 조직인 지방노동청이 담당하고 있으며 일부를 근로복지공단에 위탁하고 있어, 여기서는 논외로 한다.

그러나 사회보험 사업을 수행하는 각 공단의 법적 지위는 다르다. 국민연금공단과 근로복지공단은 '보험사업 수탁자'(국민연금법 24조, 산업재해보상보험법 10조)인 반면, 국민건강보험공단은 '보험자'(국민건강보험법 13조)로서의 지위를 갖는다.

앞에서 말했던 것처럼 보험은 ① 경제적 불안을 제거할 목적으로, ② 우발적인 사고 발생의 위험이 있는 다수의 경제 주체가, ③ 법적 계약을 통해, ④ 수리적 기초에 의하여 산출된 부담금을 미리 모금하여 공동재산을 형성하고, ⑤ 사고가 발생한 경우에 이 공동재산으로부터 재산상 보상을 받는 제도이다.

따라서 보험에는 '다수의 경제 주체'(가입자)와 '공동재산을 관리하고 보상(급여)을 해주는 보험자'가 핵심 두 주체이다. 가입자와 보험자는 '법적 계약'을 통해 보험계약을 맺는다. 사회보험 또한 마찬가지이다.

그러나 사회보험과 민간보험의 차이는 '가입 방식'에 있다. 사회보험은 '법에 의한 강제가입'인 데 반해 민간보험은 '임의가입'이다. 법에 의한 강제가입이기 때문에 정부가 보험사업을 관장하는 것이다.

우리나라 의료보장 첫 법률인 1963년 「의료보험법」 제정법에는 '의료보험사업을 정부(보건사회부)가 주관한다'는 조항이 없다. 1977년 의료보험 강제실시를 앞두고 1976년 12월 22일 전부개정한 「의료보험법」에서 이 조항(2조)이 등장했다. 1963년부터 1977년까지 의료보험은 임의적용 방식이었고 실제로 1965년 호남비료의료보험조합, 1969년 자영업자를 대상으로 한 부산청십자조합 등이 있었으나 의료보험사업은 정부 주관이 아니었다.

2012년 미국 연방대법원의 합헌 판결을 받은, '오바마 케어'로 불리는 오바마 대통령의 건강보험개혁법(Affordable Care Act)도 정부의 강제가입 방식이다. 이로 인해 미국 또한 건강보험사업을 정부가 주관하게 되었다(일부 노령층과 저소득층을 대상으로 하는 메디케어와 메디케이드는 이미 정부 사업으로 진행하고 있었다).

강제가입이므로 정부가 보험사업을 주관하면 되는데 왜 건강보험만 별도의 보험자를 정해 놓았을까? 이는 보상(급여) 방식이 다르기 때문이다. 보험에는 '다수의 경제 주체'(가입자)와 '공동재산을 관리하고 보상(급여)을 해주는 보험자' 두 주체만 있으면 되지만, 건강보험은 다르다. 건강보험의 급여(보상)는 '의료(서비스)의 제공'이다. 건강보험에는 현물(의료) 급여를 제공하는 별도의 공급자가 있다. 앞서 말한 '제3자'이다.

※ 만일 정부가 직접 공급자가 되어 건강보험의 급여(의료)를 제공하면, 그것은 사회보험이 아닌 영국과 같은 NHS 방식이다. 의료보장을 치안·국방·교육 같은 국가 공공서비스의 하나로 인식하여 의료서비스를 제공하는 기관(종사자)은 대부분 국가기관(공무원)이고, 건축 행정·상하수도 행정처럼 시도·시군구·읍면동에 의료보장을 담당하는 국·과·계가 있는 것이다.

급여(의료)를 제공하는 제3자가 있음으로 해서 발생하는 업무는 제3자가 제공한 '급여비용의 지급', '급여의 질 관리'(보험급여관리) 등이다. 그러나 이 업무는 정부가 직접 해도 되는 일이다. 별도의 '보험자'가 있어야 하는 또 다른 이유가 있어야 한다.

건강보험에서 보험자와 공급자(제3자)는 대등한 관계이다. 대표적인 것이 '요양급여비용의 계약'(건강보험법 45조)이다. 보험자는 보험재정 관리 책임이 있으므로 비용을 깎으려 하고, 공급자는 수입 증대를 위해 비용을 올리려 한다. 또 보험자는 가입자의 이익을 증대시켜야 하므로 '급여의 질 관리'를 하려 하고, 공급자는 적은 비용으로 큰 이익을 내려 한다.

대등한 관계이지만 본질적으로 긴장과 갈등의 관계다. 문제는 긴장과 갈등이 증폭되었을 때다. 매년 체결해야 하는 비용 계약이 합의가 되지 않아 체결을 못 할 수도 있다. 보험자가 급여비용 절감을 위해 '지불제도'를 바꾸려고 하나 공급자가 이를 받아들이지 않을 수도 있다. 이때 정부가 이를 최종 조정하는 역할을 해야 한다.

정부가 만일 공급자와 대등한 관계로 '보험자' 역할을 한다면 비용 계약이 합의에 이르지 못하거나 보험급여 관리의 갈등이 증폭될 때 이를 조정하는 최종 조정자가 없어져 극한으로 치닫게 된다.

따라서 건강보험에 있어 1차 보험급여 관리의 역할은 보험자에게 주어진다. 급여를 제공하는 별도의 제3자가 있는 장기요양보험 또한 마찬가지다. '장기요양보험사업은 보건복지부 장관이 관장'('노인장기요양보험법」 7조 1항)하지만, '장기요양보험사업의 보험자는 (국민건강보험)공단으로'(2항) 되어 있다.

또 보험자는 가입자의 이익을 대변해야 하는데, 보건의료행정 전체를 관장하는 정부(보건복지부)가 보건의료의 핵심 축인 의사·치과의사·한의사·간호사·약사 등 직능단체와 의료기관·약국 등 요양기관을 배제한 채 일방적으로 가입자의 이익을 대변할 수도 없다. 정부는 이해당사자 중 한편에서 행동하는 것이 아니라 모든 이해당사자를 포함하여 제도 전체가 합리적으로 운영될 수 있도록 하는 국가 조직인 것이다.

그리고 정부가 직접 '보험자' 역할을 수행하게 되면, 보험재정관리 책임이 정부에 있게 돼 재정적자시 보험 운영 원리에 따른 보험료 인상보다는 정부 지원을 요구하게 되고 정부에 직접 재정 압박을 주게 된다. 보험재정 관리의 문제는 건강보험재정이 정부가 관리하는 기금이 되기 어려운 이유와 비슷하다.

정부가 '보험자'이면 건강보험재정은 정부가 관리하는 (정부 예산과는 다른) 별도의 재정이 된다. 이는 기금이다. 그러나 건강보험은 단기 부과 방식(pay-as-you-go)으로 운영한다. 단기적 위험에 대비하기 위한 '준비금'(현행 법에는 1년 운영비의 50%) 외에는 장기적 위험을 준비하는 국민연금과 같은 적립금이 필요하지 않다는 뜻이다.

건강보험은 연중 수입·지출이 초단기적(회전율 30일 정도)으로 이루어지고 있고, 지출에 대한 사전 예측성이 낮아 탄력적 재정 운영이 반드시 필요하다. 세계적 유행병의 창궐로 일시적으로 급여비가 대폭 상승할 수도 있고, 세계경제 대공황으로 몇 개월 동안 보험료를 걷지 못할 수도 있다. 때에 따라서는 보험료를 한 해 두세 번 올릴 수도 있고, 진료비를 몇 개월치 감면해 줄 수도 있다. 따라서 예산 부처 협의와 국회의 승인이 필요한 기금 운용 방식으로는 탄력적 대응을 하기 어렵다.

정부가 보험자 업무를 하는 나라도 정부 내 '별도의 조직'(영국의 일반 행정조직과는 다르다)을 두어 보험자 업무를 담당하게 한다. 대만의 중앙건강보험국(BNHI), 미국의 메디케어를 담당하는 CMS(Centers for Medicare & Medidaid Service) 등이 그렇다. 설령 정부의 조직(공무원)으로 건강보험 '보험자' 역할을 하더라도 정부 일반 부처가 아닌 별도의 전담 조직이 담당하게 함으로써, 최종적으로는 정부 일반 부처(대만의 위생서, 미국의 보건복지부)가 조정자 역할을 수행하고 있다.

이상이 건강보험에 별도의 보험자가 필요한 이유다. 국민건강보험공단은 사회보험에 있어 법적으로 유일한 보험자 지위를 가지고 있다. 지금은 비록 '비용의 심사'를 하고 있지 못하고, '급여의 결정'을 하고 있지 못하더라도 건강보험의 보험자인 이상 꼭 해야 하는 업무이다. 그것이 원칙에 맞고 합리적이기 때문이다. 건강보험공단이 2012~2013년 『실천적 건강복지 플랜 1,2』를 발간한 이유도 거기에 있다. 이론과 기본 원리를 확고히 해 매진해야 한다.

2장 건강보험·기금·조세 비교

건강보험재정과 기금

1. 건강보험재정 기금화를 둘러싼 논의

2013년 중반에 국회에서는 '국민건강보험법 일부 개정 법률안[9]'이 발의되었다. 국민건강보험재정을 '기금' 형태로 운용하자는 내용이 골자였다. 건강보험재정의 기금화 논의는 2004년 5월 감사원의 감사 결과 건강보험재정을 '국가통합재정'에 포함하여 재정운용을 개선해야 한다는 의견이 있고 난 다음부터 시작되었다.[10]

이후 국회 예산정책처는 2004년 8월 「2003 결산분석보고서」 및 「기금 존치 평가보고서」, 2005년 8월 「2004년도 세입·세출 결산 분석 보고서」, 2008년 8월 「개정 관련 법률 개선 과제」, 2011년 7월 「2010회계연도 결산 중점 분석 총괄」 등에서 건강보험재정의 기금화를 주장했다. 이에 맞추어 국회의 입법 발의도 이어졌다. 건강보험재정의 기금화를 내용으로 하는 2005년 10월 '국민건강보험 일부개정법률안'(대표발의 박재완·이혜훈 의원), 2008년 10월 '국민건강보험법 개정안'(대표발의 이혜훈 의원)이 발의된 것이다.

건강보험재정을 기금화하려는 주된 논거는 건강보험재정의 조성과 운용을 효율적이고 투명하게 하기 위해서는 국민의 대표기관인 국회 차원에서 관리·감독해야 한다는 것이다. 하지만 그간 복지부, 의료계, 시민단체 그리고 기획재정부 등은 건강보험을 기금화했을 때 (사회)보험 방식으로 운영되어 온 건강보험의 '당사자 자치 원리'가 훼손되고, 아울러 '단기보험'이라는 건강보험의 특수성 등으로 인해 현재의 시스템이 더 효율적이라고 주장해 왔다. 그리고 현재

---

[9] 이 법률개정안의 주요 내용은 국민건강보험재정을 기금화하여 국가재정법의 적용 대상으로 국회의 심사를 거치게 함으로써, 국민건강보험사업에 대한 국회 통제가 가능하도록(안 제90조의 2 신설 등) 하자는 것이다.

[10] 감사원은 건강보험재정이 기금제도 밖에서 운용되어 국회 등 통제의 사각지대에 있고 국가재정운용계획에 의한 중장기·전략적 재원 배분과 자율성 확대, 성과관리제도를 운용하기 위해서는 기금화가 필요하다는 입장이다.

의 건강보험제도 하에서도 투명성을 위한 제도적 장치들이 마련되어 있다며 건강보험재정의 기금화에 반대하고 있다.

이에 따라 건강보험재정의 기금화에 대한 양측의 주장을 알아보고, 외국의 사례를 살펴 봄으로써 우리나라 건강보험재정 기금화 논의가 주는 시사점과 교훈을 생각해 보고자 한다.

2. 기금이란?

우리나라의 국가 재정은 「국가재정법」에 따라 일반회계, 10여 종의 특별회계, 그리고 여러 개의 기금으로 구성되어 있다.[11]

국가 재정은 '단일 예산' 및 '예산 통일'의 원칙에 따라 국가의 예산을 하나로 묶어 단일화하고, 세입과 세출 모두를 하나의 계정으로 통일시켜야 국민이 국가의 재정상태를 쉽게 파악할 수 있고 입법부의 통제도 수월해진다. 그러나 실제 예산 운영에서는 특정한 세입을 가지고 특정한 세출에 직접 충당하는 것이 더 편리하고 효율적인 경우가 있다. 이럴 경우를 위해 예외적으로 인정한 회계가 '특별회계'[12]이다.

'기금'이란 국가가 특정한 목적을 위해 특정한 자금을 신축적으로 운용할 필요가 있을 때에 한해 법률로써 설치되는 특정 자금[13]으로, 세입세출예산에 의하지 아니하고 운용되기 때문에 예산 원칙의 일반적인 제약으로부터 벗어나 좀 더 탄력적으로 재정을 운용할 수 있다. 그러나 기금도 국가의 '통합재정'에 포함시켜 관리하는데, 통합재정이란 정부 부문에서 1년 동안 지출하는 재원[14]의 총체적인 규모를 말한다.

---

11 「국가재정법」 제4조 제2항에 따라 '일반회계'는 조세수입 등을 주요 세입으로 하여 국가의 일반적인 세출에 충당하기 위하여 설치하고, 제3항에 따라 '특별회계'는 국가에서 특정한 사업을 운영하고자 할 때, 특정한 자금을 보유하여 운용하고자 할 때, 특정한 세입으로 특정한 세출에 충당함으로써 일반회계와 구분하여 계리할 필요가 있을 때 법률로써 설치하게 된다. 그리고 '기금'은 「국가재정법」 제5조에 따라 국가가 특정한 목적을 위하여 특정한 자금을 신축적으로 운용할 필요가 있을 때에 한하여 법률로써 설치하게 된다.

12 특별회계는 일반회계와의 자금의 전출입 관계에 따라 독립형·기여형·의존형 등으로 분류할 수 있고, '독립형'은 국유임야 특별회계처럼 일반회계와는 아무런 자금 전출입 없이 그 예산이 독립되어 있는 경우이고, '기여형'은 과거의 전매사업 특별회계와 같이 자체의 수익금을 일반회계에 전출시키는 경우이며, '의존형'은 특별회계의 자금을 일반회계로부터 전입금에 의존하는 경우이다. 여기에는 철도사업·정보통신사업 등의 기업 특별회계와 문화재관리·산업재해보험·국립의료원 등의 기타 특별회계가 있다.

13 적용 대상은 국민연금기금, 공무원연금기금, 사립학교교직원연금기금, 군인연금기금, 고용보험기금, 산업재해보상보험 및 예방기금 등이다.

14 정부는 조세수입을 재원으로 하고, 그 밖의 정부 보유 재산의 매각, 국공채 발행, 각종 수수료 등을 수입으로 재원을 조달한다.

통합재정은 현대 국가에서 다양한 형태로 이루어지고 있는 정부 부문의 모든 재정[15] 활동을 포괄하여 재정이 국민소득·통화·국제수지에 미치는 효과를 파악하고자 하는 예산 분류 체계로, 「국가재정법」의 적용을 받는다.

3. 건강보험의 운영 방식

1) 당사자 자치·자율의 원리

의료보장제도는 각국의 역사적 경험, 지향하는 사회복지 이념에 따라 여러 유형으로 발전해 왔다. 큰 틀에서 볼 때 각국의 의료보장 방식을 구분하는 기준은 의료서비스 제공 주체(의료서비스를 직접 국가가 제공하는지), 재원조달 방식(세금인지, 보험인지), 관리운영체계(정부의 일반행정 조직에서 담당하는지, 별도의 조직에서 담당하는지)에 따라 결정된다.

이 기준에 따라 각국의 의료보장 방식은 정부가 직접 의료서비스를 제공하는 방식의 국민보건서비스(NHS : National Health Service) 방식[16], 다수의 조합을 구성하여 건강보험을 운영하는 사회보험(SHI : Social Health Insurance) 방식[17], 그리고 국가 차원에서 운영하는 전국민 단일보험인 전국민건강보험(NHI : National Health Insurance) 방식으로 구분할 수 있는데, 우리나라와 대만은 NHI 방식의 국가로 분류된다.

NHI 방식은 SHI 방식과 같이 사회연대성을 기반으로 '보험의 원리'를 도입한 의료보장 체계이다. NHI 방식인 우리의 건강보험도 ① 경제적 불안을 제거할 목적으로, ② 우발적인 사고 발생의 위험이 있는 다수의 경제 주체가, ③ 법적 계약을 통해(사회보험은 법에 의한 강제가입이다), ④ 수리적 기초에 의하여 산출된 부담금을 미리 모금하여 공동재산을 형성하고, ⑤ 사고가 발생한 경우에 이 공동체로부터 재산상 보상을 받는 제도인 보험의 개념이 그대로 적용된다. 또 자금의 수입과 지출이 균형을 이루어야 한다는 '보험등식(수지상등)의 원칙', 수리적 뒷받

---

[15] 국가재정은 국민 부담인 조세로 수입을 마련하고 그 지출도 국민 전체에 포괄적인 영향을 미친다는 점 때문에 조세 신설이나 변경은 물론 예산·결산에 대해 국회의 의결이나 승인을 받도록 하는 등 엄격한 통제를 받고 있다.

[16] 국가보건서비스(NHS) 방식은 정부가 일반조세로 재원을 마련하여 국민에게 의료를 제공하는 국가의 직접적인 의료 관장 방식으로, 일명 조세 방식이라고 한다. 이 경우 의료기관의 상당부분이 사회화 또는 국유화되어 있다. 영국의 베버리지가 제안한 이래 영국·스웨덴·이탈리아 등이 이 방식을 택하고 있는 대표적인 나라이다.

[17] 사회보험(SHI) 방식은 다수의 조합을 구성하여 건강보험을 운영하는 방식으로 조합과 가입자의 계약에 의해 건강 보장이 이루어진다. 따라서 SHI 방식의 나라에서는 직종에 따라 조합이 달라지거나 또는 가입자가 조합을 선택할 수 있다. 재원은 조합에 가입한 가입자의 보험료로 조달하며, 대표적인 나라로는 독일·프랑스·일본(직장건강보험) 등이 있다.

침을 해주는 '확률과 대수의 법칙', 가입자는 평등한 대우를 받아야 한다는 '가입자 평등대우의 원칙' 등 보험의 원리도 적용받고 있다.

이런 '보험의 개념과 원리' 밑바탕에 흐르는 철학은, 건강보험은 보험을 구성하고 있는 당사자 간의 '자치·자율의 원리'로 운영된다는 것이다. '당사자 자치·자율의 원리'는 보험재정 운용에서 그 모습이 고스란히 드러난다. 현재 사회보험 방식인 건강보험의 재정은 가입자(국민)가 낸 보험료를 기본으로 한다. 가입자는 '확률과 대수의 법칙'에 따라 산정한 보험료를 '가입자 평등대우의 원칙'[18]에 따라 납부하고, 보험자는 '수지상등의 원칙'으로 수입과 지출의 균형을 이루기 위해 노력하고 있다. 보험재정에 정부지원금[19]이 일부 보태지긴 하지만 20% 미만의 보조적 수준에 그치고 있다.

현재의 건강보험은 당사자 자치·자율의 원리에 따라, 가입자(국민)의 보험료를 재원으로 하여 자금의 수입과 지출의 균형을 이루는 '수지상등의 원칙'을 지키는 제도라고 할 수 있다. 이 말은 곧 보험재정의 1차적 책임은 보험의 구성원(건강보험은 가입자·공급자·보험자)에 있다는 뜻이다. 2000년대 초반 재정파탄 상황을 돌이켜보면 이를 명확히 알 수 있다.

2000년 건강보험 통합과 의약분업 실시 이후 2001년 건강보험재정이 파탄났을 때, 가입자는 2000년 대비 2003년 보험료를 90% 더 내야 했으며,[20] 공급자는 건강보험제도 도입 이래 지금까지 단 한 번뿐인 건강보험수가를 인하(2002년 2.9%)해야 했다. 또한 이미 통합 과정에서 21%(3,296명)의 인력감축을 했던 보험자(공단)는 재정파탄을 맞아 추가로 15.4%(1,903명)의 인력을 감축[21]해야 했다. 재정파탄을 구성원 간 고통분담으로 극복한 것이다.

---

[18] '가입자 평등대우의 원칙'이란 개개의 보험가입자는 평등한 대우를 받아야 한다는 것으로, 동일한 보험료율 적용과 동일한 급여를 받아야 한다는 것이다. 이 원칙에 있어 사보험과 건강보험은 차이가 있다. 사보험은 '보험료 부담에 비례하는 급여의 평등'이라고 볼 수 있다. 보험료율은 동일하게 적용받지만 많은 보험료를 납부하면 그에 비례해서 급여 또한 커진다. 그러나 건강보험은 동일한 보험료율을 적용받지만 소득과 재산 등을 기준으로 보험료를 부과하므로 소득과 재산의 크기에 따라 보험료가 달라진다. 보험료가 달라지더라도 급여는 균등하게 받는다. 이에 따라 소득재분배와 건강의 재분배 효과가 있게 되는 것이다(PART Ⅱ 「보험자」에서 인용).

[19] 「국민건강보험법」 제69조(보험료) '보험자는 건강보험사업에 소요되는 비용에 충당하기 위하여 보험료의 납부의무자로부터 보험료를 징수한다 ', 제108조 '국가는 매년 예산의 범위 안에서 당해 연도 보험료 예상 수입액의 100분의 14에 상당하는 금액을 국고에서 공단에 지원한다'는 규정이 있으며, 「국민건강증진법」이 정하는 바에 따라 국민건강증진기금에서 자금을 지원받을 수 있다.

[20] 총 보험료 기준. 일상적 시기인 2010년 대비 2013년 보험료 인상률 37%에 비하면, 재정파탄 당시 3배 가까이 많은 인상률을 기록한 것이다. 연도별 총 보험료는 2000년 7조 2,288억 원, 2001년 8조 8,561억 원(전년 대비 22.5% 인상), 2002년 10조 9,277억 원(23.3% 인상), 2003년 13조 7,409억 원(25.7% 인상), …… 2010년 28조 4,577억 원, 2011년 32조 9,221억 원(15.7% 인상), 2012년 36조 3,900억 원(10.5% 인상), 2013년 39조 319억 원(7.2% 인상).

[21] 공단의 인력감축 현황. 통합 전 15,653명 → 1998년(1차 통합) 13,799명(11.8%, 1,854명 감축) → 2000년(2차 통합) 12,357명(10.5%, 1,442명 감축) → 2002년(재정파탄) 10,454명(15.4%, 1,903명 감축).

2) 사회보험으로서의 '법적 근거'

한편 현재의 건강보험이 보험 방식으로서 '당사자 자치·자율 원리'에 따른다고 하더라도, ① 법에 의한 '강제가입'과 ② 보험료 부담과 무관하게 '동일한 급여(혜택)'를 본질로 하는 '사회보험'이기 때문에, 제도의 법적 근거가 있고 운영에 있어 법에 의한 정부의 통제를 받고 있다. 먼저 건강보험제도의 법적 근거를 살펴보기로 하자.

우리나라 건강보험제도의 법적 근거는 「헌법」, 「사회보장기본법」 그리고 「국민건강보험법」에 있다. 「헌법」 제34조 제1항 "모든 국민은 인간다운 생활을 할 권리를 가진다", 제2항 "국가는 사회보장·사회복지 증진에 노력할 의무를 진다"에 건강보험제도의 근거가 있다. 「헌법」의 이 두 조항은 국민건강보험은 물론 모든 사회복지의 근거 조항이라고 할 수 있다.

또 「사회보장기본법」에는 "사회보장이라 함은 사회적 위험으로부터 모든 국민을 보호하고 빈곤을 해소하며 국민생활의 질을 향상시키기 위하여 제공되는 사회보험, 공적부조, 사회복지 서비스를 말한다"(제3조 1호), "사회보험이란 국민에게 발생하는 사회적 위험을 보험의 방식으로 대처함으로써 국민의 건강과 소득을 보장하는 제도를 말한다"(2호)라고 정의하고 있다. 사회보험을 '사회보장'이라고 규정하고(1호), 사회보험을 '보험의 방식'으로 사회적 위험에 대처하는 제도라고 규정한 것이다. 이에 따라 사회보험인 국민건강보험은 '보험의 방식'으로 '국민의 건강'을 보장하는 '사회보장제도'가 된다.

그리고 건강보험제도를 정하고 있는 「국민건강보험법」이 있다. 이 법에 따르면 국민건강보험은 국민의 질병·부상에 대한 예방·진단·치료·재활과 출산·사망 및 건강증진에 대하여 보험급여를 실시함으로써 국민건강을 향상시키고 사회보장을 증진함을 목적(제1조)으로 하고 있다.

이상의 법적 근거를 바탕으로 건강보험제도는 정부의 감독 하에 운영되고 있다. 「국민건강보험법」에 따라 보험자는 국민건강보험공단(제13조)이지만, 건강보험사업의 관장자는 보건복지부 장관이다(제2조).

앞서도 말했듯이, 사회보험과 민간보험의 차이는 '가입 방식'에 있다. 사회보험은 '법에 의한 강제가입'이고 민간보험은 '임의가입'이다. 법에 의한 강제가입이기 때문에 정부가 보험사업을 관장하는 것이다. 우리나라 의료보장 첫 법률인 1963년 「의료보험법」 제정법에는 '의료보험사업을 정부(보건사회부)가 주관한다'는 조항이 없다. 1977년 의료보험 강제실시를 앞두고 1976년 12월 22일 전부개정 「의료보험법」에서 이 조항(제2조)이 등장한다.

1963년부터 1977년까지 의료보험은 임의적용 방식이었고 실제로 1965년 호남비료의료보험조합, 1969년 자영자를 대상으로 한 부산청십자조합 등이 있었으나 의료보험사업은 정부 주관이 아닌 조합 자치 방식이었다. 2012년 미국 연방대법원의 합헌 판결을 받은

'오바마 케어'로 불리는 오바마 대통령의 건강보험개혁법도 정부의 강제가입 방식을 적용한 것이다. 이로 인해 미국 또한 건강보험사업을 정부가 관장하게 된다.

3) 사회보험으로서의 '정부의 통제'

"건강보험사업은 보건복지부 장관이 맡아 주관한다"(제2조). 「국민건강보험법」의 이 조항에 따라 정부는, 비록 보험자를 공단으로 별도로 정하고 있다 하더라도, 건강보험사업에 대한 감독 권한을 갖게 되고, 실제로 이는 건강보험법의 각 조항으로 구체화된다. 건강보험의 세 가지 주요 사업인 가입자관리, 수입관리, 지출관리의 측면에서 이를 살펴보기로 하자.

먼저 가입자(자격)관리이다. 이는 가입자인지 아닌지를 구분하는 업무이다. 가입자인지 아닌지 관리하는 것은 보험의 출발이다. 보험료 부과와 징수, 보험급여의 지급, 가입자가 아닌 사람이 보험급여를 받았을 때 부당이득금의 징수 등 모든 보험사업은 가입자관리에서 시작한다. 특히 건강보험은 직장가입자와 지역가입자로 구분하여 보험료를 부과하므로 가입자관리에 더욱 만전을 기해야 한다. 건강보험에서는 한 해 5,000만 건 정도의 직장과 지역을 오가는 '가입자 자격 변동'이 발생한다. 현재 가입자관리는 보험자인 공단이 하도록 되어 있다.

다음은 수입관리이다. 수입관리의 시작은 보험료를 정하는 것이다. 현재 보험료는 보건복지부 장관 소속의 '건강보험정책심의위원회'(법 제4조, 이하 건정심)에서 정하고 있다. 「국민건강보험법」 제4조 1항에 건정심 의결사항으로 직장가입자의 보험료율(법 제4조 1항 3호)과 지역가입자의 보험료 부과 점수당 금액(4호)을 규정하고, 동법 제73조에서 직장가입자의 보험료율(1항)과 지역가입자의 보험료 부과점수당 금액(3항)이 건정심의 의결을 거치는 사항임을 다시 한 번 명시하고 있다. 결과적으로 현재 건강보험의 보험료는 보건복지부가 정하고 있는 것이다. 공단은 정해진 보험료에 따라 가입자에게 부과하고 징수하는 실무를 담당하고 있다.

다음은 지출관리이다. 지출관리의 시작은 급여를 할지 말지 정하고(급여 항목), 급여를 한다면 그 가격을 얼마로 할지 정하는 것이다. 즉 '급여의 결정'이라고 할 수 있는데, 이 또한 건정심이 하고 있다. 요양급여의 기준(법 제4조 1항 1호)과 요양급여비용[22](2호) 중 약제와 치료재료의 가격은 건정심이 심의·의결하도록 되어 있다. 요양급여의 기준은 급여를 해줄지 말지를 결정하는 것이다(이때 건강보험재정 상황을 고려해야 한다). 현 정부 들어와서 화두가 되고 있는 4대 중증질환 보장, 3대 비급여 등 건강보험 보장성 확대가 보건복지부의 주관 아래 이루어지

---

[22] 요양급여비용은 공단 이사장과 의약계 대표와 계약으로 정하고 있으며(제45조 1항), 계약이 성사되지 않을 시 보건복지부 장관이 정하는데(3항) 이때 건정심의 심의·의결을 거쳐야 한다. 다만 약제와 치료재료의 요양급여비용은 계약이 아닌 보건복지부 장관이 정하도록(대통령령) 되어 있고(제46조), 이 역시 건정심의 심의·의결을 거쳐야 한다.

는 것이 이런 법적 근거에 있다.

이상에서 보듯이 건강보험의 세 가지 사업 중 가입자관리를 제외한 수입관리, 지출관리의 주요 사항은 모두 보건복지부의 주관 아래 이루어지고 있다. 수입과 지출은 재정의 전부이다. 즉 건강보험재정은 실질적으로 보건복지부가 주관하고 있다고 보아도 무방하다.

공단은 회계에 대해서도 세부적으로 보건복지부의 지도감독을 받고 있다. 공단의 회계는 「국민건강보험법」 제35조에 의해 정부의 회계연도를 따르며, 제36조에 의해 공단은 회계연도마다 예산안을 그 내용의 성질에 따라 구분, 편성하여 보건복지부 장관의 승인을 받고 있다. 이것은 예산을 변경할 때에도 마찬가지이다. 아울러 법 제38조에 따라 준비금을 적립[23]해야 하며 준비금의 관리 및 운영 방법 등에 필요한 사항은 보건복지부 장관이 정하고 있다.

또 공단은 「공공기관의 운영에 관한 법률」의 적용을 받아 제11조 및 시행령 제15조에 근거하여 경영에 대한 중요 정보를 국민에게 제공하여 경영의 투명성을 확보하고 국민의 참여 기회를 확대하고 있으며, 같은 법 제48조 및 시행령 제24조에 근거하여 매년 준정부기관 경영평가를 받고 있다. 그리고 해마다 국회의 국정감사, 감사원 감사, 복지부 감사 등을 받는다.

4. 건강보험재정을 기금으로 했을 때 달라지는 점

현재 공단의 예산 편성 과정은 이렇다. ① 공단이 올해 예산을 기준으로 내년도 예산(안)을 편성하여(7~10월), ② 보건복지부의 심의(~11월 초)를 받는다. ③ 11월 중순이면 기획재정부에서 '공기업 및 준정부기관 예산 편성 지침(예산 지침)'이 내려온다. ④ 보건복지부의 심의를 받은 예산(안)을 기획재정부의 예산 지침을 반영하여 수정하고, ⑤ 이를 공단 이사회에서 의결한 후, ⑥ 다시 보건복지부에 올려 승인을 받는다. ⑦ 보건복지부의 예산 승인이 나면, 이에 맞춰 '사업운영계획(예산실행계획)'을 작성하고, ⑧ 다시 이사회 의결, 보건복지부 제출 과정을 거친다. 예산 편성 과정에서 보건복지부의 심의와 승인 두 단계를 거치고, 그 중간에 기획재정부의 예산 지침에 따라 수정하고, 예산에 따른 사업계획을 다시 한 번 보건복지부에 제출한다. 현재 공단 예산 운영에 있어 공단 임의로 하는 것은 없는 셈이다.

---

23 「국민건강보험법」 제38조 제1항에 따라서 공단은 회계연도마다 결산상의 잉여금 중에서 그 연도의 보험급여에 든 비용의 100분의 5 이상에 상당하는 금액을 그 연도에 든 비용의 100분의 50에 이를 때까지 준비금으로 적립해야 하며, 제2항에 의해 제1항에 따른 준비금은 부족한 보험급여비용에 충당하거나 지출할 현금이 부족할 때 외에는 사용할 수 없으며, 현금 지출에 준비금을 사용한 경우에는 해당 회계연도 중에 이를 보전해야 한다. 그리고 제3항에 근거하여 제1항에 따른 준비금의 관리 및 운영 방법 등에 필요한 사항은 보건복지부 장관이 정하고 있다.

건강보험재정이 '기금'으로 변환될 경우 가장 큰 변화는 「국가재정법」의 적용을 받는다는 것이다. 「국가재정법」은 기획재정부 소관 법률로 이 법의 적용을 받게 된다는 것은, 건강보험 재정 운영이 보건복지부에서 기획재정부 소관으로 넘어간다고 할 정도로 재정 운영의 모든 단계에서 기획재정부의 통제가 많아진다는 뜻이다(건강보험 '정책'의 소관은 여전히 보건복지부이다).

또한 공단은 「국가재정법」 제66조에 따라 매년 '기금운용계획안'(기금이 아닐 때의 '예산안'이라고 보면 된다)을 수립해야 한다.

기금계획안이 확정되는 과정을 살펴보면 다음과 같다.

① 기재부로부터 다음 연도의 '기금운용계획안 작성지침' 통보가 3월 말까지 온다.
② 공단은 작성 지침에 따라 기금운용계획안을 작성하여 기재부에 제출(5월 말)한다.
③ 제출된 기금운용계획안은 기재부의 조정을 거쳐 국무회의 심의, 대통령의 승인을 얻는다.
④ 대통령의 승인을 얻은 기금운용계획안은 국회에 제출(9월 전)된다.
⑤ 국회의 의결을 거쳐 기금운용계획안이 확정(12월 말)된다.
⑥ 확정된 '기금운용계획'(확정되면 '계획안'이 아닌 '계획'이 된다)에 따라 공단은 '기금의 월별 수입 및 지출계획서'를 작성하여 기재부에 제출한다(회계연도 개시 전이라고 되어 있는데, 국회가 회계연도를 넘겨 확정하면 어쩔 수 없이 다음 회계연도에 제출한다).

이는 기금이 아닐 때의 예산안 확정 과정과 흡사하다. 단지 예산안을 제출받고 조정하는 부서가 보건복지부에서 기획재정부로 바뀔 뿐이다. 예산안일 때 공단이 아무런 재량권이 없었듯이 기금운용계획안일 때도 공단은 재량권이 없다. 그러나 큰 차이가 있다. 기금운용계획안은 '국회의 의결'을 거친다는 것이다. '큰' 차이는 기금운용계획안의 '내용'에서 비롯된다.

기금운용계획안에는 '수입 계획'과 '지출 계획'이 들어간다(법 제67조 제3항). 건강보험재정의 수입은 보험료이다. '수입 계획'은 보험료를 얼마나 올릴지 결정하는 것이다. 건강보험재정의 지출은 ① 건강보험수가, ② 약가 및 치료재료의 급여 여부와 ③ 그 가격(②와 ③은 보장성은 그 자체이다)으로 구성된다. '지출 계획'은 지출을 구성하고 있는 이 세 가지를 결정하는 것이다. 건강보험재정이 기금으로 바뀌면 건강보험의 수입 계획과 지출 계획으로 구성된 '건강보험기금'의 운용계획을 국회가 의결한다는 것이다. 이는 국회가 보험료 인상률(수입 계획)을 결정한다는 것이고, 건강보험수가, 약가 및 치료재료의 급여 여부와 그 가격을 결정(지출 계획)한다는 것이다. 이는 건강보험 보장성 확대 범위를 국회가 결정한다는 뜻이기도 하다.

2014년 3월 18일 정부와 의협의 합의사항 중 건보수가를 결정하는 건정심의 의사측 위원을 확대하는 내용이 있다. 의사측 위원이 많아져서 의사측이 원하는 건보수가로 결정이 돼도, '건강보험기금'인 경우에는 국회에서 바뀔 수 있다. 보험료도 건정심이 결정해서 국회로 넘어간 뒤 바뀔 수 있다.

기금운용계획(계획안이 국회에서 확정되면 계획이 된다) 중 주요 항목 지출 금액을 변경하고자(이는 기금운용 중 변경을 뜻한다) 할 때에는 ① 기획재정부 장관과 협의·조정하여 ② 국무회의의 심의를 거쳐 ③ 대통령의 승인을 얻은 후 ④ 국회에 제출해야 한다(법 제70조 2항). 만약 1년 중 여러 차례 변경할 때에는 어떻게 할까?

2000년 의약분업을 전후하여 약 1년 동안 다섯 차례 건강보험수가를 올린 적이 있다. ① 1999년 11월 9.0% 인상, ② 2000년 4월 6.0% 인상, ③ 그 해 7월 9.2% 인상, ④ 그 해 9월 6.5% 인상, ⑤ 그 해 말일(다음해 1월 1일) 7.08% 인상. 정확히 1년 1개월 동안 건보수가가 무려 43.9%나 오른 것이다(같은 기간 물가인상률은 7.3%였다. 「2012 건강보험 주요 통계」 33쪽 참조). '건강보험기금'이었으면, 다섯 번 모두 위 절차(① 기재부 장관과 협의·조정 → ② 국무회의 심의 → ③ 대통령 승인 → ④ 국회 제출·의결)를 밟아야 했을 것이다. 1년 동안 다섯 차례나 이것이 가능했을까?

건강보험재정이 기금으로 되면 보험료 인상, 수가 인상, 약가, 치료재료 가격 등 보험재정의 수입과 지출에 있어 기획재정부의 통제와 국회의 최종 의결 절차가 더해지는 것이다. 만일 기금으로 바뀐 뒤에도 건강보험법이 현재 그대로 유지된다면, 건강보험재정 운용의 결정 과정은 현재의 공단-건정심(복지부) 순에서 공단-건정심(복지부)-기재부-국회 순으로 될 것이다(현행법에서는 '건정심'에서 보험료·수가 등을 결정하도록 하고 있다).

다음 표는 기금으로 바뀔 때의 변화를 요약한 것이다.

현행 제도와 기금제도로 변환시 변화

현행 제도				기금 제도			
담당 기관	업무내용	수신 기관	시기	담당 기관	업무내용	수신 기관	시기
				공단	주요 신규 및 계속 사업계획 제출	기획 재정부	1월 31일
복지부	예산지침 시달	공단	8월 중	기획 재정부	익년도 기금운용계획안 작성지침 통보	공단	4월 30일
				공단	익년도 기금운용계획안 제출	기획 재정부	6월 30일
				기획 재정부	국무회의 심의 후, 대통령 승인	대통령	9월 중

현행 제도				기금 제도			
담당 기관	업무내용	수신 기관	시기	담당 기관	업무내용	수신 기관	시기
공단	사업계획 · 예산안 제출	복지부	10월31일	정부	기금운용계획안 제출 – 수입·지출계획 포함	국회	9월 말
				국회	예산결산특별위원회 심의(종합정책 질의→ 부처별 예산안 심의→ 예산안조정소위 심의→ 예결위 전체회의 의결)		11월 중
복지부	예산 승인		회계연도 개시 전	국회	본회의 의결 확정		12월 중
공단	분기별 사업실적 및 수지 사항 보고	복지부		공단	기금 수입 및 지출계산서 제출	복지부, 기획 재정부	복지부에 월간/분기별 기금운영 실적 보고, 연간 결산 내역 기획재정부 보고
				복지부	주요 항목 변경시 기획재정부와 협의 · 조정 후 국무회의 심의 → 대통령 승인 후 제출	국회	
공단	결산보고서 제출	복지부	익년도 2월말	공단	기금 결산보고서 및 회계법인의 감사보고서 제출	기획 재정부	익년 2월 말
				기획 재정부	기금 결산보고서 및 성과보고서 제출	감사원	익년 4월10일
감사원	감사원 감사		격년	감사원	기금 결산보고서 검사보고서 송부	기획 재정부	익년 5월 20일
공단	예 · 결산 보고	국회	매년	기획 재정부	기금 결산보고서 제출	국회	익년 5월 31일까지
국회	국정감사 실시	공단	매년				

5. 해외 건강보험 사례 – 보험재정을 중심으로

1) 독일

국민의 건강보장을 우리와 같은 '보험 방식'으로 하고 있는 나라와 비교를 해보자. 독일·프랑스·일본(이상 사회보험 방식, SHI), 그리고 우리와 같은 '전국민단일보험'(NHI) 방식의 대만이 우리의 비교 대상 국가이다.

독일은 지역과 직업, 직장 등과 연계한 다수의 건강보험조합(질병금고)을 운영하고 있다. 건강보험조합 유형에는 지역질병금고(AOK, 11개), 직장질병금고(BKK, 107개), 수공업자질병금고(IKK, 6개), 농민질병금고(LKK, 1개), 선원·광부·철도근로자질병금고(KBS, 1개), 대체 건강보험조합(EK, 6개) 등이 있으며, 각 유형에는 그 유형에 해당하는 다수의 질병금고가 있다. 2014년 기준으로 총 132개의 질병금고(건강보험조합)가 있다.

독일도 우리나라처럼 정부가 건강보험제도를 관장하고 있어, 연방정부의 '연방보건부'(우리의 보건복지부)가 건강보험제도를 관할하고 있다. 연방보건부는 '연방건강보험조합연합회'(우리의 경우 통합 이전 조합 시절의 의료보험연합회)와 '연방보험계약의사협회'(질병금고와 계약을 맺은 의사들의 협회. 독일은 당연지정제가 아님)의 업무·회계·경영 현황에 대해 감사를 한다. 독일은 또 건강보험을 포함한 사회보험 업무를 담당하는 '연방보험청'이 별도로 있어 132개 질병금고(건강보험조합)의 감사를 담당하고 있다. 개별 질병금고의 감사는 '보험청'이, 질병금고연합회(연방건강보험조합연합회)의 감사는 연방보건부가 담당하고 있는 셈이다.

독일의 질병금고(건강보험조합)는 비영리법인이다. 예산 승인, 보험료율 결정, 상근이사 선임, 정관 개정 등 질병금고의 주요 사항은 근로자와 고용주 대표가 동수로 구성된 '대의원 총회'에서 '자치운영 원칙'에 따라 결정한다. 그리고 상근이사 2명이 포함된 '운영위원회'가 대의원 총회가 결정한 사항의 집행과 질병금고의 일상적인 운영을 맡는다. 질병금고의 재정은 독립채산제로 보험료를 기반으로 한 단기(1년)재정 방식으로 운영한다.

건강보험료는 2009년 이전에는 질병금고별로 보험료(율)를 결정했으나, 2009년 이후에는 연방법으로 '전국단일보험료(율)'를 결정하고 있다. 전국단일보험료율(2011년 이후 15.5%)은 「사회법전」(제241조)에서 확정되므로, 보험료율 인상이나 인하는 연방의회의 법 개정 의결이 있어야 한다. 각 질병금고는 재정상황에 따라 자체 정관으로 추가보험료를 부과할 수 있다(2011년 기준 보험료 총액은 1,691억 유로, 추가보험료 총액은 7억 유로).

연방법으로 보험료율을 정하도록 한 것은 2009년부터 실시된 「공적질병보험 경쟁강화법」(법 제정은 2007년)에 의한 것인데, 이 법의 핵심은 '건강기금'의 도입이다. 각 질병금고의 보험료를 연방보험청으로 모두 모으는데 이를 '건강기금(Gesundheitsfonds)'이라고 부른다. 연방보험청은 한 군데 모은 건강기금을 일정한 기준(질병금고 가입자의 연령·성별·건강 상태 등)에 따라 다시 개별 질병금고에 배분한다. 만약 중대한 질병의 가입자가 많아 치료 비용이 많이 드는 질병금고가 있다면 더 많은 재원이 배분된다.

독일이 건강기금을 도입한 배경은 다음과 같다.

첫째, 전국(연방) 차원에서 건강보험의 지출을 예측할 수 있다. 개별 조합(질병금고) 단위보다 훨씬 더 정확한 예측이 가능하다(대수의 법칙). 건강보험은 단기(1년)보험으로 지출 예측이 정확해지면 수입 규모를 결정짓는 보험료를 정하기 쉬워진다. 개별 질병금고의 보험료를 모았다가 다시 나누어 주므로 형평성을 기하기 위해 전국이 단일보험료율을 적용받아야 하는 것이다. 개별 질병금고 사정에 따라 부족한 부분이 있으면 추가보험료를 걷도록 해서 전국단일보험료 적용의 단점을 보완하도록 했다.

둘째, 연방정부(조세)로부터 건강보험재정 보조를 받을 수 있게 했다. 연방(전국) 차원에서 전체 건강보험(질병금고) 재정을 예측하는 것은, 독일 전체 국민의 건강보장에 대한 지원을 의미하므로 연방정부의 재정지원 근거를 제공했다.

셋째, 가입자의 질병 발생에 따른 불균형 등 개별 질병금고의 리스크를 완화시킨다. 건강하여 재정에 여유 있는 질병금고가, 질병 발생이 많아 재정이 어려운 질병금고를 건강기금을 통해 돕는 것이다. 건강기금은 재보험(보험의 보험)의 성격을 띠는 것이다.

지금까지 독일 건강보험의 특징, 특히 보험료 결정과 건강기금에 대해 알아보았다. 여기서 초점은 독일의 건강기금 성격을 어떻게 보느냐는 것이다.

독일의 '건강기금'과 우리나라의 '건강보험기금' 차이

우리의 건강보험재정이 기금으로 바뀌어 '건강보험기금'이 됐을 때 핵심은 ① 「국가재정법」의 적용을 받아 ② 기획재정부의 관할 하에 ③ 국회의 심의·의결을 받도록 하는 것이다. 구체적으로는 매년 '기금운용계획안'을 작성하여 기재부의 조정, 국무회의 심의, 대통령 승인, 국회의 심의·의결 절차를 거친다[만일 기금으로 바뀐 뒤에도 「국민건강보험법」의 건정심 조항이 그대로 있다면, 건강보험재정의 수입(보험료)과 지출(수가·보험급여·약가)을 결정하는 건정심의 의결도 거쳐야 한다]. 건강보험의 살림살이를 '매년' 예산 주무부처인 기재부가 '조정'하고, 국회의 심의·의결을 거치자는 것이 기금으로의 변경의 핵심이다.

그러나 독일은 132개 질병금고의 '매년' 살림살이(예산)를 연방정부 예산 주무부처(부처의 이름은 모름)가 '조정'하지도 않고, 또 질병금고 살림살이(예산)를 연방의회(국회)가 의결하지도 않는다. 앞에서 말했듯이, 독일 132개 질병금고는 독립채산제로 매년 살림살이(예산)를 '자치운영 원칙'에 따라 질병금고별로 자체적으로 정하고·있다. 질병금고별로 근로자와 고용주 대표 동수로 구성된 '대의원 총회'(우리의 조합 시절에도 근로자와 고용주 대표 동수로 구성된 운영위원회가 있었다)가 (추가)보험료율 결정, 상근이사 선임, 정관 개정 등 질병금고의 주요 사항을 결정한다. 여기에는 '예산 승인'도 포함된다. 예산 편성은 상근이사 2명이 포함된 '운영위원회'가 하고 있다. 운영위원회는 대의원 총회가 결정한 사항의 집행과 일상적인 운영을 담당하고 있다.

예산 편성시 가장 중요한 것이 수입 규모이다. 그런데 질병금고의 수입 중 가장 큰 비중을 차지하는 보험료(율)는 독일 연방법인 「사회법전 5편」에 규정되어 있다. 보험료(율)의 조정(인상이나 인하)은 연방법 개정 사항으로 연방의회(국회)의 의결사항이다. 그렇다면 "연방의회가 질병금고의 예산안을 실질적으로 정하는 것이 아닌가?"는 질문이 있을 수 있다.

그렇지 않다. 독일의 연방의회는 전국 단위의 건강보험료율만 정한다. 연방법으로 보험료(율)를 정하도록 한 것은 2009년부터 실시한 「공적질병보험 경쟁강화법」에 의해서이다. 이 법에 따라 '건강기금'을 도입했고, 132개 질병금고의 보험료를 연방보험청으로 모았다가(한 군데 모은 보험료를 건강기금이라 부른다) 이를 다시 배분한다. 보험료를 한군데에 모으는데, 어느 질병금고는 높은 보험료율로 가입자의 돈을 많이 걷고, 다른 질병금고는 낮은 보험료율로 가입자의 돈을 적게 걷으면 불공평하다. 가입자 간(그리고 질병금고 간) 형평성을 맞추기 위하여 '전국 단일보험료(율)'를 도입한 것이다(2009년 이전에는 질병금고별로 보험료를 정했다).

또한 독일의 건강보험료(율)는 2009년 건강기금 도입 이후 단 한 차례의 조정만 있었다. 애초 도입할 때는 14.9%였다가(2009년 1월 1일 질병금고 도입시는 15.5%로 시작했다가, 6개월 만인 7월 1일부터 14.9%를 적용했다. 전국단일보험료율 도입 초기 조정인 것으로 보아, 애초 14.9%로 시작한 것으로 보았다) 2011년부터 15.5%로 조정한 것이다. 보험료율 조정을 위한 연방법 개정이 단 한 번 있었고, 연방의회의 의결로 인해 132개 질병금고의 예산 편성이 영향을 받은 것이 단 한 차례 있었다는 것이다(이조차 연방의회가 질병금고 예산 편성에 영향을 끼치려고 의도한 것은 아니다).

또 독일의 보험료율은 변하는 것이 아니라 '고정'되어 있다. 우리처럼 매년 보험료율의 변화(주로 인상)가 있다면 질병금고의 예산 편성에서 내년도의 보험료 인상률이 매우 중요한 변수일 것이다. 그러나 보험료율이 고정되어 있으므로 전년도의 예에 따라 임금인상분(소득에 보험료를 부과하므로 소득증가분)만 반영하여 수입(보험료 수입) 편성을 한다. 게다가 각 질병금고는 예산이 더 필요한 경우 '전국단일보험료'에 더해 자체적으로 '추가보험료'를 걷을 수도 있다. 연방의회의 의결로 독일 연방법에 정하는 '전국 차원의 건강보험료율'이 각 질병금고 예산 편성을 하는 데 주요 고려사항이 아니라는 것이다.

결론적으로 독일 연방법에서 보험료(율)를 정하고, 보험료율의 변동은 법 개정 사항으로 연방의회의 의결이 있어야 하는 것은, 건강기금의 도입으로 한 군데에 보험료를 모음에 따라 질병금고 간 보험료율의 형평성을 기하기 위해서이지, 우리의 기금처럼 국회(연방의회)가 건강보험조합(건강기금)의 예산 의결권을 가지고자 한 게 아니라는 것을 알 수 있다.

2) 일본

일본은 지역과 직업, 직장 등과 연계한 다수의 보험자(건강보험조합 등)를 운영하고 있다. 보험자 유형에는 건강보험조합(대규모 직장 가입자 대상, 1,443개), 전국건강보험협회(소규모 직장 가입자 대상, 1개), 국가공무원공제조합(20개), 지방공무원공제조합(64개), 사립학교직원공제조합(1개), 국민건강보험조합(자영업자, 165개), 시정촌국민건강보험(1,716개), 후기고령자(75세 이상 노인 대상, 47개) 등이 있으며, 각 유형에는 그 유형에 해당하는 다수의 보험자가 있다. 2012년 기준으로 총 3,457개의 보험자가 있다.

일본도 우리나라처럼 정부가 건강보험제도를 관장하고 있어 후생노동성(우리의 보건복지부)이 건강보험제도를 관할하고 있다. 후생노동성은 '건강보험조합연합회', '전국건강보험협회', '국민건강보험중앙회' 등의 보험자단체(우리나라의 경우 통합 이전 조합 시절의 의료보험연합회)와 각종 보험자, 그리고 '사회보험진료보수지불기금'(직장보험자 심사·지불)과 '국민건강보험단체연합회'(지역보험자 심사·지불. 보험자와의 계약으로 심사·지불 업무 수행)의 업무·회계·경영 현황에 대해 감사를 한다. 일본은 또 후생노동성 산하에 광역지자체별 47개 지방후생국이 별도로 있어 건강보험과 연금보험의 보험자, 그리고 심사·지불기구 지부의 감사를 담당하고 있다. 개별 조합(보험자)에 대한 감사는 지방후생국이, 건강보험조합연합회 등 보험자단체에 대한 감사는 후생노동성이 담당하고 있는 것이다.

일본의 건강보험조합(보험자)은 비영리법인이다. 예산 승인, 보험료율 결정, 상근이사 선임, 정관 개정 등 보험자의 주요 사항은 근로자와 고용주 대표가 동수로 구성된 각 조합회가 '자치운영 원칙'에 따라 결정한다. 그리고 노사 동수로 구성된 '이사회'가 조합이 결정한 사항의 집행과 조합(보험자)의 일상적인 운영을 맡는다. 건강보험조합의 재정은 독립채산제로, 보험료를 기반으로 한 단기(1년) 방식으로 재정을 운영한다.

건강보험료는 건강보험조합별로 자체적으로 결정하고 있으며, 소규모 직장의 가입자로 구성된 '전국건강보험협회'는 47개 광역지자체별로 보험료(율)를 결정(평균 10.00%)한다. 또 지역(시정촌)건강보험인 '국민건강보험'(1,716개)은 각 시정촌 실정에 맞춰서 소득 및 능력별 보험료 산정 방식에서 차이를 두고 있다.

※ 일본의 지역건강보험인 '국민건강보험'은 보험자가 지방자치단체인 시정촌이다. 시정촌의 행정조직(예를 들면 국민건강보험과 등)이 자기 지역의 건강보험 업무를 담당하고 있다. 시정촌(보험자)별로 보험료를 책정하고 보험료를 징수하고 있다.

일본의 건강보험재정은 수천 개의 보험자가 각기 직접 운영하고 있기 때문에 기금 등으로 별도의 재정운용 전환이 불가능하다. 그리고 기금 형태로 오해하기 쉬운 '사회보험진료보수지불기금(Health Insurance Claims Review & Reimbursement Services)'은 직장보험자의 위탁을 받은 심사 업무 수행과 고령자의료제도의 재정조정사업을 대행하는 특별민간법인으로 '기금'과 전혀 무관하다. 2차 세계대전이 끝난 직후인 1948년에 설립된 이 특별법인은 설립 당시 건강보험제도의 재정 능력을 홍보하기 위해 일본어로 '기금'의 명칭으로 사용했다는 이야기가 있다. 그리고 일본에서는 '기금화' 논의 자체가 아예 없다.

지금까지 일본 건강보험의 특징에 대해 알아보았다. 일본의 건강보험조합은 조합별로 예산 편성과 승인을 하며, 수입의 주요 원천인 보험료(율)는 조합별로 자체적으로 정하고 있다. 따라서 건강보험조합 예산(안)에 대한 정부 예산 주무당국의 통제와 의회의 의결 또한 없다. 즉 건강보험재정을 '기금'으로 관리하지 않고 있다는 뜻이다.

3) 프랑스

프랑스는 직종에 따라 근로자보험(CNAMTS, 국민의 87%가 가입), 자영업자보험(RSI), 농민보험(CCMSA) 등 3개의 건강보험 보험자가 있으며, 이 3개 직종별 보험자가 보험자연합(UNCAM)을 구성하여 운영하고 있다. 보험자연합의 대표는 근로자보험의 대표가 당연직으로 맡고 있으며, 보험자연합의 최고결정기구인 집행위원회는 근로자보험 소속 12명, 자영업자보험 소속 3명, 농민보험 소속 3명 등으로 구성된다.

건강보험재정 '지출' 측면에서 볼 때 프랑스의 특징은 일종의 총액예산제를 운용하고 있다는 점이다. 총액예산 결정 과정은 다음과 같다. ① 보건부가 다음 연도의 건강보험목표지출액(ONDAM)의 초안[보건부는 보험자연합의 안을 토대로 건강보험미래위원회(HCAAM), 사회보장회계감독원(CDC) 등 전문기관의 보고서를 참고하여 목표지출액 초안을 작성]을 의회에 제안하면, ② 의회는 이를 심의·의결하여 매년 법(사회보장재정법, Loi de financement de la sécurité sociale)에 규정한다. 건강보험목표지출액이 결정되면 ③ 보건부는 부문별(병·의원, 노인·장애인전문병원 등)·지역별로 목표지출액을 할당한다. 또 건강보험목표지출액은 연방보험의사협회(의원급 의료기관인 개원의 단체)와의 수가 협상 과정에서 주요 가이드라인으로 작용한다.

한편 건강보험재정의 '지출' 측면의 주요 요소는 '건강보험 수가'이다. 수가는 목표지출액의 의원 부문 할당액을 참고하여 보험자연합이 의사단체와 협상하여 체결하고 보건부 장관의 승인으로 확정된다(수가 계약 대상은 의원급 의료기관만이다. 병원급 이상은 대부분 공공기관으로 기관별 총액 할당 방식을 취하고 있다).

건강보험재정의 '수입' 측면에서 볼 때 프랑스는 보험료뿐 아니라 사회보장 관련 조세(목적세 및 분담금)를 주요 수입원으로 하고 있다는 특징이 있다. 2012년 기준으로 볼 때 건강보험재정 수입에서 차지하는 조세 비중은 49.1%로 보험료 비중 48.0%보다 오히려 더 높다[이는 1996년 의회에서 의결된 '쥐페 플랜'에 따라 보건재정이 사용자와 근로자가 부담하는 사회보험료 중심에서 사회보험료와 조세(일반사회보장분담금 등)를 병행해서 수입 기반으로 하는 방식으로 전환된 이후의 현상이다). 보험료율 결정 방식은 목표지출액을 결정하는 방식과 같이 보험자연합의 보고서를 바탕으로 보건부가 의회에 제안하면 의회가 심의·의결하여 법(사회보장재정법)으로 정한다(보험료율의 변경은 지난 20년 동안 세 차례만 있어 보험료율은 거의 고정된 것으로 보아야 한다).

이러한 프랑스의 제도적 특징을 보면 건강보험재정에서 의회의 역할이 크다는 것을 알 수 있다. 프랑스 의회는 건강보험재정수입의 절반을 차지하고 있는 보험료율을 심의·의결하고 있다. 수입의 나머지 절반은 조세로 충당하는데 조세 또한 당연히 의회의 소관으로 본다면, 의회가 건강보험재정수입 전부를 심의·의결한다고 볼 수 있다. 또 건강보험재정 지출의 전부라 할 수 있는 '목표지출액'을 의회가 심의·의결하고 있다. 프랑스 의회는 매년 건강보험재정의 수입(보험료·조세)과 지출(목표지출액) 전부를 심의·의결하고 있는 것이다. '기금화'의 요체 중 하나인 건강보험재정에 대한 '국회의 심의·의결'이라는 측면에서만 본다면 프랑스 건강보험재정은 '기금'에 가깝다고 할 것이다.

그러나 우리의 '기금화'는 건강보험 보험자인 국민건강보험공단의 연간 살림살이(예산안 또는 기금운용계획안)를 심의·의결하는 것이다. 프랑스 의회가 ① 건강보험 보험료, ② 건강보험재정에 들어오는 조세 수입, ③ 건강보험의 목표지출액을 심의·의결하는 것은 해당 연도 '건강보험재정 전체'에 대한 심의·의결이라고 봐야 한다. 단, 프랑스 의회가 세 보험자(근로자보험·자영업자보험·농민보험)의 연간 살림살이(예산안)에 대해서 심의·의결하는지는 추가 확인이 필요하다.

그리고 기금화의 또 다른 요체인 '재정당국의 건강보험 예산 통제'는 아직 확인된 것이 없으므로 여기서는 따로 언급하지 않는다.

※ 이해를 돕기 위해 '재정당국의 건강보험 예산 통제'에 대해 앞서 다룬 독일의 경우를 다시 인용한다. "우리 건강보험재정이 기금으로 바뀌어 '건강보험기금'이 됐을 때 핵심은 ① 「국가재정법」의 적용을 받아 ② 기획재정부의 관할 하에 ③ 국회의 심의·의결을 받도록 하는 것이다. 구체적으로는 매년 건강보험공단이 '기금운용계획안'을 작성하여 기재부의 조정, 국무회의 심의, 대통령 승인, 국회 심의·의결 절차를 거친다." 인용글에서 '기재부의 조정─국무회의 심의─대통령 승인' 절차 전부가 '재정당국의 건강보험 예산 통제'라고 보아야 할 것이다.

프랑스처럼 건강보험재정의 절반 이상을 조세로 투입하고 있는 이상, '조세법률주의'에 따라 의회가 심의·의결하고, 법률(사회보장재정법)에 이를 반영하는 것은 당연한 귀결이라 할 것이다. 따라서 프랑스 의회가 건강보험재정의 수입과 지출을 심의·의결하는 것은 '조세법률주의'의 일환으로 보는 것이 타당하다.

4) 벨기에

벨기에 또한 보험 방식의 의료보장인 건강보험제도를 운영하고 있다. 벨기에 건강보험제도의 법적 근거는 우리와 마찬가지로 헌법을 기초로 하여, 「사회보장법(Social Security Law)」, 「건강보험법(Health Insurance Act)」으로 구체화되고 있다. 법으로 가입을 강제하는 사회보험인 만큼 벨기에도 연방정부의 사회보건부 장관이 건강보험 업무를 관장하고 있다.

사회보건부는 건강보험제도의 관장자로서 건강보험 '정책'을 관장하며, 건강보험 정책의 '집행'에 있어 주요 의사결정은 '질병장애보험공단[24](INAMI, 이하 공단)'이 담당한다.

벨기에에서는 공단이 건강보험재정에서 큰 역할을 한다. 먼저 건강보험재정의 수입과 지출이라고 할 수 있는 연간 '건강보험 총액예산'을 공단이 결정한다(공단 결정 후 사회보건부의 승인을 받는다). 총액예산에 따라 보험료율이 자동결정되므로 공단이 보험료율도 결정한다고 할 수 있다. 결국 건강보험재정의 수입과 지출 전부를 공단이 결정하는 것이다.

그렇다면 총액예산을 결정하는 데 '누가 참여하는지'가 중요해진다. 공단에는 '총괄협의회(Genaral Council)'가 있는데, 이 총괄협의회의 의결을 거쳐 매년 건강보험의 총액예산을 결정한다. 총괄협의회는 재정부담자 대표(정부 5명, 가입자 10명), 보험자 대표(질병금고 5명), 공급자 대표(8명) 등 총 28명으로 구성된다. 특이한 것은 총액예산을 결정하는 데 있어 공급자 대표는 자문 역할만 하고 의결권은 없다는 것이다. 이것은 건강보험재정의 수입(보험료)과 지출에 대해 공급자의 권한이 없다는 것을 의미한다.

결론적으로 벨기에에서는 건강보험의 수입과 지출은 재정을 부담하는 주체(정부와 가입자)와 재정을 관리운영하는 주체(보험자)가 결정하고 있으며, 재정부담[25]을 가장 많이(보험재정의 66%를 가입자 보험료로 충당) 하고 있는 가입자의 목소리가 가장 크다고 볼 수 있다(공급자를 제외한 20명 중 절반인 10명이 가입자 대표).

질병장애보험공단은 보험자단체로, 총액예산과 같은 건강보험의 중요한 업무를 결정한다. 벨기에에는 7개의 '질병금고'[26](보험자)가 있는데, 이 보험자의 재정에 대해서 살펴보기로 하자.

각 질병금고는 매년 질병장애보험공단이 정한 건강보험 총액예산[27]에서 개별 질병금고 몫

---

[24] 질병장애보험공단은 연방 사회보건부의 감독을 받는 공적사회보장기구이다. 질병보험(건강보험) 업무뿐 아니라 근로능력 상실, 장애, 출산, 양자 입양 등과 관련한 소득보장 업무도 겸하고 있다. 공단은 건강보험 주요 업무에 대한 의사결정을 하지만 보험자는 아니다. 보험자는 7개의 '질병금고'이다.

[25] 벨기에의 건강보험 재원 구성 : 건강보험료(사회보장분담금) 66%, 대체재정(주로 간접세 수입)과 기타 재정(특별사회보장기금, 사회연대기금, 조기퇴직자를 위해 고용주들이 내는 분담금) 14%, 정부지원금 10%, 배당수입금 10%

[26] 전국기독연합조합, 전국중도주의자조합, 전국사회주의자조합, 전국진보주의자조합, 자유직업인조합, 벨기에 철도금고, 공적보조금고.

[27] 벨기에는 건강보험료, 연금보험료, 실업보험료, 산재보험료, 직업병, 가족수당, 연차수당 등 7가지 사회보장제도에 필요한 재원을 '사회보장분담금'으로 통합 징수하고 있다. 중앙사회보장청(ONSS)은 임금근로자를 대상으로, 중앙사회보장기관(INASTI)은 자영업자를 대상으로 사회보장분담금을 징수하고, 이중 건강보험료 몫을 질병장애보험공단(INAMI)으로 이전한다.

의 예산[28]을 할당받아 재정을 운영하고 있다. 결국 건강보험 총액예산에서 개별 질병금고의 예산도 정해진다고 하겠다. 그렇다면 건강보험 총액예산을 정하는 재정부담 주체(정부와 가입자)와 재정관리 주체(보험자)가 개별 질병금고의 예산까지 결정하고 있다고 봐야 할 것이다.

이상에서 살펴본 바와 같이 벨기에의 건강보험재정은 총액예산부터 개별 보험자의 살림살이까지 재정부담자(정부와 가입자)와 재정관리자(보험자)가 결정하고 있다. 벨기에서는 건강보험재정에 대해 재정당국이 통제하지 않으며, 의회의 심의·의결 절차도 없다. 건강보험재정의 '기금화'하고는 거리가 멀다고 하겠다.

5) 대만

대만의 국민건강보장제도는 우리나라와 가장 비슷하다. 우리나라처럼 '보험 방식'으로 국민건강보장제도를 운영하고 있으며, 다보험자가 아닌 '전 국민 단일 건강보험' 체제를 유지하고 있다. 앞서 말한 '국가 차원으로 운영하는 전국민단일보험인 국민건강보험(NHI) 방식'인 것이다.[29]

대만은 행정원 산하 위생복리부(우리의 보건복지부)가 건강보험제도의 주관부처이며, 위생복리부 산하 중앙건강보험서(NHIA : National Health Insurance Administration)가 보험자로서 건강보험의 제반 업무를 담당하고 있다.

건강보험재정은 보험료를 기반으로 단기(1년) 운영하는 방식이다. 대만은 2세대 건강보험 개혁으로 2013년부터 건강보험의 지출과 수입이 연동되도록 했다. 즉, 총액계약제를 통해 다음 연도 '건강보험 지출총액'이 결정되면, 지출과 균형이 이루어지도록 건강보험 수입인 다음

[28] 각 질병금고가 질병장애보험공단으로부터 분배받는 예산의 70%는 실제 지출에 따라 지급을 받고 나머지 30%는 '국민 1인당 표준의료비'를 기준으로 지급받는다. 각 질병금고로서는 이 30%를 어떻게 관리하느냐에 따라 재정의 흑·적자가 갈린다. 가입자의 의료비 지출 관리를 잘해 '국민 1인당 표준의료비'보다 적게 사용하면 흑자가 되고, 반대면 적자가 되는 것이다. 이에 따라 질병금고는 재정적자에 대비해 피보험자당 최소 4.46유로의 명목보험료를 걷어서 적립하고 있으며, 흑자가 발생하면 명목보험료를 적게 걷는다. 보험자 간 경쟁과 자율 관리를 유도하기 위한 목적으로 보인다.

[29] 이해를 돕기 위하여 「보험자」의 '국민건강보험'(NHI)' 방식과 관련된 내용을 인용한다. "국민건강보험 방식을 시행하는 나라에 따라서 건강보험을 담당하는 별도의 '행정'(공무원) 조직이 있거나, 단일보험자인 별도의 법인을 둔다. 대표적인 나라로는 대만과 미국(메디케어), 우리나라가 있다. 그런데 대만·미국과 우리나라는 차이점이 있다. 대만·미국은 건강보험을 담당하는 별도의 조직이 있되, 정부기관(공무원)이다. 대만은 '중앙건강보험서(NHIA)'이고 미국은 'CMS(Centers for Medicare & Medicaid Services)'이다. 우리나라는 건강보험 업무를 담당하기 위한 별도의 법인(국민건강보험공단)을 두었다. 우리나라의 공단은 정부기관이 아니며, 또한 공단 직원은 공무원이 아니다. 하지만 대만·미국의 건강보험 조직(정부기관)과 우리나라의 공단은 '단일보험자'라는 법률적 지위는 같다."

연도 보험료율이 연동되어 결정하는 방식이다. 따라서 '건강보험 지출총액'의 결정이 해당 연도의 건강보험재정을 결정하는 핵심이다.

'건강보험 지출총액'을 결정하는 과정은 다음과 같다. ① 중앙건강보험서(보험자)가 다음 연도 '지출총액 증가율 범위' 초안 작성 → ② 위생복리부가 이 초안을 검토하여 행정원에 제출 → ③ 행정원이 '경제건설위원회'의 검토를 거쳐 지출총액 증가율 범위를 정함 → ④ 그 범위 내에서 '전민건강보험회'[30]에서 합의, 결정 → ⑤ 위생복리부 장관 승인(합의 실패시 장관이 결정).

건강보험재정의 수입인 '보험료' 결정도 지출 총액과 비슷한 과정을 거친다.

① 중앙건강보험서(보험자)가 다음 연도 보험료의 초안을 작성하여 위생복리부 장관에게 제출(지출총액과 연동하여 보험료를 결정하는 방식이므로 지출총액 증가율 초안을 작성한 중앙건강보험서가 보험료 초안도 작성).

② 위생복리부 장관은 이 초안을 전민건강보험회에 회부하여 심의를 거침.

③ 위생복리부 장관은 전민건강보험회의 심의를 마친 보험료 안(案)을 행정원장의 승인을 받아 공표.

위의 건강보험재정을 결정하는 과정을 살펴보았을 때 대만의 특징은 다음과 같다.

첫째, '전민건강보험회'의 성격이다. 위원은 총 35명으로, 재정부담자 대표 18명, 공급자 대표 10명, 공익 대표 5명, 정부 대표 2명으로 구성된다. 재정부담자 대표 18명은 가입자 대표 12명, 고용주 대표 5명, 행정원 1명(건강보험 재원 중 약 30%는 정부 재원)이다. 전체 35명 중 재정부담자 대표가 절반 이상이어야 하며, 가입자 대표는 1/3 이상이어야 한다는 규정이 있어 각 대표의 숫자 구성이 위와 같이 된 것이다.

이들이 모여 다음 연도 '건강보험 지출총액'을 합의하고, 이와 연동되는 보험료를 심의한다.[31] 건강보험재정과 그 부담을 합의하고 심의하므로 재정부담자 대표는 절반 이상이어야 하는 규정이 있는 것이다. 게다가 재정부담자 대표 18명 중에서도 17명이 가입자와 고용주 대표이다. 재정을 가장 많이 부담하는 집단의 입장이 가장 많이 반영되는 구조이다(가입자와 고용주의 보험

---

[30] 전민건강보험회 : 위생복리부 장관의 자문기구로, 건강보험 지출총액과 부문별(의원급·병원급 등) 진료비 총액 등을 합의한다(합의한 내용은 장관의 승인을 거쳐서 확정됨). 또 보험급여 적용 항목을 정하는 데 있어 장관의 자문 역할을 한다.

[31] 2013년까지는 '보험료율' 자문위원회와 '지출총액' 자문위원회가 구분되어 있었다. ① 보험료율 결정(전민건강보험감리위원회, NHI supervisory committee) : 총 29명으로 정부 대표 7명, 가입자 대표 11명(가입자 5명, 고용주 5명), 의약 및 의료보험 전문가 6명, 의료공급자 대표 5명. ② 지출총액 결정(의료비용협정위원회, NHI medical expenditure negotiation committee) : 총 27명으로 정부 대표 9명, 피보험자 대표 및 전문가 9명, 의료공급자 대표 9명.

료가 건강보험재정의 60% 이상 차지).

둘째, 보험자인 '중앙건강보험서'와 건강보험의 주관부처인 '위생복리부'의 역할이다. 건강보험재정 결정은 중앙건강보험서로부터 시작된다. 중앙건강보험서가 건강보험재정 지출안(지출총액)의 초안과 수입안(보험료)의 초안을 작성하는 것이다. 보험재정관리에 책임이 있는 보험자로서 역할을 하는 것이다. 한편 위생복리부 장관은 지출총액을 승인하고, 보험료 결정의 모든 과정을 진행한다. 건강보험사업의 주관부처로서 최종 조정자의 역할을 하는 것이다(지출총액의 합의 실패시 최종 결정하는 권한도 포함된다).

이처럼 대만의 건강보험재정은 보험자인 '중앙건강보험서'의 초안을 바탕으로(보험자의 재정관리 책임), 가입자와 고용주와 공급자가 참여하는 '전민건강보험회'라는 사회적 논의기구의 합의를 거치고(당사자 자치·자율의 원리), 위생복리부 장관이 최종 결정(사회보험의 관장자)한다. 사회보험의 원리에 따라 각 주체가 적절히 역할을 분담하고 있는 체계라 평할 수 있다. 건강보험재정에 대한 의회의 심의·의결 절차는 없다. 대만의 건강보험재정은 '기금화'와는 관계가 없다.

외국 사례의 마지막으로 대만을 다룬 이유는 우리나라와 가장 비슷한 제도를 운영하고 있어 우리에게 시사하는 바가 그만큼 크다고 보기 때문이다. 덧붙이면 건강보험제도가 세계적으로 전파된 과정을 보면 독일에서 일본으로, 일본에서 우리나라로, 우리나라에서 대만으로 전파되었다. 건강보험제도를 도입하면서 각 국가는 먼저 도입한 국가로부터 장점을 배우고 문제점은 고치는 타산지석으로 삼았을 것이다.

지금까지 살펴본 내용을 요약하면 다음과 같다.

기금은 '특정한 목적을 위해 특정 자금을 신축적으로 운용할 필요가 있을 때 법률로 설치되는 특정 자금'이다. 세입세출예산에 의하지 않는다는 면에서 특별회계와 다르지만, '국가통합재정'으로 관리되고 「국가재정법」의 적용을 받는다는 점에서 일반회계·특별회계와 같다.

건강보험은 '당사자 자치·자율의 원리'에 따라 운영되며, 이 원칙은 보험재정의 운용에서 가장 잘 드러난다. 2000년대 초반 발생한 재정파탄을 건강보험 구성원(가입자·공급자·보험자) 간의 고통분담을 통해 극복한 것이 대표적인 예라고 할 수 있다.

한편 건강보험은 법에 의한 강제가입인 '사회보험'으로서 보건복지부 장관이 관장하며(국민건강보험법 제2조), 운영에 있어 정부의 통제를 받는다. 정부의 통제는 보험료·급여결정 등 보험재정관리, 예산(안)의 편성과 운용, 경영정보 공개, 경영평가 등 건강보험공단 운영의 전 분야에 미치고 있다. 또 보건복지부 감사, 감사원 감사, 국회 국정감사 등 외부의 일상적 감사 장치가 마련되어 있다.

만일 건강보험재정이 기금으로 바뀌어 '건강보험기금'이 된다면, 「국가재정법」의 적용을 받게 되고, 건강보험기금의 기금운용계획안(지금 공단의 예산안이라고 보면 된다)의 결정 과정은 공단-기재부-국회 순으로 된다(현재 공단 예산안은 공단-복지부 순을 거친다). 보험재정 수입(보험료)과 지출(수가, 보험급여 항목과 그 가격)에 대한 기재부의 통제와 국회의 최종 의결 절차가 더해지는 것이다.

독일은 132개의 건강보험조합(건강기금)이 있으며, 근로자와 고용주 대표 동수로 구성된 '대의원 총회'가 조합의 예산 승인, (추가)보험료, 상근이사 선임, 정관 개정 등 질병금고의 주요 사항을 의결한다. 2009년 이후 132개 질병금고의 보험료를 한군데 모아서 이를 재분배하는 '건강기금'을 만들었으며, 그때부터 연방법으로 기본보험료에 대해서는 '전국단일보험료율'을 정하고 있다(추가보험료는 보험자인 각 질병금고가 결정한다). 연방법으로 전국단일보험료율을 정하는 것은 질병금고 간 형평성을 위한 것이지, 연방의회의 질병금고 예산 통제를 위한 것이 아니다. 일본 또한 건강보험조합(보험자)별로 매년 예산(안)을 편성·승인하고 있고 보험료(율)를 자체적으로 정하고 있다. 일본에서는 기금화 논의 자체가 없다. 프랑스는 건강보험재정의 절반 이상(66%)을 조세로 투입하고 있어 '조세법률주의'에 따라 의회가 건강보험재정(보험료율과 목표지출액)을 심의·의결하고 있는데, 개별 보험자의 연간 예산안까지 심의·의결 대상에 포함하는지는 추가 확인이 필요하다. 벨기에는 건강보험의 '총액예산'부터 개별 보험자의 예산까지 재정부담자(정부와 가입자)와 재정관리자(보험자)가 결정하고 있어 '기금화'하고는 거리가 멀다. 대만의 건강보험재정에 관한 주요 내용(지출총액·보험료)의 결정 과정을 살펴보면, 보험자인 '중앙건강보험서'의 초안을 바탕으로(보험자의 재정관리 책임), 가입자·고용주·공급자가 참여하는 '전민건강보험회'라는 사회적 논의 기구와 합의를 거치고(당사자 자치·자율의 원리), 위생복리부 장관이 최종 결정(건강보험의 관장자)한다. 대만은 우리나라와 가장 비슷한 '전 국민 단일 건강보험제도(NHI)'를 운영하고 있어 우리에게 시사하는 바가 가장 크다고 할 수 있다.

보험 방식으로 국민건강을 보장하는 '건강보험' 제도를 운영하고 있는 독일·일본·프랑스·벨기에·대만 등 5개국 중 건강보험재정을 '기금'으로 운영하는 나라는 없다. '기금'으로 바뀌게 되면 ① 보험자(건강보험공단)의 연간 예산, ② 건강보험재정의 수입(보험료)과 지출 등 두 가지 사안은 재정당국(기재부)의 조정(통제)을 거쳐 의회(국회)의 심의·의결로 결정된다.

이런 기금화의 기준에 비추어 5개국의 사례를 정리해 보면, ① 보험자의 예산은 보험자 스스로 편성·운용하고 있으며(독일·일본·벨기에·프랑스는 추가 확인이 필요하며, 대만은 보험자인 '중앙건강보험서'가 국가 조직이어서 별개), 보험자의 예산 결정에 재정당국의 조정이나 의회의 심의·의결이 없었다. ② 건강보험재정의 주요 사항인 보험료나 지출총액을 결정함에 있어 의회의 의결(법에 반영)이 필요한 나라는 다섯 나라 중 프랑스와 독일 두 나라였다.

그런데 프랑스는 건강보험재정의 절반 이상(66%)을 조세로 투입하고 있어 조세법률주의에 따른 것이고, 독일은 보험자(질병금고) 간 형평성을 위해 연방법으로 '전국단일보험료율'을 정하도록 한 것이다. 프랑스와 독일 두 나라도 연방의회의 건강보험재정 통제가 목적이 아니다.

이번에는 기금화 '찬성'과 '반대' 측의 주장을 살펴도록 하자. 먼저 기금화 찬성 측 주장이다.[32]

첫째, 4대 사회보험 중 국민연금·산재보험·고용보험은 기금화하여 국가통합재정에 포함되어 관리되는 데 반하여 건강보험은 기금화되어 있지 않아 국회의 재정 통제를 받지 않고 있다는 것이다. 따라서 건강보험재정을 기금화하여 국가통합재정에 포함하여 「국가재정법」의 적용을 받게 한다면 국회의 심의·의결을 받음으로써 건강보험재정 운용의 효율성과 투명성이 확보될 것이라는 주장이다.

둘째, 건강보험은 저출산·고령화 사회에서 재정 위험이 우려되는 주요 사회보험이므로 국회 차원에서 중장기 재정관리를 강화할 필요가 있다는 것이다.

반면 건강보험재정의 기금화에 반대하는 측인 복지부, 의료계, 시민단체 그리고 기획재정부[33] 등의 논거는 다음과 같다.[34]

첫째, 1년간 수입과 지출의 균형을 추구하는 '단기 재정'으로 운영하는 현재의 건강보험 시스템에서는 기금화보다는 재정상태에 따라 보험료와 수가의 인상·인하를 적시에 탄력적으로 대응할 수 있는 지금과 같은 방식이 효율적이라는 것이다.

'초단기 재정운용'인 건강보험의 성격상, 보험료의 변동이나 수가의 변동 때마다 기재부와 협의·조정 → 국무회의 심의 → 대통령 승인 → 국회 제출 → 국회 심의·의결 과정을 거쳐야 하는 기금화는 부적절하다는 것이다. 신종플루와 같은 전 세계적 전염병의 창궐, 금융위기 같은 세계적 대공황의 발생 등으로 인해 건강보험 급여비가 폭발적으로 증가하거나, 보험료를 몇 달간 제대로 걷지 못하는 상황이 발생했을 때 즉각적 대응이 어렵다는 것이다(실제로 2000

32 2004.8. 국회 기획예산처 '기금존치평가보고서', 2005.3. '보건재정운용 토론회(기획예산처, KDI) 자료집', 2005.5. 국회 예산정책처 '2003 결산분석보고서', 2005.10. 「국민건강보험법 일부개정법률안(의안번호 3108)」(대표발의 이혜훈) 의안 원문 중 제안 이유', 2012.6. '제19대 개원 기념 국회 보건복지 재정과 과제 토론회 자료집(건강보험재정 기금화 논의)', 2013.7. 「국민건강보험법 일부개정법률안(의안번호 6171)」(대표발의 김현숙) 의안 원문 중 제안 이유', 2013.9. 국회 '건보재정 기금화 정책토론회(김현숙 의원실) 자료집' 등.

33 기획재정부는 건강보험재정 기금화에 논의 초기에는 찬성 입장을 나타냈으나 최근 반대 입장으로 돌아섰다 (2011.2.16 국회 답변에서 윤증현 기획재정부 장관은 "(건강보험은) 당기수지 균형 방식으로 운용돼 재정운영의 책임성을 유지해 온 측면이 있다"며 기금화에 반대한다는 견해 제시).

34 2005.3. 「건보제도 발전과 기금화의 상관성 연구」(보건사회연구원, 최병호), 2005.5~6. 인도주의실천의사협의회·장애인총연합회·치과협회·의협 등 보도자료, 2005.3. '보건재정운용 토론회(기획예산처, KDI) 자료집', 2012.6. '제19대 개원 기념 국회 보건복지 재정과 과제 토론회 자료집(건강보험재정 기금화 논의)', 2013.9. '국회 건보재정 기금화 정책토론회(김현숙 의원실) 자료집', 2013.10. '건강보험재정 기금화, 어떻게 바라볼 것인가'(의료정책포럼, 신현웅) 등.

년 1년가량 다섯 차례 건강보험수가가 인상된 적이 있다).

둘째, '보험 방식'으로 운영되는 사회보험인 건강보험의 당사자 자치 원리[35]가 훼손된다는 것이다. 기금화는 국가재정법의 적용을 받게 되어 건강보험의 재정적자 등이 발생했을 때 당사자 해결보다는 국가 책임과 재정부담(국고 투입)이 커지게 될 우려가 있다. 정부로서도 국가 재정부담을 고려하여 보장성 확대 및 제도 발전에 어려움이 있을 수 있다는 것이다. 그리고 국회에서 건강보험의 수입·지출(보험료율·수가 등)을 결정하게 될 경우 이해집단의 갈등으로 정치적으로 결정될 개연성이 있다는 것이다.

셋째, 현행 시스템에서도 건강보험재정 운영의 민주적 운영 및 투명성을 확보하고 있다는 것이다. 현재 건강보험재정은 보건복지부와 기획재정부의 통제를 받고 있고, 건강보험의 주요 사항은 '건강보험재정운영위원회' 및 가입자와 공급자가 참여하는 '건강보험정책심의위원회'에서 충분히 심의되고 있으며 국정감사 등을 통해 국회의 관리·감독을 받고 있다는 것이다.

지금까지 살펴보았듯이 건강보험재정 기금화를 둘러싸고 10여 년간 논의가 지속되고 있다. 건강보험재정의 기금화는 건강보험의 특성과 기본 원리, 해외 사례 등을 고려하고 각계각층의 의견수렴과 사회적 합의가 필요한 사안이다. 건강보험재정에 대한 논의가 건강보험제도의 발전과 지속가능성을 담보할 수 있는 방향으로 진행되어야 할 것이다.

---

[35] 우리의 건강보험제도는 도입 당시 조세로 재원을 조달하는 NHS 방식이 아닌 사회적 연대성과 자율적 합의로 운영되는 방식을 택했으며, 법상 보험자도 정부가 아닌 국민건강보험공단이다(국민연금·산재보험·고용보험은 법률에 보험자 조항이 따로 없다). 따라서 사회보험으로 운영되는 건강보험의 당사자란 가입자(국민)−공급자−보험자(국민건강보험공단)이며, 자치 원리란 정부의 개입보다는 사회적 합의, 즉 당사자의 합의로 운영되는 것이 바람직하다는 것이다(차성환·이순옥, 「한국 사회보험의 특수성과 과제」, 한국사회역사학회, 담론201 11권 4호, 2009, 5~34쪽에서도 한국 사회보험에서 자치운영 원칙의 회복이 가장 시급한 과제로 주장하고 있다).

·건강보험료와 조세

1. '소득자료보유율'과 '소득파악률'

소득자료보유율은 사실 조세학(론)에서 학문적으로 사용하는 개념은 아닌 것으로 보인다. 조세론 책이나 백과사전을 뒤져 봐도 나오지 않는 단어이다. 그런데 건강보험공단과 국세청을 비롯해 여러 학자들(특히 사회복지 분야)이 널리 사용하고 있다. 이 책에서는 공단이 사용하는 개념으로 정리하기로 한다.

'소득자료보유율'은 말 그대로 '보험자인 공단이 보험료 부과를 위하여 소득자료를 보유하고 있는 세대의 비율'이다. 우리나라 전체 세대가 1,000만 세대라고 가정하고 그중 950만 세대의 소득자료를 보유하고 있으면 소득자료보유율은 95%가 되는 것이다.

'소득자료를 보유'하고 있다는 것은 큰 의미가 있다. 보험료를 부과할 근거가 있다는 뜻이기 때문이다. 특히 '소득 중심' 보험료 부과체계가 된다면 '보유하고 있는 소득자료'만이 보험료 부과의 유일한 근거가 되기 때문에 더욱 중요해진다. 따라서 소득자료보유율은 '소득 중심' 보험료를 부과할 수 있느냐 없느냐의 중요한 지표가 된다.

다음은 '소득파악률'이다. 이 개념 또한 조세학(론)에서 학문적으로 사용하는 개념이 아닌 것으로 보인다. 조세론 책을 뒤져 봐도, 백과사전을 뒤져 봐도 나오지 않는 단어이다. 그런데 언론을 비롯하여 국회 등 여러 곳에서(그동안 공단은 소득자료보유율과 혼용해서 썼는데, 앞으로는 상황에 따라 정확히 사용하는 것이 좋겠다) 사용하고 있다.

소득파악률은 '해당 세대의 실제 소득 중 과세당국이 파악하고 있는 소득의 비율'이라는 의미로 사용하고 있다. 실제로는 월 1,000만 원의 소득이 있는데 과세당국이 800만 원으로 소득을 파악하고 있으면, 소득파악률은 80%가 되는 것이다. 과세당국은 800만 원에 대해서 세금을 부과하고, 과세당국이 파악한 소득에 기초하여 보험료를 부과하는 우리 공단 또한 800만 원에 대한 보험료만을 부과하게 된다.

그렇다면 소득파악률이 얼마인지가 중요해진다. 그러나 소득파악률이 얼마인지 정확히 알고 있는 사람(기관)은 아무도 없다. 소득파악률이 얼마인지 정확히 안다는 것은, 실제 소득이 얼마인지를 정확히 알고 있다는 것을 전제로 하기 때문이다. 전 세계에서 개인 또는 개별 세대의 소득을 100% 정확하게 파악하고 있는 국가는 존재하지 않고, 존재할 수도 없다.

이러한 이유로 조세론에서는 '소득파악률'이라는 용어를 사용하지 않는 듯하다. 이에 따라 과세당국은 소득파악률 대신 '소득탈루율(Tax Gap)'이라는 개념을 사용한다. 소득탈루율이란 '신고소득과 적발소득의 합'(실제소득)에서 적발소득이 차지하는 비중을 의미하며, '적발소득'이란 과세 관청이 세무조사를 통해 적발한 소득을 의미한다. 실제소득에서 적발소득이 차지하는 비중이 '소득탈루율'인 것이다.

그런데 소득탈루율은 '세무조사'를 전제로 한다. 세무조사를 통해 '적발한 소득'으로 소득탈루율을 계산하기 때문이다. 세무조사는 일반적으로 탈세 혐의가 있거나 높은 사업체를 대상으로 하므로 '소득탈루율'은 전체 사업체의 소득탈루보다 과장된 경향이 있을 것이다.

실제로 국세청 통계연보에 따르면 과세당국의 행정적·기술적 조사 업무의 한계 등으로 모든 사업체 또는 개인을 대상으로 세무조사를 실시하는 것은 현실적으로 불가능하다. 2012년 국세청의 개인사업자 조사 실적을 보면 총 확정신고 인원 395만 6,702명 중 4,563명을 조사했다. 전체의 0.12%에 지나지 않는 숫자이다. 0.12%를 세무조사한 자료를 근거로 전체 사업자의 소득탈루율을 말하기는 어려울 것이다.

개인사업자 조사 실적

구분	확정신고 인원(A)	조사 인원(B)	조사 비율(B/A×100)
2008년	3,074,416	3,335	0.11
2009년	3,584,432	3,068	0.09
2010년	3,570,816	3,624	0.10
2011년	3,785,248	3,669	0.10
2012년	3,956,702	4,563	0.12

※ 자료 : 『2013 국세 통계연보』, 국세청, 2013. 446쪽.

2. 건강보험료와 조세 비교

1) 대가성이 있는가?

조세는 "국가나 지방자치단체가 국방·교육·소방·사회간접시설 등 공무집행 과정에서 발생하는 경비를 충족시키기 위하여, 개인이나 법인 등 법률에서 규정한 과세 요건에 해당하는 자에 대하여 강제적으로 그리고 아무런 특별한 대가 없이 부과하는 화폐 급부"이다(『조세론』, 37~38쪽을 참고하여 서술. 우명동 지음, 도서출판 해남, 2007).

※ 조세 목적으로 자원의 최적배분, 소득의 재분배, 경제의 안전성장 등 '경제정책적·사회정책적 목적'도 있다(같은 책에서 인용).

위에서 기술한 조세의 정의에 비추어 조세와 건강보험료를 비교해 보기로 하자. 조세는 국가가 부과하지만, 건강보험료는 건강보험사업을 하는 보험자가 부과한다. 조세는 '과세요건에 해당하는 자'에게만 부과하지만, 건강보험은 보험가입자 모두에게 부과한다. 조세와 건강보험료의 이 두 가지 차이는 조세와 건강보험료의 가장 큰 차이라 할 수 있는 '대가성' 유무와 연결된다.

보험자와 대가성

먼저 부과 주체와 대가성이다. 조세는 국가가 부과하지만, 건강보험료는 '보험자'가 부과한다. "보험자는 보험 계약의 당사자로서 보험사고가 발생한 경우에 ① 보험급여의 지급 의무를 지고, ② 보험료를 징수할 권리를 가지며, ③ 보험에 대한 법적 책임을 최종적으로 지는 자이다"(PART Ⅱ「보험자」참조). 즉 보험자는 보험료를 부과하는 대신 '보험급여의 지급 의무'를 진다. 조세에는 (세금을 납부하는 자에 대한) 특별한 대가가 없지만,[36] 건강보험료에는 보험급여(질병 발생시 의료비의 보장, 즉 의료보장)라는 특별한 대가가 있는 것이다.

부과대상과 대가성

다음으로 부과대상과 대가성이다. 조세는 '법률에서 규정한 과세요건에 해당하는 자'에게 부과한다. 재산세는 재산이 있는 사람에게만, 소득세는 소득이 있는 사람에게만, 부가가치세는 물건(용역)을 사고파는(유통) 사람에게만, 상속세는 상속을 받은 사람에게만, 증여세는 증여를 받은 사람에게만 부과한다. '과세요건에 해당하는 자'가 아니면 조세를 부과받지 않는다. 게다가 '과세요건에 해당하는 행위(소득)'가 발생했는데 면세점이 있어 세금을 면해 주기도 한다.[37] 그러나 세금을 낸 사람에게 국가가 특별한 대가를 주지는 않는다. 국가는 세금으로 국가

---

[36] "조세 납부의 근거로는 '이익설(benefit principle)'과 '능력설(ability to pay principle)'이 있다. 이익설은 사회구성원이 국가로부터 유·무형의 편익을 받기 때문에 납세를 한다고 보는 입장이다. 따라서 이 입장에서는 국가로부터 편익을 받는 만큼 납세를 하면 바람직하다고 보는 것이다. '능력설'은 사회구성원이 국가의 유기체적 성원으로서 의무적으로 납세를 한다고 보는 입장이다. 그래서 이 입장을 '의무설'이라고도 한다. 국가의 유기체적 성원으로서 의무적으로 조세를 납부함에 있어 사회구성원은 국가로부터 받는 편익과는 관계없이 자신의 지불 능력에 따라 납부하는 조세가 바람직하다고 보는 입장이다. 이 설에서는 국가 존립에 필요한 경비를 의무적으로 국가구성원인 국민이 부담해야 하는 것으로 파악한다. 오늘날 대부분의 자본주의 국가에서는 능력설을 널리 채택하여 대체로 과세근거론의 정설이 되고 있다"(「조세론」, 55쪽, 65~66쪽에서 인용). 이 글도 능력설에 기초하여 서술했다.

[37] "과세대상(object of taxation)이란 과세물건 또는 조세객체라고도 하는데, 세원의 바탕 위에 일어나는 '조세의 납세 의무가 발생하는 원인이 되는 구체적인 사실 또는 행위'를 말한다. 구체적으로 ① 소득의 창출(형성) 행위, ②소득의 지출(소비) 행위, 또는 재화의 유통 내지 거래(이전) 행위, ③ (잉여의 축적에 의한) 재산 또는 자본의 보

운영에 필요한 경비를 충당할 뿐이다.

이에 반해 건강보험료의 부과대상은 보험가입자 모두이다. 보험은 "다수의 경제 주체가 부담금(갹출금)을 미리 모금하여 사고가 발생한 경우에 재산상의 보상을 받는 제도"이기 때문이다. 부담금(보험료)을 내지 않는 가입자에게는 특별한 대가(보험급여)를 주지 않는다. 보험 적용에서 제외하는 것이다(현재 국민건강보험은 6개월 이상 보험료를 내지 않으면 적용 제외를 받는다). 보험 '가입'은 부담금을 내겠다고 법적 계약(가입)을 하는 것이고, 사회보험인 건강보험은 법에서 강제로 계약(가입)하도록 하고 있다. 따라서 국민건강보험 가입자는 누구나 보험료를 내야 한다.[38]

2) 상한선이 있는가?

대가성과 상한선

위에서 보았듯이, 두 가지 사실의 공통점은 '건강보험료는 의료비 보장이라는 특별한 대가'가 있다는 것이다. 따라서 납부하는 건강보험료는 돌려받는 대가와 상관관계가 있다. 돌려받는 대가에 비해 무한정 많은 건강보험료를 부과할 수 없는 것이다. 때문에 건강보험료에는 상한선을 적용한다.[39] 특별한 대가가 없는 조세에서는, 부과하는 세금의 크기가 돌려받는 대가의 크기와 연동될 수 없다[다만 조세에서는 개별 세금의 크기가 아니라, 국가 운영에 필요한 경비의 총합(예산)과 국민 전체에 부과하는 세금의 총합과 연동할 뿐이다]. 때문에 조세에는 개별 상한선이 없고 건강보험료에는 상한선이 적용된다.

유 사실, 그리고 그 이전 행위, 다시 말해 상속·증여 행위 등을 말한다. 세원이 있다고 곧바로 과세하는 것은 아니다. 그 세원이 일정한 경제행위로 나타나 구체적으로 납세 의무가 발생해야, 즉 과세 대상이 되어야 조세 부과가 가능하게 되는 것이다. 예를 들어, 소득세의 경우에 세원은 소득이고 과세대상은 소득창출 행위이며, 영업세의 경우에 세원은 (영업)소득이며 과세 대상은 영업행위이다. 또한 소비세의 경우에 세원은 소득이지만 구체적으로 소비세 납세 의무가 발생하는 행위는 소비라는 경제행위가 되는 것이다("『조세론』 41쪽에서 인용).

[38] 직장가입자의 피부양자는 보험료를 내지 않고 보험 혜택을 본다. 이는 직장가입자의 보험료에 피부양자 몫의 보험료가 포함된 것으로 보아야 한다. 직장가입자가 보험료를 내지 않으면, 해당 피부양자 모두가 보험 적용에서 제외되는 것을 보아도 알 수 있다. 지역가입자는 세대원 개별에게 모두 보험료가 부과된다. 의료급여 대상자는 건강보험 가입자가 아니어서 보험료 부담이 없다. 의료기관에서 건강보험 적용 수가에 따라 진료를 받지만 진료비를 정부에서 부담한다.

[39] 건강보험료의 상한선에 대해 이규식은 『의료보장과 의료체계』(계측문화사, 2009) 217쪽에서 다음과 같이 적고 있다. "보험료의 부과에 상한선을 설정하는 이유는 사회적인 위험에 대하여 부유하다는 이유로 개인에게 과다한 부담을 지우는 것은 보험이 연대성 의의를 벗어나 일종의 벌금 형식으로 변질됨을 막기 위함이다. 소득이 높은 사람은 이미 소득세에서 누진율을 적용하여 사회적인 기여를 하게 되는데, 보험료에서도 무한정으로 부담하게 되면 이는 연대 원칙을 벗어나 벌금과 같은 성격이 되기 때문이다. 따라서 보험료 상한선은 통상 평균보험료의 3~4배를 넘지 않는 수준으로 설정하고 있다"(ISSA, 1982).

상부상조와 상한선

건강보험료의 상한선은 '상부상조', 즉 사회연대라는 보험의 속성에서도 기인한다. "보험은 공통의 사회적 위험에 대하여 공동체에 속한 사람들이 공동으로 대처함으로써 사회적 위험을 분산 관리하는 것"이고, "공동체에 속한 사람들이 공동으로 대처하여 위험을 분산시키는 구체적인 방법은 바로 각 참여자가 보험료를 갹출하여 이를 공동으로 사용하는 것이다. 따라서 연대성의 실현에 있어서 가장 중요한 요소는 보험료의 갹출"이다(『의료보장과 의료체계』 213쪽에서 인용. 이규식, 계축문화사, 2009).

이처럼 보험료의 갹출은 사회연대성 실현의 가장 중요한 요소이다. 그렇다면 사회연대성을 실현하기 위해 보험료를 얼마나 걷을 것이냐 하는 문제가 대두된다. 사회보험(건강보험)은 지불 능력을 기초로 부과하고 민영보험은 위험발생률을 기초로 보험료를 부과한다. 민영보험은 보험료에 비례해 급여 또한 커지지만, 사회보험은 보험료가 달라지더라도 급여는 균등하게 받는다(PART Ⅱ 「보험자」 참조). 즉 사회보험에서는 부담 능력이 있는 사람은 보험료를 더 많이 부담하여 다른 사람의 의료비를 도와준다. 그러나 어디까지 도와줄 것인가의 문제가 남는다. 한 사람이 몇 명의 구성원까지 책임질 것인가의 문제이다.

납부하는 보험료의 크기는 돌려받는 대가의 크기와 상관이 있다는 점(대가성), 그리고 한 사람이 몇 명의 구성원까지 책임질 것인가 하는 점(상부상조), 이 두 가지가 보험료 상한선의 논리적 근거인 셈이다. 그 선은 나라마다 다르다. 각 나라의 사회적 합의에 따라 다른 것이다.

대부분의 국가는 상·하한선 배수가 10배 이내이다. 독일은 9.4배, 대만은 9.8배, 일본의 직장가입자는 20.8배 수준이다. 현재 우리나라의 경우는 직장은 279배, 지역은 634배이다. 평균보험료와 비교해도 최고 보험료는 24.7배(지역 27.1배)이다(아래 표 참조).

그러나 우리나라도 의료보험 시행 초기인 1977년에는 상·하한선 배수가 20배에 불과했다(직장가입자 월보수 하한 20,000원, 상한 400,000원. 당시 의료보호법 시행령 제5조).

주요 국가의 상한선 배수

한국	일본	독일	대만	룩셈부르크	스페인	프랑스
279배(직) 634배(지)	20.8배	9.4배	9.8배	5배	4.3	없음

※ 자료 : ISSA(International Social Security Association), "Social Security Programs Throughout the World", 2010. 대만은 National Health Insurance in Taiwan 2011 Annual Report, p.16.
※ 한국의 직장가입자는 보수월액 보험료 기준이며, 일본은 직장가입자 기준임.
※ 한국의 평균보험료 대비 상한선 배수는 직장은 24.7배, 지역은 27.1배임(2014년 5월 기준).

반면 조세에는 상한선이 없다. 소득이나 재산이 많으면 세율에 따라 세금을 무한정 부과한다. 조세에는 세금을 내는 것에 대한 '특별한 대가'가 없기 때문이다. 또 조세는 상부상조에 의한 갹출금이 아니기 때문이다.

상한선과 소득 파악

상한선 문제는 소득 파악의 문제와 연결이 된다. 현재 건강보험료의 상한선은, 직장은 연소득 9억 3,720만 원(월소득 7,810만 원)이고, 지역은 연소득 4억 9,900만 원(월소득 4,158만 원)이다. 상한선 이상의 소득이 있더라도 건강보험료는 상한선 소득 금액만큼만 부과된다. 직장가입자는 100% 노출되는 월급에 보험료가 부과되므로, 소득 파악의 문제는 지역가입자에 대한 문제이다.

그러나 지역가입자의 소득 파악 문제도 상한선에 따르면 월 4,158만 원까지이다. 건강보험에서는 그 이상의 소득 파악은 사실 무의미하다고 할 수 있다. 반면 무한정 세금을 부과해야 하는 조세에서는 소득과 재산 파악은 무한정 이루어져야 한다. 보험료 상한선의 관점에서 볼 때, 소득 파악의 문제는 건강보험료의 영역이 아니라 조세의 영역인 것이다.

3) 보험료 부과 방식 비교

조세 – 소득재분배 기능

다음은 부과 방식의 비교이다. 조세에서는 '세율 구조'라는 용어를 쓴다.

"세율 구조(tax rate structure)란 과세표준과 세율 사이의 관계를 말하는 개념으로, 비례세·누진세·역진세·누퇴세(累退稅) 등이 있다. 비례세(proportional tax)란 과세표준의 대소에 관계없이 동일한 세율을 적용하는 세율 구조로서 대부분 소비세의 경우 물품 가격에 몇 %의 정률세를 부과함으로써 비례세 구조를 취하고 있다. 누진세(progressive tax)는 과세표준이 커짐에 따라 세율이 높아지는 세율 구조로서 단순히 세액이 많다는 것을 의미하는 것이 아니라 소득이 늘어나는 비율보다 세액이 늘어나는 비율이 더 큼을 뜻한다"(조세론 42쪽~44쪽까지 참고하여 서술. 역진세·누퇴세는 이 글과 연관이 적어 서술하지 않는다).

"이를 통해 조세의 부수적인 목적인 '소득재분배'를 실현한다. 분배의 사회적 정의를 실현하기 위하여 적절한 세율을 선택함으로써 바람직한 분배 상태를 실현시킬 것을 요구받고 있다. 오늘날에 와서는 부수적인 목적이 조세를 필요로 하는 보다 주요한 이유로 등장해 있다"(「조세론」 37쪽에서 인용).

건강보험료 – 사회연대 실현

사회보험인 건강보험료 부과 방식은 조세로 치면 비례세 방식(정률제)을 취하고 있다고 볼 수 있다. 부담 능력(소득 또는 재산)에 따라 정률의 보험료율을 적용하는 방식으로, 능력이 클수록 보험료의 크기도 커진다(단, 건강보험료는 상한선이 있다).

건강보험료 부과 방식에는 '정액부과 방식'(정액제)도 있다.

"사회적 연대의 기준을 건강에 두고 모두에게 동일한 금액의 정액을 보험료로 부과하는 방식이다. 정액보험료 부과가 사회보험의 연대성 원리를 무시하는 것은 아니다. '베버리지도 1942년 발간한 보고서에서 사회보험의 원리의 하나로 정액 원칙을 제시했다. 정액보험료 방식은 모든 사람이 동일한 금액의 보험료를 내지만 건강한 사람은 의료 이용을 적게 하는 데 반하여 허약한 사람은 의료 이용을 많이 하기 때문에 건강한 사람이 건강하지 못한 사람을 도와 사회적인 연대를 이룰 수 있다는 논리를 바탕으로 한다'(Glaser, 1991; Normand and Weber, 1994)"(『의료보장과 의료체계』 214쪽에서 인용).

정액부과 방식의 사회적 연대는 건강연대성, 건강재분배라는 용어로 표현한다. 정액부과 방식은 민영보험의 보험료 부과 방식이기도 한다. 그렇다면 민영보험도 사회적 연대성을 가지고 있다는 뜻이다. 사회연대성은 '사회적 위험에 공동으로 대처하기 위한' 보험의 본질에서 나오기 때문이다. 사회보험이든, 민영보험이든 보험의 본래 목적은 '사회연대'에 있다고 하겠다(애초 보험의 출발이 '사회적 위험에 대한 공동 대처'라는 사회적 연대의 필요성에서 출발했다는 뜻이다. 현대사회에 들어와 민영보험이 보험회사의 영리를 추구하면서 사회적 연대의 속성이 거의 사라지게 되었다.)

3. 건강보험료와 조세의 비교 정리

건강보험료와 조세를 비교해서 정리하면 다음과 같다. 조세는 국가가 국가 운영의 경비를 충당하기 위하여 특별한 대가 없이 과세요건에 해당하는 자에게 부과하는 것이다. 이와 달리 건강보험료는 보험사업을 하는 보험자가 질병이라는 공동의 위험에 대처하는 공동의 재산을 형성하기 위하여, 의료비 보장이라는 특별한 대가를 전제로 모든 보험가입자에게 부과하는 것이다. 건강보험의 본래 목적은 '공동 위험에 공동 대처'라는 사회적 연대에 있다.

'공동 위험에 공동 대처'라는 사회적 연대를 실현하는 수단이 건강보험료의 갹출이다. 건강보험료는 부과하는 방식이 정액제이든, 정률제이든 그 자체로 사회적 연대를 실현하는 것이다. 때문에 건강보험에서는 소득파악률보다는 건강보험료를 부과하는 근거인 소득자료보유율이 더 중요하다. 다만 정률제 부과 방식이 사회연대를 보다 강력히(건강재분배에 더해서 소득재

분배까지) 실현할 수 있기 때문에 현대의 많은 국가에서 정률제를 취하고 있는 것이다.[40]

'소득재분배'는 정률제를 취한 결과일 뿐이다. 소득재분배가 건강보험 본래의 목적은 아닌 것이다. 소득재분배는 조세의 목적이다. 소득재분배를 위한 조세 방식(세율 구조)인 비례세·누진세를 정확히 적용하기 위한 '소득 파악' 또한 조세의 몫이다. 건강보험은 조세의 (소득)자료를 가져다 씀으로서 소득재분배라는 조세의 목적에 도움을 주는 것이라 할 수 있다.

4. 지역가입자 보험료 부과 방식

이제는 건강보험료의 갹출 방식, 즉 부과 방식을 고민해야 할 때이다. 이를 위해 먼저 과거의 건강보험료 부과 방식을 살펴보기로 하자. 예나 지금이나 직장가입자에게는 월급(보수)에 보험료를 부과하는 정률 방식을 취하고 있으므로, 여기서는 지역가입자의 보험료 부과 방식을 살피기로 한다.

1) 통합 전 부과 방식

통합 전 지역의료보험은 '정액부과'와 '정률부과' 방식을 병행했다. 세대당·가구원 1인당 (4인까지만) 기본보험료를 정해 정액보험료를 부과했으며, 재산(30등급)·소득(30등급)·자동차 (5등급)에 정률보험료를 부과한 것이다. 그리고 시·군·구별로 꾸려진 지역의료보험조합별로 소득 등급을 가르는 금액을 달리했다. 20%에 불과한 소득자료보유율의 한계 때문으로, 같은 소득이라도 서울과 농촌의 소득 등급이 달랐다. 그러나 같은 조합 안에서는 같은 부과 기준을 적용하여 '동일 집단, 동일 기준'의 원칙은 지켰다.

2) 통합 후 현재의 부과 방식

통합 후 지역가입자의 보험료는 정액부과 방식은 폐기하고 정률부과만을 취했지만 매우 복잡하게 변했다. 먼저 연소득 500만 원 이상과 이하를 구분하여, 500만 원 이상은 소득(70등

---

[40] 사회건강보험제도가 고안되기 이전 단계인 동종조합(guild)이나 상호공제조합(mutual aid society) 시대에는 보험료의 부과가 정액 방식이 될 수밖에 없었다. 정부가 법으로 질병보험을 강제하기 이전인 19세기 후반에 들어와서 유럽에서는 몇몇 공제조합들이 월급이 높은 근로자에게 보험료를 보다 많이 받는 방법을 고안하기 시작했다. 독일에서 처음으로 질병금고가 보험료 부과에 차등을 두어 부자에게는 보다 높은 금액의 보험료를 부과하는 방법을 택하게 되었다(『의료보장과 의료체계』 214쪽에서 인용).

급)·재산(50등급)·자동차(7등급)에 등급별 정률제로 보험료를 부과하고 있다. 그리고 500만 원 이하 세대에는 재산·자동차·생활수준과 경제활동참가율에 부과했는데, 생활수준과 경제활동참가율은 다시 가입자의 성별·나이·재산·자동차·장애 정도·소득을 고려해서 산정하도록 했다. 이렇게 복잡한 방식을 선택한 것 역시 50% 남짓한 당시의 소득자료보유율의 한계 때문이었다. 한 집단(전국 단일보험자) 내에서 지역가입자의 부과 기준은 이렇게 복잡한 데 비해 직장가입자는 보수(소득)을 기준으로 보험료를 부과하는 단순한 방식이다. '동일 집단, 다른 기준'으로 인해 '동일 집단, 동일 기준'의 원칙이 훼손된 것이다.

3) 보험료 부과 방식의 원칙 : '동일 집단, 동일 기준'

통합 전의 부과 방식이나 통합 후의 부과 방식이나 모두 불완전하다고 할 수 있다. 개별 가입자의 '부담 능력'과 보험료의 '부과 금액'이 일치하지 않기 때문이다. 그럼에도 그렇게 정한 것은 당시의 사회적 수준에 따른 사회적 합의였다. 이제 다시 건강보험료 부과 방식 변경을 눈앞에 두고 있다. 부과 방식을 새롭게 정함에 있어 원칙의 합의가 우선되어야 한다. 그것은 '동일 집단, 동일 기준'이다. 보험료를 걷더라도 최대한 공정하게 걷을 수 있는 방법이기 때문이다.

그래서 건강보험을 실시하는 모든 나라는 동일 집단에는 동일한 기준으로 보험료를 부과한다. 독일은 132개의 질병금고가, 일본은 3,457개(2012년 기준)의 보험자가, 프랑스는 3개의 보험자가, 벨기에는 7개의 질병금고가 각 보험집단별로 동일한 부과 기준을 정해 놓았다. 우리처럼 전국단일보험인 대만 또한 동일한 부과 기준을 가지고 있다(PART Ⅱ「건강보험재정과 기금」에 각 국가별 보험 체계가 자세히 기술되어 있다). '동일 집단, 동일 기준'이다. 그것이 가장 최선이기 때문이다.

5. 통합 과정에서의 '동일 집단, 동일 기준' 원칙을 지키려는 노력

일각에서 '소득 단일 기준'을 보험료 동일 기준으로 강력히 제기하고 있다. 그렇다면 소득 단일 기준의 여건이 얼만큼 성숙했는지를 살펴보기로 하자.

'동일 집단, 동일기준'은 우리의 건강보험 역사에서도 항상 지켜 왔던 원칙이다. 통합 전 조합 시절, 같은 조합의 가입자에게는 같은 기준으로 보험료를 부과했다. 같은 소득이라도 대도시 조합과 농촌 조합에서의 소득 등급은 달랐지만, 같은 조합 내에서는 같은 등급으로 동일한 기준을 적용했다. 이 원칙은 통합 과정에서도 있었다. 1990년대 말부터 2000년대 초까지 진행한 통합 과정에서 수년간 '동일 집단, 동일 기준'의 원칙을 지키고자 했으나 실패했다.

그 실패 과정을 잠시 살펴보기로 하자.

1) 1차 통합시 '동일집단, 다른 기준'에 따라 재정은 구분계리

지역의료보험과 공무원교직원의료보험을 통합한, 소위 1차 통합이라고 불리는 「국민의료보험법」(1997.12.31 제정, 1998.10.1 시행)에서의 보험료 부과 방식이다. 공무원과 교직원의 보험료는 '보수월액'(월급)에 부과한 반면(법 제47조 제2항), 지역 피보험자의 보험료는 소득·재산 등을 등급으로 구분한 '보험료 부과 표준'에 따라 부과했다. 공무원과 교직원은 소득에, 지역가입자는 소득·재산 등에 보험료를 부과함으로써 '동일 집단, 다른 기준'을 적용한 것이다. 이에 따라 조직은 통합되었지만, 재정은 구분계리(법 제69조)할 수밖에 없었다. 보험료 부과 기준(수입)이 다른데 돈을 한 주머니에 넣고 지출하는 것은 재정관리의 원칙과 가입자 간 형평성에 어긋나는 일이었기 때문이다.[41]

2) 2차 통합 제정법, '소득 기준 단일화' 법에 명시

전국 140개 직장의료보험조합과 국민의료보험관리공단을 통합한 2차 통합법안인 「국민건강보험법」(1999.2.8 제정, 2000.1.1 시행)에는 '동일 집단, 동일 기준' 원칙이 법에 명문화된다. 직장가입자는 '표준보수월액'을 기준(법 제62조 제3항)으로, 지역가입자는 '표준소득월액'을 기준(제4항)으로 보험료를 부과하도록 규정한 것이다. '표준보수월액'은 직장가입자의 보수(소득)를 기준(제63조 제1항)으로 산정하고, '표준소득월액'은 지역가입자 세대의 연간소득을 기준(제64조 제1항)으로 산정했다. 두 기준의 이름은 다르지만, 두 기준 모두 소득을 기준으로 한 것이다. '동일 집단'이어서 '동일한 부과 기준'을 만든 것이다. 보험료 부과 기준이 '소득으로 단일화' 되면서 재정을 통합, 운영하도록(법 제33조 제2항)했다.

---

[41] 보험관리 조직을 통합하게 된 이유는 보험료 부담 능력에 기초한 국민연대를 달성코자 함이었다. 보험에서의 연대성은 보험 조직 내에서 동일한 재정을 사용할 때 가능해진다. 전국 단위로 보험관리 규모를 하나로 한다는 것은 전국 단위로 국민연대를 이루기 위함이며, 이를 뒷받침하기 위해서는 재정이 전국 단위로 통합이 되어야만 한다. 재정을 단일 체계로 관리하기 위해서는 근로자와 자영자에게 공통으로 적용할 수 있는 단일의 보험료 부과체계를 개발해야 한다. …… 만약 근로자는 임금에 기초한 능력비례 보험료로 하고 자영자에게는 현행과 같은 보험료 부과체계를 적용할 경우에는 사전에 양 계층에 부과할 보험료의 총 규모를 정하고 이에 따라 보험료를 부과해야 하기 때문에 재정통합의 의미가 없어진다. 두 집단 간에 보험료 부과를 위한 단일 잣대가 없는 현실에서 원활하게 보험료를 부과하기 위해 정부는 먼저 두 집단이 부담해야 할 전체 보험료 총액을 설정해야 한다. 각 집단이 부담해야 할 보험료 총액을 파악하기 위해서는 재정통합과 관계없이 경리는 구분계리할 수밖에 없다. …… 그런데 구분계리하면서 재정을 통합하여 지출을 같이하게 되면 보험료 부담과 지출 간의 관계가 파악되어 두 집단 간 재정 부담의 유·불리 문제로 갈등이 생긴다(「의료보장과 의료체계」426~427쪽에서 인용)

그렇지만 소득보험료 부과체계를 만드는 준비가 아직 부족할지 모른다는 우려가 있어, '재정통합에 대한 경과조치'(부칙 제10조)를 두어 2002년 1월 1일까지는 직장가입자와 지역가입자의 재정을 각각 구분하여 계리할 수 있도록 했다.

3) '소득 단일 기준' 시행 하루 전, 다시 이원화

그런데 이 법은 시행 하루 전날인 1999년 12월 31일 개정된다. 당시 국회에 제출한 개정 법안에서는 개정 이유를 다음과 같이 밝히고 있다. "지역가입자의 보험료에 대하여는 종전의 「국민의료보험법」에 의한 소득 및 재산 등에 대한 부과체계를 한시적(재정의 구분계리 시한인 2001년 12월 31일까지, 부칙 제10조의 2)으로 적용하도록 함으로써 지역가입자에 대한 합리적인 보험료 부과체계를 개발할 준비 기간을 확보하려는 것임."

이에 따라 지역가입자 세대의 연간소득을 기준으로 한 '표준소득월액'으로 부과하려고 했던 지역가입자의 보험료 부과 기준은 원점으로 돌아간다. '소득 단일 기준'이 시행 하루 전날 늦춰진 것이다. 이 법은 또 2000년 1월 1일로 예정된 의료보험법 통합 시행 시기를 2000년 7월 1일로 늦추었다.

그런데 이 법 개정에는 '소득 단일 기준'이 시행 하루 전날 늦춰진 것보다 더 큰 문제가 있었다. 지역가입자의 보험료 부과 기준을 아예 바꿔 버린 것이다. 애초 「국민건강보험법」 제정법에는 지역가입자의 보험료는 지역가입자 세대의 연간소득을 기준으로 한 '표준보수월액'이어서 소득을 부과 기준으로 했다. 그런데 이 조항을 개정하여 지역가입자 보험료 부과기준을 '부과표준소득'으로 한 것이다.(개정법 제62조의 제4항). '부과표준소득'은 지역가입자의 소득·재산·생활수준·직업·경제활동참가율 등을 기준으로 하는 것이다(제64조). 지역가입자 보험료 부과 기준에서 '소득 단일 기준'을 포기한 것이다. 이로써 통합법이 제정된 지 2년 만에 '동일집단 동일기준'의 원칙은 한 발 후퇴하게 된다.

4) 구분계리 시한을 2003년 6월 30일까지 연장, '동일 기준' 여지 남겨

시간은 흘러 통합 날짜인 2000년 7월 1일 직장의료보험조합과 국민의료보험공단은 통합하여 지금의 국민건강보험공단으로 출범했다. 지역가입자의 보험료는 여전히 「국민의료보험법」 당시의 소득·재산 등을 기준으로 부과했다(재정 구분계리 시한인 2001년 12월 31일까지는 「국민의료보험법」 부과 기준으로 보험료를 부과하도록 함).

그리고 시간이 또 흘러 2002년 1월 1일이 되었다. 이제 재정 구분계리 시한(2001.12.31)이 지났으므로 재정을 통합했다. 지역가입자의 보험료 부과체계 또한 「국민의료보험법」 부과 기준에서, 소득·재산·생활수준·직업·경제활동참가율 등을 기준으로 한 '부과표준소득'으로 부과하도록 바뀌었다. 그리하여 전 국민이 동일 집단(동일 보험자)으로 통합했는데도 직장은 소득 기준, 지역은 소득·재산·생활수준 등으로 하는 이중의 부과체계가 법에 의해 공고해졌다.

그런데 20일 정도 시간이 흐른 2002년 1월 19일 「국민건강보험법」이 다시 개정된다. 2002년 1월 1일이 되면서 재정 구분계리 시한이 지나 자동적으로 통합된 재정을 다시 구분계리 상태로 원상회복(부칙 제2항 신설)시킨 것이다. 그리고 재정 구분계리 시한을 2003년 6월 30일까지 연장했다(법률 제5854호 국민건강보험법 부칙 제10조 제1항 개정). 동일 집단이면서도 보험료 부과체계가 다른 상태에서 재정을 통합하는 것은 재정 관리 원칙과 가입자의 형평성에 어긋나기 때문이다.

재정을 구분계리하는 것이 내포하는 의미는 매우 크다. 조직(보험관리기구)이 통합됐는데도 재정을 구분계리하는 것은 '보험료 단일 기준'을 마련해야 하는 노력이 계속되어야 한다는 것을 암묵적으로 전제하는 것이다. 앞서 인용한 이규식의 지적처럼 보험기구의 전국적 통합은 전국적 사회연대의 실현인데, 재정의 구분계리는 통합 효과를 반감시키는 것이기에 재정을 구분계리하는 한 '보험료 단일 기준'을 마련하는 노력은 계속할 수밖에 없기 때문이다.

5) 2003년 6월 30일 이후 '동일 집단, 동일 기준' 원칙 법적으로는 포기

그 후 시간이 또 흘러 재정 구분계리 시한인 2003년 6월 30일을 지나 7월 1일이 되었다. 재정은 통합되었다. 이제 더 이상 재정을 구분계리하지 않다.

그런데 보험료 부과 기준은, 직장가입자는 보수월액(소득)에 따라 산정하고, 지역가입자는 소득·재산·자동차·생활수준에 보험료를 매기고 있다. 이원화되어 있는 것이다. 재정을 구분계리하지 않으니 '보험료 단일 기준' 노력 또한 최소한 법적으로는 건강보험 역사에서 사라지게 된 것이다. '동일 집단, 동일 기준' 원칙이 법적으로 완전히 포기한 날이다.

어쨌든 최초 통합법을 제정한 1999년 2월 8일부터 재정 구분계리를 법적으로 공식 포기한 2003년 6월 30일까지 만 4년 6개월 동안 우리의 건강보험제도는 '동일 집단, 동일 기준' 원칙을 지키기 위한 노력을 계속해 왔다고 할 수 있다.

'동일 집단, 동일 기준' 원칙을 공식적으로(법적으로) 포기한 후 10년이 지났다. 이제는 그 원칙마저 사람들 머리 속에서 가물가물해졌다.

그러나 조합 시절 '동일 집단, 동일 기준' 원칙을 지켰고, 통합 초기 만 4년 6개월 동안 그 원칙을 지키고자 노력한 것을 우리는 기억해야 한다.

6. 소득 중심의 건강보험료 부과 근거는?

건강보험에서 가장 중요한 것은 '보험료 갹출'이다. 보험료 갹출을 통해 사회연대를 실현할 수 있기 때문이다. 보험료 갹출을 위해서는(건강보험료를 부과하기 위해서는) 부과의 근거(대상)가 있어야 한다. 가장 확실한 근거는 '소득'이다. 때문에 어떤 세대(개인)의 '소득 자료'를 보유하는 것이 중요하다. 공단은 보험료를 부과하는 소득 자료로 국세청에서 받은 공식 자료만 활용하고 있다. 만일 국세청이 가지고 있는 모든 소득 자료를 넘겨받을 수 있다면, 공단은 우리나라 전체 세대의 95% 이상의 소득 자료를 보유할 수 있게 된다. 다시 말해 95% 이상의 세대에게 보험료를 갹출할 수 있다는 뜻이다(보험료를 부과할 근거를 가지게 된다는 말이다).

현재 건강보험료를 부과하는 소득 자료는 소득세법상의 '종합과세소득(2,000만 원 초과 금융소득, 사업소득, 근로소득, 1,200만 원 초과 연금소득, 300만 원 초과 기타소득)'에만 국한하고 있다. 물론 이 소득 자료는 국세청으로부터 제공받고 있다. 이에 따라 공단은 2014년 현재, 2,168만 전체 세대 중 1,758만 세대의 소득 자료를 보유하고 있다(소득자료보유율 81.1%). 410만 세대(18.9%)의 소득 자료는 확보하지 못하고 있다는 말이다.

그런데 국세청은 보유하고 있으나 우리 공단에 보내지 않고 있는 소득이 있다. '분리과세소득(일용근로소득, 2,000만 원 이하 금융소득, 1,200만 원 이하 연금소득, 300만 원 이하 기타소득)', '분류과세소득(양도소득·퇴직소득)', '별도법소득(상속세법의 상속소득, 증여세법의 증여소득)' 등이 그것이다. 이들 소득 자료를 공단이 확보한다면 현재 81%의 소득자료보유율은 95%까지 올라가게 된다.

2013년 12월 '건강보험료 부과체계 개선기획단'이 우리나라 전체 세대 중 10% 표본세대(221만 세대)의 분리과세소득 자료(2011년 귀속분)를 국세청으로부터 제공받아 공단이 이미 확보하고 있는 종합과세소득 자료와 합쳐서 분석한 결과, 전체 세대의 소득자료보유율은 92.2%로 현재(81.1%)보다 11.1% 높게 나타났고, 지역가입 세대의 소득자료보유율 또한 현재 47.0% 수준에서 77.3%로 크게 개선되는 것으로 나타났다. 여기에 '분류과세소득(양도·퇴직)' 자료와 '별도법소득(상속·증여)' 자료까지 포함하면 95% 이상 될 것으로 예측된다.

'소득 자료의 질'은 지속적으로 개선, 일부 자료는 독일·프랑스·벨기에보다 높아

95% 세대의 소득 자료를 확보한다고 해도 문제는 남는다. '소득 자료의 질'이다. 확보한 자료의 소득이 실제 소득을 얼마나 반영하느냐는 것이다. '소득파악률'이다. 앞에서도 썼지만, 소득파악률을 정확히 아는 것은 현실적으로 불가능하다. 다만 간접적인 자료를 통해 '소득 자료의 질'을 가늠할 수는 있다.

국세청이 확보하고 있는 '소득 자료의 질'은 최근 조세 행정의 투명성 향상 등으로 크게 높아졌다는 것이 관련 학자들의 중론이다. 「국세통계연보」의 소득금액 변동 및 소득신고율 등을 살펴보면, 최근 5년간(2006~2011) '종합소득 신고금액'이 경제성장률 둔화에도 불구하고 연평균 9% 수준으로 증가했고, 자영업자의 '종합소득 신고율'은 2005년 70.8%에서 2012년 97.7%로 크게 증가했다(신현웅 외, 「건강보험가입자의 업종별 소득금액 실태분석」 64쪽, 한국보건사회연구원, 2013).

소득신고 금액과 소득신고율이 증가했다는 것은 소득신고를 성실히 하고 있다는 뜻이다. 또 부가가치세를 연구한 한국조세재정연구원의 홍성훈 박사의 자료(「부가가치세제 발전방향 연구」 33~38쪽, 한국조세재정연구원, 홍성훈 외, 2013)에 따르면, 우리나라의 소득 파악 수준이 높다는 것을 간접적으로 확인할 수 있다.

위의 연구 자료에 따르면, 부가가치세는 국세 수입의 약 27%를 차지하는 세목으로 부가가치를 창출하는 다양한 '재화와 용역의 거래'를 과세대상으로 하고 있다. 부가가치세는 매출·매입 자료가 축적되기 때문에 소득 파악 수준을 간접적으로 알 수 있는 지표이다.

부가가치세 성실 신고의 한 지표인 '(부가가치세) 세수율'[42]이 우리나라의 경우 2000년 이후 신용카드 사용 금액 소득공제, 현금영수증 제도 도입(2005년)의 영향 등으로 크게 높아져 2009년 기준 67%였다. 이는 부가가치세 제도를 운영하는 OECD 33개국 중 뉴질랜드(99%), 룩셈부르크(92%), 에스토니아(76%), 스위스(71%), 이스라엘(68%), 일본(67%)과 같이 상위권에 속하는 것이다(2012년 기준 우리나라의 부가가치세 세수율은 71%로 올라갔다). 우리나라처럼 건강보험제도를 운영하면서도 소득 중심 보험료를 매기고 있는 독일(56%)·프랑스(46%)·벨기에(47%)보다 높은 수준이다(2013년 독일을 방문했을 때 꽤 규모가 큰 생맥주집에서 10만 원 이상 나왔는데 신용카드를 받지 않고 현금만 받는다고 해서 의아했던 적이 있다).

뿐만 아니라 우리나라의 경우 금융실명제, 부동산실명제, 신용카드 사용 활성화, 현금카드 제도 확대 등으로 소득탈루 규모를 가늠할 수 있는 지하경제도 축소되고 있다고 한다. 소득탈루로만 지하경제를 추정한다면 지하경제 규모가 5% 미만이며, 화폐수량 방정식을 통해 추정한 지하경제 규모는 17~18% 수준이다(「지하경제 규모의 측정과 정책 시사점」, 안종석 외, 한국조세연구원, 2010).

지하경제의 축소는 또 다른 자료에서도 확인할 수 있다. 1990년대 이전에는 거의 30%에 육박했던 지하경제의 규모가 1990년대에는 25% 내외로 축소되고, 2000년 이후 해마다 축소되어 2008년에는 17.1%가 되었다(다음 그림과 표 참조).

---

42 세수율(VAT Reveue Ratio : VRR) = 세수/(최종 소비지출-세수)×세율 : 우리나라는 2012년 기준 71%

DYMIMIC 모형을 통한 공식경제 대비 지하경제 규모의 추이

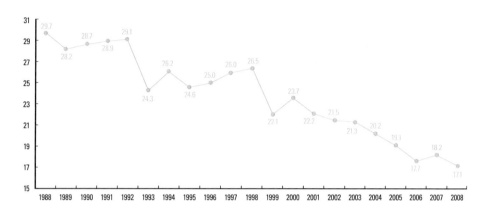

※ 자료 : 신현웅 외, 「건강보험가입자의 업종별 소득금액 실태분석」, 한국보건사회연구원, 2013, 19쪽.

지하경제 규모 추정 결과 요약

추정 방법	사용 자료	추정 결과		
		1990년	2000년	2008년
지출·소비 분석	가계조사자료, 국세통계자료			• 사업소득세 탈루율 : 17~23% • 탈루 규모 : GDP의 2.3~3.1% (22조~29조 원)
산업연관표 분석	산업연관표 국세통계자료		• 소득세 수입 탈루율 : 54.4%, • 부가가치세 탈루율 : 15.5%	• 29.9% • 5.6%
화폐수량 방정식	한국은행 자료	지하경제 규모 : GDP의 26% 내외	GDP의 20% 내외	GDP의 18.6~18.9%
DYMIMIC 모형	다양한 자료	지하경제 규모 : GDP의 28.7%	GDP의 23.7%	GDP의 17.1%

※ 자료 : 신현웅 외, 「건강보험가입자의 업종별 소득금액 실태분석」, 한국보건사회연구원, 2013, 19쪽.

이상에서 본 것처럼 우리나라는 과세행정에서 현금영수증 제도 확대, 신용카드 소득공제 제도 도입, 금융정보분석원(FIU) 법 개정, 정규(적격) 증빙제도, 전자세금계산서 제도, 성실신고확인제도, 국민참여 탈세감시제도 도입 등을 통하여 '소득 파악의 질'이 지속적으로 개선되고 있다는 것을 알 수 있다. 따라서 소득 중심의 보험료 부과체계로 개선할 수 있는 여건은 충분히 갖춰져 있다고 말할 수 있다.

게다가 현재 건강보험을 도입하고 있는 나라들도 모두 소득 단일 기준으로 보험료를 부과하고 있다(일본의 지역보험료에 재산 보험료가 있지만 그 비중이 10% 이내이고, 이를 없애는 조합이 점점 많아지고 있다). 하다못해 우리보다 늦게 전국민단일보험을 도입한 대만조차 소득 단일 기준을 택하고 있다.[43] 이들 나라 또한 100% 소득 파악을 하고 있지 못하다. 다만 보험료를 부과할 수 있는 근거인 소득 자료를 100% 가까이 보유하고 있을 뿐이다. 소득자료보유율이 95%이고, 소득 자료의 질 또한 OECD 수준에 접근했다면 우리도 소득 단일 기준의 부과 방식을 도입해야 한다.

소득 기준으로 할 것인지 말 것인지는 우리 사회가 합의해야 할 과제다. 다만 '동일 집단, 동일 기준' 원칙은 지켜야 한다. '소득' 기준으로 하면 근로자·자영자 모두 소득에만 보험료가 부과된다. '재산' 기준으로 하면 소득과는 상관없이 근로자·자영자 모두 재산에만 보험료가 부과된다. '재산-소득'을 병행하면, 근로자 또한 재산에 보험료가 부과된다. 최선의 기준을 찾는 것은 우리가 합의해야 할 사항이다.

---

[43] 대만은 전민건강보험 초기부터 소득 중심의 단일보험료 부과체계를 운영했으며, 2013년부터는 부과체계 개혁을 통해 건강보험료 부과 소득의 범위를 모든 소득으로 확대했다. 대만은 소득자료보유율이 90% 정도로 우리보다 낮고, 신용카드 사용률도 낮은 편이다.

PART_ III

건강보험재정

1장 건강보험료(수입관리)

'건강보험료 부과체계'에 대한 관점의 정립
└, 동일 집단, 동일 기준

1. '동일 집단, 동일 기준'의 원칙

　무엇보다 건강보험료 부과체계 개선에 대한 관점을 정립하는 것이 필요하다. 그것은 '동일한 보험 집단'에 속한 가입자(우리나라의 경우에는 전 국민. 전 국민이 동일한 보험 아래 동일한 기준으로 의료서비스를 받으며, 동일한 보험재정을 운영하고 있다)들에게는 '동일한 부과 기준'으로 보험료를 부과해야 한다는 것이다. 건강보험을 운영하는 세계 대부분의 나라들이 국제적·보편적 기준으로 '소득 중심'의 보험료 부과체계를 가지고 있지만, 반드시 우리가 그것을 고집할 필요는 없다.

　물론 우리나라도 충분히 '소득 중심'의 보험료를 부과할 수 있는 사회적 여건이 성숙했다고 보지만, 이를 위해선 '사회적 합의'가 선행되어야 한다. 따라서 이후 진행되는 사회적 합의에 따라 ① 소득 단일 기준으로 할지, ② 소득을 중심으로 최저(기본) 보험료를 둘지, ③ 소득과 재산을 동시에 고려할지를 정해야 한다. ④ 점진적으로 개선할지, ⑤ 일괄적으로 개선할지 여부는 2차적인 문제이다.

　그러나 이보다 더 중요한 원칙은 '동일한 보험 집단에 속한 가입자들(우리나라의 경우에는 전 국민)에게는 동일한 기준으로 보험료를 부과'해야 한다는 것이다. 그래야 보험료의 형평성과 공정성을 확보할 수 있기 때문이다.

　현재의 부과체계는 형평에 어긋나고 불공정하다. 누구는 집(재산)에 보험료를 부과하고 누구는 부과하지 않고, 이 사람 자동차에는 보험료를 부과하는데 저 사람 자동차에는 보험료를 부과하지 않고, 어느 집 아이는 태어나는 순간 보험료가 부과되는데 다른 집 아이는 보험료를 부과받지 않고, 어느 집안은 가족수가 많으면 보험료를 많이 내는데 다른 집안은 가족수가 아무리 많아도 보험료와 관계가 없고, 어떤 사람은 봉급에만 보험료가 부과되는데 누구는 봉급

외 소득에 보험료가 부과되기도 하고, 같은 연금소득인데도 누구에게는 보험료가 부과되고 누구에게는 안 되고……

현재의 보험료 부과체계의 불공평 사례는 열거하기 힘들 정도로 많다. 얼마 전 있었던 송파구 세 모녀 자살 사건을 기억할 것이다. 아무런 소득이 없는데 월세와 가족수에 보험료가 부과되어 매달 5만 원씩 보험료가 부과되었다. 반면 두 채 이상의 집을 가진 120만 명에게는 보험료를 부과하지 않고 있고, 더구나 이중 46만 7,000명은 종합소득도 있는데 보험료가 부과되지 않고 있다(이들의 임대소득은 공단으로 자료가 오지 않아 파악조차 못하고 있다). 이와 같은 보험료 부과체계의 불형평과 불공정 문제는 양심과 정의의 문제로, 국민건강보험 제도의 집행 책임자로서 양심의 고통을 느끼지 않을 수 없다.

진작 바꾸었어야 했다(전국민건강보험을 시행한 1989년 10%에 불과한 소득자료 확보율이 25년이 지난 지금 92%까지 올라갔는데 아직까지 부과 기준을 바꾸지 않은 것이 잘못이다). 사회적 합의를 도출해 내어 '동일 보험 집단에서는 동일 보험료 적용'이 이루어져야 할 것이다. 이것이 상식이며 원칙이다. 다른 나라들도 다 이렇게 하고 있다.

보험료 부과 기준을 정하는 데 있어 ① 소득 단일 기준으로 할지, ② 소득을 중심으로 최저(기본) 보험료를 둘지, ③ 소득과 재산을 동시에 고려할지 등의 문제도 중요하지만, 그보다 더 중요한 문제는 동일한 보험 집단 가입자(우리나라의 경우에는 전 국민)에게는 동일한 부과 기준이 적용되어야 한다는 것이다. 이것이 보험료 부과체계 개선방안 논의의 핵심이 되어야 함에도 이를 간과하고 있는 듯하다. 왜 그렇게 해야 하는지를 현행 보험료 부과체계의 불형평 사례를 들어 짚어 보기로 하자.

2. 현재의 보험료 부과 기준

건강보험 가입자에게 보험료를 부과하는 기준을 보험료 부과체계라고 한다. 현행 보험료 부과체계는 4원화되어 있고, 자격에 따라 7개 그룹으로 보험료 부과 기준(2014년 1월 기준)을 다음과 같이 다르게 적용하고 있다.

① 1그룹 : 직장에서 받는 월급(보수)을 기준으로 보험료를 내는 사람(1,457만 7,000명(세대)).
② 2그룹 : 직장에서 받는 월급에다 연간 종합소득이 7,200만 원을 초과할 경우 이 두 가지에 대해 보험료를 부담하는 사람(3만 6,000명(세대)).
③ 3그룹 : 지역가입자 중 연간 종합소득이 500만 원을 초과하여 소득·재산(전월세 포함)·자동차를 기준으로 보험료를 내는 사람(171만 1,000세대).

④ 4그룹 : 지역가입자 중 연간 종합소득이 500만 원 이하여서 재산(전월세 포함), 자동차와 평가소득(성·연령, 재산, 자동차, 소득으로 추정)으로 보험료를 내는 사람(609만 4,000세대)

⑤ 5그룹 : 어린이나 학생·노인 등 소득이 없는 사람 중 직장가입자의 피부양자로 등록되어 보험료를 전혀 내지 않는 사람(2,038만 6,000명).

⑥ 6그룹 : 5그룹과 같은 사람이지만 직장가입자의 피부양자가 되지 못하고, 지역가입자의 세대원으로서 성·연령 등에 따라 보험료를 내는 사람(834만 4,000명).

⑦ 7그룹 : 3그룹에 속한 지역가입자 중 자영자가 아님에도 불구하고 연금소득이 연간 4천만 원을 초과하면 지역가입자로 편입되어 연금소득에 재산·자동차까지 포함하여 보험료를 내는 사람(4만 2,000명).

구 분	직장가입자	지역가입자
부과 기준 (요소)	보수 외 소득 연 7,200만 원 기준으로 ① 이하자 : 보수월액 ② 초과자 : 보수월액 ⊕ 보수 외 소득 ※ 개인사업장 사용자 : 사업소득 ※ 보수 외 소득 : 종합과세되는 사업, 이자, 배당, 연금, 보수 외 근로, 기타소득 (연금·근로 : 소득의 20%만 반영)	연간소득 500만 원을 기준으로 ① 이하 세대 : 재산 ⊕ 자동차 ⊕ 평가소득 ※ 평가소득 = 성·연령, 재산, 자동차 점수 ② 초과 세대 : 소득 ⊕ 재산 ⊕ 자동차 ※ 소득 : 직장가입자의 보수 외 소득과 같음
산정 방식	•보수월액 × 보험료율 (5.99%) •소득월액 × 보험료율/2 (2.995%)	보험료 부과 점수 × 점수당 금액(175.6원)
보험료 부담	사용자 50%, 근로자 50%	지역가입자 100%
피부양자	있음 (형제자매까지 폭넓게 인정되며, 보험료 미부과)	없음 (모든 가족의 재산 등을 포함하여 보험료 부과)

※ 2000년 통합 당시의 제도가 큰 변화 없이 현재까지 유지되고 있다.

보험급여(의료서비스)를 받는 기준은 전 국민에게 동일하게 적용하여 세계적인 보편적 원칙을 따르고 있다. 하지만 보험료를 부담하는 방법은 위와 같이 7가지 그룹으로 나누어 사람에 따라 서로 다르다.

이에 따라 직장에서 실직하여 소득이 없어지거나 감소했음에도 보험료는 오히려 증가하는 경우가 생기며, 자녀가 직장에 다니느냐 다니지 않느냐에 따라 보험료를 낼 수도 있고, 안 낼 수도 있다. 또 직장에 다니는 부모 밑에 태어난 아이는 보험료 부과 대상이 아니나 실직으로 직장이 없는 부모 밑에 태어난 아이는 보험료를 부담하게 되는 등 형평성과 공정성을 잃은 모순투성이로 국민 입장에서는 물론 공단 내에서 보험료 부과 징수 업무를 수행하는 실무자로서도 이해하기 어렵다. 구체적인 사례를 통하여 알아보기로 하자.

3. 형평에 어긋나고 불공정한 보험료 부과 사례

1) 35세 남성 A씨(4인 가구, 배우자 30세, 자녀 5세, 월보수 200만 원, 주택 2억 3,500만 원, 자동차 1대)가 직장가입자일 때와 실직하여 지역가입자로 될 때, 또는 피부양자로 되었을 때 보험료가 어떻게 달라지는가?

직장가입자일 때는 월 5만 9,900원(본인부담 기준)의 보험료를 부담하지만, 실직으로 지역가입자로 되면 월 18만 5,080원으로 3배 이상 보험료를 더 부담하게 된다. 반면, 피부양자로 되면 보험료를 전혀 부담하지 않는다.

구 분	직장가입자일 때	실직으로 지역가입자가 됐을 때	피부양자일 때
소득	월보수 200만 원	–	–
재산	아파트 2억 3,500만 원	아파트 2억 3,500만 원 •재산점수 637점	아파트 2억 3,500만 원
자동차	소나타 (2,000cc, 2005년식)	소나타(2,000cc, 2005년식) •자동차 점수 45점	소나타 (2,000cc, 2005년식)
생활 수준		생활수준 등 등급 점수 : 372점 •재산 가점 : 12.7점 •자동차 가점 : 12.2점 •성·연령 점수 : 13.2점(본인 6.6점, 배우자 5.2점, 자녀 1.4점) •가점 합계 : 38.1점	
부과 점수	–	1,054점	–
보험료 산정	200만 원× 5.99%×50% =59,900원	1,054점×175.6원=185,080원	0원
보험료	•월 59,900원	•월 185,080원	•월 0원

2) 퇴직 또는 실직 후 소득이 없거나 줄어들었음에도 지역가입자로 보험료가 오히려 올라가는 불형평성

60대 남성 A씨는 5인 가구로(배우자 1, 자녀 3) 퇴직 전 월보수는 500만 원이었으나 지금은 연금으로 연 2,800만 원을 받는다. 주택 2억 1,420만 원, 자동차 1대를 보유하고 있는 그는 2014년 4월 퇴직하여 지역가입자로 전환된 후 소득이 줄었는데도 보험료 부담이 오히려 늘어났다.

현행 부과체계 하에서 직장가입자(월보수 500만 원)로 월 14만 9,750원(본인부담 기준)의 보험료를 부담하고 있던 중 실직으로 지역가입자로 전환되자, 소득이 줄어들었음에도 직장가입자일 때 부담하던 보험료보다 5만 1,480원이 증가한 월 20만 1,230원의 보험료를 부담하게 된 사례이다.

구 분	퇴직 전	퇴직 후
소득	월보수 500만 원 연 2,800만 원(연금소득)	연 560만 원(연금소득의 20% 적용) •소득 점수 380점
재산	주택 21,420만 원	주택 21,420만 원 •재산 점수 611점
자동차	소나타(2,400cc, 2012년식)	소나타(2,400cc, 2012년식) •자동차 점수 155점
생활수준	–	–
부과 점수	–	1,146점
보험료 산정	500만 원×5.99%×50%=149,750원	1,146점×175.6원=201,230원
보험료	•월 149,750원	•월 201,230원

3) 소득·재산·자동차 등이 비슷한 직장가입자와 지역가입자, 직장 피부양자의 보험료 부담의 불공정성

45세 남성 A씨는 4인 가구(배우자 1, 자녀 2)로 월보수 200만 원(연 2,400만 원), 주택 2억 5천만 원, 자동차 1대를 보유한 직장가입자로 월 보험료 5만 9,900원(본인부담 기준)을 부담한다.

반면 이와 비슷한 수준의 소득과 재산을 보유한 50세 남성 B씨는 3인 가구로(배우자 1, 자녀 1) 사업소득 연 2,000만 원, 주택 2억 5천만 원, 자동차 1대를 보유하고 있는 지역가입자인데, 월 28만 1,480원의 보험료를 부담한다.

62세 남성 C씨는 2인 가구(배우자 1)로, 금융소득 연 2,000만 원, 주택 2억 5,000만 원, 자동차 1대를 보유하고 있으나 직장에 다니는 아들의 피부양자로 되어 보험료를 부담하지 않는다.

구분	직장가입자(A)	지역가입자(B)	피부양자(C)
소득	월보수 200만 원 (연 2,400만 원)	연 2,000만 원(사업) • 소득 점수 780점	연 2,000만 원(금융소득)
재산	주택 2억 5,000만 원	주택 2억 5,000만 원 • 재산 점수 637점	주택 2억 5,000만 원
자동차	인피니티 (3,000cc, 2012년식)	체어맨(3,000cc, 2012년식) •자동차 점수 186점	벤츠(3,000cc, 2012년식)
생활수준	–	–	–
부과 점수	–	1,603점	–
보험료 산정	200만 원×5.99%×50% =59,900원	1,603점×175.6원 =281,480원	0원
보험료	•월 59,900원	•월 281,480원	•월 0원

4) 소득·재산·자동차 등이 비슷한 지역가입자와 직장가입자의 보험료 부담의 불형평성

48세인 남성 A씨는 4인 가구(배우자 1, 자녀 2)로 월보수 240만 원(연 2,880만 원), 금융소득 1,900만 원, 주택 3억 5,000만 원, 건물 1억 5,000만 원, 자동차 1대를 보유하고 있는 직장가입자로 보험료로 월 7만 1,880원(본인부담 기준)을 부담하고 있다.

반면 52세인 남성 B씨는 4인 가구(배우자 1, 자녀 2)로 사업소득 연 4,800만 원, 주택 3억 5,000만 원, 토지 1억 5,000만 원, 자동차 1대를 보유하고 있는 지역가입자로 월 39만 2,990원의 보험료를 부담하고 있다. 비슷한 조건의 직장가입자 A씨보다 보험료가 5.5배나 더 많다.

구분	직장가입자(A)	지역가입자(B)
소득	월보수 월 240만 원(연 2,880만 원) 소득 1,900만 원(금융)	연 4,800만 원(사업) •소득 점수 1,209점
재산	주택 3억 5,000만 원 건물 1억 5천만 원	주택 3억 5,000만 원, 토지 1억 5,000만 원 •재산 점수 812점

구 분	직장가입자(A)	지역가입자(B)
자동차	에쿠스(3,500cc, 2011년식)	에쿠스(3,500cc, 2012년식) •자동차 점수 217점
가구원	–	–
부과 점수	–	2,238점
보험료 산정	240만 원×5.99%×50% = 71,880원	2,238점×175.6원 = 392,990원
보험료	•월 71,880원	•월 392,990원

5) 소득·재산·자동차 등이 비슷한 직장 피부양자와 지역가입자의 보험료 부담의 불형평성

50대 남성 A씨는 2인 가구(배우자 1)로 기타소득 810만 원, 주택 2억 3,000만 원을 보유하고 있으나, 직장에 다니는 딸의 피부양자로 등재되어 보험료를 내지 않는다.

반면에 같은 연령대인 B씨는 2인 가구(배우자 1)로 사업소득 870만 원, 주택 2억 3,000만 원을 보유한 지역가입자로 월 19만 3,680원의 보험료를 부담한다.

구 분	직장 피부양자(A)	지역가입자(B)
소득	연 810만 원(기타소득)	연 870만 원(사업소득) •소득 점수 : 466점
재산	주택 2억 3천만 원	주택 2억 3천만원 •재산 점수 : 637점
자동차	–	–
생활수준	–	–
부과 점수	–	1,103점
보험료 산정	0원	1,103점 ×175.6원 = 193,680원
보험료	•월 0원	•월 193,680원

6) 전월세를 사는 지역가입자와 전세를 주고 주택에 사는 직장가입자의 보험료 부담의 역진성

38세 남성 A씨는 4인 가구(배우자 35세, 자녀 남 10세, 여 7세)로 사업소득 연 450만 원, 전월세(보증금 5천만 원, 월세 50만 원), 자동차 1대를 보유한 지역가입자로 월 보험료 9만 7,100원을 부담한다.

반면에 주택 임대인 63세 B씨는 4인 가구(부모 1, 배우자 1, 자녀 1)로, 월보수 220만 원(연 2,640만 원), 임대소득 1,600만 원, 재산 4억 9,000만 원, 자동차 1대를 보유하고 있는 직장가입자로 월 보험료 6만 5,890원(본인부담 기준)을 부담한다. 월세를 사는 사람의 보험료가 더 많은 경우이다.

구 분	전월세 지역가입자(A)	주택 보유 직장가입자(B)
소득	– 연 450만 원(사업소득) • 생활수준 및 경제활동참가율에 반영	– 월보수 220만 원(연 2,640만 원) – 연 1,600만 원(임대소득)
재산	– 전월세 1,950만 원(30% 반영) • [{보증금+(월세 금액을 1000분의 25로 나눈 금액)}–기본 공제액(500만 원)]×100분의 30 = 1,950만 원 • 재산 점수 : 122점	– 주택 4억 9,000만 원 • 아파트 2채
자동차	– 아반테 1대(1,500cc, 2012년식) • 자동차 점수 : 59점	– 쏘나타 1대(2,000cc, 2011년식)
생활수준	– 생활수준 등 등급 점수 : 372점 • 소득 가점 : 9점 • 재산 가점 : 7.2점 • 자동차 가점 : 12.2점 • 성·연령 점수 : 13.2점 (본인 6.6점, 배우자 5.2점, 자녀 1.4점) • 가점 합계 : 41.6점	–
부과 점수	553점	–
보험료 산정	553점×175.6원=97,100원	220만 원×5.99%×50%=65,890원
보험료	• 월 97,100원	• 월 65,890원

7) 근로소득만 있는 일반 직장가입자와 임대소득 등 근로소득 이외 다른 소득이 있는 직장가입자의 보험료 부담의 불형평성

43세 남성 A씨는 2인 가구(배우자 1)로 월보수 460만 원, 주택 2억 5,000만 원, 자동차 1대를 보유하고 있는 직장근로자로, 월 보험료 13만 7,770원(본인부담 기준)을 부담하고 있다.

반면에 52세 남성 B씨는 4인 가구(배우자 1, 자녀 2)로 월보수 460만 원, 보수 외 연소득 4,900만 원(금융소득 2,800만 원, 임대소득 2,100만 원), 주택 4억 원, 건물 2억 원, 자동차 1대를 보유하고 있는 직장가입자로, 월 보험료 13만 7,770원(본인부담 기준)을 부담하고 있다. B씨가 A씨보다 소득이 1.9배 많음에도 동일한 보험료를 부담함을 알 수 있다.

구 분	근로소득만 있는 일반 직장가입자(A)	근로소득 외 다른 소득이 있는 직장가입자(B)
소득	460만 원(보수월액)	460만 원(보수월액) 2,800만 원(금융소득) 2,100만 원(임대소득)
재산	주택 2억 5,000만 원	주택 4억 원 건물 2억 원
자동차	쏘나타 1대(2,000cc, 2011년식)	그랜저 1대(3,000cc, 2012년식)
생활수준	–	–
부과점수	–	–
보험료 산정	460만 원×5.99%×50%=137,770원	460만원×5.99%×50%=137,770원
보험료	•월 137,770원	•월 137,770원

8) 직장가입자 보수 외 소득 7,200만 원 기준선에 따른 불형평성

50대 남성 A씨는 3인 가구(배우자 1, 자녀1)로 월보수 560만 원, 주택 3억 5,000만 원, 보수 외 소득 7,800만 원(사업소득 연 1,700만 원, 이자소득 2,900만 원, 배당소득 3,200만 원), 자동차 1대를 보유하고 있는 직장근로자이다. 그는 보수월액 보험료 16만 7,720원(본인부담 기준)과 보수 외 소득월액 보험료 19만 4,670원을 합하여 총 36만 2,390원을 부담하고 있다.

반면에 50대 남성 B씨는 4인 가구(배우자 1, 자녀 2)로 월보수 560만 원, 보수 외 소득 4,900만 원(금융소득 2,800만 원, 임대소득 2,100만 원), 주택 3억 5,000만 원, 자동차 1대를 보유하고 있으며, 직장가입자로 월보험료 16만 7,720원(본인부담 기준)을 부담하고 있다.

보수 외 소득 7,200만 원을 기준으로 보수 외 연소득 7,800만 원 보유자는 월 19만 4,670원의 보험료를 추가로 부담하지만, 보수 외 연소득 4,900만 원 보유자는 보수 외 소득 보험료가 '0원'이다.

구분	보수 외 소득 7,200만 원 초과하는 직장가입자(A)	보수 외 소득 7,200만 원 이하인 직장가입자(B)
소득	– 560만 원(보수월액) – 650만 원(보수 외 소득 월액) • 종합소득 7,800만 원 / 12개월	– 560만 원(보수월액) – 408만 원(보수 외 소득 월액) • 종합소득 4,900만 원 / 12개월
보험료 산정	– 보수월액 보험료 : 560만 원×5.99%×50%= 167,720원 – 보수 외 소득 월액 보험료: 650만 원×5.99%×50%=194,670원	– 보수월액 보험료: 560만 원×5.99%×50%= 167,720원 – 보수 외 소득 월액 보험료: 0원
보험료	• 월 362,390원	• 월 167,720원

9) 피부양자 인정 기준에 따른 피부양자 간의 불형평성

63세 남성 A씨는 3인 가구(배우자 58세, 자녀 29세 여)로 주택 2억 5천만 원, 사업소득 연 460만 원, 자동차 1대를 보유하고 있으며, 직장에 다니는 자녀가 있으나 사업소득이 있어 지역가입자로 월보험료 18만 7,540원을 부담하고 있다.

반면에 여건이 동일한 62세 남성 B씨는 3인 가구(배우자 1, 자녀 2)로 금융소득 1,900만 원, 연금소득 2,880만 원, 주택 2억 5천만 원, 자동차 1대를 보유하고 있지만, 직장에 다니는 딸의 피부양자로 되어 있어 보험료를 부담하지 않는다. 소득이 적은 A씨는 보험료를 납부하고, 소득이 많은 B씨는 보험료를 부담하지 않는 것이다.

※ 피부양자 인정 기준(소득 요건) : 사업자등록이 있고, 사업소득이 있는자, 사업자등록이 없는 사업소득 500만 원 초과자, 금융소득 4천만 원 초과자, 연금소득 4천만 원 초과자, 근로·기타소득의 합이 4천만 원 초과자는 피부양자에서 제외됨.

구 분	지역가입자(A)	피부양자(B)
소득	– 연 460만 원(사업소득) 　•생활수준 및 경제활동참가율에 반영	– 연 4,780만 원(금융소득 1,900만 원, 　연금소득 2,880만 원)
재산	– 재산 2억 5천만 원　•재산 점수 : 637점	– 주택 2억 5,000만 원
자동차	– 아반떼 1대(1,500cc, 2012년식) 　•자동차 점수 : 59점	– 쏘나타 1대(2,000cc, 2012년식)
생활수준	– 생활수준 등 등급 점수 : 372점 　•소득 가점 : 10점 　•재산 가점 : 12.7점 　•자동차 가점 : 12.2점 　•성·연령 점수 : 13.4점(본인 4.8점, 　배우자 4.3점, 자녀 4.3점) 　•가점 합계 : 48.3점	–
부과 점수	1,068점	–
보험료	1,068점×175.6원=187,540원	
보험료	•월 187,540원	•0원

10) 자녀를 낳은 지역가입자와 직장가입자 간의 불형평성

직장가입자인 35세 남성 A씨(3인 가구, 배우자 1, 자녀 1, 월보수 150만 원, 전월세 보증금 1억 원, 자동차 1대)는 자녀가 태어나도 보험료는 늘어나지 않는다.

반면에 지역가입자인 35세 남성 B씨(3인 가구, 배우자 29세, 자녀 1세, 사업소득 연 500만 원, 전월세 보증금 1억 원, 자동차 1대)는 자녀가 태어나면 보험료가 올라가게 된다.

현행 부과체계 하에서 A씨는 직장가입자로 월보수 150만 원을 기준으로 보험료를 부담하여 자녀가 태어나도 월 4만 4,920원(본인부담 기준)을 부담하지만, 지역가입자인 B씨는 자녀가 태어나면 월 9만 780원에서 9만 3,060원으로 월 2,280원이 증가하게 된다.

구분	직장가입자 (자녀 태어나기 전후 보험료 변동)	지역가입자 (자녀 태어나기 전후 보험료 변동)
소득	월보수 150만 원	사업소득 연 500만 원(생활수준에 반영)
재산	전세 보증금 1억 원	전세 보증금 1억 원 •보증금−기본공제액(500만 원)×100분의 30 = 2,850만 원 •재산 점수 : 171점
자동차	모닝(998cc, 2004년)	모닝(998cc, 2004년) •자동차 점수 11점
생활수준	본인(35세)과 배우자(35세) 및 자녀(1세)	생활수준 등 등급 점수 : 348점(태어나기 전 335점) •소득 가점 : 10점 •재산 가점 : 9점 •자동차 가점 : 3점 •성·연령 점수 : 12.3점 (본인 6.6점, 배우자 4.3점, 자녀 1.4점) •가점 합계 : 34.3점(태어나기 전 32.9점)
부과점수		•자녀 태어나기 전 : 517점 •자녀가 태어난 후 : 530점
보험료 산정	150×5.99%×50%=44,920원	517점×175.6원 = 90,780원(태어나기 전) → 530점×175.6원 = 93,060원(태어난 후)
보험료	44,920원(무변동)	90,780원→93,060원(2,280원 상승)

4. 동일 집단 동일 기준 마련 시급

보험급여(의료서비스)를 받는 기준은 전 국민에게 동일하게 적용하여 세계적인 보편적 원칙을 따르고 있다. 하지만 전 국민이 동일한 보험 집단으로 구성되어 있음에도 불구하고, 4원화되어 있고 자격에 따라 7개 그룹으로 나누어져 있는 현재의 부과 방식은 앞에서 제시한 사례에서 보듯이 보험료 부담의 형평성과 공정성에 심각한 문제를 야기하고 있다.

따라서 보험료 부과체계 개편안 논의의 초점을, 4원화되어 있고 자격에 따라 7개 그룹으로 나눠져 있어 제각각 적용되는 부과 기준을 동일한 기준으로 개선하는 데 맞춰야 한다.

소득을 기준으로 보험료를 부과하는 것은 세계적인 추세이지만, 우리나라의 여건을 고려하여 ① 소득만을 기준으로 부과하는 방안, ② 소득을 중심으로 하고 최저(기본) 보험료를 부과하는 방안, ③ 소득을 중심으로 하고 최저(기본) 보험료를 부과하며 재산을 가미하는 방안 등을 검토할 수 있을 것이다. 이때 ④ 점진적으로 개선할 것인지, ⑤ 일괄적으로 개선할 것인지는 2차적인 문제이다.

전 국민이 동일한 보험 집단에 속해 있기 때문에 가입자 모두에게 동일한 기준을 적용하는 것이 최우선이라는 점을 간과해서는 안 될 것이다. 또한 '동일 보험 집단, 동일 부과 기준'이 형평성 있고 공정하게 보험료를 부담하는 방법이다. 이를 반영한 개선방안이 활발한 사회적 논의를 거쳐 빠른 시일 안에 마련되길 바란다.

대만의 건강보험료 부과 기준
└, 근로소득·보너스·투잡소득·시간제근로·비정기소득(강의료 등)·
주식배당·이자·임대소득 등 모든 소득에 보험료 부과

최근 건강보험료 부과체계 개선을 둘러싼 국민적 관심이 높아지면서 논의가 활발하게 이루어지고 있다. 이와 관련하여 외국에서는 어떻게 보험료를 부과하고 있는지 살펴보는 것도 중요하다. 이를 위해 우리나라와 건강보험 체계가 가장 유사한 대만의 건강보험료 부과제도 개혁에 대해 함께 살펴보기로 한다.

1995년에 전 국민 의료보험을 달성한 대만의 전민건강보험제도는(우리나라는 1989년) 우리와 같은 사회보험 방식으로 국민 전체를 하나의 보험집단으로 하는 단일보험 체계이다(다른 나라는 보통 다보험자 체계이다. 보험자별로 근로자·자영자·특수직종 등 보험 집단이 다르다). 대만의 보험자는 외청급 정부기관인 중앙건강보험서(공무원 조직)이고, 우리나라는 특수 공법인인 국민건강보험공단(준공무원 조직)이라는 점이 다를 뿐, 그 밖의 제도 구조나 운영은 거의 유사하다. 즉 전 국민에 대해 지급하는 보험급여(의료서비스)도 동일하고 보험재정도 하나로 통합하여 운영하고 있다.

따라서 대만의 건강보험료 부과체계를 살펴보는 것은 앞으로 우리의 보험료 부과체계 개편 방안을 수립하는 데 많은 도움이 될 것이다.

1. 대만의 건강보험료 부과체계

대만은 '제2세대 건강보험 개혁'을 단행하여 2013년 1월 1일부터 보험료 부과체계를 근본적으로 바꾸었다. 보험료 부담의 형평성과 공정성을 높이기 위해 부과 소득의 범위를 대폭 확대한 것으로, 종전 월소득에 부과하는 표준보험료 외에 모든 소득에 대해 추가로 보험료를 부과한다.

① 표준보험료는 월소득을 기준으로 하여 모든 국민에게 동일한 기준으로 부과한다(표준소득등급표에 따라 구간별 표준보수월액에 보험료율을 곱하여 산출). 다만, 직업이나 업종에 따라

고용주·근로자·정부 간의 보험료 분담 비율이 다르고, 피부양자수에 따라 보험료 금액이 달라진다. 예외적으로 저소득층이나 월소득이 없는 비임금 소득자 등에게는 평균 보험료를 부과하고 있다.

표준보험료 = 월소득×보험료율×분담비율×(1+피부양자수)

② 추가보험료는 기존의 표준보험료와는 별개로 가입자와 고용주가 추가로 부담하는 것으로서, 6개 소득원에 대해 부과한다. 6개 소득원이란 월급여의 4배를 초과하는 보너스, 건강보험에 등록된 직업 이외의 근로소득이나 시간제 근로소득, 부정기적 전문서비스 소득(원고료, 강의료, 음반·드라마 제작 등에 따른 수입 등), 주식배당금, 이자소득, 임대수입 등이다. 사실상 모든 소득에 대해 보험료를 부과하는 셈이다.

한 가지 특기할 점은, 대만은 피부양자에 대해서도 보험료를 매기고 있다는 것이다. 이것은 사실상 무임승차자를 막기 위한 국민 1인당 기본보험료의 성격을 띠고 있다. 다만, 피부양자 수는 최대 3인을 한도로 설정하여 소득 없는 피부양자에 대한 과도한 부담을 방지하고 있다.

2013년 기준으로 대만의 표준보험료율은 4.91%이며 추가보험료율은 2.0%이다. 원래 표준보험료율은 5.17%였으나 추가보험료를 도입하면서 다소 인하되었다. 현행 보험료 부과 방식을 요약하면 다음 그림과 같다.

제2세대 건강보험 개혁 이후 보험료 구성과 부과 방식

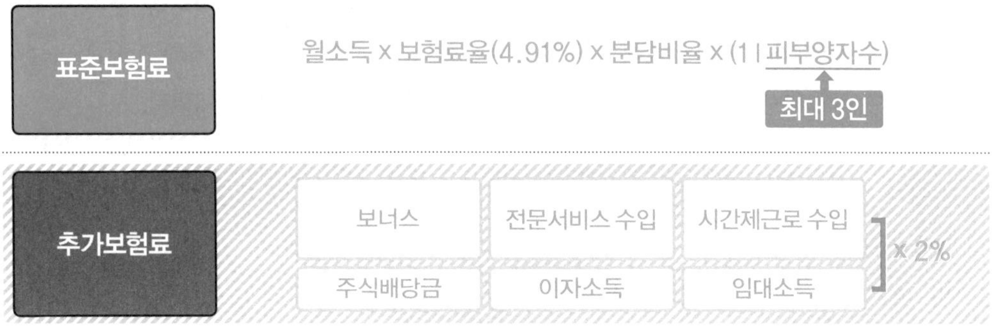

표준보험료	월소득 × 보험료율(4.91%) × 분담비율 × (1 I 피부양자수) 최대 3인
추가보험료	보너스 / 전문서비스 수입 / 시간제근로 수입 / 주식배당금 / 이자소득 / 임대소득] × 2%

이러한 부과체계 개편의 효과로 대만은 다음 사항을 꼽고 있다.

① 종전에 비해 실질소득이 비슷한 개인들 간의 보험료 격차가 상당부분 해소되어 부담의 형평성과 공정성이 높아짐.

② 사실상 모든 소득에 부과함으로써 보험재정 기반이 안정화되고 보험료율 인상 압박이 완화됨.

③ 고용주가 정규 임금을 낮게 신고할 유인이 사라져 산업별 기본급 비중의 차이로 인한 고용주 간의 보험료 불형평성이 개선됨.

전민건강보험의 재원은 크게 보험료 수입(2012년 95.1%)과 기타 수입(4.9%, 복권 수입 및 담배부담금 등)으로 구성되며, 제도 개편에 따라 보험료 수입, 특히 정부부담 보험료의 증가가 예상된다. 이는 법으로 전체 보험료 수입 중 정부부담률을 2012년 23.7%에서 2013년부터 36% 이상이 되도록 명시했기 때문이다. 즉, 제도 개편 후 가입자의 부담 확대에 상응하여 정부의 재정 책임 역시 강화한 조치라 하겠다.

한 가지 대만이 우리와 다른 점은 공공부조법에 따른 저소득층(우리의 의료급여 대상자)을 건강보험 가입자에 포함하여 하나로 관리하되, 정부가 그 보험료를 100% 부담하고 있다는 것이다.

2. 동일한 보험 집단 내에서는 동일한 보험료 부과

이상에서 살펴본 바와 같이, 대만은 전민건강보험 초기부터 소득 중심의 단일보험료 부과 체계를 운영했으며, 2013년부터는 부과체계 개혁을 통해 건강보험료 부과 소득의 범위를 모든 소득으로 확대했다.

즉, 시간제근로 소득이나 원고료·강의료 등의 소득에까지 부과할 뿐 아니라, 현재 우리나라에서 논란 중인 임대소득에 대해서도 이미 부과하고 있다. 그 결과 가입자의 실제 부담능력을 반영하여 부담의 형평성과 공정성을 높이는 한편, 재정의 안정 기반을 넓혔다.

이처럼 대만은 '동일한 보험가입자에 대하여 동일한 보험료 부담 기준'을 적용하고 있다. 모든 가입자에게 근로소득에 대한 표준보험료와 그 밖의 모든 소득에 대한 추가보험료를 일관성 있게 적용하는 것이다.

이러한 대만의 사례는 보험가입자 간에 4원화되고 7가지 그룹으로 난마처럼 얽혀 복잡하고 불형평·불공정한 우리의 건강보험료 부과체계를 개선하는 데 시사하는 바가 매우 크다 할 것이다.

독일과 일본의 건강보험료 개혁

2013년 7월 25일 보건복지부는 '건강보험료 부과체계 개선기획단'을 발족시켜 개선방안을 준비한 끝에 2014년 9월 11일 그 결과를 발표했다. ① 가능한 범위 내에서 보험료 부과 대상 소득을 확대하고(종합과세소득), ② 소득 외 부과 요소(성·연령, 자동차, 재산 등)에 대해서는 축소·조정하며, ③ 소득 없는 지역가입자는 최저 보험료를 부과한다는 것이 골자이다.

분리과세소득(2천만 원 이하 금융소득, 일용근로소득 등), 분류과세소득, 별도법소득(상속·증여소득)을 부과 대상 소득으로 할 것인지, 한다면 법 개정은 언제쯤 어떻게 할 것인지, 성·연령, 자동차, 재산에 대해서는 얼마나 축소할 것인지, 최저 보험료는 얼마나 할 것인지 등 이후에는 그에 대한 구체적인 논의가 전개될 것으로 보인다. 복지부는 기획단 논의 결과를 토대로 부과체계 개선안을 만들 것이므로, 아마도 2014년 안으로 개선안이 나올 것이다.

2014년 8월 중순 우리 공단의 건강보험정책연구원 소속 연구원과 실무부서의 관련 담당자, 그리고 언론 관계자가 함께 독일과 일본의 건강보험 보험자(건강보험운영기관)를 방문했다. 장기요양보험 운영 현황과 건강보험료 부과체계를 살피기 위해서였다.

최근 몇 년 사이 두 나라는 건강보험료 부과체계를 개혁했다. 우리나라와 같은 사회보험 형태로 건강보험을 운영하고 있는 독일과 일본의 부과체계 개혁으로부터 시사점을 찾을 수 있을 것으로 생각해 독일·일본 출장팀의 보고서를 정리했다.

1. 독일 : 보험료 상한선으로 보험료 부과의 형평성 보완

8월 14일 오전에 독일의 질병금고연합회(GKV-Spitzenverband)를 방문했다. 질병금고연합회는 2008년에 설립되어 현재 132개의 모든 공보험의 보험자들이 가입하고 있다. 연합회는 우리 공단과 유사하게 건강보험뿐만 아니라 장기요양보험에 관하여 폭넓게 중요 업무를 담당하고 있다.

독일은 2014년 건강보험 보험료에 관하여 사회법전 제5편에 15.5%로 보험료율을 정해 놓았는데(독일의 건강보험재정 일반에 관한 내용은 PART Ⅱ「건강보험재정과 기금」독일편 참조), 2015년부터는 법을 개정하여 보험료율을 14.6%(고용주 7.3%, 근로자 7.3%)로 인하하고, 부족한 재원을 충당하기 위하여 보험자가 자율적으로 결정하는 추가보험료를 평균 0.9% 부과할 예정이다. 한편 독일의 건강보험에 대한 연방정부의 지원은 2014년에는 105억 유로이고, 2015년에는 140억 유로로 예상된다.

독일은 재산에 보험료를 매기지 않는다. 자동차에도, 가구원 수에도 건보료를 매기지 않는다. 독일 보험료 부과 방식은 '소득 중심'이다. 특이한 점은 근로자의 경우에 '근로소득'에, 자영업자의 경우에는 '모든 소득'에 건강보험료를 매긴다는 것이다.

이에 대해 질병금고연합회의 미하엘 벨러 대표는 '건강보험료 부과 상한제도'에 대해 설명했다. 건강보험료 상한선은 우리에게도 있는 제도이다. 건강보험 같은 사회보험은 사회연대성에 기초하고 있는데, 사회연대성이란 빈곤·질병·노령 등의 사회적 위험에 대해 사회구성원이 공동으로 책임지자는 것이다. 문제는 책임 정도를 어느 선으로 정하는가이다. 건강보험에서 '책임의 정도'는 보험료로 구체화되는데, 즉 한 사람이 몇 명의 구성원까지 책임질 것인가 하는 문제이다.

대부분의 국가는 상·하한선의 배수(최하 보험료 대비 최고 보험료의 배수)가 10배 이내이다. 보험료를 가장 많이 내는 사람이 가장 적게 내는 사람 10명 정도를 책임진다는 말이다. 독일 건강보험료 상한선의 소득 기준은 4만 8,600유로로 그 배수가 9.4배이다. 우리 돈으로 환산하면 6,495만 원(9월 11일 환율 1336.44원 기준) 수준이다. 지역가입자에게는 '모든 소득'에 보험료를 부과하지만 아무리 소득이 많아도 6,495만 원(4만 8,600유로)에 해당하는 보험료만 부과하므로 직장가입자의 근로소득에만 부과하는 것과 보험료에 있어 크게 차이가 나지 않는다(자영업자 대부분은 민간보험에 가입하고 있어 공보험에 가입한 자영업자가 1% 이하로 그 숫자가 미미한 것도 부과 기준을 달리하는 것이 문제되지 않는 이유인 것 같다. 독일은 공보험이든 민간보험이든 의무가입 제도를 통해 전국민건강보장제도를 시행하고 있다). 참고로 우리는 보험료 '상·하한선 배수'(본인부담 기준)가 직장은 279배, 지역은 634배이다.

독일 건강보험의 또 한 가지 특이점은 피부양자에 부모를 포함하지 않는다는 것이다. 독일에서는 대부분의 노인들이 연금을 받고 있고, 부모를 부양한다는 의식이 전통적으로 낮아 피부양자에서 부모를 제외했다고 한다. 보험료를 부담할 수 없는 노인에게는 사회부조제도를 통해 적절하게 대응하고 있다.

독일 방문에서 몇 가지 의문 사항이 남았다. ① 사회연대성에 기초한 사회보험으로서의 건강보험에 있어 '책임의 정도'를 어디까지 정하는 것이 합리적인가? 이 질문은 "한 사람이 몇 명까지 책임질 것인가? 또는 건강보험료 상·하한선의 배수는 어느 정도여야 하는가"라는 질문으로 바꿀 수 있다. ② 독일의 상한선 소득 기준이 6,495만 원(4만 8,600유로)인데, 그렇다면 그 이상의 소득 파악은 독일의 건강보험료 부과에서는 무의미한 것이 아닌가? ③ 이 질문은 건강보험료 부과에 있어 '소득파악률'과 연관이 되는데, 보험료 상한선과 소득파악률과의 관계를 어떻게 설정해야 하는가? ④ 소득 자료가 있으면(소득 자료 보유) 건강보험료를 부과할 수 있는데, 소득 자료의 파악(소득파악률)은 상한선까지만 유의미하지 않는가? ⑤ 소득파악률 문제로 '소득 중심' 보험료 부과가 어렵다는 논리가 우리나라에서는 설득력 있게 회자되고 있는데, 독일 질병금고연합회의 미하엘 벨러 대표의 상한선 설명에 따르면 현재 우리의 상황에서도 '소득 중심' 보험료 부과가 가능하지 않을까? 등. 이런 몇 가지 질문을 가슴속에 숙제로 안고 독일을 떠나 일본으로 갔다.

2. 일본 지자체 : "재산 건보료는 시대착오" 줄줄이 폐지

일본은 우리나라 사회보장제도와 대체로 유사하고 공통점도 많다. 도쿄 도(都)에 속하는 코다이라(小平) 시와 고쿠분지(国分寺) 시를 방문했다. 코다이라 시는 인구 24만 6,000명으로 서비스업이 발달한 도쿄 서쪽에 위치한 주택도시이고, 고쿠분지 시는 도쿄 중앙에 위치한 인구 12만 440명의 아담한 도시이다. 두 시는 최근 건강보험료 부과체계를 개편해서, 부과체계 개편을 앞두고 있는 우리가 시사점을 많이 찾을 수 있을 것이라 생각하여 방문지로 선택한 것이다.

일본은 지역과 직업, 직장 등과 연계한 다수의 보험자(건강보험조합 등)를 운영하고 있다. 크게는 직장조합(대규모 직장 근로자를 대상으로 하는 '건강보험조합', 소규모 직장 근로자를 대상으로 하는 '전국건강보험협회', 국가공무원공제조합, 지방공무원공제조합, 사립학교직원공제조합)과 지역조합(시정촌 국민건강보험)으로 구분할 수 있다. 직장조합은 '월급(근로소득)'을 기준으로 보험료를 부과하고 있고, 지역조합은 각 조합 사정에 맞는 기준으로 보험료를 부과하고 있다. 조합 간에는 기준이 서로 다르지만, 동일 조합(동일 보험자) 가입자에 대해서는 동일한 보험료 부과 기준이 지켜지고 있다.

여기에서는 지역조합이라 할 수 있는 '시정촌 국민건강보험'의 보험료 부과체계를 중심으로 살피기로 한다. '시정촌 국민건강보험'의 건강보험료는 크게 가입자의 부담 능력에 따른 부분(응능할)과 수익에 따른 부분(응익할)으로 나뉘고, 다시 응능할은 ① 소득에 부과하는 부분(소득할)과 ② 재산에 부과하는 부분(자산할), 응익할은 ③ 가입자에게 정액으로 부과하는 부분(균등할)과 ④ 세대마다 정액으로 부과하는 부분(평등할)으로 나뉜다.

2013년 기준으로 시정촌 국민건강보험(지역조합)은 1,742곳인데, 각 조합은 이 네 가지 보험료 부과 기준을 각기 상황에 맞게 취사선택하고 있다. 예를 들면 네 가지 기준 모두 사용하는 곳(1,185개소, 68.0%), 세 가지(자산할 제외. 499개소, 28.6%)만 사용하는 곳, 두 가지(자산할·평등할 제외. 58개소, 3.4%)만 사용하는 곳 등이다.

재산에 보험료를 매기는 조합에서도 재산 보험료 비중이 10% 이내라고 한다. 그리고 자동차 건보료는 아예 없다. 한국은 지역가입자의 재산 보험료 비중은 48%, 자동차는 13%이다. 이 때문에 실직하거나 은퇴하면 아파트나 차 때문에 보험료가 올라가는 사람이 48%나 된다.

일본 시정촌국민건강보험의 보험료 부과 기준에서 또 하나의 특징은 자산할을 포기하는 곳이 점차 증가하고 있다는 것이다. 2010년에는 자산할을 포함하는 네 가지 기준을 모두 사용한 조합이 1,260개소였는데, 2013년에는 1,185개소로 3년 만에 75개소가 감소했다. 우리가 방문한 코다이라 시와 고쿠분지 시도 그런 곳이다.

일본 국민건강보험 부과 방식의 변화

구분		소득할·자산할·균등할·평등할 (4방식)	소득할·균등할·평등할 (3방식)	소득할·균등할 (2방식)	
2010	총수	1,260개소	438개소	52개소	4방식(소득할·자산할·균등할·평등할)을 채택하는 보험자가 많은 비중을 차지하고 있으나, 매년 자산할을 포기하는 시정촌이 증가하고 있다.
	비율	72.0%	25.0%	3.0%	
2011	총수	1,234개소	465개소	51개소	
	비율	70.5%	26.6%	2.9%	
2012	총수	1,209개소	478개소	55개소	
	비율	69.4%	27.4%	3.2%	
2013	총수	1,185개소	499개소	58개소	
	비율	68.0%	28.6%	3.4%	

※ 자료 : 총무성 자치세무국, 「시정촌세 과세 상황 등 조사」

고쿠분지 시는 건강보험을 시행한 지 51년 만인 2010년에 자산할(재산)을 폐지했고, 2012년에는 평등할(세대)을 폐지했다. 소득할(소득)과 균등할(가입자수)에 대해서만 보험료를 부과하는 방식으로 변경한 것이다. 코다이라 시는 2014년부터 3년간 단계적으로 고쿠분지 시와 같은 부과 방식(소득과 가입자수에만 보험료 부과)으로 개편 중에 있다. 2016년이 되면 57년 만에 재산·세대에 따른 보험료가 사라지는 것이다.

2014년부터 건강보험료 부과 방식을 변경하고 있는 코다이라 시의 건강복지부 이사 나가시오 씨는 세대와 재산에 대한 건강보험료 부과를 폐지하는 이유에 대해 이렇게 설명했다.

국민건강보험제도가 시작된 초기에는 주된 가입자였던 ① 자영업자와 농업 종사자의 소득을 파악하기 어려워 보완적인 수단으로 재산에 대하여 부과했고, ② 세대별로 대가족 중심이었기 때문에 각 세대마다 균등하게 보험료를 부과했다고 한다. ③ 그러나 재산에 대한 보험료 부과총액 규모가 매우 작으며, ④ 재산에 보험료를 부과하는 것에 대하여 이중 과세의 성격이 있다는 비판이 많았다고 한다. 또한 세대 보험료는 현재 핵가족화의 영향으로 혼자 사는 세대가 58%에 이르며, ⑤ 세대당 구성원이 평균 1.7명으로 세대에 부과하는 보험료와 가입자수에 부과하는 보험료의 구분이 모호해졌다는 설명이다.

취재차 함께 동행한 기자는 귀국 후 기사에서 다음과 같이 적었다. "재산 건보료는 시대착오… 일본 지자체 줄줄이 제도 폐지", "2년 새 건보조합 49곳서 없애, 고다이라 시 57년 만에 방식 변경, 한국은 집·자동차 '건보료 폭탄', 내달 나올 정부 개선안 주목".

보건복지부의 '건강보험료 부과체계 개선기획단'의 보고서가 완성되면 그것을 토대로 공청회 등을 거쳐 연말까지 보험료 부과 개선안이 만들어질 것으로 보인다. 기획단의 보고서에 그간 의 논의가 잘 반영되고, 독일과 일본의 선례도 참조하여 좋은 방안이 나오길 기대한다.

현장이 답이다
└, 보험료 민원 사례

국민건강보험공단 이사장인 필자는 공단 지사를 자주 찾는다. 2014년 들어 26곳을 갔으니, 한 달에 3~4번 간 셈이다(이 글을 작성한 2014년 8월 18일 기준).

지사는 건강보험의 현장이다. 현장의 목소리는 항상 생생하다. 현장에 문제점이 있고, 문제가 발생한 현장에 답이 있다. 서울 공덕동 본부에 있는 필자의 집무실에서는 듣기 어려운 이야기를 현장에서 고객(국민)을 직접 만나는 지사 직원을 통해서는 들을 수 있다. 2014년 6월 20일부터는 현장(지사)의 '보험료 민원 사례'를 듣고 있다. 형평에 어긋나는 보험료 부과체계 때문에 발생한 민원이다. 민원 사례를 듣다 보면 국민에게 부끄럽다. 그리고 민원에 시달리는 직원들에게 미안하다.

조속한 부과체계 개선을 바라는 마음에서 '현장이 답이다'라는 제목의 시리즈로 지사 방문 때 들었던 민원 사례를 정리했다. 지역본부별로 한 개 지사씩 들러서 보험료 민원 사례를 듣기로 했다. 지금까지 다섯 지역본부를 돌았다. 지사 방문시 세 가지 사례를 발표했으니, 모두 15개 사례가 모인 셈이다. 그중 네 가지 사례를 소개하기로 한다.

1. 보험료 민원 사례 1
－ "15년 이상 자동차에 보험료 안 매긴다더니 두 배나 올랐다"

다음은 광주 북부지사의 보험료 민원 사례이다. 지사 담당 직원의 발표 내용 그대로 올린다.

2014년 3월 박○○씨는 15년 이상 된 자동차에 대해서 보험료를 부과하지 않는다는 안내문을 매스컴과 공단에서 확인하고, 다시 1577-1000번(공단 대표 민원 전화)에서 15년 이상 된 자동차를 구입했을 때 현행 보험료의 증가가 없음을 재차 확인했는데, 25,000원 정도 인상됐다면서 "납부할 수 없다. 상담했던 직원이 책임져라"며 거친 항의가 이어진 바, "현재 15년 이상 된 자동차에 대하여 자동차 보험료는 부과하지 않으나, 소득이 500만 원

이하인 세대의 생활수준 점수에는 자동차 가점이 최저 3점 ~ 최고 21.3점이 부과되고 있어 실질적으로 재산이 없는 세대의 보험료는 최고 3만 7,570원의 변동 보험료가 발생하고 있다" 라고 설명했더니, "공단이 국민을 상대로 사기 치는 것이냐? 방송에는 15년 이상 된 자동차에 대해서 보험료를 부과하지 않는다고 해서 친척이 공짜로 준 차를 이전했는데 무슨 소리냐? 언론에 공개하겠다" 항의함.

고객의 말씀을 곰곰이 생각해 보니, 정말 공단이 사기치고 있는 것 같아 설명하는 내내 얼굴이 화끈거렸으며 지역보험료 부과 담당이나 되어야 이런 구체적인 상담이 가능하지 공단 직원 대부분은 15년 이상 된 자동차는 부과하지 않는다고 단순하게 알고 응대하고 있다고 양해를 구하자니 부끄럽기 짝이 없었음.

그럼에도 불구하고 15년 이상 된 자동차를 소유한 세대와 소유하지 않는 세대의 보험료는 (법령에서 정한 대로) 차등을 두어야 한다고 설명했더니, "처음부터 그렇게 안내했으면 이전 등기를 하지 않았을 것인데 공단이 책임져야 한다"고 한 시간가량 항의를 계속했음.

15년 이상 된 자동차의 생활수준 점수가 필요한가? 공단은 구체적으로 홍보했는가? 직원으로서 역할을 다하지 못한 것 같아 죄책감이 드는 하루였음.

몇 번을 읽어도 이해하기 어려운 민원 내용

위의 민원 내용을 읽긴 읽었으나 무슨 말인지 잘 모를 것이다. 필자도 처음 읽고는 도무지 이해하지 못해 두 번, 세 번 읽고 결국은 보험료 부과 담당자를 불러 설명을 듣고야 무슨 말인지 알아들었다. 'Mr. 건강보험'이라는 별명이 있는 필자조차 알아듣지 못할 정도로 현행 보험료 부과체계는 어렵다. 필자가 이해한 대로 다시 풀어쓰겠다.

박○○씨의 민원 요지는 15년 이상 된 자동차에는 보험료를 매기지 않는다는 언론 보도를 보고 이를 공단에 확인까지 한 후에 15년 이상(1998년 10월식) 된 자동차를 구입(이전등기)했는 데, 보험료가 2만 5,000원 가까이(정확히는 장기요양보험료 포함 2만 4,890원) 올랐다는 것이다. 자동차 등기를 하기 직전 달(2014.2)에는 1만 9,260원이었는데, 자동차 등기 후(2014.3) 두 배 이상 많은 4만 4,150원이 된 것이다(이 글 끝에 첨부한 '참고자료 : 민원인의 보험료 부과 내역' 참조).

어떻게 된 건지 알아보기로 하자. 2013년 12월 24일 복지부 보험정책과는 언론에 보도자료를 하나 배포한다. '국민건강보험법 시행령 일부 개정령안'이라는 제목이다. 배포된 자료에는 ① 시행령 개정 사유로 "건강보험 지역가입자는 재산 가치가 적은 노후 자동차에도 보험료가 부과되어 부담이 되므로, 지역가입자의 보험료 부과체계를 일부 개선하려는 것임"으로 적혀 있다. ② 개정안 주요 내용으로는 "15년 이상 자동차는 보험료 부과 대상에서 제외"라고 되어 있고, ③ 기대효과로는 "저소득 지역가입자의 보험료 부담 완화"로 적혀 있다. ④ 시행령 시행일은 2014년 1월 1일부터이다. 이 보도자료에 따르면 누가 보더라도 '15년 이상 자동차에는 보험료를 매기지 않는 것'으로 되어 있다.

복지부가 배포한 이 보도자료를 보고 다음 날(2013.12.25) 한 신문은 다음과 같이 기사를 썼다. "(기사 제목) 15년 이상 자동차에 건보료 안 매긴다. (기사 본문) 다음 달부터 15년 이상인 승용차를 보유한 건강보험 지역가입자의 차에는 건강보험료가 부과되지 않는다. 보건복지부는 연식 15년이 넘는 승용차에 건보료 부과를 면제하는 것을 골자로 한 국민건강보험법 시행령 개정안이 국무회의를 통과했다고 24일 밝혔다. 개정안에 따르면……15년 이상 된 차량에는 건보료를 부과하지 않기로 했다. 이에 따라 2014년 1월을 기준으로, 1998년 12월 이전 등록된 차량에는 건보료가 매겨지지 않는다. 복지부 관계자는 '재산 가치가 적은 노후 차량에 보험료가 부과돼 부담을 주는 문제가 개선될 것'이라고 말했다."

아마 민원인은 이 기사를 봤을 것이다. 그리고 차량 이전 시점에 즈음하여 공단 대표 민원전화(1577-1000)에 확인 전화를 했을 것이다. 이미 우리 민원 담당 직원에게는 바뀐 내용을 숙지하라고 지시가 내려왔을 것이다. 민원인은 15년 이상 차량을 구입하면 보험료가 오르지 않는다는 답변을 들었다고 했다.

'15년 이상 자동차는 보험료 오르지 않는다'는 보도자료는 잘못

그럼 어떻게 된 것일까? 민원인의 주장대로 복지부와 공단은 국민을 상대로 사기친 것일까? 복지부의 보도자료가 거짓이란 말일까? 그리고 그 보도자료를 받아 쓴 기사는 오보를 낸 것이고, 그 보도자료에 따라 상담을 해준 우리 공단 직원은 국민에게 사실과 다른 설명을 한 것일까?

엄격히 말하면 그렇다. 엄격히 말하면 복지부의 해당 보도자료는 잘못이다. 15년 이상 자동차를 구입했을 때 보험료가 오르지 않는 지역가입자는 연소득 500만 원 초과인 지역가입자만 해당된다. 연소득 500만 원 이하 지역가입자는 보험료가 오른다.

보험료 부과체계가 직장가입자(월급에만 부과)와 지역가입자(재산·소득 등에 부과)로만 나누어진 게 아니고, 지역가입자 안에서도 연소득 500만 원 초과자와 500만 원 이하자로 나누어져 있다(사실은 직장가입자도 월급 외 소득 7,200만 원 초과자와 이하자로 나누어져 있다).

국민건강보험법 제69조(보험료) 제5항에는 "지역가입자가 속한 세대의 월별 보험료액은 보험료 부과점수에 보험료 부과점수당 금액(2014년 현재 175.6원)을 곱한 금액으로 한다"고 규정하고 있다. 그리고 법 제72조(보험료 부과점수) 제3항에는 "보험료 부과점수의 산정방법·산정기준 등에 필요한 사항은 대통령으로 정한다"고 되어 있다. 이에 따라 국민건강보험법 시행령 제42조(보험료 부과점수의 산정기준) 제1항에 "보험료 부과점수의 구체적인 산정방법은 별표 4와 같다"고 되어 있고, 시행령 끝에 '별표 4 보험료 부과점수의 산정방법'을 별도로 두고 있다.

앞에서 언급한 2013년 12월 24일 복지부의 '시행령 개정안 보도자료'는 이 별표 4를 개정한 내용에 대한 것이다. '별표 4'의 제1호에 "보험료 부과점수는, 소득금액이 연 500만 원을 초과하는 세대는 소득·재산·자동차에 부과하는 점수를 합하여 산정한다"고 되어 있고, 제4호 '자동차 등급별 점수표'에 자동차 사용연수에 따른 점수를 정하고 있다. 현행 이 자동차 점수표에 따르면, 자동차 사용연수를 ① 3년 미만, ② 3~6년, ③ 6~9년, ④ 9~12년, ⑤ 12~15년으로 구분하여 보험료 부과점수를 정하고 있다. 이 표에 따르면 '15년 이상' 된 자동차에는 보험료를 부과하지 않는다. 2013년에 개정하여 2014년부터 시행하고 있다.

개정 전 '자동차 등급별 점수표'는 이랬다. ① 3년 미만, ② 3~6년, ③ 6~9년, ④ 9년 이상. 개정 전에는 자동차 연수에 따른 구분을 9년 이상으로 정하고 있어 아무리 오래된 자동차라 하더라도 보험료 부과점수를 주도록 하여 보험료를 매겼다.

'연소득 500만 원 이하' 세대는 '15년 이상 된 자동차' 구입하면 보험료 올라

앞에서 말한 2013년 12월 24일 복지부의 '시행령 개정안 보도자료'는 이 별표 4의 '제4호 자동차 등급별 점수표'를 개정한 것을 홍보한 것이다. 이렇게 개정하면 15년 이상 된 자동차에는 보험료를 부과하지 않는다는 복지부의 보도자료는 맞다. 그러나 이 복지부 보도자료에는 이것이 연소득 500만 원 초과 세대에만 해당하지, 연소득 500만 원 이하 세대에는 자동차 연식이 아무리 오래되어도 그전처럼 보험료를 매긴다는 '중요한' 사실을 언급하지 않았다.

다시 '별표 4'(보험료 부과점수의 산정방법)를 처음부터 꼼꼼히 살펴보자. 별표 4의 제1호에는 다음과 같이 되어 있다. "보험료 부과점수는, 소득금액이 '연 500만 원을 초과하는 세대'는 ① 소득, ② 재산 ③ 자동차에 부과하는 점수를 합하여 산정하며, 소득금액이 '연 500만 원 이하인 세대'는 ① 재산, ② 자동차, ③ 생활수준과 경제활동참가율에 부과하는 점수를 합하여 산정한다."

이에 따라 '연 소득 500만 원 초과 세대'는 세 가지 지표에 따라 보험료가 산정된다. 소득과 재산과 자동차이다. 2014년부터는 자동차 지표에서 '15년 이상 된 자동차'는 보험료 부과 대상에서 제외했다. 따라서 '연 소득 500만 원 초과 세대'는 15년 이상 된 자동차를 구입해도 보험료가 오르지 않는다.

그리고 '연 소득 500만 원 이하 세대'에도 세 가지 지표에 따라 보험료가 산정된다. 재산과 자동차와 '생활수준과 경제활동참가율'이다. 이 중 '자동차 지표'는 앞에서 살펴본 것처럼 '15년 이상 된 자동차'일 경우 보험료 부과에서 제외된다. 그런데 이 글의 민원 사례에서는 어째서 '15년 이상 된 자동차'를 구입했는데 보험료가 올라갔을까?

'자동차 지표'에서는 '15년 이상 된 자동차'가 제외되었지만, '생활수준과 경제활동참가율' 지표에 '자동차 지표'가 또 들어가 있기 때문이다. 이게 무슨 말일까? 이해하기 어렵지만, 이것이 사실이다. 이를 이해하기 위해선 '생활수준과 경제활동참가율 지표'를 더 자세히 살펴보아야 한다.

'생활수준과 경제활동참가율 지표'. 긴 이름만큼이나 그 안에 많은 내용이 숨겨져 있다. '생활수준과 경제활동참가율 지표' 안에는 또다시 세 가지 지표가 숨겨져 있다. ① 가입자의 성별·나이, ② 재산, ③ 자동차(연간세액). 이에 따라 '연소득 500만 원 이하 세대'에는 '가입자의 성별·나이'에 보험료를 부과한다. 그리고 '재산'에 보험료를 부과한다. 그리고 '자동차(연간세액)'에 보험료를 부과한다. 여기에 사용된 '자동차 지표'는 자동차 연식에 따라 구분하지 않는다. 괄호 안에 쓰여 있듯이 자동차의 '연간세액'에 따라 보험료를 구분한다. 아무리 오래된 자동차라 하더라도 자동차세는 낸다. 따라서 자동차 연간세액에 따라 보험료를 부과하므로 아무리 오래된 자동차라 할지라도 보험료를 내야 되는 것이다.

이 글의 민원인은 여기에 걸린 것이다. 이리 피하고 저리 피했는데 마지막 암초에 걸린 것이다. 마치 '지뢰찾기' 게임 같다. 보험료 지뢰를 이리저리 피해 다녔는데, 결국 지뢰를 밟은 것 같다.

하나의 자동차에 보험료 두 번, 월세에도 보험료 두 번

여기서 우리는 또 다른 의문이 생긴다. 위에서 얘기했듯이, 연 소득 500만 원 이하 세대에는 ① 재산과 ② 자동차와 ③ 생활수준과 경제활동참가율 세 가지 지표를 보험료를 부과할 때 사용하는데, 이 중 자동차 지표는 위의 시행령 개정안처럼 '15년 이상 된 자동차'일 경우 보험료 부과에서 제외된다고 했다.

그런데 세 번째 지표인 '생활수준과 경제활동참가율'에 자동차 지표가 또 숨어 있어 보험료를 부과받는다고 했다. 그렇다면 '15년 미만인 자동차'는 어떻게 되는 것일까?

'15년 미만인 자동차'는 '연소득 500만 원 이하 세대'의 세 가지 지표 중 '자동차 지표'에 해당해 보험료를 부과받게 된다. 그리고 '생활수준과 경제활동참가율' 지표에 숨어 있는 자동차(연간세액) 지표에 따라 보험료를 한 번 더 부과받는다. 하나의 자동차에 보험료를 두 번 부과하는 것이다.

'연소득 500만 원 이하 세대'의 '재산 지표'도 두 번 보험료를 부과받는다. '연소득 500만 원 이하 세대'의 '재산 지표'에서 한 번, '생활수준과 경제활동참가율' 지표에 숨어 있는 '재산 지표'에서 또 한 번, 모두 두 번 보험료 부과를 받는 것이다. 월세 보증금(재산)은 하나인데 보험료는 두 번이다.

'연소득 500만 원 이하 세대'는 보험료 부과체계에서 가장 소득이 적은 계층이다. 보험료를 내기 가장 힘든 계층에게 보험료를 두 번이나 부과하는 것이다. 보험료 부담 능력과는 전혀 무관한 보험료 부과체계이다. 이에 따라 보험료 체납이 급증하고 있다. 6개월 이상 체납한 금액이 2009년 1조 8,000억 원에서, 2010년 1조 9,000억 원, 2011년 2조 원, 2012년 2조 1,500억 원, 2013년 2조 3,700억 원으로 급증하고 있는 것이다. 6개월 이상 전체 체납 건수 159만

5,000건 중 155만 5,000건(97.5%)이 지역가입자이다. 보험료 부담 능력과 무관한 자동차와 월세, 가입자의 나이에 보험료를 매기는 현재의 보험료 부과체계에서는 보험료 체납이 늘어나는 것을 막을 수 없다. 이런 부과체계는 바꾸어야 한다.

참고자료 : 민원인의 보험료 부과 내역

▣ **보험료 44,150원(총 점수 236점)**

■ 생활수준 : 20.6(연령 6.6, 재산 1.8, 자동차 12.2), 214점 ··· 자동차 1998년 10월식

■ 재산과표 : 450만 원(전월세금 2,000만 원), 22점

- 건강보험료 41,440원(점수당 금액 175.60원× 236점)+요양보험료
  2,710원(건강보험료의 6.55%) = 44,150원

구분	변경 전(2014년 2월)	변경 후(2014년 3월)
가입자	45세 (남)	좌동
전월세	2,000만 원	좌동
자동차	없음	이전 취득(1998년 10월식, 3,000cc 이하)
보험료	19,260원	44,150원(24,890원↑)

2. 보험료 민원 사례 2
− "강제퇴직당했는데 보험료가 5배나 올랐다"

'현장이 답이다 – 보험료 민원 사례' 두 번째이다. 지사 담당 직원의 발표 내용 그대로 올린다.

2014년 3월 말, 광주시 북구 우산동에 거주하는 김○○씨는 '임의계속가입자' 적용을 계속 받고 싶다며 방문하였으나, 실업 전 사업장에 1년 이상 근무하지 않아 요건 미충족으로 가입 불가를 안내하자, 처음에는 통사정을 하다가 계속 대상이 되지 않는다는 답변에 결국 참지 못하고 30분간 고성과 욕설을 한 사례이다.

고객은 음주사고 경력이 있어 별다른 직업을 구하지 못하다가 3년 전 부터 아파트관리사무소에서 일을 해오던 중 2013년 10월 말 관리회사 변경으로 강제퇴직당한 후 임의계속가입자로 전환되어 보험료 2만 9,200원을 납부하다가, 2014년 1월 말부터 2월 말까지 구청에서 공공근로로 직장가입 적용을 받고, 다시 실직하여 3월에 지역보험료가 15만 5,100원이 부과되었으며,

부과 자료로는 아파트 한 채(과표 8,900만 원)와 2003년식 승용차 1대만 소유하고 있을 뿐인데 임의계속보험료 보다 무려 5배가 많은 15만 5,100원을 내라고 하니 도저히 이해할 수 없다고 항의를 했다.

고객에게 현행 부과 기준을 설명하고 공단이 현재 노력하고 있는 부과체계 개편 노력을 곁들여 설명해 보았으나, 생활수준에 비해 과도한 보험료를 납부하라고 설득하기는 궁색할 수밖에 없었다. '음주사고 경력이 있어 취업도 안 되고, 막노동 거리도 없는데 집 한 채 있다고 이런 거액의 보험료를 납부하라고 하나? 힘없고 약한 자의 돈을 뜯어 가진 자의 배를 채워 주는 게 건강보험이야? 누구를 위한 제도이냐?' 등 책상을 치고 욕설을 퍼붓다 상담하던 직원 책상 위에 있던 화분이 넘어져 깨지는 바람에 미안했는지 슬그머니 돌아갔다.

직원들도 이구동성으로 '이건 뭐가 잘못돼도 한참 잘못됐다. 언제까지 이런 민원인을 달랠 수 있겠는가? 현행 부과체계로는 더 이상 민원인을 설득시킬 자신이 없으니 하루 빨리 부과체계 개편이 이루어져야 한다'는 등 부과체계 개편이 시급한 시기임을 공감하는 계기가 되었다.

우리 공단 지사에서 자주 발생하는 민원 사례이다. 민원인의 민원 내용을 제대로 이해하려면 민원인의 '보험료 변동 과정'을 다시 정리해야 한다.

민원인은 2013년 10월 말까지 아파트 관리사무소에서 일을 했다. 아마도 아파트 경비직이었던 것 같다. 이때 민원인은 월급에 건강보험료가 부과되는 '직장가입자' 적용을 받아, 월 보험료로 2만 9,200원(월급 93만 1,000원 추정)을 냈다. 민원인은 아파트 관리회사가 바뀌면서 2013년 10월 '강제퇴직'을 당한다. 직장에서 퇴직하면 재산 등에 보험료가 부과되는 '지역가입자'로 건강보험 자격이 바뀌지만, 민원인의 보험료는 변동 없이 월 2만 9,200원의 보험료를 그대로 유지한다. '임의계속가입자'라는 제도가 있어서 가능하다('임의계속가입자'를 적용받으려면 당사자가 신청을 해야 하므로, 아마 우리 공단 지사 직원의 '신청하라'는 안내가 있었을 것이다).

'임의계속가입자'는 국민건강보험법 제110조에 규정된 '실업자에 대한 특례' 조항이다. 직장을 그만둔 사람은 퇴직 후 '2년 동안'은 직장 다닐 때 내던 보험료를 그대로 낼 수 있도록 한 조항이다. 단 조건이 있다. 퇴직 전 직장에서 '1년 이상' 다닌 사람에 한해 적용한다.

민원인은 다시 직장을 구하려고 했지만 여의치 않았다. 그리하여 구청에서 시행하는 공공근로를 하게 된다. 그것마저도 2014년 2월 한 달(1월 말~2월 말)에 그친다. 그런데 민원인의 건강보험 자격에 변동이 생긴다. 공공근로자도 월급을 받는 근로자이므로 '임의계속가입자'에서 '직장가입자'로 바뀐다. 공공근로를 했던 2월 한 달은 공공근로 월급을 기준으로 보험료를 내게 된다. 민원인의 보험료는 2만 1,050원(월급 66만 원 추정)으로 내려간다.

그런데 공공근로마저 하지 못하게 된 민원인은 3월부터 다시 '지역가입자'로 건강보험 자격이 바뀐다. 민원인의 집에 3월분 건강보험료 고지서가 발송된다. 고지서에는 15만 5,100원의 보험료가 찍혀 있다. 8,900만 원의 아파트와 2003년 5월식 자동차와 가족(본인 52세, 배우자 47세, 아들 20세)에게 보험료가 부과되어서 그렇다.

민원인은 깜짝 놀라 공단 지사를 방문해서, 다시 '임의계속가입자'를 신청하겠다고 한다. 그러나 우리 직원은 규정상 해줄 수 없다고 한다. '임의계속가입자' 적용 대상은 '퇴직 전 직장에서 1년 이상' 다닌 사람인데, 민원인은 겨우 한 달(공공근로) 다녔기 때문에 적용이 안 된다는 것이다.

민원인은 억울하다. 공공근로를 괜히 했다고 후회가 막심하다. 공공근로를 한 게 되려 큰 손해를 가져왔다. 만일 공공근로를 하지 않고 그대로 실업자로 있었으면, 그는 2015년 10월까지 임의계속가입자 적용을 받아 퇴직 전(아파트 경비) 월급을 기준으로 2만 9,200원의 보험료만 내면 되는데, 2014년 3월부터 5배가 넘는 15만 5,100원의 보험료를 내게 된 것이다. 공공근로 한 달 해서 번 돈 66만 원을 전부 보험료로 내도 넉 달치밖에 안 된다. 공공근로를 하지 않고 임의계속가입자 적용을 계속 받았더라면 절약할 수 있었던 20개월(2014.3~2015.10)의 보험료 절약분 250만 원(보험료 한 달 차액 125,000원×20개월)이 날아간 것이다.

이상 민원인의 보험료 변동 과정을 요약하면 다음과 같다. 29,200원(아파트 경비 재직시, 2013. 10월 전) → 29,200원(임의계속가입자 적용 기간, 2013.11~2014.1) → 21,050원(공공근로, 2014.2) → 155,100원(공공근로 이후, 2014.3~).

롤러코스터 보험료이다. 본인의 보험료 부담 능력과 무관하다. 아니, 오히려 부담 능력과 보험료는 반비례 관계다. '강제퇴직'을 당해 실업자가 됐는데 보험료는 5배나 올랐다. 롤러코스터를 탄 당사자는 현기증 나지 않겠는가? 필자에게도 해당되고, 이 글을 읽는 여러분에게도 해당되고, 대한민국 건강보험제도에 승차하고 있는 국민 모두에게 해당된다. 필자도 건강보험공단 이사장직을 그만둘 것이고, 안정된 직장을 가진 정규직도 언젠가는 은퇴할 것이고, 고용이 불안한 계약직은 지역과 직장을 수시로 왔다 갔다 할 수밖에 없다.

'임의계속가입자' 제도는 역설적으로 현 보험료 부과체계의 불형평성을 보여준다. 실직하면 보험료가 오르는 제도적 모순에 대한 완충장치이기 때문이다. 그런데 임의계속가입 기간 2년이 지나면 그대로 원점 아닌가? 오히려 민원인의 사례처럼 임의계속가입자제도는 근로를 기피하는 것이 유리한 경우도 있다. 만일 민원인이 '1년 이상' 직장인에게만 해당한다는 내용을 정확히 알았더라면 한 달짜리 공공근로를 했을까?

"힘없고 약한 자의 돈을 뜯어 가진 자의 배를 채워 주는 게 건강보험이냐?"는 민원인의 항의에 건강보험공단 이사장으로서 할 말이 없다. 현재로서는 "규정상 어쩔 수 없다"고 말할 수밖에 없어 너무나 안타깝다. 다만 우리 공단이 2012년 8월 '부과체계 개선안'을 보건복지부와 국회에 건의하여 현재 정부가 검토 중이라는 말을 덧붙인다.

3. 보험료 민원사례 3

- "가게문 닫았는데, 재산·자동차에 이중부과로 보험료는 그대로"

지역가입자 조ㅇㅇ님은 2013년 3월 20일 가게(시계방)를 폐업하게 되어 같은 해 4월에 보험료 조정을 받았으나 "보험료가 전혀 줄지 않았다"고 주장하고 "도대체 어떻게 된 거냐"며 상세한 설명을 요구했다.

지역가입자의 보험료 부과 기준은 연간소득 500만 원을 기준으로 ① 초과 세대는 소득·재산·자동차를 기준으로 부과하고, ② 이하 세대는 재산·자동차·평가소득을 기준으로 부과하는데, 폐업 전 조ㅇㅇ님은 사업소득 681만 원에 연금소득 72만 원을 합한 총 753만 원(437점)에서, 폐업으로 인해 연금소득 72만 원만 남게 되어 소득은 많이 줄었으나 생활수준 보험료 점수 372점이 새로이 부과되고, 재산과표가 4억 6,797만 원으로 많은 까닭에 소득 조정 전후의 보험료 차이가 그리 크지 않다고 설명드렸으나, "폐업으로 소득이 681만 원이나 줄었는데도 보험료는 23만 6,260원에서 22만 4,300원으로 쥐꼬리(1만 1,960원↓)만큼 줄어드는 것이 납득하기 어렵다"고 하셨다.

현행 보험료 부과체계를 설명드리며, 직장가입자는 '보수'에 따라 보험료가 부과되고 지역가입자는 '재산·소득·자동차'에 따라 보험료가 부과되기에, 실직을 하거나 퇴직을 하게 되어 소득이 줄어도 재산이 있으면 보험료가 더 올라갈 수 있음을 설명드렸다.

이에 민원인은 "벌어들이는 것은 없는데 알량한 집 한 채 있다고 20만 원이 넘게 보험료를 내라니, 이런 엉터리 같은 법이 어디 있냐? 못 내겠다! 고지서를 아예 보내지도 마라!"고 언성을 높이며 납부 거부를 하는 사례도 있었다.

이분의 보험료 부과는 어떻게 했는지, 가게문을 닫아서 수입이 끊겼는데도 왜 보험료가 줄지 않았는지, 가게 폐업 '전'과 '후'를 비교해 보기로 하자.

폐업 전에는 '소득·재산·자동차' 세 지표에 보험료 부과

폐업 '전'이다. 아주 복잡한 과정을 거치므로 주의를 기울이면서 읽어야 한다. 이분의 연간소득은 753만 원(사업소득 681만 원+연금소득 72만 원)이었다. 가게를 운영하긴 했지만 종업원이 없는 1인 사업장으로 '지역가입자'이다. 지역가입자 중에서도 '연간소득 500만 원 초과'에 속한다(연간소득 500만 원을 기준으로 보험료 부과 내용이 달라지므로 보험료를 살필 때 이를 구분하는 것은 아주 중요하다).

'연간소득 500만 원 초과' 세대의 보험료 부과는 ① 소득, ② 재산, ③ 자동차에 부과한다. 먼저 이 세 가지 지표를 각각 점수화한다. '보험료 부과점수'라는 것인데, 세 지표 각각의 점수표가 있다. 국민건강보험법 시행령 '별표 4. 보험료 부과점수의 산정방법'에 그 점수표가 있다.

그 점수표에 따라 이분의 세 가지 지표를 점수화하면, ① 소득은 753만 원으로 '별표 4의 제2호 소득등급별 점수표'에 따르면 437점이다. ② 재산은 4억 6,797만 원으로 '별표 4의 제3호 재산등급별 점수표'에 따르면 785점이다. ③ 자동차는 2003년 2월식 2,500cc로 '별표 4의 제4호 자동차 등급별 점수표'에 따르면 62점이다.

세 가지 지표를 점수화했으면, 그 점수를 다 더한다. 이분은 1,284점(소득 437점+재산 785점+자동차 62점)이다. 이 점수에다 금액('보험료 부과점수당 금액'이라고 부르는데 매년 복지부에 설치된 건강보험정책심의위원회가 이 금액을 정한다. 이 금액을 얼마 올리느냐에 따라 지역가입자의 보험료 인상률이 결정된다)을 곱한다. 이분의 민원 제기 시점인 2013년에 이 금액은 172.7원(2014년에는 175.6원)이었다. 1,284점×172.7원=221,740원. 여기에 장기요양보험료 14,520원(건강보험료의 6.55%)를 더하면 23만 6,260원. 이 금액이 가게 '폐업 전'인 2013년 3월 이분의 건강보험 고지서에 적힌 금액이다.

폐업 후엔 '소득' 지표 빠지고 '생활수준 지표' 새로 생겨

이제 가게 '폐업 한 달 뒤'인 2013년 4월의 보험료를 살피기로 하자. 폐업 전보다 복잡하므로 더 주의를 기울여야 한다. 가게 폐업으로 인해 '사업소득 681만 원'이 없어져 이제 이분의 연간소득은 '연금소득 72만 원'뿐이다. '연간소득 500만 원 초과'에서 '연간소득 500만 원 이하'로 바뀐 것이다. 이렇게 되면 보험료 부과 내용이 달라진다.

'연간소득 500만 원 이하' 세대는 ① 재산, ② 자동차, ③ 생활수준과 경제활동참가율에 보험료를 매긴다. '연간소득 500만 원 초과' 세대에 비해 '소득' 지표가 빠지고, '생활수준과 경제활동참가율'이라는 새로운 지표가 등장한다.

이 세 지표에 따라 이분의 보험료를 산정해 보자. ① 재산은 4억 6,797만 원으로 변한 것이 없어 폐업 전과 동일하게 785점이다. ② 자동차 또한 변한 것이 없어 폐업 전과 동일하게 62점이다. 이제 남은 것은 ③ 생활수준과 경제활동참가율 지표이다.

이 지표를 점수화하는 것 역시 매우 복잡하므로 주의를 기울여야 한다. '생활수준과 경제활동참가율 지표'는 다시 세 가지 세부 지표로 나뉜다. 이 세 가지 세부 지표를 각각 점수화하여 이를 더하면 그것이 '생활수준과 경제활동참가율 지표' 점수가 된다.

재산과 자동차에는 한 번 더 보험료 부과

세 가지 세부 지표는 ① 가입자의 성별·나이, ② 재산, ③ 자동차(연간세액)이다. ① 가입자의 성별·나이 지표를 점수화하려면 세대주만이 아닌 세대원의 성별·나이까지 다 계산해야 한다.

'별표 4의 제1호 라목 생활수준 및 경제활동참가율 점수표'에 따라 본인의 성별·나이 지표 점수가 4.8점(1951년생 남), 배우자의 성별·나이 지표 점수가 4.3점(1953년생 여)이다. 합해서 이분 가족의 성별·나이 지표 점수는 9.1점이다(이분은 자녀가 없어 점수 산정이 없는데 자녀가 있으면 0세 자녀라도 1.4점이 가산된다. 그리고 20세 미만 자녀가 둘 이상 있으면 둘째 아이부터는 '성별·나이 지표'에서 제외한다는 복잡한 규정도 있다는 것을 이 글을 쓰면서 처음 알게 됐다).

세부 지표 중 ② 재산은 4억 6,797만 원으로 '별표 4의 제1호 라목 생활수준 및 경제활동 참가율 점수표'에 따라 '12.7점'(1억 5,000만 원 초과)이다. 여기서 이상한 느낌이 들지 않는가? 이분은 아까 '재산 지표'에 따라 '보험료 부과점수'를 산정했다. 그런데 '생활수준 및 경제활동 참가율' 지표 중 세부 지표에 '재산 지표'가 또 있어 한 번 더 보험료 부과점수를 받은 것이다. 같은 재산에 두 번 보험료를 매긴 꼴이다.

세부 지표 중 ③ 자동차(연간세액)는 '별표 4의 제1호 라목 생활수준 및 경제활동참가율 점수표'에 따라 12.2점(연간세액 22만 4천 원 초과 40만 원 이하)이다. 또 이상한 느낌이 들지 않는가. 아까 '자동차 지표'에 따라 '보험료 부과점수'를 받았는데, 여기서 또 자동차에 보험료를 부과한다. 아까는 '자동차 연식과 배기량'에 보험료를 매기고, 이번에는 '자동차 세금'에 보험료를 매기는 것이다.

이제 세 가지 세부 지표(가입자의 성별·연령, 재산, 자동차) 점수를 다 냈다. 이 세 가지 점수를 더하면 된다. 그런데 또 한 가지가 숨어 있다(이것도 이번에.처음 알았다). '소득금액' 점수가 있다. 연간소득 '500만 원 이하' 세대는 소득이 워낙 적어 이분들의 소득은 보험료 부과에서 제외하는 줄 알았는데, 이들의 쥐꼬리만 한 소득에도 보험료를 부과하고 있었다. '별표 4 보험료 부과점수의 산정방법' 제1호의 라목에는 다음과 같이 쓰여 있다. "소득금액이 연간 500만 원 이하인 세대에 대해서는 그 소득금액을 50만 원으로 나누어 얻은 값(소수점 이하는 1로 한다)에 해당하는 점수를 합하여 산정하고……."

'숨은그림찾기' 같은 보험료 부과 기준

'별표 4의 제1호의 라목'은 깨알 같은 글씨로 아홉 줄에 걸쳐 서술되어 있다. 위 내용은 그 중 다섯 번째 줄과 여섯 번째 줄에 걸쳐 쓰여 있는데, 숨어 있다는 표현이 더 어울린다. 복잡한 부과체계의 한 단면을 보는 것 같다. 참고로 라목 전체를 아래에 적어 볼 테니 여러분도 한 번 읽고 해석해 보기 바란다.

"라. 생활수준 및 경제활동참가율에 부과하는 점수는 지역가입자의 성별·나이, 재산, 자동차 및 장애 정도 등을 고려하여 다음의 구간별 점수표에 따라 등급별로 산정한다. 이 경우 생활수준 및 경제활동참가율의 등급별 점수는 제5호의 표와 같다. 다만, 가목의 소득금액이 연간 500만 원 이하인 세대에 대해서는 그 소득금액을 50만 원으로 나누고 얻은 값(소수점 이하는 1로 한다)에 해당하는 점수를 합하여 산정하고, 가목의 소득금액이 연 500만 원 이하인 세대에 20세 미만의 자녀가 2명 이상 있는 경우 20세 미만 자녀 중 첫 번째 자녀를 제외한 자녀에 대해서는 다음의 구간별 점수표 중 가입자의 성별 및 나이 구분에 따른 점수는 제외하고 산정한다."

해석할 수 있는가? 위에 인용한 '라목'에서만 새로운 부과 기준이 두 가지(500만 원 이하 세대의 소득금액, 2명 이상 자녀 세대)나 숨어 있다. 이렇게 보험료 부과 기준은 복잡하다. 새로운 부과 기준이 여기저기에 숨어 있다. 마치 '숨은그림찾기' 같다.

얼마나 복잡한지 한번 설명해 보기로 하자. '별표 4 보험료 부과점수의 산정방법'에는 1호부터 5호까지 있고, 1호에는 세부적으로 가목에서 라목까지 있다. 1호 안에 '라목'같이 복잡한 내용의 조항이 세 개(가목~다목)나 더 있는 것이다. 그리고 2호부터 5호까지는 각종 '보험료 부과 점수표'가 있고, 각 점수표 아래에는 '비고'를 별도로 두어 '별도의 부과 기준'을 또 정하고 있다.

별표 4의 각 '호' 마다 보험료 기준이고, 각 호의 '목' 마다 보험료 부과 기준이며, 각 호의 '표' 마다 보험료 기준이고, 각 표의 '비고' 마다 보험료 부과 기준인 것이다. '숨은그림찾기' 같은 이 복잡한 부과 기준을 모두 머리 속에 넣고 있는 사람은 단언컨대 대한민국에 한 명도 없을 것이다. 우리 공단 직원의 보험료 부과 담당 어느 누구도 이를 다 외우고 있지 못하다.

'숨어 있는' 소득 지표 발견… 사실상 네 가지 세부 지표

어쨌든 다시 민원인의 보험료 부과로 돌아가 보자. 이분의 '생활수준과 경제활동참가율' 지표를 점수화하려는데 세부 지표(가입자 성별·연령, 재산, 자동차)에 없는 새로운 부과 기준을 발견했다. 갑자기 '라'목에 숨어 있는 '소득금액' 점수가 튀어나온 것이다. 이분의 '소득금액' 점수를 계산하면 연간소득이 72만 원(연금소득)이므로, 소득금액 점수는 '2.0점'이다(소득금액을 50만 원으로 나누고 얻은 값(소수점 이하는 1로 한다)에 해당하는 점수).

어렵게 여기까지 왔다. 이분의 보험료를 부과하는 세 가지 지표(재산, 자동차, 생활수준과 경제활동참가율) 중 하나인 '생활수준과 경제활동참가율' 지표를 점수화하기 위해 이렇게 길게 설명한 것이다. 이분의 '생활수준과 경제활동참가율' 점수는 36점(성·연령 점수 9.1점+재산 점수 12.7점+자동차 점수 12.2점+소득 점수 2.0점)이다.

그런데 여기서 끝난 것이 아니다. 이 점수를 그대로 '생활수준과 경제활동참가율 지표'의 '보험료 부과점수'로 사용하는 것이 아니라, 앞으로도 두 단계를 더 거쳐야 한다. '별표 4의 제5호 생활수준 및 경제활동참가율 점수표'에 따라 이 점수를 '등급'으로 나누어야 한다. 이분의 등급은 30등급(35.9점 이상)이다. 그리고 이 등급을 '보험료 부과점수'로 바꿔야 한다. 점수표에 따라 30등급은 372점이다. 이제야 비로소 '생활수준과 경제활동참가율' 지표를 '보험료 부과

점수'로 바꾸는 계산이 끝났다.

이제는 보험료를 부과할 차례이다. 너무 먼 길을 와서 지나온 길을 다 잊을 판이다. 지나온 길을 요약하면 이렇다. 이분은 '연간소득 500만 원 이하' 세대로 ① 재산, ② 자동차, ③ 생활수준과 경제활동참가율 세 가지 지표로 보험료를 계산한다. 그런데 ③ 생활수준과 경제활동참가율 지표는 다시 ① 가입자의 성별·나이, ② 재산, ③ 자동차(연간세액) 세 가지 지표로 나뉘고, 여기에 '소득 지표'까지 숨어 있어 사실은 네 가지 세부 지표로 나뉘게 된다. 이 각 지표를 모두 '보험료 부과점수'로 계산하는 것이다.

소득은 10분의 1로 줄었는데, 보험료는 5%만 감소

이분의 세 가지 지표를 계산한 '보험료 부과점수'를 다 더한다. ① 재산 점수는 785점이다. ② 자동차 점수는 62점이다. ③ 생활수준과 경제활동참가율 점수는 372점이다. 이 셋을 다 더하면 1,219점이다. 이 점수에 '점수당 보험료 금액(172.70원. 2013년 기준)'을 곱하면 21만 520원이 나온다. 이분의 건강보험료이다. 여기에 장기요양보험료(건강보험료의 6.55%) 1만 3,780원을 더한다. 22만 4,300원이 폐업 다음 달인 2013년 4월 이분 보험료 고지서에 찍힌 금액이다.

폐업 전 23만 6,260원과 불과 1만 원 정도(11,960원)밖에 차이가 안 난다. 가게를 폐업해서 월 소득은 753만 원에서 72만 원으로 1/10이 됐는데, 보험료 감소액은 5%에 불과하다. 사실상 보험료는 그대로인 것이나 다를 바 없다. 어떻게 이런 일이 생겼을까?

첫째, 소득을 창출하지 않는 '재산과 자동차'에 부과하는 보험료 비중이 너무 크다. 보험료 부과점수 1,219점 중 847점(재산 785점, 자동차 62점)으로 70%나 차지한다. 이 점수는 폐업 전과 동일한 점수이다. 소득이 있건 없건, 이분 보험료의 70% 정도는 동일하다(소득이 있으면 재산·자동차 비중이 약간 내려가긴 한다).

재산과 자동차에 대한 이중 부과로 월 4만 4,000원 보험료 더 내

둘째, 재산과 자동차에 이중으로 보험료를 부과한다. 이분의 '생활수준과 경제활동참가율' 점수 36점(보험료 부과점수가 아닌 등급으로 나누기 위한 점수) 중 재산(12.7점)과 자동차(12.2점)가 차지하는 점수는 24.9점이다. 무려 70%에 달한다. 만일 재산과 자동차에 이중 부과하지 않고 그 점수 24.9점을 뺀다면, 이분의 '생활수준과 경제활동참가율' 점수는 36점에서 11.1점으로 낮아진다. 11.1점은 9등급(36점일 때는 30등급)이고, 9등급의 '보험료 부과점수'는 117점이다. 30등급일 때는 372점과 255점 차이가 난다. 255점만큼의 보험료액은 4만 4,040원이다.

재산과 자동차에 이중 부과하지 않았다면 매달 4만 4,040원 정도의 보험료를 덜 내게 된다. 폐업한 이후 고지서에 적힌 보험료 감소액 1만 1,960원을 더하면 이분의 보험료 감소액은 월 5만 6,000원이 되어야 한다. 폐업 전 보험료 23만 6,260원의 24%에 달하는 금액이다.

이 정도 감소액이면 민원인의 화난 감정은 덜할까? 아마도 그렇지 않을 것이다. 가게 폐업으로 소득이 1/10로 감소했으면 부담 능력에 맞게 보험료도 그만큼 감소하는 게 맞지 않을까? 집과 자동차가 있다고 보험료로 18만 원 내라고 하는 것에 동의하겠는가? 소득을 창출하지 않는 재산과 자동차에 보험료를 매기는 부과 방식을 바꾸는 것이 정답이다.

이렇게 길고 장황하게 설명해야지만 알 수 있고, 알면 알수록 화가 나고(이중 부과를 모를 때는 괜찮은데 알게 되면 얼마나 화가 나겠는가?), 화가 날수록 거칠게 항의하고, 우리 직원은 쩔쩔매고……

이것이 지금 보험료 부과체계의 실상이다. '알면 알수록 화나는 부과체계', 이제 그만 고쳐야 하지 않겠는가?

4. 보험료 민원 사례 4
– "직장이면 6만 원, 지역이면 수십만원, 당신 같으면 지역 하겠느냐?"

2014년 9월 1일 한 일간지에 이런 제목의 기사가 났다. "실직 후 건보 직장가입자 자격 유지하려면". '퇴직 전 직장에서 1년 이상 근무해야'가 작은 제목으로 덧붙여 있다. 기사 본문은 다음과 같다.

"퇴직 전 직장에서 '1년 이상' 다닌 경우에만 퇴직 후에도 건강보험 직장가입자 자격을 2년간 유지할 수 있도록 보장해 주는 이른바 '임의계속가입자' 제도의 혜택을 볼 수 있는 것으로 나타났다. 이 제도는 갑작스러운 실직이나 은퇴로 직장에서 물러나 소득이 없는데도, 직장가입자에서 지역가입자로 자격이 바뀌면서 건강보험료가 급증한 실직·은퇴자에 대한 일종의 특례로 2007년 7월 시행됐다. 직장을 그만둔 사람이 퇴직 후에도 2년간은 직장 다닐 때 내던 보험료를 그대로 낼 수 있도록 함으로써 경제적 부담을 덜어 주려는 취지다……".

후략된 기사를 다 읽어 보면 앞서 말한 세 번째 민원 사례 "강제퇴직당했는데 보험료가 5배나 올랐다"의 관련 기사로 보인다. 기사는 '임의계속가입자'에 대한 안내를 하고 있다.

그런데 내용을 곱씹으면 씹을수록 씁쓸한 마음을 지울 수 없다. '갑작스러운 실직이나 은퇴로 소득이 없는데도, 지역가입자로 자격이 바뀌면서 건강보험료가 급증한 실직·은퇴자에 대한 특례'로 임의계속가입자 제도를 설명하고 있다. 맞는 설명이다.

그런데 실직이나 은퇴로 소득이 없으면, 건강보험료가 '급증'하는 것이 아니라 줄어드는 것이 이치에 맞지 않을까? 또 2007년부터 시행되고 있는 제도에 대한 안내가 지금 이 시점에 기사화된다는 것은 베이비붐 세대의 은퇴가 본격화되면서 '실직·은퇴했는데 보험료가 급증하는 민원'이 현장에서는 이미 사회적 문제로 되기 시작했다는 의미일 것이다. '현장이 답이다–

'보험료 민원 사례 2'에서 썼듯이 임의계속가입자제도는 역설적으로 현 부과체계의 불형평성을 보여주고 있다. '실직·은퇴자에 대한 특례'를 둘 것이 아니라 실직·은퇴해서 소득이 끊기면 그에 맞게 보험료가 줄어들도록 해야 한다.

다음 사례는 소득과 재산과 자동차에 부과되어 많은 지역보험료를 내게 되는 것을 피하기 위해 '직장가입자' 자격을 허위로 취득한 사례이다.

2014년 7월 22일에 지사를 방문한 사업장 대표자 이○○ 등 4명(공동대표자 3명, 허위취득 근로자 1명)은 사업장 지도점검으로 '직장 자격'이 취소되고 2012년 11월부터 2014년 6월까지(20개월) 5,869만 3,560원의 '지역보험료'가 소급 부과되자, 이를 취소해 달라고 강력히 요구했다.

민원인들은 "부동산 경기 침체로 전체 분양 물량 170세대 중 50여 세대가 미분양 상태이고 건설업자에게 공사대금마저 지급하지 못하고 있는 어려운 상황인데, 직장 자격 취득을 취소하고 월 평균 13배가 넘는 지역보험료를 소급해서 부과하는 법이 어디 있느냐?"며 불만을 토로하고 컵에 든 물을 직원에게 끼얹는 등 위력을 행사함으로 인하여 경찰관까지 출동했고, 이후에도 민원인은 "공단이 일방적이고 잘못된 처분을 했다"며 3시간여 동안 지사장은 물론 담당자에게 입에 담지 못할 욕설과 폭언을 퍼부었다.

민원인들은 분양용으로 건축한 아파트가 미분양되어 부동산을 과다 소유하게 되었고, 지역가입자가 되면 월 평균 80여만 원의 지역보험료를 내야 할 상황에 이르자, 지역보험료 부담을 회피할 목적으로 이해관계인을 허위로 사업장 근로자로 신고하고 공동대표자들도 직장가입자(직장보험료 월 6만 3,820원)로 취득한 것이다.

민원인 중 한 분(근로자로 신고된 사람)은 끝까지 본인이 직장 허위취득이 아니라고 주장하면서도 "직장가입자가 되면 6만 원만 내면 되고, 지역가입자가 되면 수십만 원의 보험료를 내야 하는데 당신 같으면 지역보험료를 내겠느냐?", "보험료 부과체계가 공정하고 형평성이 있었다면 누가 직장 가입자로 허위취득을 하려고 하겠느냐?"고 따지고, "쥐뿔, 공단은 부과체계를 개선한다며 큰소리쳐 놓고 지금까지 한 일이 뭐 있느냐?"며 질책하면서 공단을 힐난했다.

네 명이 20개월 동안 건강보험료 6,000만 원 정도 덜 내

민원인은 4명이다. 3명은 공동대표자이고 1명은 근로자이다. 민원인들은 주택(건물)을 분양하는 사람들로 보인다. 이 사업장을 조사해 보니 ① 월급 통장 내역이 없었고, ② 사무실도 없었으며, ③ 근로자로 신고된 사람이 별도로 6개의 사업체를 운영하고 있었다. 또 ④ 근로자로 신고된 사람이 상시적으로 근무하지 않고 자택에서 필요시마다 업무를 하고 있었고, ⑤ 해당 사업체의 주 업무인 '분양 업무'조차 별도의 분양 대행업체에서 하고 있었다. 이런 사유로 근

로자를 상용근로자로 볼 수 없어 해당 사업장의 직장가입자 자격을 취소하고 그동안(20개월) 납부한 4명의 직장보험료는 환급해 주고 지역보험료를 소급하여 각자에게 부과, 고지했다.

이들은 각자 수억 원의 재산과 억대의 연소득이 있다. 그런데 사업장을 차리고(개인사업장으로 신고) 한 명을 근로자로 고용했다고 신고하고(근로자가 한 명이라도 있으면, 사업주와 근로자 모두 직장가입자 자격을 취득할 수 있다), 4명 각자 건강보험료로 월급 100만 원에 부과되는 월 6만 3,820원씩(사용자부담금 포함) 냈다. 2012년 11월부터 2014년 6월까지 20개월간이다. 이 기간에 이들이 지역가입자로 있었으면 내야 했던 보험료는 5,869만 3,560원이다. 1인당 1,467만 3,390원 꼴로, 1인당 한 달 평균 73만 3,670원의 보험료를 덜 낸 것이다.

조사한 대로 이들은 직장가입자가 아니라 지역가입자 적용을 받았다면 각자 세대의 소득과 재산과 자동차에 보험료가 부과됐을 것이다. 공동대표자 중 한 명의 사례를 통해 구체적으로 살펴보기로 하자.

연소득 2억, 재산 7억인데 건강보험료는 6만 3,820원 납부

공동대표자 이○○씨 세대의 연소득은 2억 1,584만 원(본인 2억 861만 원+배우자 572만 원+아들 151만 원. 시행령 별표 4의 제2호 소득등급별 점수표에 따른 소득등급 57등급, 보험료 부과점수 3,777점)이고, 재산은 6억 8,703만 원(제3호 재산등급별 점수표에 따른 재산등급 36등급, 보험료 부과점수 905점)으로 월 87만 6,000원씩[건강보험료 822,150원(4682점×점수당 금액 175.60원)+요양보험료 53,850원(건강보험료의 6.55%)]의 보험료를 내야 한다(자동차가 없어 자동차보험료는 부과하지 않았다). 이런 분이 직장가입자를 허위취득하여 20개월 동안 보험료를 10분의 1도 채 되지 않는 월 6만 3,820원만 납부했던 것이다.

다른 두 대표자 또한 한 명은 월 84만 4,190원(연소득 2억 851만 원, 재산 6억 9,898만 원, 자동차 1,600cc 초과~2,000cc 이하 3년 미만)의 보험료를 내야 했고, 또 다른 한 명은 월 84만 8,310원(연소득 2억 851만 원, 재산 8억 2,408만 원, 자동차 1600cc~2000cc, 6~9년)을 내야 했지만, 두 분 다 직장가입자를 허위취득하여 20개월 동안 보험료를 10분의 1도 채 되지 않는 월 6만 3,820원만 납부했다.

근로자로 고용된 분 또한 월 38만 2,990원(연소득 942만 원, 재산 47억 6,004만 원, 자동차 2대)의 보험료를 내야 했지만, 직장가입자를 허위취득하여 20개월 동안 보험료를 6분의 1도 채 되지 않는 월 6만 3,820원만 납부했다.

'직장가입자' 허위취득 인원·금액 모두 4년 만에 5배 급증

직장가입자는 월급에만 보험료가 부과되고, 지역가입자는 소득과 재산과 자동차에 병합부과되다 보니, 고소득·고액자산가의 직장가입자 허위취득 사례가 끊이지 않는다. 2009년

487명이었던 '직장자격 허위취득자'가 2013년 2,689명으로 4년 만에 5배 이상 급증했다. 이들이 내지 않은 보험료(추정액수)도 2009년 17억 1,500만 원에서 2013년 87억 4,900만 원으로 4년 만에 5배 이상 급증했다.

이 수치는 그동안 공단이 밝혀낸 것에 불과하다. 공단이 확인하지 못한 것은 이보다 더 많을 것이다. 고소득·고액자산가들 사이에 건강보험료 절감 비책으로 '직장가입자 취득'이 널리 퍼져 있다는 증거일 것이다.

민원인의 항의처럼 "직장가입자가 되면 6만 원만 내면 되고, 지역가입자가 되면 수십만 원의 보험료를 내야 하는데" 누가 지역가입자를 하겠는가? 지역가입자이든, 직장가입자이든 소득을 기준으로 보험료를 부과하면 사람들이 군이 법을 어기면서까지 직장가입자를 허위취득하지 않을 것이다. 여기 있으나 저기 있으나 소득이 같으면 내야 하는 보험료 또한 같기 때문이다.

※ 참고로 이 사례는 2014년 7월에 발견한 것으로, 당사자들이 현재 법에 따라 이의신청 중에 있어 최종 확정된 사례는 아니다. 현 보험료 부과의 불형평성으로 인해 직장가입자 허위취득이 어떻게 이루어지는지 잘 나타내 주는 사례여서 인용했으며, 민원인들의 개인정보를 최대한 보호하기 위해 이 글에서는 사업장명·주소·이름 등 모든 개인정보를 나타내지 않았다.

전월세 대책과 건강보험료
ㄴ, 주택임대차시장 선진화 방안

정부는 서민과 중산층의 주거안정을 위한 '주택임대차시장 선진화 방안'을 2014년 2월 26일 발표한 데 이어, 열흘 뒤인 3월 6일 '주택임대차시장 선진화 방안 보완 조치'도 발표[44]했다.

'주택임대차시장 선진화 방안'은 전월세 거주자 등 서민·중산층의 주거 안정에 기여할 것이라는 기대와 함께, 그동안 지하경제[45] 영역이었던 주택 등 부동산 임대소득을 파악할 수 있는 획기적인 내용이라는 평가가 있다.

따라서 건강보험 가입자를 대리하는 보험자인 건강보험공단은 정부의 주택임대차시장 선진화 방안(이하 '임대차 방안')을 관심을 가지고 보아야 한다. 임대차 방안이 건강보험료 부과에 많은 영향을 미치기 때문이다. 임대차 방안이 현행 건강보험료 부과체계 내에서의 보험료 부담에 어떠한 영향을 미치는지 살펴보고 대안을 제시하고자 한다.

1. 주택임대차시장 선진화 방안 내용

첫째, 월세 거주자의 '세금감면' 확대이다.

① 월세의 세금 공제 방식을 소득공제[46]에서 세액공제[47]로 전환했다. '소득공제'는 과세표준

---

[44] 2월 25일 박근혜 대통령이 취임 1주년에 맞추어 발표한 종합경제정책으로 잠재성장률 4%대, 고용률 70%를 달성, 1인당 국민소득 4만 달러 시대를 여는 것 등을 내용으로 하는 경제혁신 3개년계획을 마련했다. 또한 내수기반 확대를 위해서 국민들의 소비를 짓누르고 있는 가계부채와 전세값 상승 문제를 최우선적으로 해결한다는 취지에서 '주택임대차시장 선진화 방안'을 2월 26일 발표한 데 이어, 3월 6일 '주택임대차시장 선진화 방안 보완 조치'를 발표했다.

[45] 우리나라의 지하경제 규모는 연구자에 따라 추정 규모가 다르게 도출되는데 대체로 GDP의 15~25% 정도로 보인다(국회 예산정책처, 2013).

[46] 과세 대상이 되는 소득금액에서 일정금액을 공제하는 것을 의미한다. 소득공제에는 배우자·자녀 등 인적공제, 국민연금 등 보험료 공제, 의료비·교육비·주택자금 공제 등 특별공제, 조세특례제한법상 공제 등이 있다. ① 총수입금액−필요경비=소득금액, ② 소득금액−소득공제=과세표준액, ③ 과세표준×소득세율=산출세액

[47] 산출세액(각주 46의 ③)에서 일정금액을 공제하는 것을 의미함.

액을 적게 하여 세금을 낮추는 효과를 주는 것이고, '세액공제'는 세금 자체를 깎아주는 것으로, 같은 금액(예를 들면 10만 원)을 소득공제와 세액공제에 각각 적용한다면 세액공제가 세금감면 효과가 훨씬 크다.

② 공제 대상을 현행 총급여 5천만 원 이하에서 7천만 원 이하로 확대했다. 위 ①의 세액공제를 받을 대상이 그만큼 많아져서 월세 거주자의 세금부담을 줄이겠다는 것이다.

③ 집주인 동의 없이 월세 임대차계약서와 계좌이체확인서 등 월세 납입증명만으로도 공제 신청이 가능하고, 확정일자 없이도 신청을 할 수 있도록 했다. 이는 절차를 가능한 한 단순하게 하여 월세 거주자의 세액공제 접근도를 높이겠다는 것이고, 또 하나는 '월세 소득'을 파악할 수 있는 제도적 뒷받침을 마련하여 그동안 지하경제 영역이었던 임대소득을 파악하기 위한 것이다. 또 월세 거주자의 편의성을 높이기 위해 근로자의 경우 연말정산 때 공제 신청을 하지 않았더라도 이후 3년 이내 세무서에 정정청구를 통해 공제가 가능하도록 했다.

둘째, 월세 임대소득자의 소득세 완화[48]이다. 2주택을 보유한 사람의 임대소득이 연간 2,000만 원 이하이면 2년간(2014~2015년 소득분) 비과세하고, 2016년부터 분리과세[49]하여 필요

---

[48] 월세 소득 과세기준 비교표

구 분	현 행	정부안
과세 대상	2주택 이상 보유자 1주택은 기준시가 9억 원 초과 주택 보유자	좌동
과세 방법	다른 소득과 합산하여 종합과세	① 2주택자 – 주택임대 수입 2천만 원 이하시 분리과세 ② 3주택 이상자 : 종합과세

[49] 분리과세
● 소득세법상 소득은 종합소득·퇴직소득·양도소득으로 분류되며, 과세 방법에 따라 종합과세·분리과세·분류과세로 구분됨.
 – 종합과세소득은 ① 사업소득, ② 이자·배당소득의 합 2천만 원 초과 금융소득, ③ 근로소득, ④ 연금소득, ⑤ 기타소득
 – 분리과세소득은 이자·배당소득이 2천만 원 이하 금융소득, 일용근로소득, 연금소득(600만 원 이하), 기타소득
 – 분류과세소득은 퇴직소득·양도소득임.
 ※ 종합과세는 과세표준액에 따라 6~38% 누진 적용하며, 분리과세는 단일 세로로 14%의 세율을 적용함. 따라서 대개의 경우 분리과세보다 종합과세가 세금이 더 많이 부과된다고 할 수 있음.

경비율[50]을 현행 45%에서 60%로 상향조정하며, 기본공제[51] 400만 원을 인정토록 했다.

셋째, '전세' 임대소득자의 과세 기준 강화. 현재는 2주택 보유자의 '전세' 임대소득[52](간주임대료로 환산하여 과세)은 비과세하고 있는데, '월세' 임대소득자와의 과세 형평을 감안하여 2016년부터 월세 소득과 마찬가지로 2천만 원 이하(간주임대료 2천만 원은 전세 보증금 약 15억 원 수준임) 임대소득자는 분리과세하고, 2천만 원 초과 소득자는 종합과세 대상으로 정하여 사업자등록을 의무화했으며, 3주택 이상 보유자는 현행과 같이 종합과세 대상이다.

넷째, 임대차 확정일자 등 과세자료 확보. 국세청은 「과세자료 제출 및 관리에 관한 법률」시행령, 시행규칙을 개정(2014.2)하여 국토교통부로부터 임대차 확정일자 자료를 확보했으며, 이를 과세기반 확대 자료로 활용할 예정이다.

지금까지 '임대차 방안'에 대해 알아보았다. 이제는 건강보험 가입자에게 중요한 것, '임대차 방안'이 구체적으로 건강보험료를 오르게 하는 건지, 떨어지게 하는 건지 알아보기로 하자.

2. 임대소득이 있으면 건강보험료를 얼마 더 내야 하나?

'소득'에는 건강보험료가 부과된다. 따라서 임대소득에도 보험료를 부과한다. 그리고 보험료 부과 기준인 '소득'은 국세청의 과세기준에 따른다. 국세청이 '비과세'하면 건강보험료도 부과되지 않고, 과세하면 건강보험료도 부과된다. 임대소득에 부과하는 보험료 부과 기준을 상황에 따라 알아보기로 하자.

---

[50] ① 필요경비는 수입금액을 얻기 위하여 사용하거나 소비한 비용으로 재료대·인건비·임차료 등을 의미하며, 총 수입금액에서 필요경비를 공제하여 소득금액을 산출함. ② 필요경비율은 필요경비를 추계하는 방법으로 월세 임대소득의 경우 필요경비율을 60%로 조정함.

[51] 일정요건이 해당되는 경우 해당 과세기간 동안의 소득금액에서 일정액을 기본적으로 공제하는 것을 의미함.

[52] 전세 소득 과세기준 비교표{간주임대료 = (보증금 − 3억 원) × 60% × 2.9%}

구 분	현 행	정부 발표(안)
과세 대상	3주택 이상 보유자	2주택 이상 보유자
과세 방법	다른 소득과 합산하여 종합과세	− 2주택자 : 주택임대수입 2천만 원 이하시 분리과세 • 2천만 원 초과시 종합과세 ※ 3주택자는 현행과 같이 종합과세

1) 주택 임대수입이 연간 2,000만 원 이하인 2주택 보유자

① 한시적으로 2년간(2014~2015년 소득분) '비과세'하므로 2017년 10월까지는 건강보험료
가 부과되지 않는다. 국세청이 그동안 파악하지 못했던 새로운 소득이므로 '과세'를 일정
기간 유예해 준 것이다. 그런데 현재 성실하게 소득신고를 해서 세금도 내고 건강보험료
도 내는 사람들은 어떻게 될까? 이 사람들도 이 같은 조건에 부합하는 경우 동일하게 세
금과 보험료 부과에서 제외한다. 형평성을 가능한 한 맞추고자 한 것이다.

② 그러나 2016년 소득분부터는 '분리과세'되므로 2017년 11월분 건강보험료부터 부과되
는데, 임대수입 금액이 연간 2,000만 원인 경우 연간 약 92만 원(월 7만 6,730원)의 보험
료가 부과된다. 다음은 임대수입 금액에 따른 건강보험료 부과액이다.

임대수입 금액 2,000만 원 이하 보험료 부과(임대수입에 대한 보험료만 계산)

임대수입 금액	보험료 부과 임대소득 금액(필요경비율 적용)	부과점수(점)	월 보험료(원)
500만 원	500−(500×60%) = 200만 원	평가점수	7,720
1,000만 원	1,000−(1,000×60%) = 400만 원	평가점수	14,220
1,500만 원	1,500−(1,500×60%) = 600만 원	380	66,720
2,000만 원	2,000~(2,000×60%) = 800만 원	437	76,730

※ 2014년 3월 지역보험료 부과 기준 적용. 보험료 부과 임대소득이 500만 원 이하일 경우에는 생활수준 및 경제활동참
가율 점수(이하 '평가점수')로 환산하여 보험료가 부과되며, 소득 200만 원이면 약 7,720원이 추가로 부과되고, 400
만 원일 경우에는 약 14,220원이 추가 부과되며, 성·연령 및 재산, 자동차 가점과 합산하여 최종 평가소득 보험료가
산정됨.

③ 다만, 최근 언론에 직장 피부양자는 계속해서 피부양자 자격을 유지시키고, 보험료 부과
에서도 제외하는 방향으로 검토되고 있다고 보도하고 있다. 아직 결정된 건 없다.

2) 주택 임대수입이 연간 2,000만 원 초과인 2주택 보유자

※ 3주택 이상 보유자는 금액과 상관없이 임대수입이 '종합과세' 대상이므로, 건강보험료도 부과된다.

① '종합과세' 대상으로 2014년 11월분 건강보험료부터 부과되며, 임대수입 금액이 연간
2,400만 원이면 건강보험료로 연간 약 158만 원(월 13만 2,000원)을 추가로 부담하게 된
다. 다음은 임대수입 금액에 따른 건강보험료 부과액이다.

② '주택임대수입이 연간 2,000만 원 초과인 2주택 보유자', '임대수입 금액과 상관없는

3주택 보유자' 중 그동안 직장 피부양자였다면, 임대차 방안 시행으로 임대소득이 과세
되면 피부양자에서 제외되어 지역가입자가 된다. 지역가입자가 되면 지역보험료가 부과
되는데, 이 경우 임대소득과 재산, 자동차에 대한 보험료가 부과된다. 예를 들어 재산으
로 1억 5,000만 원짜리 아파트와 1억 5,000만 원짜리 단독주택을 가지고 있으면서 임
대수입이 연간 2,400만 원이고 자동차 2,500cc(5년 경과) 1대를 보유하고 있다고 가정
할 경우, 직장 피부양자로 있을 때는 보험료를 전혀 부담하지 않았으나 피부양자에서 제
외되어 지역보험료가 부과될 경우에는 연간 328만 원(월 27만 3,000원)의 보험료를 부담
하게 된다.

임대수입 금액 2,000만 원 초과 보험료 부과(임대수입에 대한 보험료만 계산)

임대수입 금액	보험료 부과 임대소득 금액(필요경비율 적용)	부과 점수(점)	월 보험료(원)
2,400만 원	2,400−(2,400×22.2%) = 1,867만 원	752	132,050
3,600만 원	3,600−(3,600×22.2%) = 2,800만 원	952	167,170
4,800만 원	4,800−(4,800×22.2%) = 3,734만 원	1,095	192,280
6,000만 원	6,000−(6,000×22.2%) = 4,668만 원	1,209	212,300

※ 2014년 3월 지역보험료 부과 기준 적용. ※기준경비율은 2012년 귀속 임대소득 기준경비율 적용.

3. 다른 정책에 휘둘리는 건강보험

만일 그동안 직장 피부양자였다가 지역가입자로 전환되어 지역보험료를 새로 내게 된 사람
에게는 최근 언론이 보도했듯이 '건보료 폭탄'일 것이다. 위의 사례에서 보듯이 그동안 건강보
험료 한 푼 안 내다가 매달 27만 원씩 내게 된 것이다.

정부의 '주택임대차시장 선진화 방안'(임대차 방안)은 임대차 확정일자 자료 연계 및 월세 소
득 세액공제 제도개선 등으로 그동안 파악되지 않던 주택 등 부동산 임대소득 파악을 획기적
으로 향상시킬 수 있을 것으로 기대된다. 이는 건강보험 부과 측면에서 소득 중심으로 제도를
개편할 수 있는 여건을 더욱 상승시키는 요인이 될 것이다.

그러나 다른 한편으로 누구에게는 '건보료 폭탄'을 안겨 주고 있다. 언론에서도 "임대소득
1만 원 차이가 건보료 폭탄 부른다, 월세 총 450만 원 3주택자 건보료 연 192만 원 늘어" 등
임대소득만으로 생계를 유지하는 사람들의 불안 심리를 연일 보도하고 있다.

또 힘없는 누구는 '건강보험료 이전'을 당할 우려가 있다. 임대소득자가 세부담을 회피 또는 완화하기 위하여 임차인에게 전가시키는(세금을 부담하기 위해 전월세를 그만큼 더 인상하는) 부작용이 예상되기 때문이다. 이럴 경우 현행 부과체계 틀 내에서는 임차인인 서민·중산층의 부담을 가중시키는 문제로 직결된다. 현행 부과체계에서는 전월세가 올라가면 건강보험료도 따라 오르기 때문이다. 임차인은 오른 전월세에 덩달아 오른 건강보험료까지 이중 부담을 지게 된다.

기획재정부는 그에 대한 대책으로 임대소득 2,000만 원 이하는 분리과세되는 금융소득인 이자·배당소득과 같은 맥락으로 보아 건강보험료 추가부담은 없다고 발표했다. 그러나 그동안 임대소득은 과세당국에 잘 파악되지 않았던 소득이다. 따라서 안 내던 건강보험료를 새로 내게 된다는 사실에는 변함이 없다. 단편적인 개선 방향은 일시적인 미봉책으로 건강보험 가입자 간의 불형평성만을 더욱 가중시키게 된다.

건강보험과 전혀 상관없는 정책에 건강보험이 휘둘리고 있다. 결국 현재의 건강보험료 부과체계가 문제인 것이다.

4. '과세정의'는 확보되지만 '건강보험료 불형평성'은 가중된다

앞에서 쓴 "주택임대차시장 선진화 방안(임대차 방안)은 그동안 지하경제 영역이었던 주택 등 부동산 임대소득을 파악할 수 있는 획기적인 내용이다. 임대차 확정일자 자료 연계(국세청이 국토교통부로부터 임대차 확정일자 자료를 확보하여 이를 과세자료로 활용하는 것), 월세 소득 세액공제 등으로 부동산 임대소득 파악을 향상시킬 수 있을 것으로 기대된다. 이는 건강보험 부과 측면에서 소득 중심으로 제도를 개편할 수 있는 여건을 더욱 상승시키는 요인이 될 것"이라는 글에서 보듯이, 임대차 방안은 '과세정의'에 부합하는 방안이다. 또 소득에 건강보험료를 매기는 '건강보험료 형평성'에도 부합한다.

그런데 필자는 임대차 방안이 "건강보험 가입자 간 불형평성을 더욱 가중시킨다"고 정반대의 말도 했다. 왜 그랬을까? 앞서 인용한 사례를 다시 인용해 보자.

예를 들어 재산으로 1억 5,000만 원짜리 아파트와 1억 5,000만 원짜리 단독주택을 가지고 있으면서 임대수입이 연간 2,400만 원이고 자동차 2,500cc(5년 경과) 1대를 보유하고 있다고 가정할 경우, 직장 피부양자로 있을 때는 보험료를 전혀 부담하지 않았으나 임대소득 파악으로 피부양자에서 제외되어 지역보험료가 부과될 경우에는 연간 328만 원(월 27만 3,000원)의 보험료를 부담하게 된다.

위 사례를 표로 정리하면 다음과 같다.

보험료 부과 내용(2014년 3월 기준)	
	− 총 부과점수(월) : 1,557점
− 임대수입 : 2,400만 원 •보험료 부과 임대소득 금액 : 1,867만 원	•소득 : 752점×175.6원=132,051원
− 재산 : 과세표준액 3억 원 (2주택 각각 1억 5천만 원)	•재산 : 681점×175.6원=119,584원
− 자동차(2,500cc, 5년)일 경우	•자동차 : 124점×175.6원=21,774원
	− 월 보험료 : 273,400원 (= 총 부과점수 1,557점 × 175.6원)
	※ 연 328만 원 (장기요양보험 제외)

※ 부과점수당 금액 : 175.6원
※ 임대소득 금액 : 1,867만 원 = 2,400만 원−(2,400만 원×22.2%)(2012년 기준경비율 22.2%, 국세청)

국세청이 새로 파악한 임대수입은 2,400만 원이다. 국세청은 기준경비율 22.2%를 제하고 1,867만 원에 세금을 부과한다. 세금은 여기서 끝난다. 그런데 건강보험료는 임대소득 1,867만원에 부과하고, 이 주택소유자가 가진 재산에도 부과하고, 자동차에도 부과한다. 그래서 새로 파악한 '소득에만' 건강보험료를 부과하면 월 13만 2,051원이면 될 것을, 재산(11만 9,584원), 자동차(2만 1,774원)까지 더해 27만 3,400원이 된다. 소득에만 부과할 때보다 두 배 이상 많아진 것이다. 이러니 건강보험료 폭탄 기사가 나오는 것이다. 재산(집)에서 발생한 (임대)소득에 보험료를 매기고, 소득을 발생시킨 그 재산에 또 보험료를 매기고, 보험료 납부와는 전혀 무관한 자동차에도 보험료를 부과한다.

감추어진 소득(지하소득)을 파악하는 것은 분명 '과세정의'에 부합한다. 그리고 그 소득에 건강보험료를 부과하는 것은 건강보험료 형평성에도 부합한다. 그러나 건강보험료 부과가 소득에서 멈추지 않고, 재산·자동차까지 나가는 순간 형평성은 왜곡되고 불형평성은 가중된다. "건강보험료가 세금보다 무섭다"는 항간의 말이 과장이 아니다. 현행 보험료 부과체계가 문제인 것이다.

5. 복잡한 건강보험료 부과 기준

현행 보험료 부과체계는 매우 복잡하다. 하나씩 살펴보기로 하자. 먼저 직장가입자의 경우이다. ① 직장가입자는 '근로소득(보수월액)'에 보험료를 부과하고, ② 개인사업장 대표자는 필요경비를 제외한 '사업소득'에 부과하며, ③ 근로소득(보수월액) 외 종합소득이 7,200만 원 초과시 '초과소득'에 보험료를 추가로 부과한다(근로소득에도 보험료를 부과한다).

두 번째로 지역가입자의 경우이다. 종합소득 500만 원을 기준으로 ④ 500만 원 이하 세대는 재산(전월세·주택·토지 등), 자동차, 세대원의 성·연령 등에 점수(평가점수)를 매겨 이를 소득으로 환산한 '평가소득'으로 부과하고, ⑤ 500만 원 초과 세대는 종합소득, 재산(전월세·주택·토지 등), 자동차를 기준으로 부과하고 있다.

세 번째로는 건강보험료를 한 푼도 안 내서 '무임승차'라는 소리를 듣는 피부양자의 경우이다. 직장가입자에게만 인정되는 제도로, 주로 직장가입자의 가족 등이다(위에서 썼듯이 지역가입자의 세대원은 성·연령에 따라 보험료가 산정되기 때문에 무임승차가 아니다). 그렇다고 직장가입자의 모든 가족이 피부양자가 되는 것은 아니다. 피부양자가 되려면 매우 복잡한데, 다음 기준에 부합해야 한다. ① 금융소득 4,000만 원 이하, 사업소득의 경우 사업자등록 유무에 따라 ② 사업자등록이 있는 경우 소득이 없어야 하며, ③ 사업자등록이 없는 경우에는 500만 원 이하, ④ 연금소득 4,000만 원 이하, ⑤ 근로·기타소득 4,000만 원 이하인 경우 피부양자로 인정하고 있다.

※ 피부양자 대상(법 제5조 제2항) : 직장가입자의 ① 배우자, ② 직계존속(배우자의 직계존속 포함), ③ 직계비속(배우자의 직계비속 포함)과 그 배우자, ④ 형제·자매로 피부양자를 광범위하게 인정하고 있다. 2013년 말 기준으로 2,040만 명이 피부양자이고 직장가입자는 1,461만 명으로, 가입자 한 명당 1.40명의 피부양자를 부양하고 있다.

그리고 건강보험료가 부과되는 소득은 '종합과세 대상' 소득으로, 사업소득·금융소득·근로소득·연금소득·기타소득이 있다. 반면 '분류과세 대상' 소득(퇴직소득·양도소득), '분리과세 대상' 소득(2,000만 원 이하 금융소득, 일용근로소득, 일부 기타소득) 등에는 보험료가 부과되지 않는다. 보험료를 부과하는 국민건강보험공단이 과세 자료를 확보하지 못했기 때문이다. 여기서는 '2,000만 원 이하 금융소득'에 건강보험료를 부과하지 않는다는 것을 기억해 두자.

현재의 보험료 부과 기준이 이렇게 복잡한데, 정부는 '임대차 방안'을 발표하면서 새로운 기준을 하나 더 만들겠다고 한다. '임대소득 2,000만 원 이하'는 '금융소득 2,000만 원 이하'와 같은 것으로 간주하여 건강보험료를 추가로 부과하지 않겠다는 것이다. 안 내던 건강보험료를 새로 내게 되는 계층의 반발에 대한 대책인 셈이다. 그러나 이는 의도하지 않았지만 현행 건강보험료 부과체계에서 새로운 불형평성을 발생시킨다.

6. '2,000만 원 이하 임대소득'과 건강보험료 불형평성

첫째, 근로소득자와의 불형평성 심화이다. 연봉 1,800만 원 직장가입자의 경우, 연간 53만 9,040원의 보험료를 부담하지만, 임대소득이 2,000만 원 있는 임대소득자는 피부양자 자격을 계속 유지하여 보험료 부담이 전혀 없다(사실 현재의 '2,000만 원 이하의 금융소득'에 보험료를 부과하지 않는 것도 같은 불형평성 문제를 야기한다. '2,000만 원 이하의 금융소득'에 보험료를 부과하는 것으로 형평성을 맞추어야 하는데, 반대로 형평에 어긋나게도 상대적 이득을 보는 계층을 하나 더 만든다는 문제가 있다).

둘째, 영세 자영업자와도 불형평하다. 사업소득은 1만 원만 있어도(사업자등록이 있는 경우. 사업자등록이 없으면 500만 원) 피부양자에서 제외되어 지역보험료가 부과되는데, 임대소득은 2,000만 원까지 피부양자 자격을 유지시키겠다는 것이다. 가령 사업소득이 2,000만 원인 지역가입자는 연 보험료가 164만 원인 데 비해, 임대소득이 2,000만 원인 피부양자는 보험료가 '0'원이다.

셋째, 상가 소유자와 주택 소유자 간의 불형평성이다. 상가나 오피스텔 임대소득자는 1만 원 이상의 임대소득이 발생해도 피부양자에서 제외되고 보험료를 부담하게 되지만(상가나 오피스텔 임대사업은 사업자등록을 반드시 해야 하고, 사업소득 1만 원만 있어도 피부양자에서 제외되기 때문이다), 주택 임대소득(간주임대소득 포함)자는 소득 자료가 파악되어도 2,000만 원 초과시에만 피부양자에서 제외되어 보험료가 매겨진다. 동일한 임대소득자인데 상가와 주택에 대하여 서로 다른 잣대를 적용함으로써 부과기준의 공정성이 크게 훼손되고 있다.

넷째, 주택임대소득 2,000만 원인 사람과 '2,000만 원 초과' 소득자 간의 보험료 부담의 불형평성이다. 2주택 임대소득자이면서 연간 임대소득이 2천만 원 이하이면 피부양자 자격을 유지하여 보험료가 발생하지 않으나, 임대소득이 2,001만 원만 돼도 피부양자에서 제외되어 건강보험료는 289만 원으로 껑충 뛴다. 약 323만 명에 달하는 2주택 이상 보유자들[53]의 대다수는 임대소득이 2,000만 원 이하가 되도록 고심할 것이고, 그 과정에서 주택임대차시장은 정부의 정책 의도와는 엇나가는 양상을 보이게 될 것이다.

다섯째, 직장가입자와 피부양자 간의 불형평성이다. 직장가입자는 주택 임대소득이 2,000만 원을 초과해도 종합소득 7,200만 원 한도 내에서는 임대소득에 대한 보험료는 발생하지

---

[53] 주택 1채 이상 보유 현황(공유 지분은 1주택 보유로 계산)

(단위 : 명)

구분	계	지역가입자	직장가입자	피부양자	의료급여 대상자
전체	12,661,322	2,408,012	5,210,556	3,987,967	1,347,330
2채 이상	3,226,893	948,433	1,038,199	1,203,773	36,488

않는다. 그러나 피부양자의 주택 임대소득이 2,000만 원을 넘으면 피부양자에서 제외되어 지역가입자로 편입되면서 임대소득 보험료에 재산 보험료까지 부과된다(4번의 사례이다). 같은 종류, 같은 크기의 소득이 있어도 건강보험 자격(직장가입자인지, 직장가입자의 피부양자인지)에 따라 보험료 부담이 달라지는 것이다.

여섯째, 재산과 소득의 이중 부과도 논란이 예상된다. 지역가입자는 재산(주택 등) 보험료를 납부하고 있음에도, 재산에서 발생한 소득(주택 임대소득)에 보험료를 추가로 부과함으로써 이중부과를 둘러싼 논란이 제기된다. 금융소득의 경우는 이자·배당소득에만 보험료가 산정되고 원금에는 부과되지 않는다. 그러나 '임대차 방안'으로 주택 임대소득이 드러나면, 현행 부과체계에서는 임대소득이 발생하는 '재산'(주택)에도 부과되고 그 재산을 기반으로 한 주택 임대소득(전월세금)에도 보험료가 부과됨으로써 가입자 입장에서는 이중 부과로 볼 수 있다.

7. 보험료 부과체계 하루빨리 개편해야

현행 보험료 부과체계는 거문고의 줄이 마치 엉클어진 듯한 모습이다.[54] 보험급여를 받는 기준은 누구나 동일한데 보험료를 부담하는 방법은 4원화 6가지 부류로 되어 있어 형평에도 어긋나고 불공정하다.

이로 인해 2013년 보험료 관련 민원이 5,730만 건으로, 총 민원 7,160만 건 중 80%를 차지하고 있다. 보험료와 관련된 수많은 민원으로 공단 콜센터 전화 응대율은 83%로, 걸려오는 전화의 17%가량은 받지 못하고 있다. 게다가 매월 보험료 납부마감일(10일)이 다가오면 평소보다 전화량이 평균 64% 증가하여 걸려오는 전화를 모두 응대하기 어려운 실정이다.

그런데 2천만 원 이하의 임대소득을 별도로 관리하여 보험료를 부과하지 않거나 피부양자 인정소득에서 제외한다면 현행 부과체계에서는 앞에서 말한 바와 같이 보험료 부담에 대한 불형평성과 불공정성이 심화되어 현재보다 더 많은 민원이 발생할 것이다.

정부의 주택임대차시장 선진화 방안 추진 논란에서 보듯이 현행 보험료 부과체계는 건강보험과 관계없는 정부 정책에도 휘둘리는 제도이다. 줄이 엉클어진 거문고는 줄을 풀어서 바꿔 매야 제대로 연주할 수 있듯이, 현행 부과체계는 형평성과 공정성을 모두 상실하였기 때문에 하루빨리 개편되어야만 한다.

---

[54] '해현경장(解弦更張)'은 『한서』에 나오는 말로 "거문고의 줄을 바꾸어 맨다"는 뜻이다. 즉, 거문고의 줄이 엉클어진 경우 줄을 풀어서 바꿔 매야 제대로 연주할 수 있듯이 제도가 잘못되었으면 근본적으로 개혁해야 바로잡을 수 있음을 의미한다.

2장 급여의 결정(지출관리 1)
– 건강보험 의사결정구조 –

보험료와 수가를 누가 결정할 것인가?

현재 건강보험정책심의위원회는 「국민건강보험법」 제4조에 따라 보험료·수가·보험급여· 약가(치료재료 가격 포함) 등을 심의·의결하고 있다. 건강보험의 수입(보험료)과 지출(보험급여· 수가·약가)의 모든 것을 결정하는 것이다. 사실상 건정심 구조개편 논의는 건강보험의 수입과 지출의 중요 의사결정구조(거버넌스) 개편에 관한 논의라고 할 수 있다. 쉽게 이야기하면 '보험 료와 수가를 누가 결정할 것인가'의 문제인 것이다.

현재 건정심의 구성은 8(가입자 대표) : 8(공급자 대표) : 8(공익 대표)이다. 의정 협의 결과 공익 대표 8명을 가입자와 공급자 동수로 하자는 것이 의협의 주장이고, 정부는 그렇지 않다고 한다.

외국에서는 보험료·수가 등 수입과 지출을 둘러싼 건강보험의 주요 의사결정을 누가 하고 있는지 살펴보기로 하자. 일본·대만·독일·프랑스·벨기에·네덜란드 등 '보험 방식'으로 국민 건강을 보장하고 있는 6개 나라의 사례이다. 보험료는 보험자가 결정하거나(일본·독일의 추가보 험료, 네덜란드의 정액보험료), 보험자가 정한 것을 정부가 승인하거나(대만·벨기에), 보험자의 안 을 바탕으로 의회가 법으로 정하고 있다(독일의 기본보험료, 프랑스·네덜란드 정률보험료).

위 사례에서 보듯이 보험 방식의 나라에서 보험료 결정은 보험자에서 시작한다. 보험료 결 정 과정에 공급자(의약계)가 관여하는 나라는 없다(대만은 자문기구에만 참여).

수가는 주로 보험자와 공급자 간 협상을 통해 합의한다(대만·독일·프랑스·벨기에). 일본(중의 협의 자문)과 네덜란드는 관련 위원회의 자문을 거쳐 주무장관이 결정한다.

※ 중의협(중앙사회보험의료협의회) : 총 20명으로 구성, 위원은 가입자·사용자 대표(7명), 의약계 대표 (7명), 공익 대표(6명) 등. 위원장은 공익 대표 중 위원들이 호선하여 선출하며, 공익 대표는 국회의 승인 을 받아 후생노동성 장관이 임명한다.

우리나라도 수가는 보험자와 의약계(공급자) 대표의 협상에 의한 계약으로 정하도록 하고 있으나(법 제45조 1항), 이는 수가의 20%를 차지하는 '점수당 단가(환산지수)'에만 해당한다. 수가의 80%를 차지하는 '상대가치점수'는 건정심이 정하도록 하고 있다. 20%인 점수당 단가도 협상이 결렬되면 건정심이 결정한다. 신의료기술 등의 '보험급여 적용'은 관련 위원회의 자문을 거쳐 정부가 정하거나(일본·대만· 벨기에), 보험자가 정하여 정부의 승인(프랑스)을 받는다. 독일은 연방보건부 소속의 연방공동위원회에서 결정한다. 그러나 우리는 보험급여 적용 또한 건정심이 결정하고 있다(법 제4조 제1항 1호 요양급여의 기준).

외국의 경우 대체로 이해관계를 조율하는 위원회는 자문기구로 운영하고 있으며, 정부가 정책(보험료·수가 등)을 최종 결정하는 것이 일반적이다(일본·대만·벨기에·네덜란드). 독일의 연방공동위원회는 의결기구로 운영하고 있지만, 이 위원회는 보험료나 수가 결정과는 아무 상관이 없고, 신의료기술의 보험급여 적용 등을 결정하고 있다. 반면 우리의 건정심은 자문기구가 아닌 '의결' 기구이다. 보험료나 수가를 올리고, 보험급여 적용 여부를 정하고, 약가(치료재료 가격)를 정하는 등의 건강보험의 주요 사항은 보건복지부 장관이 결정하는 것이 아니라 건정심이 결정한다.

건강보험의 거버넌스(의사결정구조)는 매우 중요하다. 사람으로 치면 두뇌에 관한 문제이다. 보험료와 수가와 약가와 보험급여 적용 등 건강보험의 핵심적인 내용을 결정하기 때문이다.

다음은 공단 연구원과 필자가 함께 정리한 '건강보험 의사결정구조의 외국 사례 등에 관한 연구' 내용이다. 건강보험의 거버넌스 개편은 제도 운영 전반은 물론 향후 제도 발전의 성패에도 많은 영향을 미치는 핵심적 사안인 만큼, 외국의 사례 등을 충분히 검토하여 방향을 설정할 필요가 있다.

건강보험 의사결정구조의 외국 사례 등에 관한 연구

검토 배경

❖2014년 3월 17일, 보건복지부와 대한의사협회는 제2차 의·정협의에서 건정심의 공익위원(8명) 구성 변경 등에 대해 합의

　※ (현행) 중앙정부 공무원 2명, 건강보험공단 및 심사평가원 추천 각 1명, 전문가 4명 (합의안) 가입자와 공급자가 동수로 추천

❖현재 건정심은 국민건강보험법 제4조에 따라 보험료율·보험급여·수가·약가 등을 심의·의결하고 있어, 사실상 건정심 구조개편 논의는 건강보험의 수입과 지출의 중요 의사결정 구조(거버넌스) 개편에 관한 논의임.

❖따라서 공급자단체는 물론, 국회·언론·가입자단체까지도 건정심 구조 개편 방향에 대해 관심이 집중되고 있으며, 주요 쟁점화되고 있음.

❖건강보험의 거버넌스 개편은 제도 운영 전반은 물론 향후 제도 발전의 성패에도 많은 영향을 미치는 핵심적 사안으로, 건강보험의 이념과 정신, 지난 37년간의 변천 과정, 외국의 사례 등을 충분히 검토하여 방향을 설정할 필요가 있음.

1. 건강보험의 성격과 정신

1) 건강보험의 성격

■ 건강보험은 '보험'이라는 기본적 특성과 '사회'보험으로서의 공익적 특성(사회연대성)을 동시에 가지고 있음.

'보험'적 성격	'사회'적 성격
• 가입자의 보험료로 주된 재원을 조달 (국가보건서비스 방식은 정부 조세로 조달) • '확률과 대수의 법칙'에 따라 위험 예측 및 분산 (risk pooling) • '수지상등의 원칙' 적용 • 가입자·보험자 간 자율적 운영	• 법에 의한 강제가입(민영 : 임의가입) • 부담 능력(소득)에 비례한 보험료 부과 (민영 : 위험 비례 부담) • 평등한 급여 (민영 : 보험료 비례) • 공익 추구 (민영 : 이윤 추구)

2) 건강보험의 정신과 운영 원리

■ 건강보험은 ① 보험료를 부담하는 가입자와 ② 가입자에게 의료서비스를 제공하는 의료공급자, ③ 가입자를 대리해서 보험료를 걷고 자격과 보험재정을 관리하면서, 의료공급자와의 사이에서 의료서비스가 원활하게 제공될 수 있도록 그 급여비용을 지불하는 보험자(국민건강보험공단)로 이루어짐.

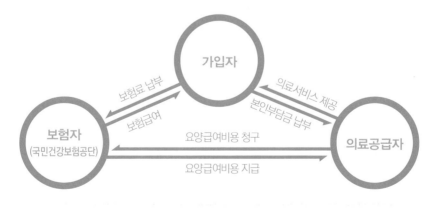

보건복지부(정책 결정 및 감독)

■ 다른 사회보험이 주로 '보험자-가입자'의 2자 관계인 데 비해, 건강보험은 가입자와 보험자 외에 의료공급자가 개입되는 특수성이 있으며(3자 관계), 이들 핵심 이해당사자 간 사회적 합의를 통한 '자치·자율(self-governing)'의 기본 정신과 '사회연대 책임'을 운영 원리로 하고 있음(정부는 정책과 감독, 후견적 조정을 수행).

2. '건강보험정책심의위원회'의 변천 과정

■ 1977년 7월 1일 500인 이상 사업장을 대상으로 의료보험을 당연적용하면서 종전 의료보험법을 전부 개정하여 보건사회부 장관의 자문기구인 '의료보험심의위원회'의 구성과 기능을 구체화함.

※ 그전까지는 의료보험법에 심의위원회 구성에 관한 규정이 없었음.

- 위원 : 총 13명. 근로자·사용자·의약계 대표 동수(3 : 3 : 3) 및 공익 대표(위원장인 보사부 차관 포함 4) 등
- 기능 : 의료보험제도, 보험급여, 보험료, 기타 장관이 부의하는 사항 등 자문
  • 다만 보험료율은 각 보험자(의료보험조합)가 결정하되 장관이 승인
  • 보험급여 및 수가는 동 위원회의 자문을 거쳐 보사부 장관이 결정

■ 2000년 1월 1일 「국민건강보험법」이 시행(1998.2.8 제정)되어 종전의 다보험자가 국민건강보험공단으로 통합되면서 '건강보험심의조정위원회'로 명칭 바뀜(자문기구).
- 위원 : 총 20명. 보험자·가입자·사용자 대표 8, 의약계 대표 6, 공익 대표 6등
- 기능 : 요양급여의 기준, 요양급여 비용, 기타 건강보험에 관한 주요 사항을 심의
  • 건보공단 내 '재정운영위원회'가 신설되어 보험료율을 결정(폐지된 의료보험조합 운영위원회의 역할을 대신함).

■ 2001년부터 건강보험재정파탄으로 2002년 1월 19일 「국민건강보험재정건전화특별법」이 시행됨에 따라 복지부에 '건강보험정책심의위원회'가 신설됨(심의의결기구로 변경).
- 위원 : 총 25명. 위원장(복지부 차관), 가입자 8, 의약계 8, 공익 8
- 기능 : 요양급여의 기준, 요양급여 비용, 보험료율, 기타 건강보험에 관한 주요 사항 등 심의·의결. 재정운영위원회의 보험료율 결정 기능을 가져옴.

■ 2006년 말, 5년간 한시법인 「국민건강보험재정건전화특별법」이 만료되어 폐지됨에 따라 특별법에 있던 건정심 관련 조항이 「국민건강보험법」으로 옮겨와 현재에 이름.

※ 재정건전화특별법이 폐지되었으나, 종전에 재정운영위원회의 보험료 결정권은 건정심 의결사항으로 유지됨.

3. 건강보험정책심의위원회의 구성과 기능

■ (구성) 보건복지부 내에 복지부 차관을 위원장으로 하여 총 25명으로 구성
 - 가입자 대표(8) : 근로자단체 2, 사용자단체 2, 시민단체 1, 소비자단체 1,
   농어업인단체 1, 자영업자단체 1
 - 의약계 대표(8) : 의협 2, 치협 1, 병협 1, 한의협 1, 약사회 1, 간호협 1, 제약협 1
 - 공익 대표(8) : 기재부 1, 복지부 1, 공단 1, 심평원 1, 건강보험 전문가 4
   (보건사회연구원 1, 보건산업진흥원 1, 학계 2)

■ (기능) 요양급여의 기준, 요양급여 비용, 보험료, 기타 건강보험에 관한 주요 사항으로서 대통령령으로 정하는 사항(상대가치점수, 약제·치료재료 상한액, 임·출산비 부가급여 등)을 심의·의결(의결기구).
 - (보험료) 건정심이 의결하면 대통령령으로 정함.
 - (수가) 상대가치점수는 건정심이 심사평가원의 상대가치운영기획단 안을 심의·의결하고 장관이 고시함. 점수당 단가(환산지수)는 공단이 의협 대표와 협상하여 계약으로 정하고 장관이 고시함. 협상 결렬시에는 건정심이 결정.
 - (급여 적용) 심사평가원의 전문평가위원회의 검토를 거쳐 건정심이 심의·의결하고 장관이 고시함.

4. 주요 6개국의 의사결정 사례

여기에서는 건강보험의 주요 의사결정 사항으로 보험료, 보험급여의 적용, 수가(의원급)에 대해 살펴본다(그 외 의협과 무관한 병원급 수가, 약가 등은 생략).

1) 일본

- (보험료) 각 보험자가 결정함.
- (수가 및 급여 적용) 후생노동성 장관이 자문기구인 '중앙사회보험의료협의회(중의협)'의 심의를 거쳐 행위별수가와 급여를 결정.
- (중의협) 총 20명으로 구성되며, 위원은 가입자·사용자 대표(7명), 의약계 대표(7명), 공익 대표(6명) 등. 위원장은 공익 대표 중에서 위원들이 호선하여 선출하며, 공익 대표는 국회의 승인을 받아 후생노동성 장관이 임명.

2) 대만

- (보험료) 위생복리부 장관이 자문기구인 '전민건강보험회'의 심의를 거쳐 행정원의 승인을 받아 보험료율을 결정.

  ※ 위생복리부의 외청급 부서인 '중앙건강보험서'가 보험자로서 실제 보험료, 수가, 급여 적용 등 위생복리부의 안 작성 및 업무를 전담함.

- (수가) 매년 행정원이 정한 진료비 총액 증가율의 범위 안에서, 위생복리부 내에 있는 '전민건강보험회'에서 각 부문별 진료비 총액을 합의하고, 위생복리부 장관이 이를 승인하여 시행함(합의 실패시 장관이 결정).
  - 그 총액 범위 내에서 의원급의 서비스 단가가 자동 조정됨(행위별수가제).
- (급여 적용) 위생복리부 장관이 중앙건강보험서의 안을 바탕으로 '전민건강보험회'의 자문을 거쳐 결정함.
- (전민건강보험회) 총 35명으로 구성되며, 위원은 보험료부담자 대표(18명)와 공급자 대표(10명), 공익 대표(5명), 정부 대표(2명)임. 위원장은 정부가 추천한 공익 대표 중 위생복리부 장관이 지명함.

  ※ 반드시 보험료부담자 대표가 1/2 이상, 가입자 대표가 1/3 이상이 되어야 함.
  (보험료부담자 대표는 가입자 12명, 고용주 5명, 행정원 주계총처 1명임)

3) 독일

- (보험료) 기본보험료율은 의회에서 법으로 정하며(2009년 전에는 보험자가 결정), 재정이 어려울 때 걷는 추가보험료는 각 보험자(질병금고)가 결정함.
- (수가) 의원급은 총액계약제에 의해 ① 1차로 연방보험자연합회와 연방보험의사협회가 상대가치 등 전체 지침을 협상하여 정하고, ② 2차로 주(州) 단위 보험자연합회와 보험의

사협회 간 협상으로 주별 총액을 결정하며, ③ 3차로 주(州) 보험의사협회가 주의 총액 범위 내에서 개별 보험 의사들에게 행위별수가로 지불함(공급자 내의 자율적 배분 방식).

- • 협상이 결렬될 경우 보험자·의사 대표(동수)와 중재위원으로 구성되는 중재위원회를 통해 조정하되, 조정될 때까지는 기존 수가를 적용함.

- (급여 적용) 일반적인 급여사항은 법으로 상세히 규정하고 있으며, 다만 신의료기술의 보험 적용은 연방보건부의 감독을 받는 '연방공동위원회(GBA)'(별도 공법인)에서 의결하여 정함.

  • (연방공동위원회) 총 13명으로 구성되며, 위원은 연방보험자연합회 대표(5명)와 공급자 대표(5명 : 의협 2, 병협 2, 치협 1), 중립위원(3명) 등임. 위원장은 연방보건부 장관이 중립위원 중에서 임명하며, 별도로 환자단체 대표(5명)는 조언은 할 수 있으나 의결권이 없음.

    ※ 중립위원은 연방보험자연합회와 공급자 측이 동의한 자를 장관이 임명함.
    ※ 진료비 심사기구 : 병원이 보험자(질병금고)에게 진료비를 청구하고, 보험자가 이를 심사하여 급여 비용을 지급하며, 세부 심사가 필요한 경우 건강보험심사평가단(MDK)에 심사를 의뢰함. MDK 는 진료비용의 적정성 심사 및 서비스의 질 평가 등을 담당하나, 급여 적용 여부나 수가 결정에 관여하지는 않음.

4) 프랑스

- (보험료) 의회가 정한 차년도 건강보험 목표지출액(보건부가 보험자연합의 보고서 등을 바탕으로 제안)을 토대로 보건부가 보험료율 안을 의회에 제안하여 법으로 정함.

- (수가) 보험자연합이 의사단체와 협상하여 전국협약을 체결하고, 보건부 장관의 승인을 받아 시행함(행위별수가제).

  ※ 이때 건강보험 목표지출액의 의원 부문 할당액을 참고함.

  • 협상 결렬시 협약이 이루어질 때까지 기존 수가로 지불.

- (급여 적용) 보험자연합이 보건부 장관의 승인을 받아 결정(의료공급자는 의사결정에서 배제).

- (보험자연합) 독립된 공적 기관(UNCAM)으로 의사결정 위원회는 총 18명으로 구성됨. 위원은 근로자보험 대표(12명), 자영업자보험 대표(3명), 농업보험 대표(3명) 등이며, 위원장은 근로자보험의 사무총장이 맡음(당연직).

5) 벨기에

- (보험료) 질병장애보험공단(INAMI)이 공단 내에 설치된 총괄협의회(Genaral Council)의 의결을 거쳐 사회보건부 장관의 승인을 받아 총액 예산을 정함. 보험료율은 총액 예산에 따라 자동 결정됨.

- (총괄협의회) 총 28명으로 구성되며, 위원은 재정부담자 대표(가입자 10명, 정부 5명)와 보험자 대표(질병금고 5명), 공급자 대표(8명) 등임. 의장은 위원 중에서 호선하며, 공급자 대표는 의결권이 없음(자문 역할).
- (수가) 보험공단이 공단 내에 설치된 자문위원단(National Commission)을 통해 보험자대표와 공급자 대표 간 협상으로 행위별수가를 정하고 장관의 승인을 받아 시행.
  - 이후 지역별로 개별 의사의 60% 이상이 찬성해야 시행되는데, 반대가 많은 경우 사회보건부 장관은 ① 합의된 수가를 강행하거나, ② 새로운 대안으로 재협상하거나, ③ 전년도 수가에 준해 지불하는 등 세 가지 옵션 중 하나를 선택함.
  - (자문위원단) 총 24명으로 구성되며, 위원은 보험자 대표(12명)와 의사단체 대표(12명 : 전문의 6, 일반의 6)임. 단장은 위원 중에서 호선하여 선출.
- (급여 적용) 사회보건부 장관이 보험공단의 안을 공단 내의 '건강보험위원회' 자문을 거쳐 결정함.
  - (건강보험위원회) 총 48명으로 구성되며, 위원은 보험자 대표(21명), 의료공급자 대표(21명), 가입자 대표(6명) 등임. 위원장은 국왕이 위원 중에서 공직 경력자를 임명하며, 가입자 대표는 의결권이 없음.
  ※ 공급자 대표(21명) : 의사 7, 치과의사 1, 약사 2, 병원 5, 물리치료·간호사 6

6) 네덜란드

- 공적 보험자 방식과 달리, 네덜란드는 건강보험의 가입·보험료·급여 등 주요 사항을 법률로 규제하는 법정 의무건강보험제도이나, 관리운영은 민영보험사(보험자)가 담당하는 체계
- (보험료) 정액·정률 두 가지 보험료로 나뉘는데,
  ① 보험자(민영보험사)가 걷는 정액보험료는 보건복지체육부 장관이 제시한 표준보험료 금액 범위를 참고하여 각 보험자가 결정.
  ② 보험자 간 위험 균등화를 위해 정부가 걷는 정률보험료(소득비례)는 보건복지체육부 장관이 국회에 제안하여 건강보험법(ZVW)으로 정함.
  ※ 국세청이 징수하여 건강보험위원회에 이관하고, 동 위원회에서 민영보험사에 분배.
- (수가) 보건복지체육부 장관이 보건의료감독기구(NZa)의 제안을 참고하여(자문 역할) 인두제 방식으로 결정함.
  - (보건의료감독기구) 보건복지체육부 산하의 독립된 행정기구로 보건복지체육부 장관이 기관장을 임명하고 재정을 지원함. 외부 전문가로 구성된 자문위원회의 자문을 거쳐 수가를 제안함.

※ (자문위원회) 위원장을 포함한 총 12명의 전문가로 구성되며, 위원은 교수(7명), 전문가(5명) 등
임(이익단체 배제).

- (급여 적용) 표준급여항목(standard benefits package)은 보건복지체육부 장관이 건강보
험위원회(CVZ)의 자문을 거쳐 국회에 제안하여 건강보험법으로 규정함.

• (건강보험위원회) 법에 따라 보건복지체육부가 설치한 별도의 공법인으로 민영보험사,
의료공급자, 환자(단체)로부터 독립성을 지님. 이사회는 의장을 포함한 3인으로 구성되
며 보건복지체육부 장관이 임명함.

※ (건강보험위원회) 전문가로 구성된 4개의 하부 자문위원회[55]를 가지고 있으며, 그중 급여자문위원
회(Advisory Package Committee)가 급여에 관한 자문을 수행함. 총 위원은 9명으로 구성되
며, 교수(4명), 의사(2명), 전문가(3명) 등임. 위원장은 보건복지체육부 장관이 임명하며, 정부가 보
험자 간 위험 균등화를 위해 징수하는 정률보험료를 각 보험자에게 분배하는 역할도 겸하고 있음.

해외 사례 요약

이상 주요 6개국을 살펴본 결과, 공통된 흐름 내지 경향은 다음과 같음.

❖수입·지출과 관련된 주요 의사결정에 가입자를 대리하는 보험자의 역할이 충실히 작동
되고 있음.

❖ 보험료는 보험자가 결정하거나(일본·독일 추가보험료, 네덜란드 정액보험료), 보험자가
정한 것을 정부가 승인하거나(대만·벨기에), 보험자의 안을 바탕으로 국회에서 법으로
정함(독일 기본보험료, 프랑스·네덜란드 정률보험료).

　– 보험료 결정에 공급자는 관여하지 않음(대만은 자문기구에만 참여).

❖수가는 주로 보험자 대표와 공급자단체 간 협상을 통해 합의(대만·독일·프랑스·벨기에).

　※ 일본·네덜란드는 관련 위원회의 자문을 거쳐 주무장관이 결정.

❖보험급여의 적용은 대부분의 국가가 법률로 규정하고 있으나(독일·네덜란드 등), 새로
발생하는 신의료기술의 경우 관련 위원회의 자문을 거쳐 정부가 정하거나(일본·대만·
벨기에), 보험자가 정부 승인을 받아 정함(프랑스).

　※ 독일만 신의료기술에 대해 연방보건부 내 연방공동위원회에서 결정.

❖대체로 이해관계를 조율하는 위원회는 자문기구로 운영하고 있으며, 정부가 최종 정책을
결정하는 것이 일반적임(일본·대만·벨기에·네덜란드).

　※ 독일만 의결기구로 운영(연방공동위원회), 프랑스는 유사 위원회 없음.

❖의사결정과 관련된 위원회의 공익 대표를 공급자단체가 추천하는 예는 없었음.

　– 다만, 공익 대표에 대해 국회 승인을 거치거나(일본), 보험자와 공급자의 동의를 거쳐
(독일) 정부(장관)가 임명하는 경우는 있었음.

---

[55]　과학자문위원회(Scientific Advisory Board), 급여자문위원회(Advisory Package Committee), 질평가위
원회(Quality Advisory), 전문가수련혁신위원회(Innovation Advisory care professions and training)

주요 국가의 건강보험 의사결정구조 비교

구분	보 험 료	의원급 수가	급여결정

한국
(NHI)
	– 건정심에서 심의·의결 후
	  대통령령으로 정함
	– (건정심) 총 25명
	– 위원장(차관) 1, 가입자 대표
	  8명, 의약계 대표 8명,
	  공익 대표 8명
		– (상대가치점수) 심평원의
		  안을 건정심이 심의·의결
		  하고 복지부 장관이 고시
		– (환산지수) 보험자와 의약계
		  대표가 협상하여 계약하고
		  장관이 고시
		  • 결렬시 건정심이 결정
			– 심평원 내 전문평가위원회의
			  검토를 거쳐 건정심이 심의·
			  의결하고 복지부 장관이 고시

일본
(SHI)
	– 각 보험자가 결정	– 후생노동성 장관이 중앙사회보험의료협의회의 자문을
		  거쳐 결정
		– (중앙사회보험의료협의회) 총 20명
		  • 가입자 및 사용자 대표 7명
		  • 의료·약업계 대표 7명
		  • 공익 대표(위원장 포함) 6명. 국회 승인을 거침	

대만
(NHI)
	– 위생복리부 장관이
	  자문기구인
	  '전민건강보험회'의
	  심의를 거쳐 행정원장의
	  승인을 받아 결정
		– 행정원장이 정한 진료비
		  총액 증가율 범위 내에서,
		  위생복리부 내에 있는
		  '전민건강보험회'에서
		  합의하고 장관이 승인
			– 위생복리부 장관이
			  중앙건강보험서의 안에 대해
			  '전민건강보험회'의 자문을
			  거쳐 결정

	– (중앙건강보험서) 위생복리부의 외청급 부서로 보험료, 수가, 급여 적용 등 장관이 제안하는
	  모든 실무를 전담하는 보험자
	– (전민건강보험회) 총 35명으로 구성. 보험료 부담자 대표 18명(가입자 12, 고용주 5,
	  행정원 주계총처 1), 공급자 대표 10명, 기타 7명(공익 대표 5,
	  위생복리부 1, 경제건설위원회 1)		

독일
(SHI)
	– 기본보험료율은 보험자의
	  안을 바탕으로 국회에서
	  법으로 정함
	– 추가보험료는 보험자가 결정
		– 총액계약제 적용
		  • (1차) 연방보험자연합회와
		  연방보험의사협회가 전체
		  지침을 협상
		  • (2차) 주 단위 보험자
		  연합회와 보험의사협회 간
		  협상으로 주별 총액 결정
		  • (3차) 주 보험의사협회가
		  행위별수가로 개별
		  보험 의사에 지급
			– 급여는 법률로 정하되,
			  신의료기술의 보험
			  적용은 연방보건부 내
			  연방공동위원회에서 결정
			– (연방공동위원회) 총 13명
			  • 중립의장 1명, 중립위원 2명
			  ※ 보험자·공급자 측의
			  동의를 거침
			  • 공급자 대표 5명
			  • 연방보험자연합회 5명

구 분	보 험 료	의원급 수가	급여결정
프랑스 (SHI)	− 국회가 정한 차년도 건강보험 목표지출액 (보험자연합의 보고서 등에 기초)을 토대로 보건부가 제안하여 국회에서 법으로 정함	− 보험자연합이 의사단체와 협상하여 전국 협약으로 행위별수가를 정하고 보건부 장관의 승인을 받아 시행	− 보험자연합이 복지부 장관의 승인을 받아 결정 ※ 공급자는 배제됨
벨기에 (SHI)	− 질병장애보험공단이 '총괄협의회'의 의결로 총액 예산을 정하고 사회보건부 장관의 승인을 받음. • 총액 예산에 따라 보험료율이 자동 결정됨 − (총괄협의회) 총 28명 • 정부 5명, 가입자 10명, 질병금고 5명, 공급자 대표 8명 • 공급자 대표는 의사결정권이 없음	− 보험공단이 공단 내 자문위원단에서 보험자 대표와 공급자 대표 간 협상으로 행위별수가를 정하고 장관의 승인을 받아 시행	− 사회보건부 장관이 공단 내 '건강보험위원회'의 자문을 거쳐 결정 − (건강보험위원회) 총 48명 • 질병금고 21명, 의료공급자 21명, 가입자 대표 6명 ※ 가입자 대표는 의결권이 없음
네덜란드 (SHI)	− 정액보험료는 보험자가 결정 − 정률보험료는 주무장관이 제안하여 법으로 정함	− 보건복지체육부 장관이 보건의료감독기구의 제안을 참고하여 결정	− 표준급여 항목은 보건복지체육부 장관이 건강보험위원회의 자문을 거쳐 국회에 제안, 법으로 정함

건강보험 국가의 의약품
보험급여 등재 및 약가 결정 방식

지금부터 다룰 내용은 보험자의 '지출관리' 중 '의약품의 보험급여 등재 여부 및 가격 결정'에 관한 사항이다. 다른 나라의 사례를 살펴보고 우리와 다른 점은 무엇인지, 우리는 어떻게 해야 하는지 짚어 보기로 하자.

1. 대만 : 전민건강보험국이 '급여 등재 및 약가' 결정

대만은 단일보험자 방식으로, 우리나라와 건강보험 체계가 가장 유사하다. 신약과 제네릭(특허가 만료된 의약품의 카피 약) 모두 보험자인 전민건강보험국이 등재 여부와 약가를 결정한다.

제약사가 약제 등재를 신청하면, 전민건강보험국 내 '약제전문가위원회'가 보험급여 여부부터 가격, 급여 기준까지 모두 결정한다. 다만, 신약은 별도 기구인 '의약품검증센터'에 의뢰하여 임상효과와 경제성을 검토하는 과정을 거친다.

대만은 2008년 약품비가 진료비 대비 24.8%로, 1998년 이후 10년간 25% 내외를 꾸준히 유지해 오고 있다(우리나라는 2011년 기준 29.15%).

2. 벨기에 : INAMI가 '급여 여부 및 약가' 결정하면 정부가 확정

벨기에의 건강보험은 다보험자 방식으로, 7개의 질병금고(보험자)를 INAMI(질병·장애보험기구)라는 보험자단체(질병금고연합회)가 관리·감독한다. 제약사가 약제 등재를 신청하면, 경제부의 '의약품약가결정위원회'가 약제의 원가를 계산하고 최대 가격을 결정해서 INAMI에 통보한다. 그러면 INAMI 내 '급여위원회(CTG)'가 급여 적정성을 평가하여 등재 여부를 결정하고, 약가에 있어 필요한 경우 제약사와 서면 협상을 하여 적정 수준의 약가를 결정한다.

INAMI가 급여 여부 및 약가 결정 결과를 보건사회부(정부)에 제출하고, 보건사회부가 이를 수용하면 최종 결정된다. 급여 등재 여부 및 약가의 최종 결정은 보건사회부가 하지만

INAMI가 제출한 결과를 수용하기 때문에 INAMI가 결정한다고 봐도 무방하다. 벨기에의 국민의료비 대비 약제비 비중은 2006년 이후 16%대(OECD 자료 기준)를 유지하고 있다.

3. 독일 : 공적건강보험연합이 약가 협상하고 결정

독일은 다보험자 방식으로, 보험자 대표인 '공적건강보험연합'이 제약사와 약가 협상을 하고 참조가격도 결정한다. 2011년 '의약품 시장개혁 법안(AMNOG)'을 시행하면서 혁신적 신약에 대해 '보험자와의 약가 협상 방식'을 도입했다. 급증하는 약제비를 절감하기 위해서이다.

제약사가 신약의 약제 등재를 신청하면, '연방위원회(보험자, 의료서비스 공급자, 환자 대표로 이루어진 중립기구)'가 '의료 질·효율성연구소(전문기관)'에 의뢰하여 의약품의 편익 수준을 평가하고 '혁신적 신약'인지 '비혁신적 신약'인지를 결정한다.

혁신적 신약은 공적건강보험연합과 제약사 간의 약가 협상을 통해 약가를 결정하고, 비혁신적 신약은 '공적건강보험연합이 작성한 참조가격군에 포함되어 약가가 결정된다. 제네릭도 연방위원회가 참조가격 그룹을 설정한 뒤, 공적건강보험연합이 참조가격을 결정하면 이것이 가격이 된다.

신약·제네릭 모두 보험자가 약가를 결정하는 독일은 국민의료비 중 약제비 비중이 14.8%(2010년 OECD 자료 기준)로, 2000년 이후 13~15%대를 유지하고 있다. 비교 국가들 중 가장 비중이 낮다.

4. 일본 : 정부가 약가 결정

일본은 다보험자 방식이다. 그런데 보험자가 약가를 결정하지 않고 정부가 결정을 한다. 후생노동성(우리나라의 보건복지부)이 건강보험제도를 운영하면서 의약품과 관련된 전반적인 사항을 직접 관장하고 있기 때문이다.

신약·제네릭 모두 제약사가 약제 등재를 신청하면, 후생노동성 산하 '약가전문위원회'가 약가를 검토한 뒤, 후생노동성의 의사결정기구인 '중앙사회보험의료협의회'가 최종 가격을 결정한다. 보험자가 약가를 결정하지 않는 일본은 다른 보험 국가들에 비해 약제비 비중이 높다, 일본의 국민의료비 중 약제비 비중은 2009년 기준 20.8%로 우리나라의 22.5%보다는 낮지만 OECD 평균인 16.6%(2010년 기준)보다는 높은 편이다.

5. 한국 : 급여 여부 및 약가를 보험자가 결정하지 않음

우리나라는 제약사가 약제를 보험급여 목록에 등재 신청하면,
① '신약'의 경우 심사평가원(진료비 심사기구) 내 '약제급여평가위원회'가 급여 여부 및 급여
　적정성을 평가한다. 급여 적정성을 인정받으면 보험자인 건강보험공단과 제약사가 약가
　협상을 실시한다. 이때 협상은 '심평원이 결정한 적정 급여가격 이하 수준'에서 진행된다.
② '제네릭'의 가격은 심평원이 직접 산정한다.
③ 약제비 사후관리 업무(이미 등재된 약품 목록의 정비, 약가 재평가, 급여 기준 설정 등) 또한 심
　평원이 담당한다.

즉, 우리나라에서는 보험자인 건강보험공단은 심평원이 결정 통보한 가격 범위 내에서의
신약 약가 협상을 제외하고는 모든 의약품(제네릭)에 대해서 급여 여부, 가격(약가), 급여 기준,
사후관리에 대한 역할이 없다고 할 수 있다.

우리나라의 국민의료비 중 약제비 비중은 2010년 21.6%(OECD 자료 기준)로, OECD 평균
16.6%에 비해 상당히 높은 수준이다. 또 2011년도 건강보험 진료비 중 의약품이 차지하는 비
중은 29.2%(조제료 포함시 35.3%)에 달한다.

'보험' 방식으로 의료보장을 하고 있는 나라 중 의약품의 급여 여부 및 가격 결정을 '보험자'
가 아닌 다른 기관에서 하는 우리의 체계는 여타 국가와는 다른 예외적인 사례라고 할 것이다.

주요 국가의 급여결정 및 약가결정 기구 비교

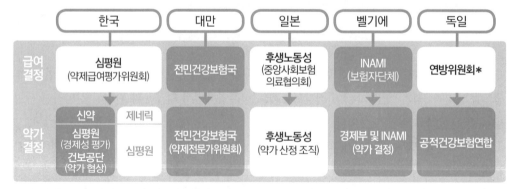

*연방위원회 : 보험자·의료서비스 공급자 및 환자 대표로 이루어진 중립적 위원회
　　　　　 표시는 보험자(단체) 참여 결정

3장 급여비용의 지급(지출관리 2)
− 진료비 청구·심사·지급 체계 −

진료비 청구·심사·지급 체계의 이론과 실제

1. '비정상적인 관행의 정상화 과제' 공문

2013년 9월 보건복지부로부터 한 장의 공문을 받았다. 국무조정실의 추진 계획에 따른 '비정상적인 관행의 정상화 과제'를 제출하라는 것이다. 현재의 건강보험제도가 당면한 가장 큰 문제는 '지속가능성'이다. 지속가능성은 재정관리가 핵심이다. 재정관리는 '수입관리'와 '지출관리'를 잘하는 것이다.

건강보험에서 수입관리는 '보험료 부과·징수'이다. 현재의 보험료 부과체계는 비정상적이다. 지역가입자의 '재산, 자동차, 가족구성원의 성·연령'에 보험료를 부과함으로써 수많은 민원을 발생시키고 있기 때문이다. 한편에서는 납부능력과 무관한 과도한 보험료 부과로 인해 체납자를 양산하고, 또 다른 한편에서는 소득이 발생하는데도 보험료를 부과하지 않음으로써 '무임승차자'를 양산하고 있다. 다행히 연말까지 '소득 중심' 보험료 부과체계를 만든다고 하니 이 부분에 있어 비정상적인 관행은 바로잡을 수 있게 되었다.

문제는 지출관리 영역이다. 건강보험재정은 아무리 보험료를 잘 걷어도(수입관리를 잘해도), 지출에 있어 낭비 요소가 있으면 말짱 헛일이다. 건강보험의 지속가능성도 문제가 된다. 현재 건강보험 제도에 있어 '지출관리' 영역은 재정누수가 상례화되어 있다. 그 가운데 대표적인 것이 '진료비 청구·심사·지불·사후관리 체계'이다. 공단은 보건복지부의 '비정상적인 관행의 정상화 과제' 요청 공문에 첫 번째로 '진료비 청구·심사·지불·사후관리 체계'를 제출했다.

현재의 진료비 청구·심사·지불·사후관리 체계가 어떤 문제를 야기하는지, 외국에서는 (특히 우리처럼 사회보험 방식으로 건강보장제도를 운영하고 있는 나라에서) 어떻게 하고 있는지, 그렇다면 어떻게 제도를 바꾸어야 하는지를 이야기한 것이다.

다음은 '진료비 청구·심사·지불·사후관리 체계'와 관련하여 지금까지 간헐적으로 나온 문제를 총정리한 것으로, 보험료 부과체계 개선 이후 건강보험제도가 가장 빨리 바꾸어야 하는 문제로서 그 시급성을 환기시키는 것이다. 또한 현 정부의 개혁 조치의 일환으로 실시되는 비정상적인 관행을 정상으로 되돌리는 일이기도 하다.

2. 현재의 진료비 청구·심사·지불·사후관리 체계의 문제

현행 '진료비 청구·심사·지불·사후관리 체계'에는 재정누수가 상례화되어 있다. 이로 인해 다음과 같은 문제들이 발생하고 있다.

1) 진료비 지급 전 사전관리 불가능

요양기관(의료기관)의 급여비용(진료비) 청구를 가입자의 자격관리를 하는 보험자(공단)가 아닌 심평원에 함으로써, 부적정한 가입자(외국인 등)의 진료비를 일단 지급한 후 환수하는 사후관리만 하게 되어 이중 삼중의 낭비를 가져오고 있다. 진료비 지급 전 '사전관리'를 못하고 있는 것이다. 앞서도 말했듯이 현행 「국민건강보험법」에서는 요양급여 비용을 심평원에 청구하고(제47조), 비용 심사를 심평원이 하도록(제63조) 했다. 그전까지 의료보험법·공무원및사립학교교직원의료보험법·국민의료보험법에서는 보험자인 지역·직장의료보험조합, 공교의료보험관리공단, 국민의료보험관리공단이 심사를 하거나, 심사 업무를 다른 기관에서 하더라도 '위탁'이라는 용어를 써서 '심사'는 보험자 업무임을 명확히 했다.

또 요양급여 비용 '청구'는 당연히 비용을 지불하는 주체인 보험자에게 하는 것이었다. '비용 심사' 전에 해야 할 일이 있기 때문이다. '자격 확인'이다. 외국인 근로자, 해외 동포, 급여제한대상자 등 가입자 자격이 없는 사람에 대한 급여 비용은 애초에 지급하지 말아야 하기 때문이다. '사전관리'이다. 지급했다가 환수하는 '사후관리'는 한계가 많다.

지금이 그렇다. '보험급여 비용의 청구'를 보험자가 아닌 심평원에 바로 하게 한다. 이로 인해 가입자인 국민의 출생·성장·주거지 이동·분가에서부터 사망시까지 모든 자료를 보유하고 그 '자격관리(가입자관리)'를 하고 있는 보험자인 공단이 부적정한 가입자에 대한 급여 비용을 '사전관리'하지 못하고 있다. 지급한 이후 환수하는 '사후관리'만 하게 되면서 이중 삼중의 낭비가 초래되고 있다.

법 제47조(요양급여비용의 청구와 지급 등)를 자세히 살펴보면 지출관리의 주요 기능인 '보험급여 비용의 지급'에 있어 보험자인 공단은 단순 '현금출납기' 기능만 하고 있음을 알 수 있다.

심평원에 청구했지만 공단에 청구한 것으로 보고(1항), 심사의 내용을 '통보'받은 공단은 '지체 없이' 비용을 요양기관에 지급해야 하고(3항), 심평원이 (요양급여의) 적정성을 평가하여 공단에 '통보'한 경우에는 그 (평가) 결과에 따라 비용을 '가산 또는 감액' 조정하여 지급해야(5항) 한다. 공단은 (비용을) 통보받고 '지체없이' 지급하고 통보에 따라 조정해서 지급해 주는 기관이다.

'지체없이' 지급해야 하므로 '자격확인'할 여유도 없다. 일단 비용을 지급한 뒤에 잘못 지급 된 비용을 환수하는 '사후관리'에만 매달릴 뿐이다. 재정관리의 책임은 공단에 있기 때문에 그 렇게라도 해야지 재정을 절감할 수 있기 때문이다.

2) 부당수급 적기 조사 불가능

가입자의 자격을 관리하는 보험자(공단)가 아닌, 심평원에 진료비를 청구하는 지금과 같은 체 계에서는 공단이 부적정한 가입자의 부당수급(진료)에 대해 '적기 조사'를 하지 못한다.

공단이 심평원으로부터 심사내역을 받는 시점은, 심평원이 의료기관으로부터 진료비 심사 를 청구받고 45일 뒤이다. 의료기관이 진료비 청구를 한두 달씩 한꺼번에 모아서 청구하는 것 을 감안하면, 진료 시점으로부터는 서너 달 뒤가 되는 것이다. 공단이 심평원으로부터 심사 내 역을 받아서, 그것을 공단이 보유하고 있는 (가입자) 자격 자료 및 BMS(부정급여적발시스템)와 연동하여 부정조사를 하는 데 또 한두 달이 지난다.

결국 부정수급 적발은 진료시점으로부터 5~6개월 뒤가 된다. 그 정도 시간이 지나면 건강보 험 무자격자인 외국인은 진료 후 본국으로 돌아가고, 보험사기 집단은 증거를 은폐하고, 사무장 병원은 폐업 후 잠적하기 충분한 시간이다. 부당수급 및 보험사기 적발 시점을 단축해야 한다.

3) 심사조정내역 못 받아 개략적인 조사만 가능

현재 공단은 심평원으로부터 '진료비 심사내역'을 받긴 받되, 세부적인 심사조정내역은 받 지 못하고 있다. '세부적인 줄 단위 심사조정내역'은 BMS에서 필수적인 요소이다. 자료가 세밀 할수록 깊이 숨겨진 보험사기와 부정급여, 부정청구를 적발해 낼 수 있기 때문이다. 지금은 개 략적인 자료로 개략적인 조사만 할 뿐이다.

4) 비용 청구의 이원화 문제

A 의료기관에서 환자 B에 대해 (국가)건강검진을 하고, 치료를 한다. 환자 B의 건강검진비 용은 공단이 지불한다. 그리고 치료비용(진료비)도 공단이 지불한다. 그런데 비용 청구는, 하나

는(건강검진) 공단에, 하나는(진료비) 심평원에 한다.

예를 들어 어떤 사람이 장기요양시설에 있다. 이분이 가끔 아파 병원에서 치료를 받는다. 이분의 장기요양비용은 공단이 지불한다. 그리고 치료비용(진료비)도 공단이 지불한다. 그런데 비용 청구는, 하나는(장기요양비용) 공단에, 하나는(진료비) 심평원에 한다. 또 심사는, 하나는 (장기요양비용) 공단에서 하고, 하나는(진료비)는 심평원이 한다. 설명하면서도 잘 이해가 되지 않는 구조이다. 비정상이다.

5) 보험사기 · 부정수급 · 부정청구 조사의 효율성 낮아

앞서의 문제로 인하여 보험사기 · 부정수급 · 부정청구 조사의 효율성이 떨어지고 있다. 동일 인물에 대한 비용(건강검진 · 진료비 · 장기요양비용), 동일 의료기관이 청구한 비용(건강검진 · 진료비) 을 같은 시간에 같은 테이블에 놓고 비교 대조하면서 보아야 한다.

그런데 진료비 청구 기관이 공단과 심평원으로 각각 다르고, 심사 기관 역시 각각 다르고, 공단에 접수되는 시점도 각각 다르고, 진료비는 세밀한 조정 내역조차 받지 못한다. 이 모든 자료가 한 기관에 집중되고, 한 기관에서 자료를 관리하고, 한 기관에서 심사하고, 같은 테이블에 놓고 같은 시점의 자료를 비교 대조하면, 지금보다 훨씬 더 효율적인 심사가 이루어져 보험사기 적발과 부정수급 · 부정청구를 적발해 낼 수 있다.

이상으로 가입자의 자격을 관리하는 보험자(공단)가 아닌 심평원에 진료비를 청구하는 현재의 시스템으로 인해 발생하는 문제를 살펴보았다. 그렇다면 외국에서는 어떻게 하고 있는지 알아보기로 하자.

3. 다른 나라의 진료비 청구 · 심사 · 지불 · 사후관리 체계

1) 대만 : 보험자인 전민건강보험국이 관리

대만은 우리와 건강보험 체계가 매우 유사하다. 대만의 모든 국민은 전민건강보험이라는 '하나의' 공적 건강보험제도에 가입되어 있고, 전민건강보험국(BNHI)이라는 '단일보험자' 조직을 통해 건강보험제도가 관리운영되고 있다는 측면에서 우리나라와 상당히 유사하다.

※ 참고로 보험자 업무를 담당하는 전민건강보험국(BNHI)은 2013년 7월 23일자로 전민건강보험서(NHI Administration)로 개편되었다. 개편 이후 내부 조직 체계가 어떻게 세부적으로 바뀌었는지 파악되지 않기 때문에 기존 전민건강보험국의 조직과 기능을 중심으로 소개한다.

대만의 건강보험 진료비 심사 절차[56]는 ① 진료비 청구서 접수, ② 심사 확인(부정확한 청구 건 반송 및 삭감), ③ 프로파일 분석, ④ 표본추출, ⑤ 동료심사(의료심사), ⑥ 최종 승인 및 지급 순으로 진행된다.

구체적으로 설명하면 ① 환자를 진료한 의료기관이 보험자인 전민건강보험국에 진료비를 청구하면, 이에 대해 ② 전민건강보험국의 의료심사 부서는 기본적인 청구의 정확성을 심사, 확인하고 부정확한 청구 건을 반송하거나 삭감하는 과정을 거친다. 가입자의 자격 확인을 통해 무자격자 진료를 걸러내는 과정이 포함된다. 우리나라와는 달리 가입자의 자격관리를 하고 있는 보험자에게 진료비 청구를 하기에 가능한 일이다.

그다음 ③ 프로파일 분석을 통해 일부 진료비 청구서를 ④ 표본추출하는데 보통 외래 100건 중 1건(1%), 입원 15건 중 1건(6.7%)의 비율로 표본추출하는 것으로 알려져 있다.

표본추출한 청구서 건은 ⑤ 의사들의 동료심사(Peer Review)를 통해 심사하는데 ⑥ 해당 병원의 표본추출된 청구서 건을 심사한 결과 삭감률이 3%라면 해당 병원 전체 진료비를 3% 삭감하여 청구된 진료비를 최종 확정, 지급한다. 물론 심사·지불자는 보험자(전민건강보험국)이다.

※ 특이한 사항은 ③ 프로파일 분석 단계에서 해당 의료기관에 청구 금액의 약 90%를 가지급한다는 것이다. 그것은 표본추출분에 대한 사후검증(의료심사)에 시간이 오래 걸리기 때문이라고 한다.

대만의 진료비 청구·심사·지급 시스템

이러한 일련의 과정들은 전민건강보험국 내 의료심사부서(Medical Review Division)에서 담당하는데,[57] 이는 의료심사부와 의료심사위원회로 분리되어 있다. 의료심사부는 심사시스템 관련 계획을 수립하고, 자동판결 방법을 개발하는 등 중앙 업무를 수행하며 산하 6개 지역 지부에서는 지역 단위 심사를 수행한다. 의료심사위원회는 동료 심사를 수행하는 것으로 알려져 있다.

---

56 대만의 NHI 진료비심사시스템, 『HIRA 정책 동향』(2010년 7·8월호)

57 대만 전민건강보험 홈페이지 National Health Insurance in Taiwan 2012-2013
    (http://www.nhi.gov.tw/Resource/webdata/13767_1_NHI_2012-2013%20ANNUAL%20
    REPORT.pdf)

결론적으로 대만에서는 진료비 청구 접수와 심사, 지급 업무에 이르기까지 보험자인 전민건 강보험국이 일괄적으로 맡고 있으며, 전문적인 심사를 위해 의사들이 참여하는 동료심사 절차 가 있지만 보험자와 분리된 별도의 진료비 심사 기관은 없다는 것을 알 수 있다.

2) 일본 : 보험자가 심사기구 선택하여 위탁

이해를 돕기 위해 먼저 일본의 건강보험 체계를 간략히 살펴보자. 일본은 1961년부터 모 든 국민의 가입이 의무화된 전국민건강보험제도를 운영하고 있는데, 크게 피용자(직장)보험과 지역(자영자)보험으로 구분된다. 또한 3,000개가 넘는 다수의 보험자가 있는 '다보험자' 체계이다.

※ 참고로 2008년부터는 기존의 건강보험 체계와 분리하여 75세 이상의 '후기고령자'를 대상으로 한 별도의 의료보장제도를 도입하여 운영하고 있다.

일본의 건강보험 체계

제도 별		가입 대상자 가입자 수	보험자 수	피보험자 수		국고 지원 (%)
				가입자수 (천 명)	비중(%)	
의료보험	피용자보험	협회관장건강보험	700인 미만 소규모 사업장 근로자 대상	전국건강보험 협회(1)	34,845	27.5	16.4
		조합관장건강보험	700인 이상 대기업 근로자 대상	건강보험조합 (1458)	29,609	23.3	정액 보조
		일용직노동자보험1)	일용직 노동자	국가(1)	18		16.4
		선원보험	선원	국가(1)	136	0.1	정액 보조
		공제조합	국가공무원· 지방공무원·교직원	공제조합 (85)	9,189	7.2	없음
	지역보험	시·정·촌	자영업자· 농업종사자·학생	시정촌 (1723)	35,493	28.0	41.0
		퇴직자건강보험2)	피용자 퇴직 후 가입				
		국민건강보험조합	이미용사·의사 등 직종 종사자	국민건강보험 조합(165)	3,277	2.6	47.0
노인 보건 제도			75세 이상	시정촌(47)	14,341	11.3	50.0

※ 주 : 1) 2011년 3월 이후 적용된 보험으로, 정부 관장 건강보험으로 혜택을 받지 못했던 사람들을 위하여 새롭 게 적용.
　　 2) 퇴직 전까지 피용자보험에 속해 있다 퇴직한 자들로, 지역 국민건강보험의 보험료 부과체계에 따라 보험 료 납부.
※ 자료 : 『2012 후생노동백서』 자료 재구성

이와 같이 3,000개가 넘는 보험자가 존재하기 때문에 각각의 보험자가 전문적인 의료비 심사 기능을 갖기란 쉽지 않다. 이에 각각의 보험자는 특성(지역보험인지 직장보험인지)에 따라 진료비 청구·심사·지불 업무를 두 개의 '전문 심사지불기구'에 위탁하고 있다.

일본의 진료비 청구·심사·지불 시스템

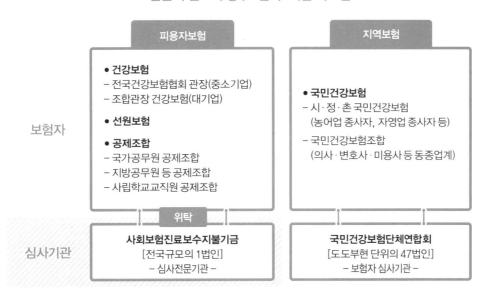

	피용자보험	지역보험
보험자	● **건강보험** 　– 전국건강보험협회 관장(중소기업) 　– 조합관장 건강보험(대기업) ● **선원보험** ● **공제조합** 　– 국가공무원 공제조합 　– 지방공무원 등 공제조합 　– 사립학교교직원 공제조합	● **국민건강보험** 　– 시·정·촌 국민건강보험 　　(농어업 종사자, 자영업 종사자 등) 　– 국민건강보험조합 　　(의사·변호사·미용사 등 동종업계)
	위탁	
심사기관	**사회보험진료보수지불기금** [전국규모의 1법인] – 심사전문기관 –	**국민건강보험단체연합회** [도도부현 단위의 47법인] – 보험자 심사기관 –

먼저 지역보험의 보험자(지역조합)는 대체로 보험자 단체인 국민건강보험단체연합회(이하 국보련)에 진료비 청구·심사·지불 업무를 위탁하고 있다. 국보련은 1,888개 지역조합이 설립한 연합 조직으로 진료비 심사·지불 업무 외에도 보건사업 및 국민건강보험사업의 연구, 홍보 등 보험자 업무를 수행하고 있다.

즉, 국보련은 건강보험 통합 이전 우리나라의 의료보험연합회(보험자단체)와 비슷한 성격의 기관이라 할 수 있다. 따라서 보험자의 책임과 역할 하에서 진료비 청구·심사·지불 업무가 이루어지고 있다고 볼 수 있다.

두 번째로 피용자(직장)보험의 보험자(직장조합)는 대체로 '사회보험진료보수지불기금'에 청구·심사·지불 업무를 위탁하고 있는데, 사회보험진료보수지불기금은 보험자 조직과는 독립된 제3의 전문 심사기관이라고 할 수 있다. 즉 피용자(직장)보험의 심사 업무는, 보험자의 책임과 권한 범위 내에서 제3의 기관(사회보험진료보수지불기금)에 위탁하여 이루어지고 있다.

특히 일본 건강보험법 또는 국민건강보험법에 따라 피용자(직장)보험과 지역(자영자)보험의 보험자는 제도적으로 '심사권'을 스스로 가지며, 심사기관 또한 '국보련'이나 '사회보험진료보수지불기금'을 선택하여 심사를 위탁할 수가 있다. 이는 피용자보험의 진료비를 심사할 때 과거

'사회보험진료보수지불기금'이 보험재정 지출 규모 결정 등의 재정 책임성과 무관하게 이루어지는 등의 문제점으로 인해 '보험자가 심사기관을 선택하여 위탁 심사'하는 것을 법으로 명확히 했기 때문이다.[58]

이에 따라 2007년부터는 1,546개 피용자조합은 '사회보험진료보수지불기금'이나 '국민건강보험단체 연합회(국보련)' 가운데 심사 기관을 선택해서 할 수 있게 되었다.

일본의 건강보험 진료비 심사기구

구분	사회보험진료보수지불기금	국민건강보험단체 연합회
조직	1개 법인(47개 지부)	광역지자체별 47개 법인
법령	사회보험진료보수지불기금법	국민건강보험법
법인	특별민간법인	사단법인
성격	제3자 기관	보험자단체
주요 업무	① 진료수가의 심사·지불 업무 　- 건강보험조합 12[1], 협회건보 34[2] 　공제조합[3]등의 진료수가 등의 심사·지불 ② 고령자의료제도 업무 　- 후기고령자의료 지원금 징수, 교부 　- 전기고령자의료 납부금 징수, 교부 　- 병상전환지원사업 지원금 징수, 교부 ③ 개호보험 관계 업무 　- 개호납부금의 징수, 교부 ④ 생활보호 등 국고부담 의료의 심사	① 진료수가 등의 심사·지불 업무 　- 국민건강보험, 고령자의료, 개호보험 　등의 진료수가·개호수가의 심사·지불 ② 지역건강보험자 사무 공동사업 　- 보험재정 안정화, 고액의료비공동사업 　- 보험자 공동사무 처리(자격관리 등) ③ 시정촌 등의 사무공동처리 　- 고령자의료, 개호보험, 장애자자립지원 　- 특정 검진·특정 보건지도와 관련된 비용 　의 지불 및 데이터 관리 등
직원수 등	① 직원수(2011) : 4,809명 　- 심사 담당 직원수 : 2,955명 ② 심사위원수(2011) : 4,620명 ③ 사정률 78[4](2010) : 1.08% 　- 사정 건수 663만 건/6.1억 건	① 직원수(2011.4.1) : 5,257명 　- 심사담당직원수 : 2,720명 ② 심사위원수(2011.5) : 3,627명 ③ 사정률(2010년) : 0.77% 　- 사정 건수 493만 건/6.4억 건

※ 주 1) 건강보험조합(조합관장건강보험, 1,473) : 300명 이상 고용하는 사업장이 설립.
　　 2) 협회건보(전국건강보험협회관장건강보험) : 건강보험조합이 설립하지 않은 소규모 사업장 가입.
　　 3) 공제조합(83) : 국가공무원, 지방공무원, 사립학교교직원
　　 4) 사정률(査定率) : 재심사 결과, 진료 내용에 대해 보험자 및 의료기관의 이의제기를 인정한 비율

58　일본 국민건강보험법 제45조 및 건강보험법 제76조(2007년 6월 개정)

또한 일본은 제도적으로 '보험자의 직접심사'도 가능하다. 다만 ① 대상 의료기관(조제청구서의 경우 보험 약국)의 동의, ② 공정한 심사 체계의 확보(의사 등에 의한 심사), ③ 개인정보의 보호 철저, ④ 분쟁 처리 규정의 명확화(사전에 구체적인 결정을 문서로 교환) 등 조건을 만족하는 경우에 한해 보험자가 직접 심사를 할 수 있도록 법으로 규정되어 있다.[59] 현재 대상 의료기관의 동의를 구해야 하는 등의 제한점으로 인해 보편화되지는 않았지만, 최근에는 약국을 대상으로 조제청구서를 직접 심사하는 보험자의 수가 증가하고 있는 것으로 알려졌다.

※ 참고로 최근 일본의 내각부에서는 의료비의 억제를 위해서 의료비 청구서 심사를 더욱 강화하는(의료기관의 동의를 해제하는 방향) 논의가 진행되고 있다.[60]

지금까지 살펴보았듯이 일본은 3,000개가 넘는 다보험자 체계로 건강보험을 운영하고 있기 때문에 전문적인 심사기구가 존재하지만, 심사 업무의 운영에서는 자격관리, 보험료 부과·징수, 진료비용의 지급을 수행하는 보험자의 책임 아래 심사 업무를 수행하는 것이 원칙이다. 다만 심사의 효율을 위해 보험자가 심사기구를 선택하여 위탁할 수 있도록 하고 있다.

3) 프랑스 : 보험자가 의사의 진료를 평가하고 규제

프랑스는 가입자의 직업 범주에 따라 건강보험을 복수의 제도로 운영하고 있다. 일반질병보험, 특별질병보험(선원·철도 직원 등), 자영업자 및 농업종사자를 위한 질병보험 등 다양한 건강보험을 운영하고 있는데, 일반질병보험에 전 국민의 87%가 가입되어 있다.

여기에서는 가장 적용 인구가 많은 일반질병보험과, 이를 관리운영하는 보험자인 전국건강보험공단(CNAMTS)을 기준으로 진료비 청구·심사·지불 체계를 살펴보도록 하자.

프랑스의 건강(질병)보험

(질병)보험 종류	적용 대상자
일반보험(Régime général), CNAMTS	민간부문 근로자, 전 국민
특별보험(Régimes particuliers)	중앙/지방공무원, 군인, 공공병원 종사자
특수보험(Régimes spéciaux)	광부, 국철/파리지하철 종사자, 전기가스공사 직원, 중앙은행 직원
자율보험(Régimes autonomes), CANAM	비농업 자영업자, 전문직 등 자유업 종사자, 수공업자
농업보험(Régime agricole), CCMSA	농업부문 종사자

※ '제도'라는 뜻의 프랑스어 'Régime'을 이해하기 쉽도록 '보험'으로 해석함.

---

59 2007.1.10 보발 제0110001호

60 http://www8.cao.go.jp/kisei-kaikaku/kaigi/hotline/siryou2/item5.pdf

프랑스 일반질병보험의 진료비 지불 방식은 우리나라와 차이가 있다. 우리나라는 환자가 전체 진료비 중 본인부담금만을 병원에 지불하고 이후 병원이 보험자에게 본인부담금을 제외한 진료비를 청구하는 '3자 지불 방식'을 택하고 있다.

※ 실제로는 보험자인 공단이 아닌, 심사기구인 심평원으로 진료비를 청구하고 있지만 3자 지불 방식에 대한 이해를 돕기 위해 이렇게 설명한다.

이와 달리, 프랑스의 일반질병보험에서는 환자가 일단 의료비 전액을 병원에 먼저 지불한다. 의사는 의료 사실을 온라인을 통해 질병보험초급창구(CPAM, 우리나라로 치면 건강보험공단의 지사를 의미)에 통보하고, 이후 환자는 본인부담금을 제외한 진료비를 보험자로부터 사후 상환받는다(보통 진료 후 8일 이내에 상환받는다고 한다. 이런 방식을 돈을 먼저 내고 나중에 돌려받는다고 해서 '선불상환제'라고 한다).

이와 같이 진료비를 이미 환자가 지불했기 때문에, 의료기관의 진료에 대한 보험자의 심사와 평가는 사후적으로 이루어질 수밖에 없다(진료비 지급 전 심사를 '사전심사'라고 한다). 이에 보험자(CNAMTS)는 의사의 진료 처방 내역을 정기적으로 평가, 규제를 하고 있다.[61] CNAMTS(전국건강보험공단) 내 '의료감사부서'에서는 의사의 진료 처방 내역을 평가하고, 그 평가 결과를 지역별·진료과목별(비교집단) 평균값과 함께 의료기관에 통보하고, 각 항목별로 상위에 속하는 의사를 면담하는 등의 방법으로 의사의 자율적 시정을 요구한다. 만일 시정이 안 되는 경우, 질병보험 진료를 제한하는 등 제재를 가한다.

※ CNAMTS 내 의료감사부서의 인력은 9,990명에 이르고 이 중 2,750여 명이 의사·약사 등 전문인력으로 구성되어 있는 것으로 알려져 있다.

의사의 진료 처방 내역 평가(RIAP)

❖ 1980년대부터 의사의 자율적 규제를 위하여 실시

❖ 의사의 진료 처방 내용을 송부하여 의사의 자율적 시정 요구

❖ 지역별·진료과목별(비교집단) 평균값과 함께 제시

❖ 3개월 단위로 통보

❖ 각 항목별로 상위에 속하는 의사 면담 실시(자율적 시정 요구)

❖ 3개월 관찰 후 시정 안 되는 경우 제재(질병보험 진료 제한 등)

---

61 「독일·프랑스 심사기관 방문 결과」, 심평원 출장 보고서, 2003.

이처럼 프랑스의 일반질병보험은 환자가 진료비 전액을 의료기관에 지불하고 사후에 보험자에게 상환받는 방식을 취하고 있기 때문에 우리나라와 같은 진료비 사전심사 체계는 없다고 볼 수 있다.

그렇지만 별도의 전문 심사기구 없이 일반질병보험을 관리운영하는 보험자 조직 내에 의료감사부서를 두고 의사의 진료 처방 내역을 평가, 규제하고 있다는 사실은 급여 지출의 관리 책임이 보험자를 중심으로 이루어지고 있음을 명확히 보여준다.

4) 독일 : 외래는 총액계약제, 입원은 보험자가 심사

이번에는 사회보험 방식의 의료보장제도를 최초로 도입한 독일의 사례를 살펴보기로 하자. 독일은 19세기 말 비스마르크 총리 시절부터 산업발전과 사회안정을 위해 질병보험(1883년)과 산재보험(1884년), 노동장애보험(1889년) 등 사회보험을 도입한 역사를 가지고 있다. 또한 전통적으로 '다보험자' 방식으로 건강보험제도를 운영하고 있다.

다보험자 방식을 비롯해서 총액계약제(연간 외래진료비의 규모를 설정하는 방식), 입원 포괄수가제(G-DRG) 등 독일은 우리나라의 보건의료제도와 다른 점이 많다. 따라서 건강보험 진료비 청구·심사·지불 체계를 직접 비교하기는 어려울 수 있지만, 보험자가 급여 비용 지출에 대해 어떤 역할을 수행하고 있는지 살펴보고 시사점을 얻고자 한다.

독일의 제도적 특성을 감안하여 진료비 청구·심사·지불 체계를 외래(보험계약의사서비스)와 입원(병원치료서비스)으로 구분하여 살펴보기로 하자.

외래(보험계약의사서비스) 진료비 청구·심사·지불 체계

독일 개원 의사(보험계약 의사)의 진료비에 대한 보상은 기본적으로 '총액계약제'로 이루어진다. 연간 외래진료비의 전국 총액과 주(州)별 총액을 사전에 정한 후 주(州) 총액진료비를 주(州) 보험의사협회에 지불하는 것이다.

먼저 진료비 정산 심사이다.

주 보험의사협회에 지불된 총액진료비는 주 보험의사협회가 개별 보험 의사에게 분배한다.[62] 개별 보험 의사는 자신의 진료 내용과 청구할 진료비를 주 보험의사협회에 제출하고 주 보험의사협회는 소속된 개별 보험 의사가 제공한 의료서비스가 '진료수가 규정'에 따라 제공되었는지, 산술적으로 정확한지를 심사하고 분배한다.

우리나라와 달리 독일은 '총액계약제'를 적용하기 때문에 개원 의사의 진료비용에 대한 정

---

62 독일 사회보장법전 제5편 법정 건강보험 제85조(총액진료비) ①④

산 심사를 공급자 스스로에게 맡기는 것이라 하겠다.

이러한 산술적 배분인 정산 심사 외에도 '경제성 심사'라는 진료비 심사 과정이 있다. 독일의 건강보험법에는 보험 의사가 경제적으로 진료를 해야 한다는 기본 원칙이 명시되어 있기 때문이다. 이에 경제성 심사를 통해 진료의 의학적 필요성, 진료의 적합성(효과), 인정된 기준과의 일치 여부(질), 비용의 타당성 등에 대해 심사하게 된다.

경제성 심사는 건강보험조합과 보험의사협회가 공동으로 시행한다. 건강보험조합과 보험의사협회 간 계약을 통해 '개별심사 기준'과 '포괄적 진료비 삭감 기준'을 정한다. 각 분기별 최소 2%의 의사들을 무작위 표본조사(우연성 심사)하기도 하고, 특정 의사의 진료보수가 같은 진료 과목 등 비교집단의 기준값에서 벗어나는 경우 비용 타당성에 대한 심사(특이성 심사)를 하기도 한다.

입원(병원치료서비스)에 대한 진료비 청구·심사·지불 체계[63]

입원(병원치료서비스)에 대한 독일의 진료비 지불 방식은 '건당 포괄수가(G-DRG)'를 기본으로 하고, 추가 보상 내용 및 방식에 대해 병원과 질병금고(보험자)가 계약을 하는 형태이다. 계약에 따라 각 병원은 매분기 말 질병금고(보험자)에 진료비를 청구하고 각 질병금고는 정기적으로 진료비 청구서를 심사하여 병원에 진료비를 지불한다.

진료비 심사 과정에서 문제가 있다고 판단되는 경우 질병금고가 MDK(건강보험 의료서비스 기구)라는 전문 심사평가 기구에 세부심사를 의뢰하면 MDK는 입원(병원치료서비스)의 경제성(진료비용의 적정성)을 심사하고 의료서비스의 질을 평가한다.

※ 질병금고는 병원들의 진료 자료를 자세히 볼 수 있는 권한이 없지만 MDK는 병원 자료들을 검토할 권한을 갖고 있다.

MDK는 각 질병금고(건강보험조합)가 부담하여 설립한 공법상의 법인으로 총 17개 조직(주 16개 및 중앙 1개), 약 7,800명이 근무(직원 대부분은 의사·간호사 등 보건의료인)하고 있다. 입원(병원치료서비스)에 대한 심사 평가 이외에도 '근로능력 상실 여부(상병수당 필요성)', '장기요양급여의 필요성' 등에 대해서도 조사하고 판단한다.

독일의 사례를 요약하면 첫째, 외래(보험계약의사서비스) 진료에 대한 정산 심사는 총액계약 하에서 의료공급자가 자체적으로 수행하며 경제성 심사는 보험자와 공급자가 공동으로 수행한다. 둘째, 입원(병원치료서비스)에 대한 진료비 청구·심사·지불 업무는 기본적으로 보험자(질병금고)가 수행하며, '세부 심사'는 보험자가 의뢰한 경우 MDK(보험자가 비용을 공동부담하여

---

[63] AOK 베를린 지부 Mr. Zander(국제홍보담당) 씨와 전화 인터뷰로 정보 취득(해외 통신원).

설립한 전문기구)가 심사를 한다. 건강보험 체계와 제도는 달라도 심사 업무에서 보험자의 책임과 역할이 명확하다는 것을 알 수 있다.

5) 벨기에 : 특정 고가 의료서비스는 보험자의 사전승인 받아야

벨기에는 우리나라와 같이 사회보험 방식이다. 그러나 단일보험자인 우리나라와 달리 '다보험자' 체계이다. 모든 국민은 7개의 질병금고[64](보험자) 중 한 개에 의무적으로 가입해야 하는데, 철도노동자금고를 제외한 나머지 6개 질병금고는 가입자가 자유롭게 선택할 수 있다.

또 7개의 질병금고를 관리하는 중앙기구 성격의 '질병장애보험기관(INAMI)'이라는 조직이 있다. 질병장애보험기관은 연방사회보건부의 산하조직으로 보험급여의 결정, 의료공급자와의 수가 협상 등 보험자 기능을 수행하고 있다.

벨기에의 진료비 상환 방식은 조금 특이하다. 외래의 경우 프랑스처럼 환자가 의료비 전액을 직접 의료기관에 지불하고 환자는 보험자로부터 '사후 상환'을 받는 방식이다. 병원(입원)서비스는 우리나라와 같이 '3자(보험자) 지불 방식'으로 운영된다.

이와 같은 제도와 조직의 특성 속에서 진료비 청구·심사·지불 체계가 어떻게 이루어지는지 살펴보기로 하자.

기본적으로 7개의 개별 질병금고(5개 상호공제조합·철도노동자금고·공적보조금고)는 진료비 청구·심사·지급 업무를 직접 수행한다.

건강보험의 보험급여 목록(nomenclature)에 8,000여 종의 급여서비스가 명시되어 있는데, 이 중에는 전문적인 검토가 필요하다고 규정된 의료서비스가 일부 있다. 전문적인 검토가 필요한 의료서비스는 질병금고에 상근하고 있는 자문 의사의 '사전승인'을 받아야만 의료기관이 보험 진료를 할 수 있다. 이는 진료비용에 대한 사후심사가 아닌 '사전심사'의 개념이라고 볼 수 있다.

※ 참고로 약 300명의 의사가 질병금고에 상근하면서 이러한 업무를 수행하고 있다.

또한 의료기관이 청구한 진료비에 대해 질병금고에 상근하는 의사는 고가약 처방, 입원 기간 등에 대한 '적정성 확인'을 위하여 의료기관에 자료를 요구할 수 있다(사후 심사라고 볼 수 있다).

개별 질병금고 외에도 보험자의 중앙기구 성격을 갖는 질병장애보험기관의 의료평가조사부(Medical Evaluation and Inspection)는 공급자(의료기관)가 급여 기준을 적정하게 준수하고 있는지를 심사한다.

의료평가조사부는 환자의 병리 상태를 고려한 정상적 진료 범위를 벗어난 모든 행위(진료·

---

[64] 전국기독연합조합·전국중도주의자조합·전국사회주의자조합·전국진보주의자조합·자유직업인조합·철도노동자금고·공적 보조금고 등 모두 7개 질병금고(보험자).

처방)에 대해 자체 위원회에 보고하여 검토[65]한 후, 이에 대한 평가지표 점수가 일정수준을 초과한 경우 의료공급자에게 평가 의견을 보낸다.

일정 범위를 넘어선 진료 행위를 한 의사는 그 이유에 대하여 소명을 해야 한다. 충분한 소명이 이루어지지 않을 경우, 6개월간 모니터링을 거쳐 의료 행위에 대한 재평가를 받는다. 그럼에도 불구하고 소명이 타당하지 않을 경우 일정한 제재조치(행정과태료, 의료공급자 인증 취소)를 통하여 의료공급자들이 적정하게 의료서비스를 제공하고 있는지를 관리감독한다.

위반의 종류

- 의료서비스를 제공하지 않은 경우
- 관련 법 규정과 보험급여 규정을 따르지 않은 경우
- 치료 또는 예방 목적 이외의 행위에 보험 급여를 한 경우
  (예를 들어, 급여가 되지 않는 미용 치료를 급여한 경우)
- 과잉 의료 행위나 불필요한 고가의 치료 행위를 한 경우
- 과잉 처방이나 과잉 검사를 한 경우
- 특정 약을 과잉 처방한 경우
- 행정적인 절차상 오류가 있는 경우
- 과잉 처방이나 과잉 진료를 유도한 의료인 또는 법인

이상 벨기에의 사례를 정리하면, 우리나라의 심사평가원과 같은 전문적인 심사기구가 별도로 운영되고 있지 않으며, 보험자인 7개 질병금고와 이들의 중앙기구 성격을 갖는 질병장애보험기관에서 심사 업무를 맡고 있음을 확인할 수 있다. 벨기에의 건강보험심사 체계에서 가장 특이한 점은 '사전심사'로서, '특정 고가 의료서비스'는 보험자(질병금고)의 '사전승인'을 받는 것이다. 의료서비스에 대한 보험자의 가장 강력한 개입이라 하겠다.

---

65 지방의료평가단의 동료 의사들이 스스로를 평가함(peer-reviewed).

3. 주요 5개국, 진료비 심사는 보험자가 '직접' 하거나 '위탁'

지금까지 우리나라의 건강보험제도와 같은 사회보험 방식을 택하고 있는 대만·일본·프랑스·독일·벨기에 등 외국의 사례를 살펴보았다. 이들 5개국의 사례를 다시 한 번 정리해 보자.

① 대만은 보험자 업무를 담당하는 전민건강보험국(BNHI)에서 '직접' 진료비의 청구를 접수하고 심사와 지불 업무를 수행한다.

② 일본의 보험자는 심사권을 가진다. 지역보험은 보험자단체인 '국민건강보험단체연합회'에 진료비 청구·심사·지급 업무를 '위탁'하며, 직장보험은 제3자 기관인 '사회보험진료보수지불기금'에 진료비 청구·심사·지급 업무를 '위탁'한다. 단, 직장 및 지역보험의 보험자는 2개의 심사기관 중 하나를 '선택'할 수 있으며, 일정 조건 하에서 보험자의 '직접' 심사도 가능하다.

③ 프랑스는 환자가 의료기관에 전체 진료비를 먼저 지불한 후 질병금고(보험자)로부터 상환받는 방식인데, 공적 질병보험의 보험자(CNAMTS)가 진료비 청구·심사·지급 업무를 '직접' 수행한다. 사후적으로 보험자 내 의료감사부서에서 정기적으로 의사의 진료 처방 내역을 평가하고 개별적으로 송부하여 의사의 시정을 요구하고 규제한다.

④ 독일은 외래서비스의 경우 외래 총액계약제 하에서 지역별 보험의사협회가 자체적으로 진료비 청구·심사·지급 업무를 수행하며(정산 심사), 진료비용의 적정성에 대해서는 보험자와 공급자가 공동으로 조사한다(경제성 심사). 입원(병원치료서비스)했을 경우 보험자가 '직접' 진료비 청구·심사·지급 업무를 담당하며, 진료의 경제성과 의료서비스의 질에 대해 전문적인 심사가 필요할 경우 MDK라는 전문 기구에 '의뢰'하여 심사평가한다.

⑤ 벨기에는 보험자인 7개 질병금고가 '직접' 진료비 청구·심사·지급 업무를 수행하고 있다. 이들의 중앙기구 성격을 갖는 질병장애보험기관(INAMI, 보험자 단체)은 실제 서비스가 공급되었는지, 그 서비스가 관련 법 규정에 따라 공급되었는지, 불필요한 고가의 서비스가 제공되었는지, 과잉 공급은 없었는지(의료 행위, 약 처방 등 포함) 등 의료서비스를 '직접' 평가한다. 특정한 고가 의료서비스에 대해서는 보험자가 사전승인도 한다.

주요 5개국의 건강보험 진료비 청구·심사·지불 체계

국가	건강보험 진료비 청구·심사·지불 체계
대만	• 보험자 업무를 담당하는 전민건강보험국(BNHI)이 직접 청구·심사·지급 업무 수행 ※ 2013년 7월 23일자로 전민건강보험청(NHI Administration)으로 개편
일본	• 지역보험은 보험자단체인 '국민건강보험단체연합회'가 청구·심사·지급 업무 수행 • 직장보험은 보험자로부터 업무를 위탁받아 제3자 기관인 '사회보험진료보수 지불기금'이 청구·심사·지급 업무 수행 ※ 직장 및 지역보험의 보험자는 두 기관 중 하나를 선택할 수 있음 ※ 일정조건 하에서 보험자의 직접 심사도 가능
프랑스	• 공적 질병보험의 보험자가 청구·심사·지급 업무 수행 ※ 환자가 의료기관에 선지불 후 질병금고로부터 상환받는 방식 • (정기 심사) 보험자 내 의료감사부서에서 의사의 진료 처방 내역을 평가하고 개별적으로 송부하여 의사의 시정을 요구하고 규제
독일	• 개원의 진료비 정산 심사 : 외래 총액계약제 하에서 지역별 보험의사협회가 자체적으로 청구·심사·지급 ※ 정산 심사 : 청구서의 정확성에 기반한 진료비 정산을 의미 • 개원의 진료비 경제성 심사 : 의료서비스가 경제적으로 이루어졌는지에 대해 건강보험조합과 보험의사협회가 공동으로 조사 • 병원 진료비 심사 : 질병금고(보험자)가 청구·심사·지급 ※ 질병금고가 부담하여 설립한 공적 법인(건강보험 의료지원단, MDK)이 심사·평가 업무를 보험자로부터 의뢰받아 의료서비스의 경제성 및 질 평가
벨기에	• 개별 질병금고(총 7개, 보험자)가 청구·심사·지급 업무 수행 ※ 일부 급여서비스 항목은 질병금고 자문 의사의 사전승인 필요(사전 심사) ※ 질병금고의 자문 의사는 고가 약제를 처방한 처방전이나 병원 입원 기간 등에 질문 및 확인 가능 • 질병금고의 중앙기구격인 건강및장애보험기관(INAMI)은 의료서비스 평가 및 과잉 여부 감시(환수·벌금 등 행정처분 실시) • 특정 고가 의료서비스에 대한 보험자의 사전승인

5개 국가의 사례를 모두 살펴보면 크게 두 가지 유형으로 나눌 수 있다.

첫 번째 유형은 보험자가 진료비 청구·심사·지급 업무를 '직접' 수행하는 경우로, 대만과 프랑스, 벨기에가 이에 해당한다. 독일과 일본의 경우에도 보험자가 일부 업무를 담당하고 있다.

두 번째 유형은 보험자가 전문 심사평가기구(공적 법인 또는 민간기구)에 관련된 업무를 '위탁' 하는 방식이다. 일본이 이에 해당하며, 독일의 경우에도 일부 위탁 방식으로 심사 업무를 하고 있다. 그렇지만 이러한 경우에도 심사권은 보험자에게 두고 있을 뿐만 아니라, 일본에서는 보험자가 심사기구를 선택할 수 있다. 독일의 경우 보험자가 필요하다고 판단되는 경우에만 심사기구에 심사를 의뢰한다.

두 가지 경우 모두 건강보험 급여비 지출관리의 큰 축인 심사 업무가 보험자의 권한과 책임 아래 있다고 할 수 있다. 진료비 심사를 보험자가 '직접' 하거나 '위탁'하는 것이다. 다른 나라들은 왜 이런 방식의 진료비 청구·심사·지급 시스템을 가지고 있을까?

그 어느 국가에도 심사의 공정성 문제로 심사 업무에서 보험자의 책임과 역할을 배제한 사례는 없었다. 건강보험재정누수를 방지하고 보험자가 지출관리 의무를 제대로 수행하기 위해서는 당연히 그렇게 해야 하기 때문이다. 우리가 비정상이다. 우리의 건강보험 운영시스템을 개선할 필요가 있다. 외국의 사례들이 시사하는 바를 다시 한 번 반추해 보았으면 한다.

특히 보험사기, 사무장 병원 등 건강보험재정을 갉아먹는 불법행위가 급격히 증가하는 상황에서 보험자(공단)가 심사 권한을 가지고, 진료비 청구를 보험자로 일치시키는 것은 반드시 필요하다. 진료비용·장기요양비용·건강검진비용 등 한 명의 환자가 사용한 비용을 동시에 같은 테이블에 올려놓고 살펴봐야 하기 때문이다. 또 의료기관이 환자 진료도 하고, 건강검진도 한다. 어떤 경우는 장기요양시설과 연계되어 있기도 하다.

의료기관(또는 시설)이 청구한 진료비용·건강검진비용·장기요양비용도 동시에 같은 테이블에 놓고 살펴봐야 한다. 갈수록 지능화되고 합법적 틀로 위장하는 보험사기와 사무장 병원 등을 적발해 내기 위해서는 반드시 그렇게 해야만 한다.

자동차보험과 건강보험

1. '건강보험정상화추진위원회' 구성

2013년 12월 10일 국무조정실은 80개의 '비정상의 정상화 추진 과제'를 발표했다. 이 중 직·간접적으로 우리 공단과 관련된 과제는 12개였다. '진료비 거짓·부당청구 관행 개선', '무자격자에 대한 건보 급여 낭비 방지'가 이들 과제에 포함되었다. '보험사기·보험범죄 근절'은 금융위원회 관련 과제로 제시되었지만, 우리 공단과도 연관된 과제라서 12개 과제에 포함되었다.

이날 발표에서는, 정부 각 부처로 하여금 자기 부처와 관련 있는 '정상화 추진 과제'를 2014년 (대통령) 업무보고에 포함하도록 하여 범부처 차원에서 추진하겠다는 향후 계획을 덧붙였다.

또 국무조정실은 '정상화 추진'을 위하여 국무조정실을 중심으로 '정상화추진협의회'(국무조정실장, 각 부처 차관으로 구성)를 발족하기로 했다. 이에 따라 우리 공단도 우리와 관련이 있는 정상화 과제를 추진하고 정부 정책을 뒷받침하기 위해 '건강보험정상화추진위원회'를 구성, 운영하기로 했다.

2014년 1월 10일 출범한 '건강보험정상화추진위원회'는 '진료비 거짓·부당청구 관행 개선', '무자격자에 대한 건보 급여 낭비 방지', '보험사기·보험범죄 근절'(이하 '부당청구 3개 과제')을 포함하여 12개 정상화 과제를 추진해 나가고 있다.

이보다 앞서 2013년 8월 국무조정실은 '비정상적인 관행의 정상화 과제'를 제출하라는 공문을 모든 부처에 시달했다. 그 공문은 보건복지부를 거쳐 우리 공단에도 전달되었다. 우리 공단은 '비정상적인 관행의 정상화 과제'로 '진료비 청구·심사·지불 체계 개선'을 제출했다. 이후 각 부처에서 올라온 '정상화 과제'를 취합한 국무조정실은 80개 정상화 과제를 발표하면서 '부당청구 3개 과제' 등 우리 공단과 관련된 12개 정상화 과제도 포함해서 발표한 것이다.

2. '정상화 과제'는 '진료비 청구·심사·지불 체계' 정상화부터

국무조정실이 정리해서 발표한 '부당청구 3개 과제'는 현재의 진료비 청구·심사·지불 체계 개선을 통해 상당부분 해소할 수 있다. 현재의 진료비 청구·심사·지불 체계에서는 부당청구를 적발하는 데 한계가 있기 때문이다. 그 한계는 다음과 같다.

첫째, 가입자의 자격을 관리하는 보험자(공단)가 아닌, 심평원에 진료비를 청구하는 현재와 같은 체계에서는 공단이 부적정한 가입자의 부당수급(진료)에 대해 '적기 조사'를 하지 못한다.

둘째, 현재 공단은 심평원으로부터 진료비 심사내역을 받긴 받되, 세부적인 심사조정내역은 받지 못하고 있다. '세부적인 줄 단위 심사조정내역'은 BMS(부정급여 적발시스템)에서 필수적인 요소이다. 자료가 세밀할수록 깊이 숨겨진 보험사기와 부정급여, 부정청구를 적발해 낼 수 있기 때문이다. 지금은 개략적인 자료로 사후에 개략적인 조사만 할 뿐이다.

셋째, 동일 인물에 대한 비용(건강검진비용, 진료비용, 장기요양비용), 동일 의료기관이 청구한 비용(건강검진비용, 진료비용)을 같은 시간에 같은 테이블에 놓고 비교·대조하면서 보아야 한다. 그런데 비용 청구를 받는 기관이 공단(건강검진비용, 장기요양비용)과 심평원(진료비용)으로 각각 다르고, 심사기관 역시 각각 다르고, 공단에 접수되는 시점도 각각 다르고, 진료비는 세밀한 심사조정내역조차 받지 못한다. 앞에서도 말했듯이 이 모든 자료가 한 기관에 집중되고, 한 기관에서 자료를 관리하고, 한 기관에서 심사하고, 같은 테이블에 놓고 같은 시점의 자료를 비교 대조하면, 지금보다 훨씬 더 효율적인 심사와 보험사기 적발과 부정수급·부정청구를 적발해 낼 수 있다.

이상에서 보듯이 현행 건강보험의 진료비 청구·심사·지불 체계는 재정누수를 방지하기 어려운 구조로서, 공단이 건강보험재정관리자로서의 역할을 수행할 수 없는 비정상적인 구조이다. 2013년 7월부터 심평원에 심사를 의뢰하고 있는 자동차보험과 비교하면 건강보험의 진료비 청구·심사·지불 체계가 얼마나 왜곡되어 있는지 알 수 있다.

3. 자동차보험, 진료비 지급 전에 두 번이나 가입자 자격 확인

자동차보험의 경우 교통사고가 발생하면 ① 교통사고 환자는 보험회사(보험자)에 보험급여를 청구하고, ② 보험회사는 환자(피해자 또는 가해자)의 보험가입 여부 등을 확인(자격확인)한 후, ③ 의료기관에 보험지급한도 등을 통보한다. ④ 의료기관은 진료 후 심평원에 진료비용을 심사청구하게 되는데, 이때 심평원은 의료기관으로부터 진료비 심사청구를 받은 사실을 보험회사에 통보하도록 되어 있다. ⑤ 통보를 받은 보험회사는 환자가 자신들의 보험 환자인지 다시 한 번 '자격확인'을 거쳐 보험급여 대상자 여부를 확정하고, ⑥ 이후 심평원이 심사 결과를 보험회사에 통보하면, 보험회사는 15일 이내에 보험급여비를 의료기관에 지급한다.

이처럼 자동차보험은 '진료 시작 전'에 보험회사가 가입자의 자격을 확인하고, 진료비 심사 후 의료기관에 '진료비용 지급 전'에 다시 한 번 자격을 확인하여 부정수급을 사전에 방지하고 있다.

4. 건강보험, 진료비 지급 전에 '가입자 자격 확인' 한 번도 안 해

이에 반해 건강보험은 ① 의료기관이 진료비를 심평원에 직접 청구하고, ② 심평원이 진료비 심사 후 공단(보험자)에 심사 결과(심사결정액)를 통보하면, ③ 공단(보험자)은 심사 결과에 따라 즉시(7일 이내) 지급하고, ④ 자격확인은 '진료비 지급 후'에 한다(다음 그림 참조).

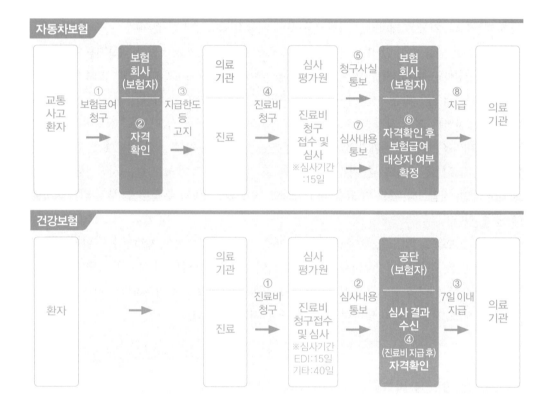

민영보험인 자동차보험은 '진료 시작 전', '진료비 지급 전' 두 번이나 자기 회사의 보험 가입자인지 자격확인을 하는데, 전 국민 단일 공보험인 건강보험은 진료비 지급 전에는 한 번도 자격확인을 하지 않는 것이다. 환자의 건강보험 가입자 여부와 상관없이 일단 '진료비를 지급한 이후'에 자격확인을 한다. 이에 따라 자동차보험처럼 잘못 청구한 진료비를 지급하기 전에 관리하는 '사전관리'를 못하고, 일단 지급한 후 이를 다시 환수하는 '사후관리'에 매달리게 됨으로써, 이중 삼중으로 행정력을 낭비하고 있다. 행정력 낭비는 고스란히 공단 직원의 업무 강도로 연결되고, 이는 민원인(국민)에 대한 서비스 질 저하로 이어진다.

순서가 뒤바뀐 도행역시(倒行逆施)의 비정상적인 구조이다. 순서가 뒤바뀐 진료비 청구 심사 체계에서는 앞서 살핀 바와 같이 진료비 거짓·부당청구와 무자격자 건보 급여, 그리고 보험사기·보험범죄를 적발하는 데 한계가 있다. 다음은 자주 일어나는 사례들이다.

조선족인 전모씨는 2011년 7월 21일 직장을 그만두면서 건강보험 직장가입자 자격을 상실했다. 그런데도 8월 31일까지 한 달가량 여러 차례 건강보험 적용을 받아 진료를 받았다. 그를 진료한 의료기관(의원)은 같은 해 9월 2일 심평원에 진료비 심사 청구를 했고, 심평원은 9월 16일 심사 결과(심사결정액)를 공단에 통보했다. 이에 공단은 9월 23일(심사 결과를 받은 지 7일 이내) 의료기관에 진료비를 지급했다. 이후 공단이 자격확인을 한 결과 전씨가 자격상실자로 드러나 124만 원을 환수하고자 했으나, 전씨는 9월 8일 이미 중국으로 출국하여 진료비 환수가 불가능했다.

전씨 진료비 124만 원은 2년 반이 지난 현재까지 미환수한 '부당이득금'으로 공단의 관리장부에 남아 있다. 아마도 부당이득금 소멸시효인 10년이 되는 2021년까지 그렇게 남아 있을 것이다. 그리고 10년이 지나면 '결손처분'할 것이다. 결손처분 또한 만만한 행정이 아니다.

먼저 해당 지사(전씨의 경우는 안산지사)에서 '결손처분 대상자'를 추려 공단 본부에 올려야 한다. 공단 본부는 각 지사에서 올라온 대상자를 취합하여 '재정운영위원회'에 올린다. 재정운영위원회는 농어업인 단체·도시자영업자 단체·시민단체의 대표와 관계공무원 등 30명으로 구성되어 있다. 30명으로 구성되다 보니 회의를 자주 열 수 없어 두 달에 한 번 정도 열린다. 이회의에서 '결손처분 대상자'를 의결하는데, 의결 이후에 뒤따르는 행정처리에도 공단 직원들의 많은 수고가 따른다.

5. 비정상적 진료비 심사청구 체계로 인한 행정부담 10년 뒤까지 영향

지급하지 않았어야 할 진료비를 일단 지급하고 나면, 누수된 건강보험재정은 별도로 하더라도 이로 인한 사후관리에 따른 공단의 행정부담이 이렇게 커지는 것이다. 10년 뒤까지 관리해야 하고, 10년이 지나서는 결손처분이라는 복잡한 행정 절차를 또 거쳐야 하기 때문이다. 잘못 지급된 진료비로 인한 사후관리로 발생하는 행정 부담이 공단의 전국 각 지사에서부터 본부까지, 나아가 외부 인사들로 구성된 재정운영위원회 위원들에게까지 미치는 것이다. 이런 사례가 1년에 수천 건씩 발생하고 있다.

이 모든 일이 지금과 같은 진료비 심사·청구 체계에서 비롯된 것이다. 가입자의 자격을 관리하는 공단(보험자)으로 진료비 청구를 하면 이런 소모적인 행정 낭비를 하지 않아도 된다.

가입자의 자격을 관리하는 공단이 진료비 청구를 받지 못하고 심평원의 심사 결과에 따라 진료비를 즉시 지급하도록 하는 지금과 같은 진료비 심사·청구 체계는 분명 '비정상'이다. 이로 인해 사무장 병원 및 보험사기, 무자격 진료와 건강보험증 대여·도용, 산재·교통사고 환자의 건강보험 진료 등 재정누수가 상례화되고 있으며, 매년 증가 추세에 있다.

공단은 앞으로 보험운영 원리에 맞게 의료기관의 '진료 시작'과 '진료비 청구 단계'에서부터 자격을 확인하고, 부정수급 등의 재정누수를 방지할 수 있도록 비정상적인 진료비 청구·심사·지불 체계를 '정상화'하여 국민이 낸 소중한 보험료가 새지 않고 재정이 보장성 확대에 사용될 수 있도록 철저히 관리해 나가야 할 것이다.

1장 담배 소송

담배 종합
└ 공단은 무엇을 해야 하는가?

1. 저도 궁금합니다. "공단은 무엇을 해야 합니까?"

건강보험공단은 2012년 10월 공단 소속의 건강보험정책연구원이 발간한 연구보고서(「건강보장재원 확보를 위한 건강 위험요인 부담금 부과 방안」, 이선미 등)와, 2013년 8월 27일 개최한 정책세미나(「건강보험 빅데이터를 활용한 흡연의 건강영향 분석 및 의료비 부담」, 연세대학교 보건대학원 지선하 교수)를 통해 공단의 빅데이터를 활용하여 흡연으로 인한 건강 위해성 및 재정손실 규모 등을 분석한 연구 결과를 발표했다.

또한 두 차례 법률포럼(2013. 4.17, '흡연으로 인한 건강보험 재정 손실, 담배회사의 책임은?', 9.24, '흡연으로 인한 건강보험 재정손실, 법적 대응 방안은?')을 개최하여 연구 결과에 대해 관련 분야 전문가들의 의견을 듣는 한편, 전 직원을 대상으로 설문조사(10.8~15, '흡연 폐해 대응 관련 내부 설문조사')를 실시하여 의견을 수렴했다.

2012년 10월의 건강보험정책연구원의 연구보고서 발표, 2013년 4월의 법률포럼, 2013년 8월의 정책세미나, 2013년 9월의 법률포럼, 2013년 10월의 공단 전 직원 대상 설문조사. 담배와 관련된 연이은 사건마다 언론의 관심이 집중됐다. 처음엔 담배 피해 규모에 놀랐고, 그것을 과학적으로 밝혀낸 것에 대해 놀랐으며, 시간이 지나면서 점점 "그래서 어떻게 할 건데?"에 대해 궁금증이 모아지고 있다.

필자도 궁금하다. "공단은 무엇을 해야 합니까?" 답을 찾기 위해 우리가 판단할 수 있는 요소들을 다시 복기해 본다.

① 흡연 폐해 대응에 대한 외국의 사례이다. 전례는 항상 우리의 판단에 도움을 준다. ② 세미나·포럼 등에서 제시된 전문가의 의견이다. 전문가는 어려운 문제의 해결 방향을 알려준다. ③

공단 전 직원 대상 설문조사 결과이다. 건강보험 일을 하고 있는 공단 직원들은 건강보험의 입장에서 판단할 것이다. 또 다수의 선택은 소수 전문가의 오류를 보완해 준다.

2. 객관적 사실 _ "흡연자의 암 발생이 최대 6.5배 높고, 매년 1조 7천억 원의 진료비 추가 부담을 가져온다"

연구 결과에 대해서는 앞으로 상세히 소개하기로 하고, 흡연 폐해 대응에서 가장 중요하면서도 객관적인 사실들을 간단히 정리해 보자.

아시아 최대 규모인 130만 명을 19년 동안 추적 관찰한 결과, 흡연자의 암 발생 위험도가 비흡연자에 비해 6.5배에서 2.9배 높았다. 특히 흡연의 암 발생 기여도는 남성의 경우 후두암이 79%로 가장 높고 이어 폐암 71.7%, 식도암 63.9% 순으로 나타났다.

흡연과 관련된 진료비 지출은 35개 질환에서 연간 1조 7,000억 원 규모(2011년 기준)로 분석되었는데, 이는 공단 정책연구원이 2012년 10월 발표한 1조 5,633억 원과 거의 비슷한 수준으로, 두 연구의 객관성을 입증한다.

흡연의 영향은 40년 후에까지 미치는데, 우리나라의 경우 1980년대와 1990년대 남자 흡연율이 60%에 이르렀던 만큼 앞으로 10~20년 후에는 과거의 높은 흡연율로 인한 건강 위해와 진료비 지출 금액이 지금보다 더 커질 것으로 예상되고 있다.

위의 두 연구는 흡연 피해에 대해 공단의 빅데이터를 활용한 과학적이고 실증적인 연구 결과물로서 국내에서 처음 발표되었기에 언론 등의 관심과 사회적 반향이 컸다.

3. 흡연 손실액 1조 7,000억 원은 전 국민의 한 달치 보험료

2013년 8월 말 현재 우리나라는 2,206만 세대(4,986만 명)가 한 달에 평균 8만 8,285원의 건강보험료를 내고 있다. 전체 세대가 납부하는 보험료는 한 달에 1조 9천억 원이다(사용자 부담 제외). 흡연 재정 손실액 1조 7,000억 원은 우리나라 국민의 한 달치 건강보험료이다. 만약 흡연 손실액을 모두 보전받는다면, 매년 한 달씩은 건강보험료를 내지 않아도 된다.

2013년 6월 말 현재 6개월 이상 보험료를 내지 못해 건강보험 혜택을 받지 못하는 취약계층이 173만 명으로, 이들의 체납 보험료가 3조 원이나 된다. 따라서 1조 7천억 원이면 보험료를 못 내서 건강보험 사각지대에 놓여 있는 취약계층의 절반을 해소할 수 있는 금액이라 할 수 있다. 흡연 손실액을 2년만 보전받아도 건강보험 취약계층을 전원 구제할 수 있다.

또한 진료수가 1% 인상에 2,700억 원이 소요되므로 6% 정도 인상해 줄 수 있는 금액이다 (2013년도 수가 협상 공단 보도자료, 2012.10.18). 진료수가를 6% 인상하면 의료계의 웬만한 요구 사항은 들어줄 수 있다. 의료서비스의 질도 덩달아 올라갈 것이다.

현재 보장성 확대의 가장 큰 걸림돌이 선택진료비·상급병실료·간병비 등 소위 말하는 3대 비급여이다. 선택진료비는 1조 3,000억 원, 상급병실 차액은 1조 원 규모라고 한다(「상급병실· 선택진료 실태조사」, 6.3~7.5, 국민건강보험공단). 1조 7,000억 원은 선택진료를 해소할 수도 있고, 상급병실을 급여화할 수도 있다.

4대 중증질환 보장성 확대에 필요한 재원이 5년간(2013~2015) 약 9조 원이라고 한다(보건복 지부 보도자료, 〈4대 중증질환 치료, 모두 건강보험으로 해결한다〉, 6.26). 단순 계산으로 연간 1조 8,000 억 원이 필요하다. 그런데 흡연 손실액을 보전받으면 추가 재정 투입 없이 4대 중증질환을 보 장할 수 있다. 흡연으로 인한 건강보험 재정손실액 연간 1조 7,000억 원은 현재 사회적 화두 인 건강보험 보장성 확대를 충당할 정도로 큰 금액인 것이다.

4. 미국, 주정부가 소송 나서 260조 원 배상 이끌어내

1998년 미국에서는 49개 주정부와 4개 담배회사들 간에 2,460억 달러(한화 약 260조 원)의 배상액 합의가 이루어졌다.

미국에서는 1954년부터 1992년까지 40년간 800건의 담배 소송이 진행되었으나, 단 한 건 도 원고가 종국적으로 승소한 사례가 없었다. 소송 당사자가 주로 폐암에 걸린 개인이었고 소 송대리인도 개인 변호사로, 충분한 경제력이 있어 유능한 변호사를 선임할 수 있었던 담배회 사에 비해 장기간의 담배 소송을 이끌어가기 힘들었던 것에도 원인이 있었다고 한다.

그런데 1993년부터 간접흡연 피해소송, 주정부 소송, 집단소송이 시작되면서 원고 승소 사 례가 나타나기 시작했다. 특히 1994년에는 미시시피 주를 시작으로 49개 주의 주정부와 시정 부 등이 흡연으로 인한 질병 치료에 자신들이 지출한 진료비 변상을 담배회사들에게 청구하 는 소송을 제기했다. 그 결과 1998년 필립모리스, R.J.레이놀드, 브라운 앤 윌리엄슨, 로리아 토바코 등 4대 메이저 및 40개 군소업체들은 2,460억 달러를 변상하기로 합의했다.

담배회사 근무자의 내부고발과 내부문건 유출, 미국 의회의 자료제출 명령 등으로 담배회 사의 거짓 주장, 니코틴 조작 등이 밝혀지면서 사회 분위기가 흡연자 비난에서 담배회사 비난 으로 돌아선 것에 기인한 바 크다고 한다.

1997년 3월 17일 미국에서는 담배 소송과 관련한 유의미한 사건이 하나 더 있었다. 플 로리다 주 법(Medicaid Third-Party Liability Act of 1994)에 대한 미국 대법원의 합헌 판결이 그것이다.

플로리다 주의 이 법은 위해한 물건을 제조한 사업체에 주정부가 의료비용 배상을 청구할 수 있도록 한 법이다. 게다가 각각의 사안마다 인과관계와 손해를 입증하는 대신 통계를 통해서 '의료비용'을 산출할 수 있도록 했다(출처 : 「The Economics Of Tobacco Reculation」, Health Affairs, 21, no.2(2002) : 146-162, Jonathan Gruber. 이 내용을 http://content.healthaffairs.org 에서 찾아서 재인용). 이 법안이 담배에 국한된 법안은 아니지만, 위해한 물건인 담배를 제조·판매한 담배기업에게 담배로 인한 의료비용을 배상청구하는 소송에도 적용 가능한 법이라 할 수 있다.

만일 플로리다 주와 같은 법안이 우리에게 있다면 지금 상황에 딱 맞는 법이라고 할 수 있다. 담배 소송에서 가장 힘든 것이 피해의 개별 입증인데, 플로리다 주 법은 개별 입증 대신 통계를 통해 의료비용을 산출할 수 있도록 했기 때문이다. 2012년 10월 건강보험정책연구원의 연구보고서와 2013년 8월의 정책세미나에서 발표한 연구 결과는 건강보험공단의 '빅데이터'(일종의 통계라고 할 수 있음)를 활용하여 매년 1조 7,000억 원의 담배로 인한 의료비용을 산출한 것으로, 플로리다주 법에 따르면 바로 소송을 제기할 수 있는 요건을 갖춘 것이라 할 수 있다.

5. 캐나다, 「담배손해 및 치료비배상법」 만들어 손해배상 이끌어

캐나다는 흡연으로 인한 손해배상을 목적으로 주정부들이 담배회사를 상대로 소송을 제기할 근거가 되는 '법률'을 마련한 것이 가장 큰 특징이다.

캐나다도 미국과 마찬가지로 오랜 기간 흡연의 유해성을 둘러싸고 논란이 있었는데, 담배소송과 관련한 미국의 움직임은 이웃 나라인 캐나다에도 영향을 주었다. 미국 플로리다 주의 법이 합헌 판결을 받은(1997. 3.17) 그 해 캐나다 주정부 중 가장 먼저 브리티시 컬럼비아 주정부가 「담배손해배상법(Tobacco Damages and Recovery Act)」을 제정한 것이다.

이에 대하여 필립 모리스 등의 다국적 담배회사들은 주(州) 대법원에 「담배손해배상법」에 대한 위헌소송을 냈다. 담배의 제조·판매가 지난 수십 년간 정부의 감독 아래 이루어져 왔고, 적용 범위 또한 외국 담배회사를 포함하는 등 주정부의 권한을 일탈했다는 이유에서였다. 법률 제정 2년 뒤인 2000년 브리티시 컬럼비아 주 대법원은 「담배손해배상법」에 대해 위헌 결정을 내렸다.

브리티시 컬럼비아 주정부는 가만히 있지 않았다. 위헌 결정이 난 같은 해에 보완하여 다시 법률을 제정했다. 「담배 손해 및 치료비 배상법(Tobacco Damages and Health Care Costs Recovery Act)」이 그것이다. 법률 이름에서도 알 수 있듯이 이번에는 '치료비 배상'을 법 이름에 명문화했다. 그러나 이 법에 대해서도 주 대법원은 위헌 결정을 내렸다. 주정부는 다시 상고했고, 캐나다 연방대법원은 2005년 9월 최종적으로 이 법률에 대해 합헌 결정을 내렸다.

이후 이 법에 따라 브리티시 컬럼비아 주정부는 최초로 담배회사 및 담배제조업협회 등을 상대로 100억 달러 규모의 소송을 제기했고, 캐나다 다른 주들도 이와 유사한 법률을 제정하고 소송을 제기했다. 금년 5월에는 온타리오 주에서 500억 달러(한화 약 53조 원) 규모의 배상책임을 구한 소송에서 법원의 일부 판단이 있었다. 일부 담배회사들이 소송 자체를 회피하기 위해 관할권 위반, 청구 내용의 모호성 등을 주장하면서 다퉜지만, 법원은 담배회사들의 주장을 기각한 것으로 알려졌다. 조만간 담배회사들의 책임 유무에 대한 판단이 내려질 것으로 보인다.

「담배 손해 및 치료비 배상법」의 주된 내용은 ① 의료보장에 사용한 진료비 회수에 대한 주정부의 직접적인 소송 권한을 인정하고, ② 인과관계와 손해에 대한 주정부의 입증 책임을 완화한 것이다. 흡연자의 발병 원인이나 개인별 의료비 규모에 대한 입증을 요구하지 않고, 오히려 ③ 담배회사가 흡연자들이 담배로 인해 해를 입지 않았음을 입증하게 했으며, ④ 손해액 또한 총계 기준으로 산정하도록 하여 담배회사들 상호간의 위험기여도에 기반한 책임 배분을 규정한 것이 특징이라 할 수 있다. 주정부가 사용한 의료보장 진료비를 회수하기 위한 소송을 제기할 수 있도록 한 것, 개별 피해 입증보다는 총액 기준으로 피해액을 산정하도록 한 점 등이 미국 플로리다 주의 법과 비슷하다고 하겠다.

6. 미국과 캐나다 사례가 시사하는 것

미국과 캐나다의 담배 소송 사례에서 우리는 몇 가지 시사점을 찾을 수 있다.

첫째, 담배 소송은 개인이 아닌 주정부 같은 공공기관이 해야 한다는 것이다. 거대한 담배 회사를 상대로 하는 소송은 비용도 많이 들고 지난한 법적 공방이 뒤따르기 때문이다.

둘째, 담배 소송은 소송의 근거가 될 수 있는 법률이 뒷받침되면 훨씬 효과적이라는 것이다. 미국 플로리다 주와 캐나다의 사례에서 이를 확인할 수 있다.

셋째, 미국 플로리다 주와 캐나다에서 만든 담배 소송의 근거법은 유해한 물건(담배)으로 인해 정부가 추가 지불한 '의료(치료) 비용'을 배상청구할 수 있도록 한 것이다. 미국(메디케이드)과 캐나다는 세금으로 의료보장을 해주기 때문에 주정부가 나섰지만, 사회보험 체계인 우리는 건강보험료에서 진료비용이 지출되므로 보험재정을 관리하는 국민건강보험공단이 나서야 한다(의료급여 관련 부분은 세금으로 충당하므로 정부가 나설 수 있다).

넷째, 담배 소송 근거법에서는 정부가 추가 지불한 의료비용의 규모를 개별 입증이 아닌 통계적 방식으로 산출할 수 있도록 했다. 공단이 지금까지 두 차례 발표한 연구 결과는 공단의 통계(빅데이터)를 이용한 의료비용 산출이었다. 그 금액이 연간 1조 7,000억 원이다.

다섯째, 우리나라도 담배 소송의 근거법이 있어야 한다면, 국회의 입법 과정이 선행되어야 한다. 국회가 사회적 여론 수렴의 기능을 갖고 있고, 입법이 사회적 합의를 전제로 하기 때문에 국회에서의 입법은 곧 소송에 대한 사회적 합의가 이루어졌다는 것을 의미한다.

7. 국내 담배 소송, 연이어 패소

우리나라는 그동안 3건 정도의 담배 관련 소송이 제기되었는데, 우선 1999년에 흡연 피해자 6명 등이 제기한 소송이 있다. 원고가 흡연으로 인한 직접적인 피해를 증명하지 못해 1심과 2심 모두 패소하여 현재 대법원에 계류 중이다(1999년에 제기한 또 한 건의 담배 소송도 유사한 사례이므로 언급을 생략한다). 미국도 1954년부터 1992년까지 40년간 800건의 담배 소송이 진행되었으나, 단 한 건도 원고가 종국적으로 승소한 사례가 없었다. 대부분 흡연 피해의 개별 입증 문제 때문이었다.

2005년에는 폐암으로 사망한 경찰공무원 유족이 담배 소송을 제기했다. 이 담배 소송의 애초 시작은 공무원연금에서 비롯되었다. 공무원연금공단이 폐암의 원인이 과로가 아니라 흡연이기 때문에 공무원연금에서 보상해 줄 수 없다고 해서 유족들이 소송을 제기했는데, 이에 대해 법원이 공무원연금공단의 손을 들어준 것이다. 즉 법원이 폐암의 원인으로 흡연을 지목한 것이다.

그러자 유족들은 담배회사를 상대로 손해배상청구소송을 제기했다. 그런데 법원은 유족들에게 패소 판결을 했다. 저쪽 법원에서는 폐암의 원인이 담배라고 했는데, 이쪽 법원에서는 담배(회사)가 폐암에 책임이 없다고 판결한 것이다. 현재 이 사건은 고등법원에 계류(서울고등법원 2012나19880 손해배상) 중이다.

위 세 건의 담배 소송에서 볼 수 있듯이, 우리나라 법원 판결의 요지를 정리하면 다음과 같다.

첫째, 담배를 '결함 있는 제조물'로 볼 수 없다는 것이다. 담배에 유해성분이 추가되었다거나 자발적 금연을 불가능하게 할 정도로 의존증이 강하다고 볼 수 없다는 게 그 이유이다.

둘째, 담배의 '제조상 하자'가 있지 않았다는 것이다. 니코틴을 감소시킬 수 있는 대체설계가 가능하지 않다는 것인데, 즉 기술적 한계, 안전성, 경제성 등의 문제로 담배의 니코틴 함유는 어쩔 수 없다는 것이다.

셋째, 담배회사가 흡연의 위험성에 대하여 담뱃갑에 계속적으로 경고 표시를 해온 이상, '표시상의 결함'을 인정하기도 어렵다고 한다.

넷째, 담배회사 등이 담배의 유해성에 대한 정보를 은폐하거나 속인 사실, 그 밖에 니코틴 조작이나 흡연 조장 등의 '위법행위'를 한 사실도 인정하지 않고 있다.

요약하면 담배는 결함 있는 제조물이 아니며, 제조상 하자도 없고, 표시상의 결함도 없으며, 위법행위도 없었기 때문에 담배로 인한 폐해에 대한 손해배상은 인정할 수 없다는 것이다.

그런데 이 판결 요지를 자세히 보면, 법원은 아직 흡연과 폐암의 인과관계에 대해 적극적인 판단을 하지 않고 있는 것으로 보인다. 오히려 담배라는 제조물이 결함이 있는지, 담배(제조물)를 만들면서 소비자를 속인 위법행위가 있는지 등에 대한 판단을 주로 한 것 같다.[66]

만일 법원이 '흡연과 폐암의 인과성'을 좀 더 주목하게 된다면, 이후 재판 결과는 달라질 수 있을 것이다. 2012년 10월 건보공단 건강보험정책연구원의 연구보고서(「건강보장재원 확보를 위한 건강 위험요인 부담금 부과방안」, 이선미 등)와, 2013년 8월 27일 개최한 정책세미나(「건강보험 빅데이터를 활용한 흡연의 건강영향 분석 및 의료비 부담」, 연세대학교 보건대학원 지선하 교수)에서 발표한 연구결과가 이를 위한 근거 자료가 될 수 있을 것이다.

그리고 위 세 건의 담배 소송은 모두 건강보험공단의 연구 결과가 세상에 나오기 전의 판결이었다. 이러한 이유로 현재 담배 소송을 진행하고 있는 변호사가, 공단이 흡연 피해의 객관적인 자료를 냈음에도 불구하고 담배 소송에 나서지 않는다면 직무유기에 해당한다고 말한 것이 아닌가 싶다.

1999년에 제기한 두 건의 담배 소송은 현재 대법원에 계류 중이다. 만일 대법원에서도 하급심과 같은 판단을 한다면, 담배회사들은 담배 판매로 인하여 엄청난 수익을 올리면서도 담배로 인하여 발생하는 피해에는 면죄부를 얻게 될 가능성이 매우 높다.

이상 세 건의 국내 담배 소송에서 우리는 다음과 같은 시사점을 얻게 된다.

첫째, 담배 소송은 개인이 아닌 주정부 같은 공공기관이 해야 한다는 것이다. 거대한 담배회사를 상대로 한 소송은 비용도 많이 들고 지난한 법적 공방이 뒤따르기 때문이다. 소송을 할 수 있는 공공기관은 미국과 캐나다의 주정부처럼 '의료비용을 지불한 기관'이어야 한다.

둘째, 우리 법원은 '흡연과 폐암의 인과성'에 대한 판단이 아닌, '담배(제조물)의 결함과 제조과정에서의 위법성'에 대해 판단을 주로 하고 있다는 것이다. 이것은 긍정적일 수도, 부정적일 수도 있다. 앞으로 인과성에 좀 더 주목한다면 이후 재판 결과가 달라질 수 있을 것이라는 점에서 긍정적이고, 법원으로서는 지금까지의 입장을 바꿀 만한 특별한 이유가 있지 않다는 점에서 부정적이다.

셋째, 법원이 지금까지와는 다른 판단을 하기 위해서는 '어떤 계기'가 있어야 할 것이다. 법

---

[66] 현재 대법원에 계류 중인 사건에서는 흡연과 폐암 일부(소세포암·편평세포암)에 대한 인관관계를 인정한 바 있다.

의 테두리 안에서 판단을 하는 법원 입장에서 가장 확실한 계기는 '법률'이다. 미국 플로리다 주와 캐나다처럼 담배로 인해 발생한 의료비용에 대하여 비용 부담자가 직접 담배회사를 상대로 손해배상청구를 하고, 통계적 자료만으로도 손해 및 인과관계가 인정될 수 있다는 내용의 '담배소송법'이 마련된다면 가장 명확한 계기가 될 것이다.

8. 헌법소원

1) "담배사업법은 국민의 보건권을 침해하고 있다"

현재 우리나라에서는 흡연 피해자들이 제기한 3건의 민사소송과는 별개로 담배의 유해성에 대한 헌법소원이 진행되고 있다. 흡연자로서 폐암 투병 중인 사람을 비롯해 임산부·미성년자·의료인 등으로 구성된 청구인들이 "담배의 제조·판매·수입에 관하여 규정하고 있는 '담배사업법'이 헌법상 보건권, 행복추구권, 생명권, 인간다운 생활을 할 권리 등을 침해하여 위헌"이라고 주장하면서 헌법소원 심판을 청구한 사건(2013헌마38사건)이 그것이다.

청구인 측은 이 헌법소원이 담배의 유해성과 관련한 세계 최초의 헌법소원이라는 것에 그 의미가 있다고 밝히고 있다. 헌법소원 진행과정에서는 그동안 제기했던 담배를 둘러싼 각종 찬반논쟁이 총출동할 것이다. 헌법소원의 결과뿐만 아니라 재판과정에서 제기한 찬반 양측의 각종 논리는 대법원과 고등법원에 계류하고 있는 3건의 담배 소송에도 영향을 미칠 것이기에 그 실질적 중요성은 더욱 크다고 할 것이다. 헌법소원의 재판과정을 세밀히 살피는 것은 이후 담배에 대한 우리의 입장을 정하는 데도 큰 도움이 될 것이다.

이 헌법소원은 2012년 1월에 제기되었고, 2013년 9월 청구인들은 '담배사업법'의 폐지와 동시에 '담배의 제조·판매·수입을 금지하는 입법'을 해야 한다는 입법 촉구 결정을 추가로 청구했다. 만일 담배사업법이 위헌 판결을 받아 폐지될 경우, 담배의 제조·판매 등이 자유롭게 허용되는 것으로 해석될 여지가 있기 때문이다. 담배사업법이 담배 제조와 판매에 관한 법이긴 하지만, 반대로 아무나 담배를 제조·판매하지 못하도록 규제하는 법이기도 한데, 이를 폐지하면 담배를 아무나 만들고 팔아도 된다고 해석될 수도 있기 때문이다.

2013년 10월 10일 헌법재판소에서 공개변론이 있었다.[67] 공개변론에서 주장한 청구인 측의 요지는 "담배의 유해성과 중독성이 밝혀졌음에도 불구하고 국가가 담배의 제조·판매·수

---

[67] 헌법소원에 관한 심판은 서면심리에 의한 것이 원칙이지만, 재판부가 필요하다고 인정하는 경우에는 변론을 열어 당사자, 이해관계인, 그 밖의 참고인의 진술을 들을 수 있다(헌법재판소법 제30조 제2항).

입을 허가·보장하고 있는 담배사업법은 위헌"이라는 것이다.

이에 대한 근거로는 첫째, 흡연으로 인해 헌법 제36조 제3항의 보건권(모든 국민은 보건에 관하여 국가의 보호를 받는다)의 침해를 받는다는 것이다. 보건권의 본질적 침해와 함께 생명권, 행복추구권, 인간다운 생활을 할 권리에 대해서도 부수적으로 침해받고 있다고 주장했다. 또한 간접흡연자의 혐연권이 흡연자의 흡연권에 우선한다는 주장이다.

둘째, 흡연의 유해성 측면이다. 흡연은 암·심혈관계질환·폐질환 등의 주요 발생 원인으로, 담배로 인한 우리나라 사망자수는 연간 5만 6,000명(1일 기준 150명)이며, WHO 발표에 따르면 간접흡연으로 인해 세계적으로 매년 60만 명이 사망한다.

셋째, 담배의 중독성에 대한 부분이다. 담배는 대마초보다 강한 중독성을 가지고 있으며, 스스로의 의지로 1년 이상 금연에 성공하는 사람 비율은 3~5%에 불과하다. 국제질병분류기호상 담배로 인한 정신적·행동적 장애를 질병으로 분류하고 있으며, 미국정신과학회 역시 니코틴 중독을 질병으로 인정하고 있다. 미국 일부 주에서는 담배를 마약으로 지정하고, 호주 타즈메니아 주에서는 담배 유통을 금지했으며, 뉴질랜드도 추진 중이라는 사실도 그 근거로 제시하고 있다.

넷째, 흡연으로 인한 경제적 손실 부분이다. 흡연으로 인한 의료비 손실은 연간 1조 7,000억 원(공단 자료 인용)이며, 그 밖에 사회적·경제적 손실까지 포함하면 담배로 인해 매년 9조 원에 이른다.

청구인 측의 주장을 요약하면 담배는 유해하고, 중독성이 있으며, 경제적 손실도 크고, 이로 인해 결과적으로 국민의 기본권(보건권 등)을 침해한다는 것이다.

"공권력에 의해 국민의 기본권이 침해되었을 경우, 헌법재판소에 제기하는 기본권 구제 수단이 헌법소원이다. 헌법소원 심판 청구권자는 공권력 행사나 불행사로 인해 헌법상 보장된 기본권을 침해받게 된 사람이며, 헌법상 보장된 기본권을 침해하는 공권력의 행사, 불행사가 청구의 대상이다. 헌법소원 심판에 이해관계가 있는 국가기관 또는 공공단체와 법무부 장관은 헌법재판소에 그 심판에 관한 의견서를 제출할 수 있다"(네이버 법률용어사전 중 '헌법소원'에서 인용).

이에 따라 이번 헌법소원 심판에서도 기획재정부 장관과 행정안전부 장관이 이해관계인으로서 의견서를 제출했으며, 2013년 10월 10일 공개변론에는 기획재정부 장관이 선임한 법률대리인(변호사)이 출석하여 진술했다. 청구인 측의 주장에 대응하는 기획재정부의 주장과 근거는 무엇일까?

2) 기획재정부, "흡연권 역시 헌법상의 권리이다"

이해관계인(기획재정부) 측 주장의 요지는 "담배는 기호식품으로서 흡연의 시작과 중단은 모두 인간의 자유로운 의사결정에 근거하는 것으로, 흡연권 역시 헌법상의 권리"라는 것이다. 또한 청구인 측이 주장하는 담배의 유해성 및 중독성은 과장되었다는 것이다.

이런 주장의 근거로 첫째, 다른 나라의 법률과 비교해 봐도 담배의 제조·판매를 전면 금지하는 나라는 부탄 외에는 존재하지 않고, 국가경제 및 국제무역 측면에서도 부당하다는 것이다.

둘째, 담배는 이미 「국민건강증진법」과 「담배사업법」에서 중복 규제하고 있으며, 규제 수준 측면에서 WHO 담배규제기본협약상 협약 당사국의 의무를 이미 초과해서 이행하고 있다는 것이다(중독자 치료, 금연 교육은 제외).

셋째, 흡연권 역시 헌법적 권리이며, 담배는 의존성과 금단 증상이 있지만 욕구 조절이 가능하고 내성이 없기 때문에 성인인 흡연자의 자기결정권을 존중해야 한다는 것이다.

넷째, 청구의 적법 요건 측면에서 청구인이 담배 판매업자도 아니고 수입업자도 아니므로 직접성과 자기관련성이 결여되어 있다는 것이다(「담배사업법」의 직접적 당사자가 아니라는 뜻인 듯하다). 또 심판 청구 대상인 「담배사업법」 시행일이 2010년 3월 19일이므로 헌법소원의 청구 기간(기본권 침해가 있게 된 날부터 1년 이내이면서 기본권 침해가 있다는 걸 알게 된 날부터 90일 이내)이 지났기 때문에 청구의 적법 요건을 충족하지 못한다고 주장했다.

이번 헌법소원의 주요 쟁점은 ① 기본권 침해의 직접성과 자기관련성, 청구 기간 준수 여부 등 심판 청구의 적법 요건을 충족했는지, ② 담배의 유해성·중독성과 그로 인한 피해 수준, ③ 흡연의 중독성·의존성이 성인의 의사결정을 방해하는 수준인지, ④ 흡연과 관련하여 국민의 보건권 보호를 위한 「국민건강증진법」·「담배사업법」 상 각종 규제가 담배규제기본협약상 협약 당사국의 의무를 충분히 반영하고 있는지 등이다.

이와 관련하여 헌법재판소는 청구인 측에는 '담배의 유해성·중독성과 관련한 객관적 자료'를, 이해관계인(기획재정부) 측에는 '담배중독자 치료를 위한 추가 조치 마련 여부 확인 및 관련 자료' 제출을 요청했다.

이번 헌법소원 심판에서 청구인의 주장대로 「담배사업법」의 위헌 결정과 「담배 제조·판매·수입 금지법」의 입법 촉구 결정이 나기는 힘들 것이라는 견해가 많다. 흡연자 반발이라는 사회적 이유, 담뱃잎 재배 농가의 피해라는 현실적 이유, 담배회사의 손실이라는 경제적 이유, 조세수입 감소라는 행정적 이유 등이 있을 것이다.

그러나 이런 의견도 있다. "「담배사업법」의 위헌 판결로 모든 담배의 제조·판매를 금지하는 극단적 결정은 아니지만 '흡연 폐해를 인정하고, 이를 보상하는 것을 권고'하는 절충적 판단은 할 수 있지 않을까?" 그동안 진행한 세 건의 담배 소송과 이번의 헌법소원 심판에는 공단의 흡연 폐해 자료 발표 '전과 후'라는 차이가 있기 때문이다. 흡연자의 암 발생이 최대 6.5배 높고, 매년 1조 7,000억 원의 진료비 추가 지출을 발생시킨다는 공단의 빅데이터를 활용한 흡연 폐해 연구 결과를 법원이 얼마나 인정해 주는지 가늠할 수 있을 것이다.

앞서 언급했듯이, 헌법소원 심판에 이해관계가 있는 국가기관은 헌법재판소에 그 심판에 관한 의견서를 제출할 수 있다. 이에 따라 이번 헌법소원 심판에는 기획재정부와 안전행정부가 의견서를 제출했다. 그리고 공개변론에서는 이해관계인인 기획재정부의 대리인이 출석하여 의견을 개진했다.

그런데 이번 헌법 소송에서 비록 대리인을 통해서지만 정부가 담배의 유해성과 중독성이 과장되었다는 주장을 공식적으로 밝히는 것이 합당한지에 대해서는 전문가들 사이에 논란이 있다. 우리나라는 이미 2005년도에 '담배의 규제에 관한 세계보건기구 기본협약(WHO Framework Convention on Tobacco Control, FCTC)'을 비준했고, 동 규약에서는 담배의 중독성·치명성을 전제로 정부가 담배 규제를 위한 공중보건 정책을 수립, 시행해야 한다는 내용들이 포함되어 있기 때문이다. 그런데 공개변론에서의 기획재정부 의견은 이 WHO 담배규제협약 내용과 충돌한다.

담배 한 갑(2,500원)에는 담배소비세 641원, 지방교육세 320.5원, 국민건강증진부담금 354원, 부가가치세 227원이 부과되고 있다. 기획재정부는 담배 세금 중 가장 많은 부분(담배소비세)을 차지하고 있을 뿐만 아니라, 위헌심판 대상인 「담배사업법」 소관 부처라서 의견서를 제출했고, 이해관계인이 되어 공개변론에도 참석했을 것이다. 또 안전행정부가 의견서를 제출한 것은 지방교육세의 소관 부처이기 때문일 것이다.

그런데 지방교육세(320원)보다 많은 금액을 부과하는 국민건강증진부담금(354원) 소관 부처인 보건복지부는 의견서를 제출하지 않았다고 한다. 보건복지부는 흡연 폐해를 널리 알리고, 금연정책의 주무부처이면서, 'WHO 담배규제기본협약'의 이행을 담당하는 부처이다. 이번 헌법소원 심판에 보건복지부가 의견서를 제출하지 않은 것은 아쉬움으로 남는다.

보건복지부가 금연정책의 주무부처로서 흡연 폐해에 대해 적극적으로 의견을 제출했다면, 헌재가 흡연 폐해를 인정하는 데 조금이라도 도움이 됐을 것이다. 이번 헌법소원 심판에서는 적극적으로 의견 개진을 해야 할 부처는 가만히 있고, 가만히 있어도 될 부처는 적극적으로 의견 개진을 한 셈이다.

9. 전문가의 견해

1) "전국 170개 지자체도 담배 소송 할 수 있다"

두 차례의 법률포럼과 한 차례의 정책세미나를 거치면서 "공단은 무엇을 해야 하는가?"에 대한 전문가의 의견을 들어 보았다. 공단의 향후 방향을 제시한 의견을 간추려 요약해 보기로 하자. 먼저 2013년 4월 17일 열린 1차 법률포럼 '흡연으로 인한 건강보험 재정손실, 담배회사의 책임은?'에서 나온 전문가의 의견이다.

"담배로 인한 '의료비 반환 소송' 법리에 있어, 「국민건강보험법」 58조(구상권)에 의한 소송을 할 수 있는데, 이 경우 피해자를 대위하는 소송이기 때문에 개인 담배 소송에서의 문제점(흡연피해 입증의 문제, 담배회사의 위법성 문제)이 그대로 적용될 수 있음. 또 「민법」 상의 부당이득 반환청구(741조)에 의할 경우, 담배회사가 흡연 피해자에게 배상하지 아니함으로써 담배회사가 부당이 득을 한 것으로 평가되어야 하는데 현실적으로 적용하기 어려운 법리 문제가 있음. 따라서 캐나다의 방법(특별입법 후 의료비 반환소송 제기)을 도입하는 것이 효과적임."

– 배금자 변호사의 주제발표 내용 중

"흡연규제 정책과 관련하여 ① 건강보험료 부과에 있어 흡연자와 비흡연자 구별, ② 금연에 소요되는 의료비용을 건강보험 급여에 포함할 필요가 있음. 의료비 반환소송과 관련해서는 공단의 전국지사에서 담배 소송을 개별적으로 끊임없이 제기하는 것이 필요함. 공단이 소송을 제기하면, 의료급여비용과 관련하여 지방자치단체도 소송을 제기할 가능성이 높음."

– 김운묵 박사, 보건의료법연구소 부소장

"담배 소송에 패소할 경우 담배회사에 면죄부를 주는 결과가 될 가능성이 있음. 특별입법을 통한 담배 소송의 경우 소급효 부분이 문제될 수 있음."

– 신현호 변호사

"담배 소송을 시작할 때(1999년)는 소송 대상이 담배인삼공사였는데, 2002년 12월 완전 민영화 후 주식회사 KT&G로 변경, 담배 제조·판매와 관련한 책임도 현재의 KT&G에 포괄 승계되었음. 현재 KT&G는 정부 지분이 전혀 없으며, 외국인 지분이 58.5%인 다국적기업임. 담배인삼공사가 완전 민영화된 이후 피고에서 '대한민국 정부'를 취하하려고 했으나 법무부에서 소 취하에 동의하지 않음."

"패스트푸드·술과 담배는 '중독성'에 본질적인 차이가 있음. 패스트푸드는 담배 정도의 중독성이 없고, 술은 중독되기까지 시간과 과정이 필요한데, 담배는 단기간에 중독되며 좀처럼 벗어나기 어려움."

— 배금자 변호사

"담배 소송 특별입법은 소급효 문제가 발생할 수 있으므로, 특별입법은 향후에 발생하는 책임에 한정하고, 기존의 손해는 불법행위에 의한 소송으로 해결하는 것을 검토할 필요가 있음."

— 이은우 변호사

이상이 4월 17일 1차 법률포럼에서 나온 전문가들의 의견이다. 정리하면 다음과 같다.

첫째, 캐나다의 사례처럼 특별입법 후 의료비 반환소송을 제기하는 것이 효과적이라는 것이 공통된 의견이다. 그러나 이 경우도 '소급효'가 문제될 수 있다. 만일 특별입법으로 방향을 잡을 경우 '소급효' 문제를 어떻게 해결했는지 캐나다 사례에 대한 추가 연구가 있어야 할 것이다.

둘째, 공단이 담배 소송을 제기하면 '의료급여비용'을 지출한 지방자치단체도 소송을 제기할 가능성이 있다는 점이 특히 눈에 띈다. 의료급여 대상자의 의료비는 중앙정부와 지방정부가 분담하는데, 광역시는 50:50, 도정부는 80(중앙):20(도)의 비율로 분담하고 있다. 이 중 도정부 분담 비율 20%는 다시 기초정부와 분담하는데, 시 단위는 6%를 분담하고(도정부가 14% 분담) 군 단위는 4%를 분담한다(광역시는 기초정부가 분담하지 않는다).

의료급여비용을 지출한 정부(보건복지부)를 비롯하여, 전국의 모든 16개 광역자치단체, 전국의 모든 154개 기초자치단체(시군구, 광역시 소속 74개 지자체 제외)도 자신들이 분담한 만큼의 의료급여비용 환수를 위해 담배 소송을 제기할 수 있다(전국 기초자치단체는 228개. 중앙선거관리위원회 홈페이지). 이렇게 되면 담배로 인한 진료비 환수 소송을 할 수 있는 기관이 국민건강보험공단, 보건복지부, 16개 광역자치단체, 154개 기초자치단체 등 총 172개가 된다.

지방자치단체의 담배 소송은 단체장의 의지가 무엇보다 중요하다. 현재 지자체 단체장은 소속 정당이 다르고 성향 또한 달라 소송 여부는 개별적으로 판단하게 될 것이다. 공단은 소송 의지가 있는 지자체에 빅데이터를 이용한 담배 소송 근거 자료를 제공할 수 있을 것이다. 지자체와 묶어서 한 건의 담배 소송을 제기할 수도 있고, 전국에서 동시다발적으로 개별적인 소송을 진행할 수도 있을 것이다. 어떤 경우이건 공단이 담배 소송을 하게 된다면, 단독으로 하는 것보다 이들 지자체와 논의해서 함께 하는 것이 효과적일 것으로 보인다.

※ 공단이 연구해서 발표한 담배로 인한 진료비 한 해 1조 7,000억 원은 2011년을 기준으로 한 자료이다. 2011년 건강보험 진료비 46조 원의 3.7%에 해당하는 금액이다. 이를 의료급여에 단순 적용하면 한 해 약 1,870억 원 규모로 추산된다(2011년 의료급여비 5조 542억 원 중 3.7%).

2) "공단은 의료비용 청구소송을 해야 한다"

2013년 8월 27일 건강보험 정책세미나가 있었다. '건강보험 빅데이터를 활용한 흡연의 건강영향 분석 및 의료비 부담'이라는 제목이었다. 19년간의 건강보험 진료 기록을 분석하여 담배로 인한 진료비가 한 해 1조 7,000억 원에 달한다는 결과도 이날 세미나에서 발표되었다. 이 세미나에도 전문가들이 패널로 참가하여 다양한 의견을 제시했다. 다음은 그 요지이다.

"후두암이나 폐암이 외국에 비해서 상대적으로 위험도가 낮게 나오고 있음. 흡연율이 저평가됨으로 인해 흡연의 영향이 희석되었을 가능성이 있음. 따라서 담배의 해악이 '최소한' 이 정도이다고 이야기할 수 있을 것임. 흡연의 영향이 최소한 이 정도임에도 불구하고 이렇게 크다는 것이 오늘 이 자료를 통해서 확실하게 이야기할 수 있음. 그런 의미에서 이 자료가 갖는 가치는 엄청나다고 할 수 있음."
　　　　　　　　　　　　　　　　　　　　　　　　　　　　– 박순우 교수. 대구가톨릭대 의과대학

"오늘 발표는 진료비 손실에 집중된 상당히 중요한 정보임. 그러나 진료비 손실은 전체적인 사회경제적 손실의 일부에 불과하다는 점에 주목해야 함. 흡연은 자유의지에 의한 선택이 아니고 담배 중독이라는 질병의 증상이라는 것이 흡연에 대한 WHO의 공식 입장임."
　　　　　　　　　　　　　　　　　　　　　　　　　　　　–조성일 교수, 서울대 보건대학원

"담배회사는 중독 물질인 니코틴을 국민에게 비싼 돈을 받고 판매하는 기업임. 그래서 중독 유발자 책임론이 외국의 법원에서도 인정되고 있음. 특히 '의료비용'으로 지출 보상을 청구할 경우에는 의료비로 책임 범위가 한정되기 때문에 공익적 측면뿐만 아니라 담배회사의 입장에서도 쉽게 합의가 이루어지는 입장임. 이 자료는 우리나라에서 흡연에 의한 '의료비용'이 어느 정도인지 짐작할 수 있게 된 측면에서 큰 의미가 있음. 담배 소송에서 사용할 수 있는 도구가 되고 법원에서도 중요한 판단 자료로 사용할 수 있음. 그래서 저는 오늘을 기준으로 BC와 AD로 나눔. 공단은 이 자료를 활용해서 적극적인 입장에서 비용 회복 절차에 돌입해야 함. 공단이 소송을 제기할 경우 흡연으로 지출한 의료비용에 대해서 합의하는 것은 그렇게 어렵지 않음.

"공단이 소송을 하게 되면 언제 해야 되느냐? 시기가 매우 중요함. 개인의 손해배상청구 사건이 지금 대법원에 가 있는데, 대법원에서 담배회사에 면죄부를 주는 순간, 건보공단은 소송을 제기하기 어려워짐. 그런 판결이 나오기 전에 공단이 새로운 이론으로 소송을 제기해야 함."

"순수한 흡연에 의한 폐암은 그 병종이 정해져 있기 때문에 그 부분을 따로 추출해 낼 수 있다면, 일반 개인 흡연 피해자의 구제에는 상당히 도움이 될 것이라고 생각함. 오늘 발표 내용은 구체적인 진료 기록에 입각한 통계 자료이기 때문에 자료의 데이터에 들어가면 개별적 치료 자료까지 다 나올 수 있어 사회적 효용은 무척 크다고 봄."
　　　　　　　　　　　　　　　　　　　　　　　　　　　　– 정미화 변호사. 법무법인 남산

"대충 계산해도 1년에 10조 원 이상의 사회경제적 손실이 흡연으로 나올 것으로 추산이 됨. 그 중 의료비 부분만 1조 7,000억 원이라는 것은 분명하고 쉽게 계산이 되어서 그 부분에 먼저 초점을 맞췄지만, 사회경제학적 손실을 계속 연구해서 발표해야 할 것으로 생각함. 흡연과 관계된 질병이 있다고 했는데, 앞으로 국립암센터 자료와 연계가 된다면 조직학적인 연구가 가능할 것임."

— 지선하 교수, 연세대 보건대학원. 연구발표자. 질의응답 중에서

2013년 4월 17일 열린 1차 법률포럼('흡연으로 인한 건강보험재정 손실, 담배회사의 책임은?')과 이번 정책세미나의 가장 큰 차이점은 담배로 인해 지출한 의료비용에 대한 자료가 '있고 없고'의 차이다. 한 토론자는 이에 대해 "오늘을 기준으로 BC와 AD로 나눈다"고까지 말했다.

이에 따라 1차 법률포럼에서는 소송 법리의 문제(개인을 대위하는 구상권 또는 부당이득 반환청구), 특별입법을 통한 소송 등 담배 소송의 가능성 모색에 중점을 둔 반면, 정책세미나에서는 담배 소송의 중요한 도구(의료비용 산출)가 만들어졌으니 '의료비용 보상 청구소송'을 해야 한다는 데 무게중심을 두고 있다.

세미나에 참석한 전문가 의견을 정리하면 다음과 같다.

첫째, 이날 발표한 자료는 우리나라에서 흡연에 의한 '의료비용'이 어느 정도인지를 밝히는 매우 중요한 자료라는 데 의견이 일치했다. 외국의 사례에서 보듯이, '의료비용' 청구소송을 할 경우 의료비로 책임 범위가 한정되고 공익적 측면이 있어 담배회사의 입장에서도 합의하기가 쉽다고 한다. 따라서 공단은 이 자료를 활용해서 적극적인 의료비용 회복 절차에 돌입해야 한다는 것이다.

둘째, 보건의료계 전문가의 공통된 의견은 1조 7,000억 원의 담배로 인한 피해 규모는 '최소한'의 것이라는 지적이다. 따라서 계속 연구해서 사회경제학적 손실을 밝혀야 한다는 것이다. 이후 추가 연구를 통해 '담배로 인한 의료비용'과 같이 과학적 근거를 가진 사회경제적 피해 규모를 밝힌다면, 담배 소송 규모는 지금보다 훨씬 커질 수 있다.

셋째, 이 연구 결과는 구체적인 진료 기록에 입각한 통계 자료이기 때문에 개별적인 치료 자료까지 밝힐 수 있다는 것이다. 따라서 순수한 '흡연에 의한 폐암'을 따로 추출한다면 일반 개인 흡연 피해자의 구제(소송)에도 도움이 된다는 것이다. 이에 대해 연구 발표자인 지선하 교수는 국가암등록 사업을 하는 국립암센터 자료와 연계하면 흡연에 의한 폐암을 따로 추출하는 것이 가능할 것이라는 의견을 밝혔다.

넷째, 소송 시기에서는 대법원에 계류되어 있는 개인 담배 소송이 판결 나기 전에 해야 한다는 의견이다. 대법원에서도 개인이 패소하여 담배회사에 면죄부를 준다면 공단이 담배 소송을 제기하기 힘들어진다는 것이 그 이유이다.

10. 무엇을 할 것인가?

담배 소송은 "흡연으로 인한 폐해의 경우, 흡연자(국민)는 「국민건강증진법」상의 부담금을 물고 있는 데 반해, 원인제공자인 담배회사는 아무런 책임을 지지 않는 것이 과연 사회정의와 형평성 차원에서 정당한 것인가" 하는 물음에서 출발한다. 흡연자는 논외로 하더라도, 흡연을 하지 않는 국민(건강보험 가입자)까지도 매년 흡연으로 인한 의료비 손실액 1조 7,000억 원을 보험료로 부담하고 있는데, 정작 질병을 유발시킨 대가로 엄청난 수익을 올리는 담배회사(예 : KT&G 당기순이익 2011년 7,759억 원, 2012년 7,684억 원)는 아무런 책임을 지지 않는 것이 과연 사회정의와 형평성에 합당한지에 대한 의문에서 출발한 것이다.

이제 '담배 종합'의 전체 결론이다.

첫째, 공단은 진료비용을 환수하기 위해서 담배 소송을 해야 한다. 그것도 대법원에 계류되어 있는 개인 담배 소송의 판결이 나기 전에 서둘러 해야 한다. 그런데 현재 우리나라에는 '담배 소송 근거법'이 따로 없기 때문에 공단의 담배 소송은 「국민건강보험법」·「민사소송법」 등 현행법 하에서 해야 한다. 따라서 담배 소송에서 공단 역시 담배 폐해를 입증해야 하는 책임에서 비켜갈 수 없다.

현재 대법원에 계류되어 있는 담배 소송의 고등법원 판결(서울고등법원 2011.2.15 선고. 2007나18883판결)에는 이런 내용이 있다. "원고 ○○○는 소세포암(폐암), △△△는 편평세포암(후두암) 진단을 받았는데, 앞서 인정한 사실과 제반 사정에 비추어 위 ○○○ 등에게 발생한 폐암 등을 모두 흡연으로 인한 것으로 추정할 수 있다." 한마디로 '폐암 중 소세포암'과 '후두암 중 편평세포암'은 흡연으로 인한 것으로 추정한다는 것이다. 우리 법원 최초로 흡연 폐해를 인정했다는 점에서 법조계와 전문가들 사이에서 의미 있는 판결로 거론되고 있다.

우리가 앞서 다룬 전문가의 의견 중 "국가암등록 사업을 하는 국립암센터 자료와 연계하면 흡연 폐암을 따로 추출하는 것이 가능하다"는 의견이 있었다. 그래서 공단의 빅데이터와 국립암센터 중앙암등록본부에 등록된 폐암 환자 자료를 연계하여 자료를 산출해 보았다. 통계 처리 관계상 일단 '폐암 중 소세포암'을 뽑았다. 2010년 한 해 자료다. 4,397명이 소세포암으로 진료를 받았고, 461억 원의 진료비(비급여 제외) 중 공단이 432억 원을 부담했다('후두암 중 편평세포암'은 지금 통계 처리하고 있는 중이다).

공단은 우선 이들 소세포암 환자의 진료비용 중 공단부담금 432억 원(2010년도분)에 대한 환수소송을 제기할 수 있다. 지자체와 함께 할 수도 있다. 4,397명의 소세포암 환자 중 의료급여 환자가 있을 수 있기 때문이다. 각 지자체가 자신들이 부담한 의료급여비용 환수 소송을 위해 자료를 요청하면 공단은 이에 협조할 수 있을 것이다. 또 폐암으로 사망하거나 치료 중인 환자와 가족이 그 폐암이 소세포암인지 확인을 요청하면 협조해 줄 수 있을 것이다. 나아가

소송도 함께 할 수 있을 것이다. 공단과 지자체와 개인의 소송을 동시다발적으로, 또는 묶어서 한 건으로 진행할 수도 있을 것이다.

그러나 이 소송은 일종의 시범소송에 불과하다. 2010년도 한 해에 불과하기 때문이다. 전국 단위의 국가암등록 사업을 본격적으로 시작한 1997년(국가암등록 사업은 1980년부터 시작) 이후로 확대하면 법원이 담배로 인한 암이라고 인정한 암(폐암 중 소세포암, 후두암 중 편평세포암)에 대해서만도 최소 수천억 원에서 많게는 1조 원 이상의 규모로 커질 수 있다.

둘째, 미국 플로리다 주와 캐나다의 사례처럼 '담배 소송법' 입법 추진을 병행해야 한다. 앞서 살핀 바와 같이 담배 소송법은 담배 소송에 절대적으로 필요하다. 특히 개별 피해 입증보다는 통계적 입증이 가능하도록 한 부분에 주목할 필요가 있다. 그렇게 되면 공단의 빅데이터를 활용한 한 해 1조 7,000억 원의 담배 피해 비용 전체에 대한 환수 소송을 제기할 수 있다. 최소 10년만 해도 10조 원 이상으로 금액이 커진다. 또 전문가의 지적처럼 추가 연구를 통해 사회경제적 피해 규모를 추산해 낸다면 상상 이상의 금액이 될 것이다. 캐나다 법과 미국 플로리다주 법을 번역하고 이를 우리 실정에 맞게 다듬어 국회의 입법 지원을 할 수도 있다.

셋째, 흡연 폐해 진료비용 회수를 소송이 아닌 입법을 통해 해결하는 것이다. 담배사업자의 수익금 일부를 '흡연 피해 치료비용'에 사용하도록 하는 내용의 입법을 하는 것이다. '(가칭)담배규제 및 흡연피해 구제에 관한 법률'과 같은 법을 만들어 매년 담배사업자 이익의 일정부분을 '(가칭)흡연치료기금'으로 조성하는 것이다. 이렇게 되면 건강보험에서 흡연으로 인한 치료비용을 사용하고, 이후 이 비용을 '흡연치료금'에서 보전받으면 된다.

넷째, 금연과 흡연규제 정책에도 공단이 적극적으로 나서야 한다. 금연(흡연 치료)에 소요되는 의료비용을 건강보험 급여에 포함하는 것, 담뱃값 인상에 대한 논리를 제공하는 것, 금연단체와 함께 금연 홍보 및 금연 캠페인을 적극적으로 전개하는 것 등이다.

방향은 정해졌다. 담배와 관련한 공단의 대응은 '기본이 바로 선 건강보험', '복지재정 누수를 방지하는 건강보험', '삶의 질을 향상시키는 건강보험'의 좋은 본보기가 될 것이다.

담배 소송 규모에 대한 검토

담배 소송을 하기로 방침을 정한 후, 소송 규모에 대한 검토에 들어갔다. 앞서 말했듯이 '폐암 중 소세포암'의 2010년 진료비 중 공단부담금 432억 원에 대해 시범소송이 필요했던 것이다. '폐암 중 소세포암'을 소송 대상으로 한 것은 고등법원(서울고등법원 2011.2.15 선고. 2007나18883판결)이 '흡연으로 인한 것으로 추정한 암'이기 때문이다. 또 2010년 공단부담금 432억 원을 소송 금액으로 예를 든 것은 글을 쓸 당시 통계 처리 시간의 부족으로 2010년도 1년치만 급하게 자료를 뽑았기 때문이다.

'담배 종합'을 마무리 짓고 차분히 공단의 빅데이터 통계를 다시 산출했다. 국가암등록 사업을 하는 국립암센터 자료와 연계하면 개별 암에 대한 구체적인 자료를 다 뽑을 수 있다. '폐암 중 소세포암'과 '후두암 중 편평세포암'의 지난 10년(2002~2012)치 자료를 추출했다(다음 표 참조).

2011년과 2012년은 아직 통계 정리가 다 끝나지 않아 2010년도 자료가 가장 최근 통계였다. 2010년도 '폐암 중 소세포암'의 공단부담금은 438억 원, '후두암 중 편평세포암'은 162억 원이고, 두 개 암의 합계는 600억 원이다. 공단은 우선 시범소송의 성격으로 두 개 암의 2010년도 공단부담금 600억 원에 대한 진료비 환수 소송을 제기할 수 있다.

만일 2002년도까지 그 대상을 확대하면 3,052억 원이 된다. 이 또한 '시범소송'의 성격이다. 이후 담배 소송 과정, 흡연 연구의 진전, 사회적 여론, 외국의 사례, 국회의 입법 등의 이유로 그 범위는 더욱 넓어질 수 있다. 당장 공단의 연구 결과만 보아도 흡연으로 인한 한 해 추가 진료비는 1조 7,000억 원에 이른다. 앞으로 흡연 폐해 범위는 줄어들 가능성보다는 커질 가능성이 훨씬 많다.

따라서 두 개 암을 대상으로 한 소송은 1년치를 대상으로 하든, 10년치를 대상으로 하든 '시범소송'일 뿐이다. 향후 국회 입법 등이 이루어져 흡연 폐해를 인정하는 범위가 넓어질수록 담배 소송의 규모는 그만큼 커질 것이다. 첫 소송 규모를 얼마로 할지에 대해서는 여러 상황을 종합적으로 고려하고, 안팎의 의견을 폭넓게 수렴해서 결정해야 할 것이다.

최근 11년간 흡연과 관련된 2개 암의 공단부담금 현황

(단위 : 억 원/명)

	폐암 중 소세포암(A)			후두암 중 편평세포암(B)			합계		
	총 진료비	공단 부담금	수진자수	총 진료비	공단 부담금	수진자수	총 진료비	공단 부담금	수진자수
2002	120	87	2234	46	30	1511	166	117	3745
2003	160	114	2700	57	38	2002	217	152	4702
2004	186	144	2949	66	51	2462	252	195	5411
2005	218	178	3143	71	58	3036	289	236	6179
2006	291	264	3515	105	94	3568	396	358	7083
2007	341	308	3771	126	114	4006	467	422	7777
2008	386	345	4057	130	117	4376	517	463	8433
2009	408	366	4177	158	143	4786	566	509	8963
2010	468	438	4481	172	162	5100	640	600	9581
2002~2010 전체	2,578	2,244	31,027	931	807	30,847	3,510	3,052	61,874
2011	207	195	2452	92	86	4172	300	281	6624
2012	61	57	1212	57	53	3475	119	110	4687
2002~2012 전체	2846	2496	−	1082	947	−	3928	3444	−

주 1) 건강보험 진료비 심사결정 기준/「'02-'12 전체」중 수진자 수는 중복인원으로 인해 제외함.
　2) 억 단위 이하는 반올림하였음.
　3) '담배 종합'의 통계 중 일부가 수정되어 2010년도 소세포암 공단부담금이 6억 원 정도의 차이가 남.
　4) 2011년도와 2012년도 통계는 현재 집계 중에 있어 전년도에 비해 수치가 작게 나옴.

흡연 폐해 _ 130만 명 19년간 추적
└, 아시아 최대 규모, 흡연의 건강영향과 의료비 부담 분석

2013년 8월 27일 오전, 공단 본부 지하강당에서 '건강보험 빅데이터를 활용한 흡연의 건강영향 분석 및 의료비 부담'을 주제로 건강보험 정책세미나가 열렸다. 이번 세미나에서는 공단 정책연구원과 연세대학교 보건대학원(책임연구원 : 지선하 교수)이 공동으로 연구한 '흡연의 건강영향과 의료비 부담'에 대한 연구 결과 발표와 이에 대한 각계의 의견을 들을 수 있었다.

이번 연구는 공단의 빅데이터를 활용하여 한국인 '130만 명의 19년 동안'의 코호트 자료를 추적 관찰한 '아시아 최대' 규모의 역학 연구로, 흡연이 개인의 건강에 얼마나 나쁜 영향을 미치는지, 그리고 건강보험 진료비에 얼마나 큰 영향을 미치는지 구체적인 수치로 확인할 수 있었다.

1. 연구 현황

우리 공단은 연세대학교 보건대학원과 2001년부터 공동연구협약을 맺어 암 발생의 위험요인을 규명하기 위한 '한국인 암예방 연구(KCPS, Korean Cancer Prevention Study)'를 진행하고 있다. 이번 연구에서는 1992년부터 1995년 사이 공·교공단 일반검진을 받은 공무원 및 사립학교 교직원과 피부양자(30세 이상) 약 130만 명을 대상으로 1993년부터 2011년 12월까지 19년간 질병 발생을 추적·관찰했다.

2. 연구 내용

1) 흡연으로 인한 질병 발생과 진료비 부담

후두암에 가장 큰 영향, 뇌혈관질환에 가장 많은 진료비 지출

19년 추적조사한 기간에 전체 130만 명 가운데 암은 14만 6,835명, 심·뇌혈관질환은 18만 2,013명에서 발생했다. 이를 흡연자와 비흡연자로 나누어 ① 질병별 발생 위험도와 ② 흡연이

해당 질병의 발생에 기여하는 위험도, ③ 흡연으로 인한 건강보험 진료비 부담을 분석했다.

① 비흡연자와 흡연자의 질병별 발생 위험도를 비교해 보니, 남자는 후두암 6.5배, 폐암 4.6
배, 식도암 3.6배 순으로. 여자는 후두암 5.5배, 췌장암 3.6배, 결장암 2.9배 순으로 더
높았다(아래 표 참조).

한국인의 비흡연자 대비 흡연자의 질병별 발생 위험도

(단위 : 배)

남자	후두암	폐암	식도암	허혈성 심질환	방광암	뇌졸중	췌장암	당뇨병
비흡연	1.0	1.0	1.0	1.0	1.0	1.0	1.0	1.0
흡연	6.5	4.6	3.6	2.2	1.9	1.8	1.7	1.5
여자	후두암	췌장암	결장암	폐암	방광암	자궁암	뇌졸중	허혈성 심질환
비흡연	1.0	1.0	1.0	1.0	1.0	1.0	1.0	1.0
흡연	5.5	3.6	2.9	2.0	2.1	1.7	1.7	1.5

② 흡연이 해당 질병의 발생에 기여하는 위험도를 분석한 결과, 남자는 후두암의 79%, 폐암
의 71.7%, 식도암의 63.9%가 흡연으로 인해 발생했고, 여자는 후두암의 23.3%, 췌장암
의 14.6%, 결장암의 11.4%가 흡연으로 인해 발생한 것으로 분석되었다(아래 도표 참조).

한국인의 질병별 흡연에 의한 기여 위험도

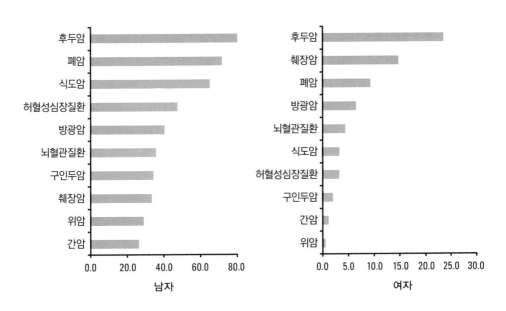

③ 흡연으로 인한 건강보험 진료비가 연간 1조 6,914억 원에 달했다. 흡연이 질병 발생에 기여한 상위 10대 질환은 뇌혈관질환, 허혈성 심장질환, 당뇨병, 폐암, 위암, 간암, 대장암, 췌장암, 식도암, 전립선암 순으로, 2011년 기준 총 35개 질환에 1조 6,914억 원이 지출되었다. 2011년 전체 건강보험 진료비 46조 원의 3.7%에 해당하는 규모다(아래 그림 참조).

흡연으로 인한 총 진료비

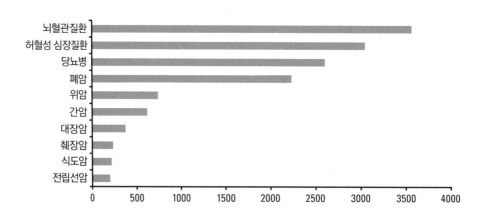

그중에서 흡연이 뇌혈관질환, 허혈성 심장질환, 당뇨병, 폐암, 고혈압 등 상위 5개 질환의 발생에 기여함으로써 소요된 진료비 규모는 1조 원 이상인 것으로 분석되었다(아래 표 참조).

흡연으로 인한 5개 질환의 2011년 총 진료비 지출 추정 금액

(단위 : 천 원)

구분	질환명	남자	여자	소계
1	뇌혈관질환	312,854,440	39,964,823	352,819,264
2	허혈성 심장질환	220,420,384	16,121,422	236,541,805
3	당뇨병	189,548,318	21,247,688	210,796,006
4	폐암	161,120,856	21,290,132	182,410,989
5	고혈압	89,105,346	17,467,769	106,573,114
	소계	973,049,344	116,091,834	1,089,141,178

2) 금연의 건강이득과 진료비 절감 효과

8년 금연시 폐암 발생 위험 절반, 진료비 700억 원 절감

금연의 장기적인 이득을 조사하기 위해 남자 흡연자 15만 7,903명에 대해 1992년부터 2000년까지 8년 동안의 금연력을 파악하여 ① 금연 기간에 따른 질병 발생 위험도, ② 금연에 따른 진료비 절감 효과를 분석했다(금연 기간은 1992~2000년까지 조사한 후, 이를 2001~2011년까지 11년 동안 추적한 결과임. 즉, 8년 금연자의 경우 실제 금연 기간은 최소 8년에서 최대 19년까지 가능함).

그 결과, 금연 기간이 길어질수록 폐암과 심뇌혈관질환 발생 위험도가 급격히 감소했다. 특히 6년 이상 금연한 사람의 경우, 계속 흡연한 사람에 비해 추적 기간에 폐암 발생률이 절반 수준으로 감소했고, 심뇌혈관질환은 74% 수준으로 감소했다(아래 그림 참조).

금연 기간별 질병 발생 위험도

금연 기간별 폐암 발생 위험도 / 금연 기간별 심뇌혈관질환 발생 위험도

8년 금연시 폐암 진료비 700억 원, 심뇌혈관질환 진료비 1,000억 원 절감

연구 대상자 15만 7,903명 가운데 1999년부터 2000년까지 8년간 금연한 사람은 2만 4,773명이었다. 금연자들이 계속 흡연을 했다면 그중에서 239명의 폐암 환자가 발생했을 것이나, 실제 발생 환자 수는 163명이었다. 금연으로 폐암 환자 발생이 76명 줄었고, 이 76명으로부터 발생할 뻔했던 폐암 진료비를 11억 원 이상 절감하는 효과가 있었다. 동일한 기준으로 심뇌혈관질환 진료비 절감 효과를 분석한 결과, 금연으로 292명의 심뇌혈관질환 환자 발생이 줄었고 약 17억 원 이상의 진료비를 절감하는 효과가 있었다.

우리나라 전체 흡연자수는 연구 대상자 15만 7,903명의 63.3배인 약 1,000만 명이다. 위의

절감 효과를 전체 흡연자 1,000만 명에 적용한다면, 금연에 따른 폐암 진료비 절감액은 700억 원, 심뇌혈관질환 진료비 절감액은 1,000억 원에 이를 것이다.

3. 연구 의의와 시사점

이처럼 흡연은 질병 발생 위험을 높이고 진료비 부담을 가져올 뿐만 아니라, 흡연으로 인한 건강보험 진료비 규모도 상당히 크다. 흡연으로 인해 증가한 의료비는 결국 건강보험이 책임지게 되므로 흡연 여부와 관계없이 모든 건강보험 가입자가 담배로 인해 보험료를 더 내고 있는 셈이다.

따라서 공단은 가입자의 건강증진과 건강보험 진료비 절감을 위해 흡연 문제에 대해 가입자를 대리하는 보험자로서 어떠한 역할을 해야 할지 깊이 고민해야 할 것이다.

또한, 앞으로도 이 연구를 오랜 기간 이어가야 한다. 영국에서 의사 5,000명의 데이터를 60년 동안 추적 관찰하여 흡연과 사망률의 관계를 분석한 연구 사례가 있다. 추적 기간별 흡연과 폐암 발생 위험을 조사해 보니, 20년 후 흡연자의 폐암 발생률은 비흡연자에 비해 8배가량 높았지만 40년 후에는 14배가량으로 높아졌고, 50년 후에도 10년 전과 비슷한 결과가 나타났다. 흡연이 건강에 미치는 영향을 분석하려면 40~50년 이상 두고 봐야 한다는 의미이다. 이처럼 흡연이 건강에 미치는 영향은 오랜 기간 관찰하고 연구해야 하는 문제이다.

이번 연구는 130만 명의 검진 자료, 진료내역 및 사망 자료 등을 19년 동안 추적 관찰한 것으로 기간은 영국(60년)에 비해 짧지만, 규모는 영국(5,000명) 보다 260배나 큰 훨씬 방대한 규모의 자료를 토대로 했다. 건강보험공단이 8,136억 건의 국민건강정보 빅데이터를 보유하고 있기에 가능했던 연구이다.

빅데이터를 토대로 오랜 기간 연구를 이어간다면, 흡연의 건강영향을 분석한 전무후무한 연구가 될 것이다. 또한 이번 연구는 공단이 보유한 빅데이터를 활용하여 국민건강 증진에 도움이 되는 실증적 연구를 수행한 사례이기도 하다. 앞으로 건강보험 빅데이터를 활용하여 국민의 건강증진과 맞춤형 건강관리 서비스를 위한 다양한 연구가 수행되기를 바란다.

흡연과 사망

앞서 건강보험 가입자 약 130만 명에 대해 19년 동안 질병 발생을 추적 관찰한 결과, 비흡연자 대비 흡연자에서 암 발생이 최대 6.5배 높았고(남자에서 후두암 6.5배, 폐암 4.6배, 식도암 3.6배 등), 흡연으로 인해 초래된 건강보험 진료비는 2011년 기준 1조 6,914억 원으로 전체 건강보험 지출의 약 3.7%에 이른다는 연구 결과를 상세히 알아보았다.

그런데 최근 또 하나의 흥미로운 연구 결과가 발표되었다. 제목은 '한국인 성인 남녀의 흡연 관련 사망에 관한 연구'로, 결국 '흡연으로 인한 사망자수'가 얼마나 많을지 추정한 연구라 할 수 있다.

통계청에서 발표한 2012년도 사망자수는 총 26만 7,221명(남자 14만 7,372명, 여자 11만 9,849명)이었는데, 이 중 30세 이상 사망자수가 26만 953명(남자 14만 3,412명, 여자 11만 7,541명)이었다.

그렇다면 이 중 흡연으로 인한 사망자수는 과연 몇 명이나 될까? 지금부터 그 연구 결과를 소개하기로 한다.

1. 19년간 148만 명의 '흡연과 사망'과의 연관성 추적조사

우리 공단은 연세대 보건대학원과 2001년부터 공동연구 협약을 맺어 질병의 위험요인을 규명하는 역학 연구를 지속적으로 진행하고 있다.

공동연구를 위해 구축한 두 종류의 연구 코호트 자료(KCPS, KHS)를 통해 147만 7,729명*의 흡연 여부를 알아냈고, 통계청 사망 원인 자료 연계를 통해 코호트 등록 시점 이후(KCPS는 1993년부터, KHS는 1995년부터) 2011년까지 이들의 사망 여부와 사망 원인을 추적조사했다. 최장 19년간 148만 명의 흡연과 사망과의 관계를 조사한 것이다.

※ '한국인 암예방 연구(KCPS, Korean Cancer Prevention Study)' 코호트에서는 1992~1995년 공무원/사립학교 교직원 및 피부양자 중 일반검진에서 흡연 여부에 대해 응답한 118만 8,017명이 포함되었고, '한국인 심장 연구(KHS, Korean Heart Study)'의 경우 1994~2004년 전국 14개 종합건강검진센터에 내원해 흡연 여부에 대해 응답한 일반 인구 28만 9,712명이 포함되었다.

이 대상자들을 분석하여 흡연자가 비흡연자에 비해 전체적으로 사망 위험이 얼마나 높은

지, 그리고 각 질환별로 흡연자의 사망 위험이 얼마나 높은지 비교해 본 것이다.

2. 흡연자의 사망 위험 1.75배 높다

분석 대상자 147만 7,729명에 대해 최장 19년 동안(1993~2011) 사망 여부를 추적한 결과, 남성 흡연자의 사망 위험이 남성 비흡연자에 비해 1.75배 높은 것으로 나타났다. 여성 흡연자의 경우도 마찬가지로 비흡연자에 비해 사망 위험이 1.72배 높았다.

※ 이는 통계적 기법을 통해 흡연자와 비흡연자 간 연령 및 음주력이 같다고 가정했을 경우 산출된 결과다.

질환별로 분석해 보니 암으로 사망할 위험은 남성 흡연자가 남성 비흡연자에 비해 1.98배 높았는데, 특히 후두암(4.71배), 폐암(4.8배)으로 사망할 위험이 비흡연자에 비해 매우 높은 것으로 나타났다. 여자 흡연자에서도 암으로 사망할 위험이 비흡연자에 비해 1.5배 높았다.

심뇌혈관질환으로 사망할 위험 역시 남성 흡연자가 남성 비흡연자에 비해 1.67배 높았으며, 특히 협심증·급성심근경색 등 허혈성 심장질환으로 사망할 위험은 2.04배나 높은 것으로 나타났다. 여성 흡연자 역시 여성 비흡연자에 비해 심뇌혈관질환으로 사망할 위험이 1.53배 높았으며, 그중 허혈성 심장질환으로 사망할 위험은 1.9배 높은 것으로 분석되었다.

3. 남성 사망의 35%, 연간 5만 8,155명, 흡연으로 사망

흡연이 사망 발생에 기여하는 위험도(인구집단기여위험도, PAR Population Attributable Risk)를 분석한 결과, 남성 사망자의 34.7%, 그리고 여성 사망자의 7.2%가 흡연 때문인 것으로 나타났다.

※ 인구집단기여위험도 : 인구집단에서 사망한 사람 중 특정 요인이 작용하여 사망했다고 간주되는 분율을 의미한다. 예를 들어 남자 사망자 중 흡연의 기여위험도가 34.7%라면, 이는 우리나라 남자 사망자의 34.7%가 흡연으로 인해 사망한 것이라는 의미이다(「국립암정보센터 블로그와 함께 나누는 건강한 이야기」에 쓰여진 내용 중 '암 기여위험도'를 설명한 부분을 응용하여 서술. http://cancer_info.blog.me).

또한 남성 암 사망자 중 41.1%가 흡연으로 인해 사망했으며, 특히 후두암 사망자의 72.5%, 폐암 사망자의 73%가 흡연으로 인해 사망한 것으로 분석되었다. 허혈성 심장질환(협심증·급성심근경색 등)으로 인한 사망자의 42.1%도 흡연 때문인 것으로 분석되었다.

※ 여성에 대해서도 흡연으로 인한 질환별 사망 기여위험도를 산출하였으나, 여성 흡연율이 낮기 때문에 남성에 비해 기여위험도가 다소 낮게 나왔다. 자세한 내용은 연구 논문을 참조하길 바란다.

2012년 통계청에 보고된 사망자수에 흡연으로 인한 기여위험도를 곱하여 추정한 흡연 관련 사망자수는 2012년 한 해에만 무려 5만 8,155명(남자 4만 9,704명, 여자 8,451명)에 이르는 것으로 분석되었다.

질병별로 보았을 때 가장 많은 흡연 관련 사망자수를 보인 질병은 1위가 폐암(총 9,768명, 남자 8,881명, 여자 887명)이었고, 다음은 뇌졸중, 허혈성 심장질환, 자살, 간암, 만성 폐쇄성 폐질환 순으로 나타났다(이상 표 참조).

※ 흡연 관련 사망자수는 2012년 30세 이상 사망자 26만 953명(남자 14만 3,412명, 여자 11만 7,541명)에 대해 1985년 흡연율(남자 71.1%, 여자 10.7%)로 계산된 인구집단기여위험도(PAR)를 곱하는 방식으로 추정했다.

※ 인구집단기여위험도는 어느 연도의 흡연율을 적용하느냐에 따라 그 값이 많이 달라질 수 있다. 기존의 역학 연구 결과를 보면 높은 흡연율로 인한 건강 위해는 일반적으로 20~30년이라는 시차를 두고 발생하기 때문에 이 연구에서는 약 30년 전인 1985년의 흡연율을 적용했다.

흡연 기여위험도 및 흡연 기여 사망자(2012)

사망 원인 인구집단기여위험도 (PAR)(%)	남성		여성	
	흡연 기여 사망자수 (명)	인구집단 기여위험도 (PAR)(%)	흡연 기여 사망자수	
전체 사망	34.7	49,704	7.2	8,451
전체 암	41.1	19,187	5.1	1,397
구인두암	56.0	451	10.2	23
식도암	53.0	677	24.4	29
위암	33.0	2,004	4.1	132
소장암	26.4	41	0	0
대장암	17.2	448	1.4	31
직장암	21.4	445	4.7	61
간암	28.6	2,426	0.9	25
담낭암	21.1	385	0.8	14
췌장암	38.0	994	2.9	63
후두암	72.5	282	34.2	8
폐암	73.0	8,881	19.8	887
뇌종양	37.0	190	2.1	10

사망 원인 인구집단기여위험도 (PAR)(%)	남성		여성	
	흡연 기여 사망자수 (명)	인구집단 기여위험도 (PAR)(%)	흡연 기여 사망자수	
갑상샘암	48.6	61	9.9	24
백혈병	19.4	156	0	0
방광암	45.0	413	6.6	20
신장암	13.2	87	0	0
전립선암	4.0	58	–	–
유방암	–	–	8.7	173
자궁경부암	–	–	6.1	20
난소암	–	–	3.5	31
고혈압성 질환	32.1	520	4.6	167
허혈성 심장질환	42.1	3,256	8.8	602
부정맥	13.4	305	8.2	183
심부전	13.7	192	4.7	133
뇌졸중	28.9	3,563	4.4	585
동맥경화	64.4	326	11.2	47
당뇨병	35.7	2,085	9.7	553
급사	31.7	191	8.8	34
노화	29.3	1,434	4.2	419
만성 폐쇄성 폐질환	51.0	2,049	16.9	250
결핵	29.2	435	5.6	316
폐렴	26.7	1,396	4.0	208
궤양	37.3	92	14.9	38
간경화	20.5	334	1.2	9
사고	8.2	337	2.5	38
미분류된 원인	22.2	152	5.0	59
자살	32.9	2,836	11.3	442
타살	22.1	51	2.1	4
미분류된 손상	15.1	216	0	0

4. 30세 이상 남성, 3명 중 1명은 흡연으로 사망

흡연과 관련된 사망자수를 계산하는 연구 결과는 1988년과 2006년 두 차례 보고되었다.

첫 번째 연구는 당시 한국인 대상의 코호트 자료가 없었기 때문에 외국(일본)의 질병별 사망비(비교위험도)를 적용하여 산출했는데, 1985년 기준 우리나라의 흡연 관련 사망자수는 2만 4,338명으로 계산되었다.

두 번째 연구는 공단과 연세대 간 공동연구 자료인 '한국인 암예방 연구(KCPS)'를 통해 약 130만 명에 대해 최대 11년 동안 추적한 코호트 자료에서 얻은 질병별 사망에 대한 비교위험도를 사용한 것으로, 2003년 기준 흡연 관련 사망자수는 4만 6,207명으로 분석되었다.

이번 연구에서는 기존의 '한국인 암예방 연구' 코호트를 19년간 추적하는 것과 동시에 추가로 '한국인 심장 연구(KHS)' 코호트 자료까지 분석하여 전체 사망 및 질병별 사망에 대한 비교위험도를 산출했는데, 그 결과 2012년 기준 흡연으로 인한 사망자수는 5만 8,155명에 이르는 것으로 나타났다.

이는 2012년 기준 총 사망자 26만 7,221명의 21.8%에 이르는 수치이다. 즉, 이것은 우리나라에서 연간 사망하는 사람 5명 중 1명 이상이 흡연으로 인해 사망하고 있다는 것을 말한다. 특히 30세 이상 남자만을 대상으로 했을 때는 사망자의 34.7%가 흡연으로 인해 사망한다고 할 수 있다. 3명당 1명 꼴이다.

이와 같이 흡연으로 인한 사망자수는 점차 증가하고 있는 것으로 보고되고 있다. 불행 중 다행히도 1980년대 이후 점차 흡연율이 감소하고 있기는 하지만, OECD 주요 선진국과 비교하면 우리나라의 흡연율은 여전히 매우 높은 편이다. 현재 흡연으로 인한 사회적 비용의 발생은 앞으로 20~30년 후까지도 지속될 것이다.

최근 건강보험공단은 흡연으로 인해 초래된 진료비에 대해 담배회사에 책임을 묻기 위한 소송을 준비하고 있다. 담배 소송의 가액은 흡연으로 인해 불필요하게 초래된 건강보험 진료비가 얼마인지를 검토하여 결정될 것이다.

그렇지만 흡연의 폐해로 인한 사회적 비용은 건강보험 진료비에만 국한되지 않는다. 공단이 부담한 비용 외에 환자들이 직접 부담한 본인부담금과 비급여 진료비도 있다. 이러한 직접의료비 외에도 병원에 가기 위해 드는 교통비와 시간적 비용, 질병으로 인한 근로소득의 상실, 장애와 조기 사망으로 인한 소득 손실 등 사회적 비용은 직접 의료비의 몇 배가 될지 가늠하기 어렵다.

비용적 측면뿐만 아니라 질병으로 인한 삶의 질 저하와 환자들의 고통, 사망자 가족들의 비탄과 마음의 상처 등 비용으로 산출할 수 없는 부분까지 고려한다면 흡연의 폐해가 얼마나 될지 설명조차 하기 어렵다.

공단의 담배 소송은 원인제공자에게 책임을 지우는 윤리적·도덕적 기준을 세우는 새로운 이정표가 될 것이다. 앞으로 제기할 담배 소송에서 승소하기 위해서도 노력하겠지만 이번 기회를 통해 담배의 폐해가 얼마나 큰지, 흡연으로 인한 사회적 비용이 얼마나 큰지 다시 한 번 인식하는 계기가 되었으면 한다.

2장 치료 중심에서 예방 중심으로

건강보험의 터닝포인트

ㄴ 건강검진과 보건교육

건강보험제도에서 가장 중요한 문제는 '건강보험의 지속가능성'이다. 저출산·고령화로 보험료를 부담해야 될 계층은 줄어드는 데 반해 보험료를 쓰는 계층은 늘어나고, 질병 구조 또한 급성질환에서 오랜 기간 많은 진료비가 소요되는 만성질환으로 변화하고 있어 날이 갈수록 보험재정에 심각한 문제가 되고 있다. 고령화와 만성질환 증가에 따른 의료비 지출 증가는 건강보험제도의 지속가능성에 가장 큰 위협 요소라고 할 수 있다.

이에 대한 대책으로 2012년 공단이 발표한 「실천적 건강복지 플랜」에서는 건강보험 패러다임의 전환을 제시하고 있다. 고령화가 시대적 추세라면, 그리고 고령화에 따른 만성질환 증가가 시대적 추세라면 이에 '걸맞은 쪽으로 패러다임을 바꾸어야 한다는 것이다. 현재의 '발병 후 치료' 위주에서 이제는 '(질병)예방과 (건강)증진'으로 바꾸자는 것이다.

이를 위해서는 ① 건강검진으로 질병을 조기 발견해야 하고, ② 검진 후 사후관리로 적절한 치료를 해야 하며, ③ 운동 실천과 식습관 개선으로 건강을 증진시켜야 하고, ④ 학교 보건교육 실시로 스스로 건강생활을 할 수 있는 능력을 키워야 한다.

그래서 질병, 특히 만성질환에 걸리지 않도록 해야 하며, 걸리더라도 유병 시기를 가능한 한 늦추어야 하고, 결과적으로 고령화 시대에 생존수명과 건강수명이 일치하도록 해야 한다. 그리하여 노인 진료비, 만성질환 진료비를 감소시키는 것이 저출산·고령화 시대에 건강보험의 지속가능성을 높이는 길이다.

1. '전 국민' 대상 건강보험 검진, 한국·일본·대만에서만 시행

'예방·증진' 위주로 패러다임을 전환하기 위한 중요한 정책 수단이 '건강검진'과 '보건교육'이다. 먼저 건강검진에 대해 알아보자.

건강검진은 질병을 조기에 발견하고 신속히 치료받을 수 있도록 도움을 줌으로써 건강증진에 기여하는 소중한 제도이다. 전 국민을 대상으로 건강보험에서 건강검진을 시행하는 나라는 한국·일본·대만 외에는 없다.

공단은 법에 따라 국민(가입자)의 건강검진을 실시해야 한다. 「국민건강보험법」 제52조 ①항에는 "공단은 가입자와 피부양자에 대하여 질병의 조기 발견과 그에 따른 요양급여를 하기 위하여 건강검진을 실시한다"라고 되어 있다.

건강보험 건강검진은 1980년 공무원 및 사립학교 교직원을 대상으로 처음 실시했고, 1995년 전 국민으로 확대했다. 2000년부터는 전 국민 암검진을 실시했으며, 2007년부터는 생애전환기 건강진단과 영유아검진을 실시하기 시작했다. 2008년에 이르러 정부는 「건강검진기본법」을 제정(시행 2009.3.22)하여 국가건강검진의 틀을 만들었고, 건강보험 건강검진도 국가건강검진에 포함시켰다. 이제 '국가건강검진'은 큰병을 미리 예방할 수 있는 제도로 성장했다.

건강검진사업의 발전과 수검률 증가로 국민건강 수준 향상

건강검진의 발전 과정	수검률
■ 1980년 : 공무원 및 사립학교 교직원 대상 최초 실시 ■ 1990년 : 공무원 및 사립학교 교직원 피보험자 암검진 실시 ■ 1993년 : 공무원 및 사립학교 교직원 피부양자 암검진 실시 ■ 1995년 : 전 국민 건강검진 대상 확대 실시 ■ 2000년 : 전 국민 암검진 실시 ■ 2002년 : 건강검진 실시체계 개편 (수가 청구 및 결과 통보 → 전산화) ■ 2005년 : 국가암 검진 체계 구축 (위·유방·간·대장·자궁경부암) ■ 2007년 : 생애전환기 건강진단, 영유아검진 실시 ■ 2009년 : 일반검진 1·2차 검사 항목 통합	■ 수검률 현황(%) | 구분	2000년	2011년
---	---	---
일반검진	46.2	72.6
생애전환기	–	70.7
영유아검진	–	53.8
암검진	1.2	50.1	

2. 4개 부처, 9개 법령에서 7가지 국가건강검진 실시

그러나 현재의 건강검진 체계에는 정비해야 할 부분이 몇 가지 있다.

아래 표에서 보듯이 국가건강검진은 신생아, 임산부, 학생, 영유아, 일반, 생애전환기, 암검진 등 총 7가지가 있다. 7가지 건강검진을 보건복지부, 교육과학기술부(교육부), 여성가족부, 고용노동부 등 4개 부처가 담당하고 있으며, 국민건강보험법을 비롯하여 모자보건법, 영유아보육법, 의료급여법, 암관리법, 노인복지법, 학교보건법, 청소년복지지원법, 산업안전보건법 등 9개 법령에 걸쳐 있다. 예산은 건강보험재정, 국민건강증진기금, 16개 시·도 예산, 교육비 특별회계 등에서 각 검진별로 조달하고 있다. 매우 복잡하다.

국민건강검진 사업 구분 및 예산(2011년도)

(단위 : 백만 원, %)

구분	사업 대상자	합계	건강보험 보험재정
계		1,064,805 (100)	954,700 (89.7)
신생아	모자보건법 : 신생아(생후 48시간 이후 7일 이내)를 대상으로 선천성 대사이상 검사(갑상선기능저하증 등 6종) 및 난청 조기진단	9,549	–
임산부	모자보건법 : 임산부를 대상으로 산전검사(임신 초기 기본 검사 등 총 7회)	824	–
학생	학교보건법(교육과학기술부) : 초등학교 1·4년, 중 1, 고1(총 4회)	50,000	–
영유아	국민건강보험법 : 0∼6세 전체 영유아 의료급여법 : 의료급여 수급자 세대원 중 0∼6세 전체 영유아 영유아보육법 : 국민건강보험법으로 갈음	32,588	31,498
일반	국민건강보험법 : 직장가입자 및 만 40세 이상 피부양자, 지역가입자 세대원 및 만 40세 이상 세대원 ※ 검진 주기 : 직장가입자의 비사무직은 1년 1회, 기타 2년 1회 의료급여법 : 만 19세∼만 39세 세대주 및 만 41세∼만 64세 전체 의료급여 수급자. ※ 검진주기 : 2년 1회 노인복지법 : 65세 이상 국민기초생활보장 수급권자 및 차상위 노인 중 노인건강진단 희망자(2005년 이후 지방이양사업, 2년 1회) 산업안전보건법(고용노동부) : 근로자 일반건강진단 (국민건강보험법으로 갈음) ※ 특수건강진단은 사업주가 비용 부담	385,661	385,661

구분	사업 대상자	합계	건강보험 보험재정
생애 전환기	국민건강보험법 : 가입자와 피부양자 중 만 40세 및 만 66세	43,660	42,076
	의료급여법 : 의료급여 수급자 중 만 40세, 만 66세		
	청소년복지지원법(여성가족부) : 만 15세~18세 비취학 청소년 (보건복지부 시범사업)		
암검진	암관리법 : 위암(40세 이상), 간암(40세 이상 중 ·고위험군) 대장암(50세 이상), 유방암(40세 이상 여성) 자궁경부암(30세 이상 여성)	542,523	495,465
	국민건강보험법 : 가입자 및 피부양자 중 암관리법에서 정한 대상자		
	의료급여법 : 의료급여 수급자 중 암관리법에서 정한 대상자		

※ 건강보험재정 이외의 건강검진 예산(전체 예산 중 비중)
- 국민건강증진기금 305억 원(2.9%) : 신생아(43억 9,000만 원), 임산부(3억 7,800만 원), 영유아(9억 2,200만 원), 생애전환기(13억 300만 원), 암검진(234억 8,500만 원)
- 지방비 296억 원(2.7%) : 신생아(51억 5,900만 원), 임산부(4억 4,600만 원), 영유아(1억 6,800만 원) 생애전환기(2억 8,100만 원), 암검진(235억 7,300만 원)
- 교육비 특별회계 500억 원(4.7%) : 학생(500억 원)

3. 사각지대와 중복 대상자 발생

복잡한 관리 체계는 몇 가지 문제점을 낳고 있다.

첫째, 사각지대와 중복 대상자가 발생한다는 것이다. 19~39세의 청년 778만 명은 건강검진을 받지 못하고 있다. 직장가입자의 피부양자(461만 명), 지역가입자의 세대원(302만 명), 의료급여 수급자 세대원(15만 명)이 그들이다. 반면, 65세 이상 차상위계층은 건강보험법에 의한 '일반검진'과 노인복지법에 의한 '노인건강진단'을 중복하여 받을 수 있다.

둘째, 검진 후 사후관리를 체계적으로 할 수 없다. 담당 부처가 제각각이고 이에 따라 주체도 제각각이어서 '검진 이력'을 따로 관리하고 있기 때문이다. 영유아, 일반, 생애전환기, 암검진의 검진 이력 DB는 건강보험공단에 구축되어 있고, 노인, 비취학 청소년, 임산부, 신생아 검진 이력은 관할 보건소에 있으며, 학생 검진 이력은 학교별로 보관하고 있다.

개인별 '맞춤형 건강서비스'를 제공하기 위해선 개인별 '평생 검진 이력'을 한 곳에서 체계적으로 관리하는 것이 선행되어야 한다. 공단은 모든 국민의 '진료이용내역'도 가지고 있다. 검진 이력과 진료이용 내역을 연계하면 보다 완벽한 개인별 맞춤형 건강서비스를 제공할 수 있다.

그래서 공단은 이를 연계한 건강정보DB 구축을 2012년에 이미 완료했다.

4. 1조 648억 비용 중 건강보험에서 90%(9,547억) 조달

2011년도 우리나라 국가건강검진 사업 총예산은 1조 648억 원이다. 이 중 건강보험 재정에서 89.7%(9,547억 원)가 투입되고, 나머지는 건강증진기금에서 2.9%(305억 원), 지방비에서 2.7%(296억 원), 교육비 특별회계에서 4.7%(500억 원)를 조달했다.

국가건강검진 비용의 90%를 건강보험 재정에서 대고 있으며, 그 규모가 연간 1조 원에 가깝다. 국민이 낸 보험료에서 연간 1조 원을 투입하는 사업인 만큼 건강보험 재정에 대한 책임이 있는 공단으로서는 비용 효과성을 생각할 수밖에 없다. 제대로 된 건강검진으로 질병을 조기 발견, 치료하면 그만큼 국민의료비가 줄어들어 건강보험 재정을 절감할 수 있기 때문이다.

그러나 오진과 부실검진은 지속적으로 문제가 되고 있다. 암검진 때는 정상으로 판정받았음에도 얼마 안 돼 암이 발견되기도 하고, 세척하지 않은 내시경으로 검사를 하는가 하면, 노후화된 엑스레이 장비로 찍은 불량 영상으로 판정을 하고, 혈액 등 검체 관리 소홀로 부정확한 검사 결과가 나오기도 한다.

다음은 관련 언론보도 제목이다.

부실검진에 관한 언론보도 예시

① 암, 발견한 것보다 놓친게 더 많다(중앙일보, 2011.6.21)
② 출장검진의 만연한 불법성…그리고 묵인하는 관리감독기관(청년의사, 2012.2.14)
③ 검진기관 위내시경 관리의 부적절함(중앙일보, 2012.11.14)
④ 건강검진 정상 판정 두 달 뒤 폐암 말기(SBS 8시뉴스, 2012.11.19)
⑤ 국가 건강검진 관리체계 개선 시급(메디컬투데이, 2012.11.28)
⑥ 엉터리 영유아 검진에 수백억 낭비(MBN 8시뉴스, 2013.1.2)
⑦ 국가건강검진서비스 유방암 오진율 심각(SBS 8시뉴스, 2013.1.8)

출장검진은 더 큰 문제가 있다. 제대로 된 인력 및 장비를 갖추지 않은 채 전국을 돌아다니며 부실하게 검진을 실시하고 있다. 대부분 '계약'에 따라 이루어지는 사업장 출장검진은 계약

당사자인 사업장의 요구에 따를 수밖에 없다. 검진기관 난립으로 경쟁이 치열한 상황에서 낮은 비용, 추가검사 등의 요구에 따르다 보니 부실검진으로 이어지곤 한다.

검사장비나 시설이 열악한 문제 말고도 '의료기관' 내부가 아닌 '출장'이라는 환경 조건으로 인해서도 부실검진 가능성은 높아진다. 왔다갔다 하는 시간을 빼야 하는 만큼 검진에 투여하는 시간이 줄어들고, 외부에서 진행하기 때문에 검진 대상자 또한 공복 등 검사시 준수사항을 지키지 않고, 검체 관리에도 어려움이 있으며, 건강검진 결과의 판정과 사후관리에서도 의료기관 내원 검진보다 떨어진다. 검진 효과를 향상시키기 위해 출장검진에 대해서는 보다 엄격한 요건과 관리가 필요한 이유이다.

5. 지자체에 부실 검진기관 행정처분 의뢰하지만 수용률은 44%

공단은 건강검진기관의 질 관리를 위해 '현지 확인'을 하고 있다. 현지 확인을 통해 최근 3년(2010~2012년)간 부실검진 비용 환수 실적이 189억 원에 이른다. 그리고 규정을 위반하거나 검진이 부실한 기관은 지자체(보건소)에 그 내용을 통보한다. 지자체(보건소)는 이들 기관에 대한 행정처분, 즉 검진기관 지정취소와 업무정지 처분을 하게 된다.

그러나 한계가 있다. 공단의 행정처분 의뢰 후 지자체(보건소)의 수용률은 44%(2012년도 기준)에 불과하다. 국민이 낸 보험료가 연간 1조 원이나 투입되고 있는 만큼 공단으로서는 건강검진의 질 관리에 만전을 기해야만 한다. 공단의 6개 지역본부에 '검진기관 관리 전담팀'을 신설, 운영하는 등 전사적으로 노력하고 있으나, 행정처분 권한이 없고 부실 검진기관 퇴출 기전도 마련돼 있지 않다. 공단이 적발한 검진기관의 44%만 행정처분을 받고 있을 뿐이다.

검진기관 현지 확인 및 행정처분 현황

(2012.12.31 현재, 단위 : 건, %)

구분	2010	2011	2012
의뢰건(공단, A)	353	91	357
수용건 (지자체, B)	51	53	126
진행건(C)	11	2	68
수용률(A−C/B)	14.9	59.6	43.6

※ 진행건 제외

6. '산재보험 의료기관' 지정·취소 권한은 근로복지공단에 있어

여기서 근로복지공단의 사례는 참고할 만하다. 근로복지공단은 '산재보험 의료기관'의 지정 및 취소를 할 수 있다. 산업재해보상보험법에 그렇게 규정되어 있다. 산재보험의 보험자는 근로복지공단이다. 가입자(산재보험 가입자)를 치료하는 의료기관을 보험자(근로복지공단)가 지정하고 취소할 수 있도록 한 것이다. 가입자로부터 걷은 돈(보험료)으로 의료기관에 진료비를 지불하기 때문에 보험료를 관리하고 있는 보험자가 '의료기관의 지정·취소 권한'을 갖는 것은 당연하다.

그런데 건강검진 비용의 90%를 지불하고 있는 건보공단이 건강검진 비용과 관련된 결정에 아무런 권한이 없다. 건강검진 항목은 무엇으로 할 것인지, 비용은 얼마로 할 것인지, 우선순위는 무엇인지 등 지출 결정은 건강보험의 재정부담과 연동되므로 그 결정 과정에 공단의 의사가 반영되어야 한다. 공단의 의사가 반영된다는 것은 곧 보험료를 내는 가입자의 의사가 반영된다는 것을 뜻한다.

건강보험공단에는 보험재정에 대한 결정을 하기 위한 재정운영위원회가 있다. 재정운영위원회는 직장가입자 10명, 지역가입자 10명, 공익위원 10명 등 모두 30명으로 구성되어 있다. 가입자 대표로 구성되어 있다고 할 수 있다.

가입자들의 대표가 모여 건강보험의 수입과 지출 등 재정관리에 대한 결정을 하고 있다. 이 재정운영위원회가 건강검진의 지출 결정에 의사를 반영할 수 있어야 한다. 연간 1조 원에 달하는 건강보험 재정이 투입되기 때문이다.

7. 스스로 건강 지킬 수 있는 능력 키우는 보건교육 필요

건강보험의 패러다임을 '(질병)예방·(건강)증진'으로 바꾸기 위해서 꼭 필요한 것이 '스스로 건강을 지킬 수 있는 능력'이다. 그것은 어릴 때부터 교육을 통해서 가능하다.

현재 우리 국민의 건강실태는 매우 심각하다. 음주·흡연율은 증가하고 있고, 신체활동 실천율은 감소하고 있으며, 이로 인해 만성질환 진료비 지출이 증가하고 있다.

흡연·음주·비만으로 인한 건강보험 진료비 지출 규모가 6조 7,000억 원으로 건강보험 전체 진료비(46조 2,379억 원)의 14.5%를 차지하고 매년 증가 추세에 있다. 이들 진료비는 주로 고혈압·당뇨 등의 만성질환 치료를 위해 사용된 것으로 나타났다.

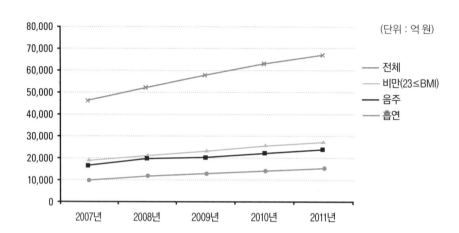

건강 위험요인별 건강보험 진료비 지출 추이(2007~2011)

(단위 : 억 원)

— 전체
— 비만(23≤BMI)
— 음주
— 흡연

영유아·청소년의 건강도 열악한 상태이다. 만 2~18세 소아청소년의 비만 유병률이 10명 중 1명(9.7%) 수준(2011년)이고, 12~18세 청소년은 8명 중 1명(13.1%)이 비만이며(국민건강영양조사), 중·고교 학생의 흡연율 11.4%(중학교 7.2%, 일반고 18.1%, 실업고 26.9%), 음주율 19.4%, 신체활동 실천율은 33.6%이다.

이러한 상황인데도 생활습관 개선을 위한 학교 보건교육 실태는 점점 더 나빠지고 있다. 초등학교에서는 그동안 재량활동시간을 활용하여 연간 17시간을 실시했으나, 2013년부터는 필수이수시간 없이 '창의적 체험활동 시간'을 활용하여 실시하도록 되었고, 중·고등학교에서는 선택과목으로 운영되고 있으며, 이마저도 대부분 입시 위주 수업으로 보건과목을 수업과목으로 채택하지 않는 실정이다. 더욱이 보건교사도 부족하여 학교 평균 배치율이 65%에 불과하며 지역별 불균형도 심한 상태이다[서울 95%(최고), 제주 45%(최저)].

초·중·고 교육과정에 '보건교육 의무화'를 도입하는 것을 적극적으로 검토해야 한다. 국민의 건강 증진과 건강보험의 지속가능성을 위해 꼭 필요한 제도이다.

건보공단의 빅데이터

1. 건보공단의 업무

건보공단은 전 국민의 평생건강을 지키는 '세계 최고의 건강보장기관'이라는 비전 아래 건강보험 사업을 수행하고 있다.

건강보험 사업의 시작은 '가입자 관리'이다. 건강보험 대상자인지 아닌지, 대상자이면 '직장가입자'인지 '지역가입자'인지 구분해야 한다. 직장을 그만두기도 하고 다시 취업하기도 하면서, 직장가입자에서 지역가입자로 그리고 지역가입자에서 직장가입자로 자격 변동이 빈번한데, 한 해 동안 약 5,000만 건의 자격 변동이 일어난다. 그리고 부양자인지 피부양자인지, 세대주인지 세대원인지도 구분한다.

이렇게 엄격하게 가입자 관리를 하는 이유는 보험료 부과 기준이 다르기 때문이다. '보험료 부과·징수'는 가입자 관리에 이은 건보공단의 두 번째 사업이다.

직장가입자(부양자)는 근로소득(보수)에 보험료를 부과한다. 근로소득 외에 금융·임대 소득 등이 연간 7,200만 원 이상인 직장가입자는 그 추가소득에도 보험료를 부과한다. 직장가입자의 가족들은 피부양자로 올라가 보험료를 내지 않는다. 그러나 '재산 9억 원 또는 금융소득 4천만 원' 등 일정 규모 이상의 재산이나 소득이 있으면 피부양자에서 제외되어 따로 보험료를 내야 한다.

이와 달리 지역가입자는 소득, 자가·전세·월세 등 재산, 자동차, 가족구성원의 성별·나이 등 가입자의 특성 등에 보험료를 부과하고 있다. 지역가입자에게 보험료를 부과하려면 지역가입자의 소득·재산·가족구성원 등 모든 요소를 고려해야 한다.

공단은 이렇게 걷은 보험료로 의료기관에 '진료비를 지급'하고 있다. 공단의 세 번째 일이다. 우리나라 건강보험 가입자는 2012년 기준 1인당 평균 2.3일 병원에 입원하고 16.9일 외래로 진료를 받았다. 그리고 이러한 건강보험 서비스를 제공하는 요양기관(약국 포함) 8만 3,811곳이 전국에 있다.

또한 공단은 질병예방사업을 하고 있다. '건강검진'이 그것이다. 질병을 조기에 발견하고 신속히 치료받을 수 있도록 돕기 위해 전 국민을 대상으로 2년마다 일반건강검진을 실시하고, 생애전환기 건강진단(40세, 66세), 5대 암검진(위암·간암·대장암·유방암·자궁경부암), 영유아건강검진

(생후 4개월부터 60개월까지 6차례) 등 건강검진 체계를 운영하고 있다.

2008년 7월부터는 노인장기요양보험도 건보공단이 운영하고 있다. 치매·중풍 및 노인성 질환 등으로 인해 혼자 힘으로 일상생활이 어려운 어르신들에게 수발 서비스를 제공하고 있다. 2013년 2월 말 기준 약 34만 명이 서비스를 받고 있으며, 요양기관은 재가 1만 867개소, 시설 4,431개소로 총 1만 5,298개소이다.

위와 같은 업무를 수행하기 위하여 공단은 전국에 178개 지사(53개 출장소, 226개 장기요양운영센터)를 갖고 있으며, 1만 2,500명의 임직원이 종사하고 있다.

2. 데이터는 업무에서 나온다

공단의 고유한 업무에서는 많은 자료가 생산된다. 첫째 '가입자 관리' 업무를 하려면 가입자가 직장인지 지역인지 알아야 한다. 직장이면 어느 직장(직장명)인지, 지역이면 어느 지역(주소)인지, 피부양자와 세대원 관리를 위해선 가족구성원 수, 관계를 알아야 한다. 이상에서 필요한 자료가 기본적인 행정전산망의 출생·사망·거주지(주소)·가족관계 등 주민등록 자료이다. 주민등록 자료만으로 부족한 것이 직장 자료이다. 이 자료는 별도로 받고 있다.

둘째, '보험료 부과'를 위해선 직장가입자의 경우 소득(보수) 자료가 있어야 한다. 피부양자 중 '재산 9억 원, 금융소득 4천만 원 이상' 등은 제외해야 하므로 이들의 재산·소득 자료도 별도로 있어야 한다. 또 지역가입자에게 보험료를 부과하기 위해선 이들의 재산·소득·자동차·가족구성원 자료가 있어야 한다. 이런 자료를 확보하기 위해 국세청의 소득 자료, 지자체의 재산·자동차 자료 등을 받고 있다.

셋째, 의료기관에 '진료비를 지급'하기 위해선, 먼저 의료기관 자료가 있어야 한다. 그리고 가입자의 진료 자료(질병)가 있어야 한다. 누가 언제 어디가 아파서 어느 병원에 가서 어떤 치료를 받고 어떤 약을 처방받았는지, 비용은 얼마나 썼는지 공단으로 자료가 넘어와야 공단은 진료비를 지급할 수 있다.

넷째, 공단은 또 국민들의 '건강검진 자료'가 있다. 누가 언제 어느 기관에서 어떤 건강검진을 받았는지, 만성질환 위험군인지 아닌지, 다른 결과는 어떠했는지 검진 자료가 다 있다.

이렇게 모인 자료가 약 8,136억 건이나 된다. 지금까지 공단은 이 많은 자료를 그냥 가지고만 있었다. 이런 방대한 양을 처리할 전산기술도 없었고, 어디에 어떤 용도로 써야 할지 그 방법도 몰랐다.

3. 건강보험공단의 빅데이터

최근 들어 우리 사회에 '빅데이터'라는 단어가 회자되고 있다. '네이버 지식백과'는 빅데이터에 대해 다음과 같이 설명하고 있다.

"빅데이터는 데이터의 생성 양·주기·형식 등이 기존 데이터에 비해 너무 크기 때문에, 종래의 방법으로는 수집·저장·검색·분석이 어려운 방대한 데이터를 말한다. 빅데이터를 기반으로 분석할 경우 질병이나 사회현상의 변화에 관한 새로운 시각이나 법칙을 발견할 가능성이 커졌다. 일부 학자들은 빅데이터를 통해 인류가 유사 이래 처음으로 인간 행동을 미리 예측할 수 있는 세상이 열리고 있다고 주장하기도 한다."

공단도 2011년부터 공단이 보유하고 있는 8,136억 건의 빅데이터를 활용하는 방안을 찾기 시작했다. 2012년 상반기에는 '국민건강정보DB'를 구축했다. 위에서 언급한 전 국민의 사망·출생·주소·가족관계 등 주민등록 자료, 가족구성원의 재산·소득 자료, 개개인의 질병 자료, 개개인의 검진 자료, 전국의 요양기관(의료기관) 자료 등 공단이 보유하고 있지만 각각 흩어져 있는 자료들을 DB라는 큰 틀로 구축한 것이다.

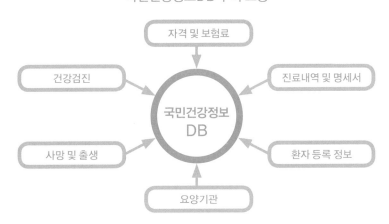

국민건강정보DB 구축 모형

4. '연구용 표본DB'란?

하나의 DB로 구축했다고 해서 바로 활용할 수는 없다. 자료 규모가 워낙 방대하고 개인정보 보호 등의 문제가 있기 때문이다. 그래서 연구용으로 활용할 수 있도록 '연구용 표본 DB'를 별도로 구축했다. 2012년 7월부터 12월까지 고려대학교(책임연구원 : 이준영 의과대학 교수)

산학협력단에 연구 용역을 의뢰하여 구축한 것이다.

'연구용 표본DB'는 국민건강 정보를 대표하는 약 100만 명의 ① 표본코호트DB, ② 크론병 등 3개의 희귀질병DB, ③ 2001년부터 2010년까지 다섯 번의 국가건강검진(국가건강검진은 2년마다 한 번씩 받게 되어 있음)을 모두 받은 수검자를 대상으로 한 건강검진 DB 등 3종의 DB로 구성되어 있다.

2002~2010년의 자격 자료(사망·출생·가족관계·주소·재산·소득 등), 의료이용 자료(청구명세서·진료내역·상병내역·처방전 내역 등), 건강검진 자료로 구성된 모집단 DB를 바탕으로 성·연령·소득분위 등의 층을 구분한 후 층내에서 표본을 추출하는 '층화계통추출법'을 통해 연구용 표본DB를 구축했다.

표본코호트DB(NHID-C2002)

성별·연령별·소득분위별 등으로 추출된 전 국민 건강정보를 대표하는 100만 명 표본DB이다. 1년치 단면 자료가 아니라, 2002년 대상자를 기준으로 9년간의 의료이용 내역, 자격 및 보험료, 출생과 사망 등이 포함된 코호트 형태로 구축했다.

조사할 집단을 동일한 몇 개의 층으로 나누고 층화된 집단에서 임의추출하여 표본을 정하는 층화계통추출법을 사용했는데, 표본DB의 대표성을 높이기 위해 성별·연령대·소득수준 등으로 분류한 1,476개의 층을 사용했다.

일반적으로 표본설계는 모집단이 명확하지 않지만, 공단 자료는 전체 모집단 자료가 명확하다. 때문에 표본을 통해 통계적 추론을 하는 목표모집단(Target population)과, 실제 표본이 뽑히는 실제모집단(Actual population)이 일치한다.

이는 표본코호트DB가 모집단을 대표하는 중요 변수별 일치도를 확보했다는 의미이다.

※ 코호트(Cohort) : 특정 집단이 시간이 지남에 따라 어떻게 변화하는지 조사하는 방법. 예를 들면 2001년도 검진에서 고혈압 집단이 10년 동안 의료이용·건강상태 등에 어떤 변화가 있는지 조사하는 방법이다.

희귀질병DB(NHID-R)

희귀질병DB는 표본코호트DB를 활용하기에는 사례 수가 적은 희귀질병의 9개년(2002~2010) 전수 DB로, 희귀질병 연구 DB이다. 9개년 동안의 모든 연도에 걸친 희귀질환자의 자격 및 보험료(소득수준), 진료내역, 수진자 상병내역, 처방전 교부 상세내역 등을 포함했다.

일단은 크론병, 일차성 폐동맥 고혈압, 성장 관련 골격계 이상 유전질환 등 세 가지 희귀질환을 DB로 구축했다. 대상 질병별 발췌 프로그램이 개발되어 있기 때문에 다른 상병의 DB 구축도 가능하다. 따라서 다양한 희귀질병에 대한 유연한 대처가 가능할 것이다.

검진DB(NHID-H)

2001년부터 2010년까지 10년간, 최소 2년 단위 주기로 최소 5회 이상 건강검진을 받은 수진자 230만 명의 검진 결과 DB를 구축했다. 구축 내역은 일반건강검진과 생애전환기 건강진단 1차 검진 결과 및 문진 자료를 토대로 했다. 장기적인 국가건강검진의 효과, 질병 사망률 예측 등에 활용할 수 있다.

이미 외국에서는 공공 데이터의 경제적·사회적 가치를 높이기 위해 표본 자료를 공개하고 있다. 대표적인 표본 자료로는 미국의 NIS, 대만의 NHIRD 등이 있으며 이번에 공단에서 구축한 '연구용 표본DB'는 세부적인 진료내역 파악이 어려운 미국의 NIS나 1년 단위의 단면 자료인 대만의 NHIRD보다 자료의 양이나 질적인 면에서 비교가 안 되는 우수한 코호트 개념의 자료이다.

※ 미국 NIS(Nationwide Inpatient Sample) : 미국 40개 주, 1,044개 지역 병원의 모든 퇴원 자료 가운데 약 20%를 표본으로 추출해 작성한 전국 입원환자 표본
※ 대만 NHIRD(National Health Insurance Research Database) : 전민건강보험에서 질병별로 구축한 100만 명의 서브데이터셋 자료

5. 빅데이터, 어떻게 활용할 것인가?

2013년 3월 22일 '국민건강정보 빅데이터 활용을 위한 표본코호트DB 설명 및 향후 공개 방안' 세미나를 개최했다. 고려대 의과대학 이준영 교수('연구용 표본DB' 구축 연구 용역 수행)가 발제하고, 오상우 교수(동국대, 대한비만학회), 박유성 교수(고려대, 한국통계학회), 이철희 교수(서울대, 한국보건경제정책학회), 김현곤 단장(한국정보화진흥원 국가정보화지원단)이 토론했다.

세미나에는 학회 및 연구기관, 대학(원) 등에서 400여 명이 참석하여 건강보험공단의 '연구용 표본DB'에 대한 기대감을 표출했다. 토론자는 '연구용 표본DB'에 대해 다음과 같이 그 의의를 평가했다.

"연구용 표본DB는 100만 명의 표본으로 대표성이 높고 시간적 선후 관계를 확인할 수 있는 코호트 자료로, 학문적·의학적 정책 자료로서의 활용 가능성이 아주 높다."　　　　　 – 오상우 교수

"통계학을 공부하는 사람으로서 표본 설계는 굉장히 만족할 만하고 신뢰도도 높다. 외국 데이터는 많아 봐야 몇만 건으로 한다. 그런데 100만 건을 가지고 하면 전 세계에서 가장 정확한 데이터이고 가장 큰 효과를 낼 수 있을 것이다. 그런 의미에서 기대가 크고 대단히 흥분되는 데이터이다."　　　　　 – 박유성 교수

"사회과학 연구자 입장에서, 공단의 빅데이터는 사회경제적 요인(경기변동이나 경제적 환경 등)이 건강에 미치는 효과나 의료 이용에 미치는 효과 분석, 사회경제적 지위에 따른 의료 이용의 효율성 차이 분석, 의료정책 사회경제정책이 건강에 미치는 효과 분석, 의료기술 R&D투자의 경제성 평가 등에 활용될 수 있을 것이다."　　　　　　　　　　　　　　　 － 이철희 교수

"건강보험공단의 표본DB를 활용하면 과학적인 보건의료 분야의 정책 수립, 산업 활성화, 지식기반 국민건강의료 분야 서비스산업 활성화, 일자리 창출, 개인맞춤형 건강서비스가 가능해진다. 박근혜 대통령이 후보 시절 제일 먼저 공약한 것이 정부 3.0으로, 개방·공유·협력이 국정철학인 셈이다. 그 첫 번째 타자로 건강보험공단이 2011년부터 준비를 잘 해온 것 같다. 박근혜 정부의 기치인 개방형 정부, 협력형 정부의 좋은 모델이 가장 먼저 나올 수 있기 때문에 적극적으로 추진했으면 좋겠다."　　　　　　　　　　　　　　　　　　　　 － 김현곤 단장

'연구용 표본DB'는 보건학·의학뿐만 아니라 사회학·경제학적 측면에서도 정책 개발을 위한 기반이 될 수 있다는 평가이다. 이 같은 데이터베이스의 활용을 통해 저출산·고령화 시대에 맞춤형 건강서비스를 제공함으로써 국민의료비 절감과 삶의 질 향상에도 기여할 수 있을 것이다. 인구 고령화와 생활습관 변화에 따라 만성질환과 의료비 지출이 크게 증가하고 있으나, 국민들의 생활습관은 더 나빠지고 있어 국민의 건강을 위협하고 건강보험 재정을 악화시키고 있다.

지금까지 건강보험은 '치료 중심'이었으나, 만성질환 위주로 질병 구조가 변하면서 한계가 있었다. 따라서 건강보험의 패러다임을 '예방·건강증진' 중심으로 전환해야 한다. 전 국민 건강정보 빅데이터를 활용하면 '개인별 맞춤형 통합건강서비스'를 제공할 수 있다. 개인별로 만성질환 관리와 생활습관을 개선시킬 수 있고, 이를 통해 합병증과 사망을 예방하며, 합병증 발생 시점을 늦추어 건강을 유지할 수 있다. 또한 결과적으로 진료비 지출도 절감할 수 있다.

공단이 맞춤형 건강서비스 체계를 구축하면 전국 178개 지사와 53개 출장소에서 상담 및 교육 지도를 할 수 있다. 맞춤형 건강서비스는 지역별·질환별·연령군별·사업장별 등 인구집단 단위로 먼저 시행하고 개인별 맞춤형 건강서비스 체계는 마지막 단계에서 가능할 것으로 판단된다.

6. 빅데이터의 성공적 활용을 위해서는?

건보공단의 비전은 '세계 최고의 건강보장기관'이다. 이러한 비전을 실현하기 위해서 빅데이터가 기본 도구로 활용될 것이다. 빅데이터 활용이 성공하려면 자원·인력·기술 3대 요소가 필요하다.

첫째, 자원이다. 우리는 국·내외적으로 유일무이한 방대한 자료를 보유하고 있다. 학자들은 말한다. 이러한 건강보험 자료가 행위별수가제에서 보험자에게 보답하는 최고의 선물이라고. 이러한 방대한 자료를 양질의 품질로 유지시키는 것이 매우 중요하다.

둘째는 인력이다. 빅데이터 활용에는 인적 역량 강화가 필요하다. '건보공단의 빅데이터'를 다루기 위해선 보건의료 전문지식과 정보통계 전문지식, 이 두 가지를 갖추어야 한다. 그런 전문인력을 양성해야 한다. 공단이 세우고자 하는 '건강보장 전문대학원'이 그 대안이 될 수 있다. 이는 대외적으로 건강보험 세계화에 필요한 국제인력 양성에도 기여할 것이다.

셋째는 기술이다. 정보통신기술과 고급 데이터 통계분석 도구는 매우 빠르게 발전하고 있다. 이 분야에 우선순위가 부여되고 예산 지원 등 투자가 이루어져야 한다. 기술이 부족하면 인력과 노동 투입이 증가할 수밖에 없기 때문이다.

7. 건강보험의 세계적 브랜드, 빅데이터

우리나라의 건강보험제도는 미국 오바마 대통령이 부러워할 만큼 훌륭하다. 베트남에 건강보험제도를 수출하고 있고, 공단이 주최하는 국제연수에는 세계 25개국에서 참가한다. 우리 건강보험제도가 세계 일류 브랜드로 성장한 것이다.

이제 건강보험의 세계적 브랜드가 하나 더 생겼다. '건보공단의 빅데이터'가 그것이다. 고려대 박유성 교수의 말처럼 "외국 데이터는 많아 봐야 몇만 건으로 한다. 그런데 100만 건을 가지고 하면 전 세계에서 가장 정확한 데이터이고 가장 큰 효과를 낼 수 있을 것이다."

건강보험 빅데이터는 전 세계적으로 유일하게 '전 국민'의 의료 정보가 코호트 형식으로 축적된 자료로, 양적·질적으로 매우 우수하다. 건강보험 빅테이터가 세계적 브랜드로 자리매김할 수 있을 것이다. 건강보험공단은 명실상부하게 세계 최고의 건강보장기관이 될 수 있다.

공단은 표본코호트DB를 일반 연구자에게 공개하기에 앞서 시범적으로 제한된 연구기관에 제공하여 검증 작업을 거칠 예정이다.

① 공모를 통해 연구 과제를 신청받고, ② '연구과제 선정위원회'를 구성하여 공정하고 투명하게 공익적 가치가 높은 연구 과제를 선정한 후, ③ 선정된 연구 과제는 10월까지 연구를 수

행하고, ④ 11월에 심포지엄을 개최하여 연구 결과를 발표한다. 아울러 ⑤ 연구자들로부터 표본코호트DB의 완결성을 높이는 제안을 받는 단계로 진행한다.

이러한 일련의 검증 과정을 거쳐 표본코호트DB의 완결성을 높인 후, 일반 연구자에게도 학술용으로 자료를 공개할 예정이다.

담배만큼 건강 위협하는 '비만'

ㄴ WHO, "비만은 21세기 신종 전염병"

ㄴ UN, '건강유해식품에 대한 강력한 규제' 주장

1. 전 세계 비만 인구 '21억' 시대 _ 10명 중 3명이 비만

미국 워싱턴대학교의 건강측정평가연구소(Institute for Health Metrics and Evaluation, IHME)는 저명한 의학 전문 국제학술지인 《란셋(Lancet)》 최신호(2014. 5.19 온라인판)를 통해 2013년 기준으로 전 세계 비만(BMI≥25) 인구는 21억 명이며, 이는 지구촌 인구의 29%에 달한다는 연구 결과를 발표했다.

> ※ 체질량지수(Body Mass Index, BMI)는 역학적으로 가장 많이 사용되는 비만 지표로 체중
> (kg)을 키의 제곱(m^2)으로 나눈 값이 '23 kg/m^2 이상인 경우 과체중' , '25 kg/m^2 이상인 경우
> 비만'으로 규정한다.

$$BMI = 체중(kg) \div 키의 제곱(m^2)$$

(WHO Asia-Pacific Perspective, 2000)

이 연구에 따르면 비만 인구는 1980년과 비교해 성인은 27.5% 증가하여 2013년 기준으로 남성의 36.9%, 여성의 38%이다. 특히 아동과 청소년의 경우 1980년과 비교해 47.1% 급증하여 선진국에서는 남아의 23.8%, 여아의 22.6%가 비만인 것으로 집계되었다. 더욱 놀라운 사실은 조사 대상 183개 국가 중 비만율이 유의하게 감소한 곳이 단 한 나라도 없었다는 것이다.

이에 대해 IHME 연구팀은 "비만이 건강을 위협하는 중요한 위험요인 중 하나로 다른 위험요인과 달리, 유일하게 확산 추세라는 점에서 비만에 의해 야기되는 다양한 문제들이 특별히 우려된다"고 밝혔다.

2. 전 세계인의 건강을 위협하는 비만과 정크푸드

※ 정크푸드 : 열량은 높지만 사람 몸에 필요한 영양성분(비타민·미네랄·섬유질 등)은 거의 함유하지 않은 패스트푸드나 인스턴트 식품을 통칭하는 용어. 대표적인 정크푸드로는 햄버거·감자튀김·탄산음료 등을 들 수 있다.

2014년 5월 19일 스위스 제네바에서 개막한 세계보건기구(WHO) 연차총회 연설에서 유엔의 특별보고관인 올리비에 드 셔터(Olivier De Schutter) 교수는 비만이 흡연 못지않게 건강을 위협하고 있지만, 세계 각국은 비만 문제의 심각성을 충분히 인지하지 못하고 있음을 지적했다.

특별보고관은 또 세계보건기구가 이미 비만을 '21세기의 신종 전염병(疫病)'으로 지목했고, 2004년에는 '식습관·신체활동·건강에 관한 글로벌 전략(Global Strategy on Diet, Physical Activity and Health)'을 수립하여 발표했지만, 10년이 지난 지금도 여전히 비만 인구와 함께 당뇨병·심장질환과 같은 비만 관련 질환이 지속적으로 증가하고 있다고 강조했다.

이에 대해 그는 비만을 유발하는 정크푸드의 경우 흡연만큼 유해하기 때문에 담배의 위험성을 전 세계가 다 함께 규제한 것처럼, 건강유해식품에 대한 강력한 규제와 건강한 식습관을 위한 글로벌 협정이 필요하다고 역설했다.

또한 이 총회에서는 국제소비자단체인 '국제소비자(Consumers International)'와 국제건강단체인 '세계비만연맹(World Obesity Federation)'도 비만과 과체중으로 인한 사망자수가 2005년 260만 명에서 2010년 340만 명으로 증가했음을 지적하면서, 각국 정부는 염분·포화지방·설탕의 함유량을 규제하고 건강한 식습관 교육을 확대하는 등 강제적 규제를 서둘러야 한다고 주장했다. 아울러 두 단체는 5년 내에 인공트랜스지방 식품을 영구 추방할 것과 어린이를 겨냥한 건강유해식품 광고의 제한, 건강유해식품에 대한 과세제도 도입의 필요성에 대해서도 목소리를 높였다.

3. 비만으로 인한 건강보험 진료비 손실, 연간 2조 원 이상

2012년 건보공단 정책연구원은 「건강보장 재원 확보를 위한 건강위험요인 부담금 부과 방안」이라는 제목의 연구보고서를 통해 비만에 의한 '질병발생 위험도'와 그로 인해 불필요하게 지출되고 있는 '건강보험 진료비의 규모'를 발표한 바 있다. 이 연구는 2001년과 2002년에 일반 건강검진을 받은 국민 가운데, 이전에 비만과 관련 있는 질병에 걸린 경험이 전혀 없는 770만 명을 대상으로 그들이 과체중 및 비만으로 인해 새롭게 질병에 걸릴 위험성이 얼마나 높은지를 10년간 추적 관찰하여 분석한 결과를 담고 있다.

이 연구 결과에 따르면, 정상 체중인 사람에 비해 비만(BMI≥25)인 사람의 경우 고혈압과 당뇨병에 걸릴 위험이 각각 2.6배, 이상지질혈증에 걸릴 위험은 2.1배, 허혈성 심장질환에 걸릴 위험은 1.9배, 신장암에 걸릴 위험은 1.8배 높은 것으로 나타났다. 이 밖에도 전립선암, 자궁내막암, 췌장암, 결장 및 직장암, 뇌졸중, 심부전증, 폐색전증, 천식 등에 걸릴 위험도 높은 것으로 나타났다.

또한 비만에 의해 발생한 질병을 치료하기 위해 건강보험에서 지출한 진료비 규모도 분석을 했다. 그 결과 2007년에는 1조 5,060억 원, 2008년에는 1조 6,981억 원, 2009년에는 1조 8,734억 원, 2010년에는 2조 337억 원, 2011년에는 2조 1,284억 원으로 지난 5년간 비용이 41.3% 증가했다. 이는 2011년 기준으로 건강보험에서 한 해 동안 지출한 총 진료비의 4.6%에 달하는 규모이다.

여기에 과체중(23≤BMI<25)까지 포함할 경우 과체중 및 비만으로 인해 건강보험에서 지출한 진료비 규모는 2007년에 1조 8,971억 원, 2008년에는 2조 1,397억 원, 2009년에는 2조 3,627억 원, 2010년에는 2조 5,676억 원, 2011년에는 2조 6,919억 원으로 지난 5년간 41.9%의 높은 증가율을 보였다. 이는 2011년 기준 한 해 동안 건강보험에서 지출한 건강보험 총 진료비의 5.8%에 달하는 매우 큰 규모라 할 수 있다.

4. 주요국의 비만관리정책, 어떤 것이 있나
– 미국 '학교 내 정크푸드 광고 금지', 프랑스 '음료 광고시 건강 경고문구 삽입'

지속적인 비만율 증가와 그로 인한 사회경제적 손실 초래 등 비만으로 인한 문제의 심각성을 인식한 주요 선진국에서는 최근 비만관리를 위한 다양한 정책을 적극적으로 도입하고 있다. 비만율 세계 2위인 미국에서는 미셸 오바마 대통령 부인이 2010년 소아비만과의 전쟁을 선포하고, 학생들에게 더 건강한 음식을 제공하고 더 많은 신체활동을 장려하는 것을 골자로 하는 '레츠 무브(Let's Move)' 캠페인을 시작했다. 이 캠페인의 일환으로 공립학교를 우선으로 급식 메뉴를 건강식단으로 개선했다.

2014년 9월부터는 초·중·고 학교 내에서 설탕이 들어간 음료와 정크푸드 광고가 금지되며, 식품의 성분을 표시하는 라벨도 칼로리를 더 크고 굵게 표시하고, 첨가 설탕도 구체적으로 적시해야 한다. 이러한 노력으로 미국은 2~5세 아동의 비만율이 2004년 14%에서 2012

년 8%로 줄었다는 통계가 최근 발표되기도 했다.

또 미국 캘리포니아 주에서는 주 내에서 판매되는 모든 탄산음료 및 가당음료에는 예외 없이 건강 경고 문구를 제품 라벨에 삽입하도록 하는 법안이 상원 보건위원회를 통과했다 (2014.4.9). 이 법안은 12온스(1온스=약 28그램)당 75칼로리 이상의 감미료가 함유된 음료에는 제품 라벨 전면에 탄산음료 및 가당음료의 섭취와 당뇨병, 비만 및 충치 비율 증가의 비례적 상관관계를 고지하는 내용의 경고 문구를 삽입토록 하고 있다.

비단 미국뿐만 아니라 유럽연합과 캐나다 등에서도 정크푸드에 대한 광고 규제와 학교 내 정크푸드 자판기 설치 금지 및 학교 식당 인스턴트식품 판매 금지 등을 법제화한 상태라고 한다. 프랑스에서는 TV 등의 식품과 음료 광고에 당류·소금·인공감미료에 대한 건강 경고 문구를 삽입하고, 이를 어길 경우 광고주에게 연간 광고 예산의 1.5%의 세금을 부과하여 건강 식단을 홍보하는 데 사용하고 있다.

이 밖에도 비만을 유발하는 건강유해식품에 대해 별도의 세금을 부과하는 비만세 정책을 도입하고 있다. 미국은 50개 주 중 28개 주에서 탄산음료 등에 별도의 세금을 부과하거나, 판매세 면세 규정을 배제하는 직·간접적인 방식으로 비만세를 부과하고 있다. 프랑스는 탄산음료 캔 하나당 0.02유로(약 29원), 헝가리는 소금·설탕·지방 함량이 높은 고칼로리 가공식품에 개당 10포린트(약 55원)의 비만세를 부과하고 있다. 덴마크는 2011년 2.3% 이상의 포화지방을 함유하는 가공식품에 지방 1kg당 16덴마크크로네(약 3,400원)의 비만세를 부과하기 시작했으나, 물가상승 및 식품사재기 현상 등의 이유로 다음 해에 폐지한 바 있다.

5. 국민 건강을 지키는 건강보험, 비만관리를 위해 무엇을 할 것인가
 － 적극적이고 종합적인 대처 위해 '비만관리대책위원회'(가칭) 신설

우리나라 국민건강 통계 자료에 따르면 만 19세 이상 성인 인구의 비만율은 1998년 26%에서 2012년 32.4%로 6.4%p 증가했고, 특히 같은 기간에 남성의 경우 25.1%에서 36.3%로 11.2%p 급증하는 현상을 보였다. 물론 OECD 국가 평균 비만율(BMI≥25) 56.7%와 비교해 우리나라의 비만율은 아직 낮은 수준이지만, 그럼에도 불구하고 연간 2조 원 이상의 진료비가 비만으로 인해 불필요하게 지출되고 있다. 더욱이 비만이 흡연만큼 건강을 위협하고 있다는 유엔의 지적을 감안하면, 흡연 못지않을 비만에 의한 미래 손실 급증을 최소화하기 위해서는 보다 이른 시점에서 더욱 적극적인 비만관리 정책이 필요하다.

이에 건보공단은 단일보험자이자 국민의 평생건강을 책임지고 있는 건강보장기관으로서 앞으로 국민의 비만 예방·관리를 건강증진사업의 주요 업무로 인식하고, 구체적이고 실천적

인 종합대책을 마련하여 적극적으로 수행해 나갈 예정이다. 이를 위해 현 시점에서 다음과 같은 비만관리사업들을 검토 중에 있다.

첫째, 건강보험에서 시행하는 건강검진 문진표에 정크푸드 섭취 빈도 등의 설문 문항을 추가하는 방안이다. 이를 통해 국민의 식습관을 모니터링하고 건강유해식품의 위해성을 규명함으로써 비만관리 정책 강화의 단초를 제공하고자 한다.

공단이 비만관리를 위한 전략 수립 및 사업을 추진하기 위해서는 무엇보다 비만과 그 원인에 대한 지속적인 조사와 모니터링이 필요하다. 비만은 건강하지 못한 식습관과 운동부족에서 오는 질병의 하나인데, 현재 건강보험이 실시하고 있는 건강검진에서는 문진표를 통해 흡연·음주·운동과 같은 생활습관을, 키와 체중에 대한 신체 계측을 통해 비만율을 조사하고 있다. 그러나 최근 유엔이 비만의 원인으로 지목한 정크푸드 등 건강하지 못한 식습관에 대한 조사는 이루어지지 않고 있다.

따라서 건강검진 문진표에 정크푸드나 탄산음료 등의 섭취 빈도 설문 문항을 포함하는 방안에 관해 전문가와 함께 폭넓게 검토한 후 보건복지부와 국가건강검진위원회에 건의, 건강검진 실시 기준에 대한 고시 개정을 추진할 계획이다. 국민 식습관에 대한 조사 결과는 건강보험 빅데이터와 연계하여 건강유해식품 섭취에 의한 건강 폐해를 입증하고, 향후 건강한 식습관 및 비만관리 정책을 강화해 나가는 단초가 될 것이다.

둘째, 일반 국민이 신뢰성 높은 비만 정보와 관리 프로그램을 편리하게 이용할 수 있도록 전문가 검증을 거쳐 'one-stop 비만관리 종합사이트'를 구축하는 방안이다.

최근 건강 및 외모에 대한 관심 증대와 주된 정보원으로 인터넷 활용도가 높아지면서 인터넷상의 비만 관련 사이트도 폭발적 증가 추세에 있다. 그러나 비만 관련 사이트의 경우 상당수가 다이어트 제품에 대한 과도한 홍보와 비과학적인 정보들로 넘쳐나고 있어 건강하게 비만을 개선하기보다는 오히려 건강을 해칠 우려가 높다.

현재 공단에서는 다양한 건강·질병 정보, 병·의원 이용 정보, 검진 자료를 이용한 맞춤형 건강정보 등을 제공하는 건강정보 전문사이트인 '건강 iN'을 운영 중에 있다. '건강 iN'은 인터넷상 검증되지 않은 무분별한 건강 정보로부터 국민건강을 보호하기 위해 보건·의료 전문기관 및 전문가와 연계하여 건강 콘텐츠를 개발 및 제공하는 것은 물론, 보건·의료 분야 관련 전문가의 검증을 받은 후 건강정보를 제공하는 등 신뢰성과 전문성을 확보하고 있다.

이처럼 전문가에 의한 콘텐츠 개발과 양질의 정보만을 선별, 제공할 수 있는 시스템을 기반으로 건강보험에서는 '건강 iN' 내에 'one-stop 비만관리 종합사이트'를 구축하고, 이를 통해 개개인은 물론 학교·직장 등의 생활터에서도 쉽고 편리하게 활용할 수 있는 폭넓은 비만관리 프로그램을 제공하고자 한다. 해당 사이트에서는 비만 관련 통계, 비만 바로 알기 및 자가진단, 건강한 식습관과 일상생활 속 각종 운동법, 학교·직장·경로당 등 생애주기 및 생활터별 비만관리지침, 생활터 주변 비만관리 인프라 정보, 그리고 국내외 비만관리정책에 대한 소개에 이르기까지 전문가의 검증을 거친 비만 관련 정보들을 종합적이고 체계적으로 제공할 계획이다.

셋째, 공단 건강증진센터를 중심으로 개인맞춤형 비만관리 프로그램을 제공하여 참여자가 건강체중을 달성·유지하는 경우 인센티브를 제공하는 방안도 강구해 나갈 예정이다.

공단의 건강증진센터는 전국의 17개 공단지사에 설치되어 질병 예방 및 의료비 절감을 도모하고자 건강검진 결과 위험군에 속하는 사람들을 대상으로 개인맞춤형 운동처방 및 지도, 의학 상담, 영양 상담 등의 서비스를 제공하고 있다. 이를 위해 센터에는 상담 의사를 비롯한 운동처방사, 운동지도사, 영양사 등의 전문인력이 배치되어 있고, 기본적인 건강 및 체력측정과 운동에 필요한 각종 장비와 설비들을 구비하고 있어 전문적인 비만관리센터로서의 역할을 수행하는 데 충분한 인프라를 갖추고 있다.

따라서 우선적으로 건강증진센터를 이용하고 있는 건강위험군 가운데 체질량지수가 25 이상이면서 당뇨병·고혈압·이상지질혈증 진단을 받은 사람들을 대상으로 기초의학 상담과 체력 측정을 거쳐 개인의 건강상태 및 생활습관 등을 고려한 맞춤형 비만관리 프로그램을 제공할 계획이다. 권고한 프로그램에 따라 목표한 건강체중을 달성하거나 프로그램 종료 후 일정 기간 건강체중을 유지하는 경우에는 각종 운동시설 및 의료기관에서 사용할 수 있는 바우처 등의 인센티브를 제공함으로써 자발적인 비만관리 습관 형성 및 유지도 가능할 것이다. 또한 향후에는 사업에 대한 효과 평가와 가용 가능한 재원 규모 등에 따라 대상자 및 인센티브의 점진적 확대도 가능하리라 생각된다.

이 밖에도 학교·직장 등 생활터별 자체 비만관리 프로그램 운영시 건강증진센터의 전문인력으로 구성된 비만관리 전문팀이 방문하여 지도·컨설팅을 제공하는 방안에 대해서도 검토할 예정이다.

넷째, 공단은 비만의 폐해를 과학적으로 입증하고 국민들에게 비만 문제의 중요성을 알리는 한편, 비만관리를 위한 각종 캠페인에 앞장서려고 한다.

공단은 단일보험자로서 5,000만 전 국민의 거주지, 소득, 진료내역, 검진 결과, 요양기관 정보 등 1조 5,000억 건에 이르는 방대한 빅데이터를 구축하고 있다. 물론 여기에는 개인별 비만도에 대한 정보도 포함되어 있는 만큼, 건강보험 빅데이터를 이용해 비만의 폐해를 과학적으로 입증할 수 있는 매우 좋은 환경을 갖추고 있다.

따라서 공단은 앞으로 건강보험 빅데이터와 현재 검토 중인 건강문진표의 식습관 조사 결과를 연계한 '비만 코호트'를 구축하여 국민의 식습관 현황을 모니터링하는 것은 물론, 비만 및 잘못된 식습관으로 인한 건강상의 폐해와 건강보험 재정손실 규모 등을 과학적으로 입증하기 위해 노력할 것이다. 또한 그 결과를 바탕으로 'one-stop 비만관리 종합사이트'를 비롯한 각종 매체를 통해 비만 문제를 지속적으로 홍보하고, 공단이 매년 주최하는 '건강보험 걷기 대회' 등을 통해 비만관리 캠페인을 펼침으로써 국민과 정책 당국자들에게 비만 문제의 중요성과 비만관리 정책 강화의 필요성을 일깨우는 역할을 주도적으로 할 것이다.

마지막으로 국민의 비만관리를 위해 국내외 정책 사례를 폭넓게 검토하고 실효성 있는 구체적 방안을 종합적으로 마련하기 위해 '비만관리대책위원회'(가칭)를 신설, 운영하는 것도 적극 검토하고 있다.

지난 2005년 보건복지부는 교육부·문화체육관광부 등의 정부 부처와 학회 및 민간 전문가 등이 참여하는 '국가비만대책위원회'를 구성해 운영하기로 발표했지만, 이후 뚜렷한 활동 성과를 내지 못한 바 있다. 그러나 세계보건기구가 비만을 '21세기 신종 전염병'이라 선언하고, 유엔이 흡연 못지않게 건강을 위협하는 요인으로 비만 문제를 지적하는 현 시점에서 국민 건강을 책임지고 있는 단일보험자인 공단이 더 이상 비만 문제를 간과해서는 안 된다.

비만 예방·관리를 위한 종합대책을 마련하기 위해 영양·운동·비만 분야와 관련하여 학계·의료계·연구 및 사업기관·정부 부처·시민단체 등에서 활동 중인 30여 명의 전문가들로 구성한 '비만관리대책위원회'(가칭)를 신설하려는 것도 그 때문이다.

향후 위원회에서는 국내외 관련 사례들을 종합적으로 검토하여 ① 정크푸드 섭취 현황 등 건강유해식품과 관련한 식습관 조사, ② 비만 문제 및 관리 필요성에 대한 대국민 홍보 및 교육, 캠페인 실시, ③ 생애주기별 맞춤형 비만관리 체계 구축 및 비만 개선에 대한 인센티브 제공, ④ 건강유해식품 규제를 위한 광고 및 판매 제한, 건강 경고 문구 삽입 등 규제, ⑤ 그 밖의 국민 비만관리 및 건강증진과 관련한 사항 등에 대한 구체적 개선 방안을 도출할 예정이다.

그렇다면 정부 차원에서는 우리 국민의 비만 예방·관리를 위해 어떠한 노력을 해야 할까?

앞서 건보공단이 국민의 비만관리를 위해 제안한 실천적 노력들이 지속·확산, 그리고 정책으로 이어지기 위해서는 무엇보다 비만관리와 관련하여 6개 부처의 총 26개로 나눠져 있는 법률을 정비할 필요가 있다.

예를 들면 현재 국민 영양조사 및 영양교육에 관한 전반적 사항은 「국민건강증진법」, 건강식생활 실천 환경 조성 및 교육·홍보 등에 관한 사항은 「국민영양관리법」, 고열량·저영양식품에 대한 판매·광고 제한과 어린이 기호식품에 대한 영양성분 표시 등에 관한 사항은 「어린이 식생활안전관리특별법」, 학교 내 식생활·영양의 관리·상담 등에 관한 사항은 「학교급식법」, 생활·직장 체육시설의 설치 및 이용 장려 등에 관한 사항은 「체육시설의 설치·이용에 관한 법률」 등에서 개별 규정하고 있다.

비만은 영양·신체활동·교육·의료 등의 분야에서 상호 협력적이며 유기적이고 통합적으로 관리되어야 함에도, 여러 부처·부서에서 산발적으로 정책이 추진됨에 따라 사업의 연계성이 떨어지고 예산이 낭비되는 것은 물론 정책 효과도 미미할 수밖에 없다는 지적이 있어 왔다.

비만 관련 국내 법률 현황(6개 부처, 26개 법률)

소관 부처	법률명
보건복지부	건강검진기본법·어린이식생활안전관리특별법
	국민건강증진법·국민영양관리법·아동복지법·영유아보육법·식품위생법·건강기능식품법·보건의료기본법·지역보건법
	식품안전기본법·보건의료기술진흥법
여성가족부	청소년기본법
교육부	학교급식법
	학교보건법
	초중등교육법
	교육기본법·유아교육법
농림축산식품부	축산물가공처리법·식품산업진흥법
	식생활교육지원법·농림수산식품과학기술육성법·농업농촌및식품산업기본법
문화체육관광부	체육시설의 설치·이용에 관한 법률·국민체육진흥법
고용노동부	산업안전보건법

따라서 앞으로 정부 차원에서는 비만관리와 관련한 26개 법률 내 사업의 중복성 등을 검토하여 부처 간 역할 조정 및 법률을 정비하는 과정이 필요하다 할 것이다. 그에 앞서 단기적으로는 관련 부처 간 조정위원회 구성 등을 통해 비만관리에 필요한 핵심 과제를 선정하고, 그에 따라 현재의 사업들을 조정·연계하여 정책 효과를 높이는 것이 필요하다.

비록 우리나라의 비만율이 미국이나 유럽 국가들에 비해서는 아직 낮지만, 정크푸드와 같은 건강유해식품에 대한 규제 등 국민의 비만 예방·관리에 적극 나서지 않는다면 비만 인구의 급증은 물론, 머지않아 흡연 못지않은 사회경제적 손실을 감수해야 할지 모른다.

이에 건보공단은 국민의 평생건강을 책임지는 건강보장기관으로서 전국민의 체계적 비만 관리를 주요 임무의 하나로 인식하고, 관련 전문가들과 함께 종합적인 검토와 대책을 강구해 나갈 것이다.

3장 보험자 경영

대한민국 건강보험의 글로벌화
ㄴ 건강보험제도 수출하면 IT·의료산업·고용이 뒤따른다

① 제11차 건강보험 국제연수과정 환영만찬(2014.5.27)
② 베트남 의료보험제도 구축 역량 강화를 위한 고위자 연수(2012.5.7.~13)
③ WB-KOFIH 아시아·태평양 지역 '보편적 의료보장(UHC, Universal Health Coverage)' 전문가 접견(2014.3.11)

1. 세계가 배우고 싶어 하는 우리나라 건강보험제도

우리나라 건강보험제도는 세계 여러 나라의 관심을 받고 있다. 미국 오바마 정부가 의료보험을 개혁하면서 우리 건강보험제도를 좋은 사례로 언급한 것은 잘 알려져 있다. 매년 개최되는 건보공단 국제연수과정에는 지난 11년간 53개국에서 476명이 다녀갔다. 주로 중동·동남아시아·아프리카·중남미 등 개발도상국에서 연수생을 파견하고 있는데, 보건당국의 차관급을 비롯해 과장급 이상 공무원이 대부분이다. 이들은 우리나라 건강보험제도를 참고해 자국에 건강보험제도를 새로 도입하거나, 전국민건강보험을 달성하고자 연수 과정에 참여하고 있다.

또한 건보공단은 여러 나라의 요청을 받아 공적개발원조(ODA)의 일환으로 건강보험제도 설계 및 평가 등을 제공하고 있다. 지난 2011년 11월부터는 한국국제협력단(KOICA)과 함께 베트남 정부의 전국민건강보험 달성을 위한 전략 및 제도 개선 방안에 대해 자문을 해주었다. 2년간 베트남 보건부 차관 및 실무자 초청연수, 현지 워크숍 등을 통해 전국민건강보험 달성을 위한 여건을 분석하고, 이를 반영하여 효율적인 제도 운영 방안과 정책 제언을 수록한 종합보고서를 제공했다.

2013년에는 가나와 인도네시아를 상대로 건강보험 실무진 초청연수와 현지 제도 연구 등이 이루어졌고, 2014년에는 가나와 에티오피아 현지에서 실무진을 교육하는 한편 우리나라로도 초청해 연수를 진행했다. 2015년부터는 인도네시아 건강보험제도의 징수 효율화 및 전국민 적용 등에 관해 컨설팅을 해줄 예정이다. 캄보디아와 라오스도 관심을 나타내고 있어 현지 수요 조사 등을 통해 협력 방안을 구체화할 예정이다. 한편 ODA는 아니지만 오만 정부의 요청에 따라 G2G(정부 대 정부) 사업으로 건강보험제도 도입을 지원하고 있다. 2014년 4월과 6월 두 차례에 걸쳐 현지에서 보건의료 현황을 파악, 1차 분석 보고도 마친 상태다.

2. 우리 건강보험제도가 주목받는 이유와 전망

이렇게 수많은 나라들이 우리 건강보험제도에 주목하는 이유는 우리나라가 전 세계에서 가장 짧은 기간에 전국민건강보험을 달성했기 때문이다. 건강보장제도는 크게 우리나라와 같은 사회보험 방식과 영국의 국민건강보장(NHS) 방식으로 구분할 수 있는데, 재정이 취약한 개발도상국에서는 세금이 재원인 NHS 방식보다는 보험료로 충당하는 사회보험 방식을 선호한다. 게다가 건강보험제도의 원조국이라 할 수 있는 독일이 127년, 그나마 빠른 일본도 36년이나 걸린 전국민건강보험 적용을 단 12년 만에 달성했기 때문에 우리 건강보험제도에 관심을 가지는 것이다.

특히 1인당 국민소득이 1,043달러에 불과했을 때 건강보험제도를 도입(1977년)했고 5,000달러 수준에서 전 국민으로 확대(1989년)했기 때문에, 현재 이와 비슷한 경제수준인 개발도상국 입장에서는 우리 건강보험제도가 실현 가능성이 높은 모델로 인식하고 있다. 실제로 건보공단을 찾아오는 해외 방문단 대부분이 가장 먼저 하는 질문이 "어떻게 그렇게 짧은 기간에 전국민건강보험을 달성할 수 있었느냐"는 것이다.

이처럼 우리나라 건강보험제도가 많은 관심을 받고 있지만, 앞으로는 더 주목받을 것으로 생각된다. '보편적 건강보장(Universal Health Coverage, UHC)'이 새천년 2차(2016~2030년)개발 어젠다(the Post Development Agenda)에 포함될 가능성이 높기 때문이다. 유엔은 2000년에 모성건강·질병예방 등 8가지의 목표를 담은 새천년개발목표(MDGs)를 선정해 추진하고 있다.[68] 세계보건기구는 2016년부터 실천할 새로운 새천년개발목표(post-MDGs)에 UHC를 포

---

[68] 2000년 9월 개최된 밀레니엄 서밋에서 당시 191개 참가국은 2015년까지 다음 8가지 목표를 실천하는 것에 동의하였다. ① 극심한 빈곤과 기아 퇴치, ② 초등교육의 완전 보급, ③ 성평등 촉진과 여권 신장, ④ 유아 사망률 감소, ⑤ 임산부의 건강 개선, ⑥ 에이즈와 말라리아 등의 질병과의 전쟁, ⑦ 환경 지속 가능성 보장, ⑧ 발전을 위한 전세계적 동반 관계의 구축.

함시켜, 에이즈와 같은 특정 질병 예방이나 모성 등 특정 집단의 건강을 향상시키는 개념을 넘어 보편적 건강 보장을 통한 전반적인 건강의 질을 향상시키려는 것으로 보인다.

2014년 3월, 세계은행(World Bank)과 WHO의 전문가 79명이 건보공단을 방문했다. 당시 세계은행의 투마스 팔루 박사 등 전문가들은 우리나라가 도입 12년 만에 모든 국민에게 건강보험을 적용할 수 있었던 배경과 현 건강보험제도의 한계·개선 방향 등에 대해 질문했다. 질문의 내용과 깊이에서 이미 우리 건강보험제도를 상당히 파악하고 있음을 느낄 수 있었다. 이들의 방문은 새로운 새천년개발목표의 핵심 어젠다로 UHC가 선정되는 것에 대비해 좋은 모델로 거론되는 우리 건강보험제도를 사전에 살펴보기 위한 것으로 보였다.

여기에 더해 건보공단이 보유하고 있는 빅데이터는 우리 건강보험제도에 대한 세계의 관심을 더욱 배가시킬 것이다. 건보공단은 전 국민의 출생부터 사망에 이르기까지 건강·재산·소득·직업 등에 대한 자료를 총망라한 빅데이터를 가지고 있다. 이러한 대규모 빅데이터를 보유한 곳은 영국의 NHS를 제외하면 전 세계에 우리나라 정도이다. 전국민건강보험을 달성한 나라 중 단일보험자인 경우가 흔치 않기 때문이다. 대만이 있지만, 규모나 자료 내용 등에서 우리나라를 따라오지 못한다는 평가를 받는다.

건보공단은 빅데이터를 활용해 만성질환자를 위한 개인별 맞춤형 서비스, 지역별 보건의료지표 등을 개발해 예방 및 건강증진 체계 강화에 힘을 쏟고 있다. 아울러, 민간과 공공이 빅데이터를 활용할 수 있는 플랫폼 개발[69]을 추진 중에 있다. 빅데이터 활용 기반을 제공함으로써 민간과 공공이 다양한 건강 관련 서비스를 만들어낼 수 있는 생태계를 만드는 작업이다. 이러한 혁신은 우리 건강보험제도를 더욱 매력적인 상품으로 만들 것이고, 제도 수출의 파급효과를 더욱 증대시키는 역할을 하게 될 것이다.

3. 건강보험제도 글로벌화에 나서야 하는 이유

보편적 건강보장 달성의 좋은 사례로, 세계가 우리의 건강보험을 주목하고 있는 지금이야말로 대한민국 건강보험을 글로벌화하는 최적기라 할 것이다. 글로벌화에 나서야 하는 이유는 건강보험 수출로 예상되는 효과가 막대하기 때문이다. ODA 등을 통한 제도 수출은 국가의 위상을 높이고 국제사회에서의 책임 있는 일원임을 보여주는 정서적 만족과 이념적 당위성의 문제를 뛰어넘는다.

2016년부터 UHC(보편적 건강보장)가 유엔의 핵심 어젠다가 되고, 우리 건강보험이 좋은 모

---

[69] 「건강보험 빅데이터 플랫폼 설계 및 건강서비스 제도화 방안 연구」(연구책임자 : 포항공대 전치혁 교수, 연구기간 : 2014.4~10)

델로 알려져 수출이 활발해진다면, 건강보험'제도' 운영에 필수적인 각종 산업이 뒤따를 수밖에 없다.

가장 먼저 전산시스템을 생각할 수 있다. 건강보험은 자격관리, 보험료 부과·징수, 급여 관리, 진료비 지급 등 기본 업무를 수행하기 위해 수많은 전산장비와 시스템이 동원된다. 국내 IT업계에서 건강보험 전산 체계가 갖는 위상은 최신·최고의 수준이다. '제도'를 도입하면 제도를 운영하기 위한 인프라 도입은 당연히 뒤따르는 수순이라 할 것이다.

전산시스템 이후에는 보건의료 관련 산업이 뒤따를 것이다. 병원 수출, 의료장비 수출, 의약품 수출 등을 생각해 볼 수 있다. 건강보험의 새로운 한류가 시작되는 것이다. 해외 환자의 증가는 건강보험 한류에 뒤따르는 덤일 수 있다.

실례로 오만의 경우, 처음에는 의료기기 시장 진출을 염두에 두고 있었던 국가였으나 오만 정부 측이 건강보험제도 컨설팅을 요청해 G2G 사업을 추진하게 되었다. 그 결과에 따라 보건의료산업의 진출이 보다 용이해질 것이다. 이와 같이 제도 수출을 통해 보건의료산업 전반이 성장하게 된다면 막대한 일자리와 국부의 창출로 이어질 수 있다.

4. 건강보험제도 글로벌화를 위해 해야 할 일

이렇게 보면 현재의 상황은 건강보험제도 글로벌화를 위한 절호의 기회라고 볼 수 있다. 하지만 보다 확실한 기회로 만들기 위해서는 체계적인 대응이 필요하다.

첫째, 전국민건강보험제도를 달성한 경험을 어느 나라나 쉽게 활용할 수 있도록 정리해야 한다. 세계 여러 나라가 관심을 보이는 것은 현재의 건강보험시스템도 시스템이지만 '전국민건강보험 제도를 달성한 경험'이다.

단순히 1977년 7월 1일 500인 이상 사업장부터 시작해 300인, 200인, 100인까지 적용 대상을 확대했고, 1988년 농어촌, 1989년 도시까지 확대했다는 과정을 정리하자는 것이 아니다. 단계적으로 건강보험 적용 대상을 확대하는 과정에서의 고민과 성공 요인을 밝히고 이를 체계적으로 매뉴얼화할 필요가 있다는 것이다.

예를 들어 보험자의 위상이다. 일본은 지자체가 곧 보험자이다. 건강보험조합 이사장은 지자체의 장이 된다. 우리로 말하면 기초자치단체인 시·군·구별로 건강보험조합이 있으며, 시장·군수·구청장이 조합 이사장을 맡고 있다. 그런데 일본 건강보험조합 대부분은 적자에 시달리고 있다. 선거로 당선되는 자치단체장으로서는 보험료를 올리기 어렵고, 반대로 보장성은 다른 조합에 질세라 확대해야 한다. 그래야 주민들의 표를 얻어 선거에 당선되기 때문이다. 일본의 건강보험을 보고 배운 우리는 이런 한계를 극복하기 위해 시·군·구별로 조합을 만들되,

지자체와는 다른 별도의 법인을 두어 건강보험조합을 만들었다. 이런 사례가 지금 건강보험을 도입하려는 나라에 실질적으로 도움이 되는 사례이다.

또 있다. 공식적으로 우리나라 건강보험은 1977년 도입했지만, 내용적으로는 1965년부터이다. 1963년 최초의 「의료보험법」이 만들어졌는데, 그 당시 법에는 '강제가입' 조항이 없었다. 1965년부터 전국 각지에서 임의조합을 실시했다. 1976년까지 임의조합 10년의 경험이 있었기에 1977년 '강제가입'을 주요 내용으로 하는 건강보험제도를 정식으로 실시할 수 있게 된 것이다(임의조합은 임의가입을 의미한다. 이는 건강할 때는 의료보험조합에서 탈퇴하고 아플 때만 가입하는 '역선택'이라는 부작용을 초래했다). 지금 건강보험을 도입하려는 나라에게는 1977년 이후의 역사가 아니라 1965년부터 1976년까지 제도 이전의 역사가 훨씬 소중할 것이다.

마찬가지로 1988년 농어촌 지역, 1989년 도시 지역으로 확대하면서 우리나라는 전국민건강보험 시대를 열었다. 그러나 1981년부터 지역시범사업을 실시했다. 도시형·농촌형·도농복합형으로 나누어 총 6개 지역에서 시범사업을 실시한 것이다. 이 당시의 기록 또한 그들에게 중요할 것이다.

1981년부터 1987년까지 7년간 이루어진 지역의료보험 시범사업 결과를 바탕으로 1988년부터 농어촌 지역 먼저 전면적인 의료보험사업을 시작하게 됐다. 도시보다 농어촌 지역을 먼저 한 이유가 있다. 지역의료보험에서 가장 큰 문제는 '보험료 부과의 적정성'이다. 보험료 부과는 해당 세대의 '소득 또는 생활수준'을 정확히 파악하는 것이 가장 중요한데, 공동체 성격이 강한 농어촌에서는 비교적 각 세대의 소득과 생활수준을 소상히 파악하고 있었기 때문이다. 쉽게 말하면 각 마을의 이장은 집집마다 숟가락까지 파악하고 있었다. 이러한 농어촌 의료보험 실시 경험은 다음 해 실시하는 도시 의료보험 도입에 큰 도움이 되었다.

또 의료보험 시범사업(1965), 직장의료보험(1977), 지역의료보험 시범사업(1981), 농어촌 의료보험(1988), 도시지역 의료보험(1989)의 단계별 실시는 훈련된 인재를 순차적으로 배치할 수 있도록 했다. 시범사업에서 훈련된 인재를 본 사업에 배치하고, 직장의료보험에서 훈련된 인재를 농어촌 의료보험에 배치하고, 농어촌에서 훈련된 인재를 도시 의료보험에 배치하는 식이다.

이처럼 제도 실시 이전의 역사, 즉 '전사(前史)'를 잘 정리하여 배울 점, 고칠 점을 매뉴얼화 하는 것이 필요하다. 당시의 고민과 전략을 매뉴얼로 정리해 개도국에 전수해야 한다. 이 매뉴얼을 기본으로 해 각 나라 실정에 맞게 조정해 제도를 설계한다면 충분히 그들도 할 수 있다는 확신을 심어 줄 수 있다.

둘째, 현재 우리 건강보험의 한계를 하루빨리 수정해야 한다. 건강보험을 이제 막 시작하려는 나라에게 현재를 알려주는 것이 중요하지만, 그들의 미래를 그려주는 것도 중요하다. 그들의 미래는 현재 한국의 전국민건강보험일 것이다. 그렇다면 그들에게 자신 있게 보여줄 수 있는 그런 미래를 현재 우리가 그리고 있어야 한다.

건강보험의 핵심은 '수입', '지출', 그리고 이를 결정하는 '의사결정구조(거버넌스)'이다. 우리의 건강보험제도는 당신들이 따라할 만한 좋은 모델이라고 당당하게 말할 수 있으려면 세 가지 한계를 바로잡아야 한다.

먼저 수입 측면에서는 부과 기준을 하나로 통일하는 것이 시급하다. 이 부분에 대해서는 여러 차례 설명했으므로 자세한 설명은 생략하겠지만, 동일한 보험 집단에서 모든 구성원이 동일한 보험 혜택(보험급여 기준)을 적용받으면서, 각기 다른 부과 기준이 적용되는 비상식적인 부과체계를 다른 나라에 좋은 모델이라고 설명하기는 힘들 것이다.

다음으로 지출 측면에서는 청구·심사·지급 체계를 바로잡아야 한다. 보험자는 간단히 말해 '사고에 대비해 보험료를 거두었다가, 사고가 실제로 발생했을 때 정해진 급여를 제공하는 자'이다. 법률로 보험자가 누구인지를 특정하여 규정하는 이유는, 전 국민이 강제가입되어 있는 건강보험이 공공의 이익과 직결되어 있기 때문에 공적인 권리의무 관계와 책임소재를 명확히 하기 위해서이다. 따라서 사고를 당한 가입자는 보험자에게 급여를 청구하고, 보험자는 적법한 가입자인지, 사기는 없는지 등을 심사하고 지급하는 것이 법적 권리이자 의무이다. 이러한 보험의 기초 원리를 생각했을 때, 심사기관에서 청구와 심사가 이루어지고, 보험자는 일단 급여를 지급한 후 나중에 사후관리하는 현재의 비효율적인 시스템은 결코 좋은 모델이라고 할 수 없다.

마지막으로 의사결정구조(거버넌스)도 바로잡아야 한다. 사회보험은 보험집단 구성원의 자치와 자율의 정신과 원칙을 기반으로 운영해야 한다. 그래서 사회보험 방식으로 건강보장제도를 운영하는 국가에서는 정부의 감독 하에 가입자의 대리인 역할을 하는 보험자가 중심이 되어 보험료·급여·수가 따위를 결정한다. 가입자(보험자)와 공급자는 보험 체계 내의 역할에 맞게 의사결정에 참여한다. 예를 들어 가입자는 보험료 결정에, 공급자는 급여 여부 결정에 더 큰 영향력을 행사하는 것이다. 우리나라처럼 건강보험정책심의위원회에 보험자가 배제된 채 공급자·가입자·공익 대표가 동수로 참여하여 보험료부터 급여 여부까지 모두 결정하는 경우는 다른 나라에서 거의 찾아볼 수 없다.

제도 자체가 가진 한계를 바로잡는 것과 함께, 전국민건강보험 적용 하에서 의료의 성격 규명을 전제로 의료공급 체계도 개선해야 한다. 건강보험제도와 의료공급 체계는 하나의 생태계이기 때문이다. 예방과 증진 체계를 강화하고, 진료비 지불 제도 개선과 약가 및 약품비의 적정화, 의료전달 체계의 확립 등이 요구된다. 인력·시설·장비 따위의 보건의료자원 관리 방안을 마련하고, 혼합진료도 검토해야 한다.

2014년 3월 방한했던 세계은행과 WHO의 보건의료 전문가들이 한 질문 중에 답변이 곤란했던 질문이 세 가지 있었다고 한다. 첫째가 보건경제학적 관점에서 볼 때 심사기구를 별도로 분리해 운영하는 것이 효율적이라고 보기는 어려운 것 같은데 한국이 이렇게 하고 있는 이유가 무엇이냐는 것이었다. 둘째는 한국은 심사도 잘하고 의료서비스의 질도 높은데 평균 입원일수는 왜 세계 최고인가 하는 것이었다(2011년 기준으로 우리나라 평균 재원일수는 16.4일로 OECD 평균 7.5일의 2배가 넘는다). 마지막 질문은 대부분 세계 각국의 입원 진료 체계가 DRG인데 한국은 DRG가 5%밖에 안 되는 이유가 무엇이냐는 것이었다.

이 질문들이 의미하는 것은 외국에서 이미 우리나라 제도에 대해서 충분히 파악하고 있고, 심지어 취약점까지도 알고 있다는 것이다. 우리 건강보험제도가 가진 문제점들을 서둘러 바로 잡지 않는다면 '대한민국 건강보험의 글로벌화'는 구호에 그칠 공산이 크다.

셋째, 건강보험제도의 세계 수출을 견인할 전문인력을 양성해야 한다. ODA 등을 통해 '제도'를 수출하는 것은 일회성 프로젝트나 하드웨어(재화) 수출과는 차원이 다르다. 특히 건강보험제도는 복합적이고 전문적인 특성이 있어 고도의 기술 전수 능력을 요하는, 전형적인 '전문가 사업'이다.

2013년 베트남 건강보험제도 컨설팅을 마무리하는 과정에서 건강보험의 역사를 잘 아는 학계 전문가를 초빙해 참여시켰다. 건강보험 일을 하고 있는 공단 내부적으로 건강보험제도의 해외수출에 필요한 전문지식이나 경험을 충분히 갖춘 인력이 부족했기 때문이다. 아직 우리 공단 인력은 건강보험 실무에만 밝을 뿐이다.

건강보험제도 수출을 위해서는 우리 제도에 대한 이해는 기본이고, 해당 국가의 행정력이나 보건의료 기반 등에 대한 분석 능력, 국제적 감각 등을 두루 갖춘 인재가 필요하다. 그런데 우리나라에서 이런 인재들을 찾는 것은 쉽지 않다. 국내에는 이러한 인력을 양성하는 전문 교육기관이 없기 때문이다.

건보공단이 퇴직자 재교육을 통한 인력 확보나, 이러한 전문인력 양성을 위한 '건강보장대학원 대학교' 설립을 검토하는 이유가 여기에 있다. 아무리 제도가 좋고 경험이 잘 정리되어 있다고 해도 세계를 누비며 우리 제도를 알리고, 경험을 전수할 전문인력이 없다면 소용이 없다.

5. 건강보험제도의 글로벌화, 지금이 기회인가 위기인가?

전 세계에서 관심을 가지고 있는 제품을 생산하는 기업이 있다고 가정해 보자. 앞으로 이 제품에 대한 수요는 더 늘어날 것으로 전망된다. 그런데 이 기업은 좀 더 훌륭한 제품으로 만들기 위한 개량에 소극적이다. 다른 나라에서 사용할 수 있는 매뉴얼도 없고, 해외에서 영업과 마케팅을 할 직원도 부족하다. 아직은 그래도 이 기업의 제품을 찾는 곳들이 있지만, 비슷한 제품을 생산하는 경쟁업체가 늘어나고 제품의 문제점까지 하나 둘 드러나고 있다. 이 기업은 지금 기회를 맞고 있는 것일까? 아니면 기존 거래처마저 잃어버릴 수 있는 위기 상황에 처해 있는 것일까?

우리 건강보험을 이야기하는 것이다. 전 세계가 우리 건강보험을 좋은 모델로 생각하고 있고 전망도 밝다. 그러나 지금 우리가 체계적으로 준비해 대응하지 못한다면, 제품개발을 게을리하는 기업처럼 시장에서 곧 외면받고 말 것이다. 대안 제품은 얼마든지 있기 때문이다. 이미세계은행(WB), 세계보건기구(WHO), 미국국제개발청(USAID), 일본국제협력기구(JAICA), 독일국제협력공사(GIZ), 호주국제개발처(AusAID) 등이 UHC에 주목해서 자국의 건강보험제도 수출을 추진하려는 움직임을 보이고 있다. 실제로 우리나라가 인도네시아 건강보험제도 컨설팅을 맡는 과정에서 JAICA(일본), GIZ(독일), USAID(미국) 등과 치열한 경쟁을 벌이기도 했다(참고로 조코 위도도 인도네시아 대통령은 건강보험에 지대한 관심을 가지고 있는 인물로 알려져 있다.)

우리나라 건강보험의 글로벌화를 건강보험만의 문제로 생각해서는 안 된다. 건강보험 글로벌화는 우리나라 보건의료 수준을 한 단계 도약시키는 계기가 될 것이고, 정부의 투자활성화대책이나 창조경제와도 궤를 같이하는 것이다. 우수 인력의 해외진출과 고용창출, 국격 향상등 국가 혁신 차원에서 접근해야 할 문제이다. K-pop, 드라마 등 문화 한류가 미디어산업 전반의 성장과 부를 창출하고, 한국의 브랜드 가치를 높이고 있다. 건강보험의 수출은 문화 한류 이상의 경제적·사회적 파급 효과를 가져올 것이다. 서둘러 우리의 경험을 정리하고, 시스템을 보완하는 것은 물론, 전문인력 양성에 나서야 할 때이다.

생각의 기준 _ 경영계획서

1. 경영계획서란?

1) 공공기관장의 경영계획서 계약 체결 및 평가

모든 공공기관의 장은 취임할 때 「공공기관 운영에 관한 법률」(공운법)에 의거, 정부가 정하는 지침에 따라 임기 동안 자기가 맡은 공공기관을 어떻게 운영하여 성과를 낼 것인지에 관한 '경영계획서'를 작성하여 주무장관과 경영계약을 체결해야 한다. 또한 매년 경영계획서를 추가로 작성, 제출하고 경영계약을 체결토록 하고 있다. 그리고 경영 관련 대학교수·전문가 등으로 구성된 정부경영평가단(기획재정부에 설치)에 매년 4월 전년도 경영 실적에 대한 평가를 받고 있다.

2) 국민건강보험공단 이사장과 보건복지부 장관, 경영계획서 계약 체결

국민건강보험공단 이사장도 '공운법'에 의한 공공기관의 장으로서 2012년 1월 30일 국민건강보험공단에 관한 경영계획서를 작성, 보건복지부 관련 부서의 검토를 거쳐 '경영계약'을 체결했다. 그리고 2013년 1월 30일 다시 추가로 경영계획서를 작성, 보건복지부 관련 부서의 검토를 거쳐 경영계약을 체결했다. 물론 2013년 3월 말 정부경영평가단에 2012년도 「경영실적보고서」를 제출하고 4월 초순 평가단 실사팀이 공단에 나와 경영계획서에 포함된 모든 내용에 대해 3일간 정밀 실사를 하고 돌아가 평가 중에 있다.

3) 경영계획서 내용 공개

경영계획서는 비밀도 대외비도 아니고 공단의 모든 임직원이 공유해야 하고 건강보험 가입자인 국민도 알아야 할 내용이라서 공개(?)라는 용어는 적합하지 않으나, 지금까지 관행적으로 서랍 속 비치용으로 취급되어 왔기 때문에 '공개'라는 말을 쓰기로 한다.

경영계획서에는 건강보험 현황을 진단, 분석한 후 공단 운영 전반에 걸쳐 추진할 목표와 계획이 담겨야 한다.

특히 공단의 경영 목표나 비전(국민보건 향상과 사회보장 증진으로 삶의 질 향상, 세계 최고의 건강보장기관) 달성을 위해 특별히 중요하다고 생각하는 핵심 과제는 보건복지부 관련 부서의 검토를 거쳐 '지속발전과제'로 분류하여 '특별과제명'을 선정해야 한다. 그리고 그 과제를 선정하게 된 배경과 필요성을 설명한 후, 연도별 추진계획 및 추진상황 평가 방법 등을 상세하게 기술, 경영계획서에 포함하여 경영계약을 체결해야 한다.

4) 공단의 핵심 추진 과제, '지속발전과제'로 계약 체결

2012년 1월 30일과 2013년 1월 30일 건보공단 이사장이 보건복지부 장관과 체결한 국민건강보험공단의 핵심 추진 과제(지속발전과제)는 매년 각 두 가지(총 네가지)이다. 그것의 내용을 요약하고, 그 의미와 추진 현황, 앞으로의 계획에 대해 알아본다.

2. 2012년도 지속발전과제 (2012.1.30 계약)

※ 이하 '경영계획서'에 나온 내용 일부를 그대로 옮긴다.

1) 지속발전과제 A

과제 A 보험료 부과체계의 형평성 제고를 위한 제도개선 방안을 건의하여 건강보험제도의 지속발전에 기여한다.

성과지표	측정 방법	성과 목표치	연도별 성과목표치			지표 종류
			1차년도	2차년도	3차년도	
가입자 간 공정한 보험료 부과체계 마련 및 정책 건의	부과체계 개선 노력 정도	공정한 보험료 부과체계 정책 건의	부과체계 개선안 마련 및 정책 건의	정책 협의 및 여건 조성	정책 추진 지원	비계량

성과지표의 설정 및 사유

- 직장가입자와 지역가입자로 이원화된 보험료 부과체계로 인하여 가입자의 자격 변경 및 재산 증감 등에 따라 보험료가 수시로 변동되어 부담의 형평성에 대한 문제가 지속적으로 제기되고 있음.
- 따라서 '가입자 간 공정한 보험료 부과체계 정책 건의'를 지표로 설정하고 그 노력도를 측정하는 것은 단순히 보험료 징수의 수용성을 높이는 차원이 아니라, 국민들이 건강보험에 대해 가지고 있는 근본적이고 반복적인 불만을 해소하여 제도의 지속가능성을 담보하는 데 가장 효과적이라 할 수 있음.

과제 A는 '보험료 부과체계 개선'이다. 통합 이후부터 가지고 있는 공단 직원의 오래된 염원이자, 국민이 건강보험에 대해 갖는 가장 큰 불만 사항이다. 공단 민원의 80%를 차지하고 연간 1억 2,000만 건(자격변동 5,000만 건 포함)의 민원이 '불합리한 보험료 부과체계'에서 발생한다. 그것을 개선하겠다는 내용이다.

당연히 핵심 추진 과제인 '지속발전과제'의 제1순위에 올라와야 하는 내용이다. 다소 긴 과제 제목을 자세히 보면 '방안을 건의'라고 되어 있으며, 표의 각 칸을 차지하고 있는 '성과지표·성과목표치·1차년도' 내용에도 '정책 건의'라고 표기되어 있다. 건보공단에 정책 '결정' 권한이 없기 때문에 그렇다. 정책 최일선의 기관으로서 현장에서 느낀 문제점을 정리하여 대안을 만들고, 그것을 건의하는 것까지가 우리 몫이다.

분량이 많아 위에 인용한 경영계획서 내용에는 나오지 않았지만, 경영계획서에는 '실행계획'도 작성하도록 되어 있다. 그 실행계획에 공단 이사장으로 경영계약 당사자인 필자는 이렇게 적었다. '보험료 부과체계 개선(안) 마련을 위한 별도 TF 구성'.

필자가 공단 이사장으로 온 게 2011년 11월 15일이다. 연말에 부임했기 때문에 2011년은 경영계획이라고 할 것도 없고, 2012년 1월 30일 작성한 경영계획서에 따라 그 해부터 공단을 경영했다.

공단 직원이라면 다 알겠지만, 2012년 공단은 '쇄신위원회'의 해였다. 연초부터 '국민건강보험공단 쇄신위원회' 설치·운영 기본계획 확정(1.10), 발대식 개최(1.17), 2월 실적보고회 개최(2.17~27) 등을 시작으로 쇄신위원회 결과물인 '실천적 건강복지 플랜' 토론회 개최(8.9)까지 2012년 내내 공단은 '쇄신위원회'가 가장 중요한 업무였다.

'쇄신위원회'는 경영계획서의 실행계획에서 밝힌 '보험료 부과체계 개선(안) 마련을 위한 별도 TF'와 다름없었다. 필자와 우리 공단 전체 임직원은 경영계획서를 충실히 이행한 것이다.

또 1차년도(2012) 성과목표치로 제시한 '부과체계 개선안 마련 및 정책 건의' 또한 충실히 이행했다. 쇄신위원회에 '건강보험 자격·부과체계 단일화 연구단' 등 8개의 연구단·반을 만들어 노동조합 대표 등 65명의 운영위원, 35명의 외부 전문가 등 총 199명이 참여하여, 6개월에 걸쳐 자문위원회 등 총 95차례의 논의 과정과 32차례의 실적보고회를 통해 마침내 '부과체계 개선안'을 포함한 '실천적 건강복지 플랜'을 만들고, 그 해 8월 9일 토론회 형식으로 공개하고 정부와 국회에 건의하게 된 것이다.

'부과체계 개선안'을 만들어 건의하게 되면서 2012년도 경영계획서 중 '지속발전과제 A'는 성실히 수행하게 된다. 부과체계 개선안 건의(8월) 후 2012년 하반기 우리 공단은 '보험료부과체계개선단'(이하 부과개선단)을 만들었다.

그리고 해가 바뀌어 경영계획서상의 '지속발전과제 A'의 2차년도(2013년)를 맞게 되었다. 위의 경영계획서를 인용한 '표'를 보면 2차년도 성과목표치로 '(부과체계 개선안의) 정책 협의 및 여건 조성'이라고 되어 있다.

2012년 하반기 '부과개선단'을 만든 것은 '지속발전과제 A'의 2차년도 성과목표를 성실히 수행하기 위해서이다. '부과개선단'은 상임위를 넘나드는 국회의원실, 복지부·기재부 등 정부 부처, 경총 등 경제계, 한노총·민노총 등 노동계, 경실련 등 시민단체, 주요 언론사 등을 방문하여 설명하고, 토론회·공청회도 수시로 개최하여 부과체계개선안의 '정책 협의 및 여건 조성'을 성실히 수행하고 있다.

앞에도 썼듯이 경영계획서는 '보건복지부 관련 부서의 검토'를 거쳐 만든다. 따라서 지속발전과제 A의 '보험료 부과체계 개선안을 만들고 건의'하는 것은 복지부의 검토를 마친 것이다.

그리고 경영계획서를 작성하면 보건복지부 장관과 '경영계약'을 체결한다. 경영계약을 할 때에는 '서약서'도 같이 작성하게 된다. 서약서에는 이런 문구가 있다. "경영계획서 등에 기초하여 향후 정부가 실시할 기관장 평가 결과, 경영계약 이행 실적이 미흡할 경우 해임 등 어떠한 불이익도 감수할 것을 서약한다."

만일 보험료 부과체계 개선안 마련 및 건의를 소홀히 하면 필자는 해임을 각오해야 한다. 복지부의 검토를 거쳐서 만들고 이행 실적이 미흡하면 해임까지 각오해야 하는 '경영계획서'는 필자의 '생각의 기준'이다.

2) 지속발전과제 B

> **과제 B** 급여구조 개선을 통한 보험자 기능 정립, 국제협력 활성화로 국내외 사회보장제도 발전에 선도적 역할을 수행한다.

〔세부과제 1〕급여구조 개선을 통한 보험자 기능 정립

성과 지표	측정 방법	성과 목표치	연도별 성과목표치			지표 종류
			1차년도	2차년도	3차년도	
보험자 기능 정립	급여구조 개선 노력도	보험급여 분야의 보험자 기능 정립	보험급여 구조 개선 기반 마련	수가·약가 및 지불 제도 개선(안) 마련	보험급여 분야의 보험자 기능 정립	비계량

❖**성과지표의 설정 및 사유**
  – 건전한 재정을 바탕으로 한 건강보험의 지속가능성은, 건강보험공단이 보험료 징수 부분에 치우쳐 있는 현재의 업무수행 체계를 바로잡고, 보험급여 지출을 효율적으로 관리할 수 있는 기전을 마련하는 등 보험자로서의 기능을 정립할 때 가능함(이상 경영계획서 인용).

2012년도 두 번째 과제(과제 B)에는 두 개의 세부과제가 있다. '보험자 기능 정립'(세부과제 1)과 '국제교류를 통한 국격 향상'(세부과제 2)이 그것이다. 여기서는 세부과제 1인 보험자 기능 정립을 중심으로 설명하기로 하자.

위에 인용한 표에서 보듯이 세부과제 1의 제목은 '급여구조 개선을 통한 보험자 기능 정립'이다. 보험자 기능 정립이 목표이고, 그 수단으로 급여구조 개선을 제시하고 있다. 급여구조를 개선하려면 '급여구조'에 대한 개념부터 정립해야 한다.

보험에서 '급여'란 약정한 사고가 발생했을 때 가입자에게 지급하는 것이다. 건강보험에서는 질병(보험 약정 사고)이 발생했을 때 제공하는 현물로서의 '의료(서비스)'라고 할 수 있다. 그런데 건강보험의 급여인 '의료(서비스)'는 보험자(공단)가 직접 지급하지 않고 '제3자(요양기관)'가 지급하고 있다. 요양기관(제3자)은 환자(가입자)에게 의료서비스(급여)를 제공하고, 그 비용을 보험자에게 청구하면, 보험자는 그 비용을 지급한다. 건강보험의 급여가 진행되는 이 모든 과정을 통칭하여 '급여구조'라고 한다. 급여구조를 하나씩 살펴보기로 하자.

첫째, 급여 지급의 전 단계로서 어떤 의료서비스(또는 약)를 보험적용 항목(급여 항목)에 넣을지, 넣는다면 그 가격은 얼마로 할지의 문제이다. 즉 급여 항목과 가격을 결정하는 것, '급여결정' 단계이다. 급여결정에서 가장 중요한 고려 사항은 '보험재정', 즉 '수입'이다.

보험의 수입은 '보험료 부과·징수'이다. 때문에 민간보험도 마찬가지이지만 여타 사회보험에서도 '보험료 부과·징수'와 '급여결정'을, 보험재정을 운영하는 보험자(공단)가 하고 있다. 그러나 건강보험공단은 보험료 부과·징수(수입)는 담당하고 있지만, 급여결정은 하지 못하고 있다.

현재 급여결정은 보건복지부 장관 소속의 '건강보험정책심의위원회'(건정심)가 담당하고 있다. 「국민건강보험법」 제4조에 따라 '요양급여의 기준'(급여 항목)과 '요양급여비용'(가격)을 건정심이 정하도록 했기 때문이다. 2000년 통합으로 다보험 체제에서 전국단일보험 체제로 바뀌면서 정부의 역할을 강화하기 위한 조치인 것으로 보인다. 그러나 급여결정을 정부(건정심)가 하는 것을 인정한다 하더라도 여전히 문제는 남는다.

급여결정과 관련한 보건복지부 장관의 고시인 「국민건강보험 요양급여 기준에 관한 규칙」이 있다. 「규칙」에는 신의료기술 등의 급여 여부를 결정할 때 '전문평가위원회'의 평가를 거치도록(2항) 되어 있는데, 이를 심사평가원에 두도록(7항) 하고 있다.

전문평가위원회는 신의료기술의 경제성과 급여의 적정성을 평가하는 기구이다. 기술(약)의 경제성이 있다 하더라도 재정에 너무 큰 부담을 준다면 급여를 해줄 수 없다. 반대로 경제성은 다소 떨어지더라도 보험 재정이 여유가 있다면 급여 항목이 될 수 있다. 즉 보험 재정과 연동해서 신의료기술을 평가해야 한다는 것이다. 따라서 신의료기술의 경제성과 급여의 적정성을 평가하는 '전문평가위원회'는 보험자와 직결되는 조직이어야 한다.

둘째, '급여 지급' 단계이다. 요양기관(제3자)이 환자(가입자)에게 의료서비스(급여)를 제공하는 단계이다. 다른 보험과 달리 건강보험은 제3자가 현물로서의 급여(의료)를 지급하기 때문에 항상 현물의 질, 즉 '의료(서비스)의 관리' 문제가 대두된다. 의료의 관리는 건강보험법 제14조 (업무 등) 1항 3호에서 정한 '보험급여 관리'를 말한다.

앞서 「보험자」에서도 언급했듯이 "의료(서비스)의 관리를 좁게 얘기하면, 양적으로 질적으로 적절한 진료를 하였는지, 적절한 투약이 이루어졌는지, 적절한 처치가 있었는지 등 의료현장 (병·의원, 약국 등)에서 이루어지는 의료서비스의 적절성에 대한 보험자의 관리라고 할 수 있다.

의료(서비스)의 관리를 넓게 얘기하면, 의료현장에서의 의료서비스가 잘 이루어지도록 하기 위하여 갖추어야 하는 사회시스템까지 포괄하는 의미이다. 의료전달 체계, (인적·물적) 의료자원, 약가관리, 수가관리, 진료비 지불 제도 등이 포함된다.

결국 '의료(서비스)의 관리', 즉 '보험급여의 관리'는 건강보험을 둘러싼 보건의료 체계 전반을 의미한다고 할 수 있다. 2013년 4월 우리 공단이 진료비 지불제도 개선, 약가 및 약품비 적정화, 의료전달 체계 확립 및 의료자원 관리 등을 내용으로 하는 「실천적 건강복지 플랜 2」를 발간한 것은 법에서 정한 건강보험공단 업무의 적극적 실천이라 하겠다.

그러나 「실천적 건강복지 플랜 2」의 발간은 보험급여 관리의 시작일 뿐이다. 그동안 법에는 보험자의 업무로 규정해 놓았는데 이를 보험자가 제대로 실천한 적이 없기 때문이다. 하다못해 좁은 의미의 보험급여 관리인 '의료의 질' 관리조차 다른 기관에서 하고 있다(장기요양보험의 요양시설의 질 관리를 공단이 하고 있는 것과 비교해 보면 안다).

셋째, 요양기관이 급여비용을 보험자에게 청구하고, 보험자가 그 비용을 지급하는 단계이다. 법 제14조 5호에서 정한 '보험급여비용의 지급'을 말한다.

보험급여비용의 지급 업무는 '진료비 청구·심사·지급' 업무로서, 구체적인 내용은 다음과 같다.

① 요양기관이 청구한 진료내역이 가입자 자격 기준과 급여 기준에 부합하는지를 확인하고 검증하는 '급여비용 심사 업무'(사전 업무)
② 심사 결과에 따라 급여비용을 '지급하는 업무'
③ 급여비용이 지급된 이후에 요양기관의 허위·부당 청구 사실을 확인하여 그 비용을 환수하는 사후 업무, 즉 부당이득금 징수 업무 등이다.
④ 보험료 체납 등으로 인한 '급여제한 및 급여정지' 업무
⑤ 요양기관의 현지조사(강제조사) 업무도 '보험급여(비용)의 지급' 과정의 일환으로 보아야 한다.

위의 다섯 가지 '보험급여(비용)의 지급' 업무 중 현재 공단이 수행하고 있는 업무는 '급여

비용의 지급', '부당이득금 징수', '급여제한 및 정지' 세 가지뿐이다. '보험급여(비용)의 지급'에 있어 핵심적인 '급여비용의 확인·심사', '현지조사'는 공단 밖의 업무로 되어 있다.

건보공단은 '보험급여(비용)의 지급'을 온전히 수행하기 위해 2012년 발표한 「실천적 건강복지 플랜 1」에서 '급여결정 구조 및 진료비 청구·심사·지급 체계 합리화 방안'을 제시한 바 있다. 법에서 정한 보험자로서의 업무를 제대로 수행하자는 뜻이다.

이상의 세 가지(급여결정, 급여 관리, 급여비용의 지급)를 통칭하여 건강보험의 '급여구조'라고 한다. 급여구조는 보험자의 고유 기능인 '가입자 관리', '수입관리'(보험료 부과·징수), 지출관리 중 '지출관리' 영역이다.

다시 한 번 경영계획서의 세부과제를 떠올려 보자. '급여구조 개선을 통한 보험자 기능 정립'이다. 급여구조를 개선하겠다는 것은 '지출관리'를 제대로 하겠다는 말이다. 그리고 지출관리를 제대로 한다는 것은 보험재정에 대한 책임을 지고 있는 보험자로서의 기능을 다하겠다는 뜻이다.

급여구조를 개선하겠다는 것은 또한 법에서 정한 보험자의 업무를 제대로 하겠다는 것이다. 앞에서도 살펴봤듯이 말한 급여구조를 이루는 세 가지 중 급여 관리와 급여비용의 지급은 법에 보험자의 업무로 명시되어 있다.

따라서 경영계획서에서 말한 '급여구조 개선을 통한 보험자 기능 정립'은 보험자로서 지출관리를 제대로 하겠다는 뜻이며, 법에서 정한 보험자의 업무를 온전히 수행하겠다는 뜻이다.

급여구조 개선을 하더라도 세 가지를 동시에 이룰 수는 없다. 우선 순위를 정해야 한다. 지출관리의 영역이기 때문에 지출관리에 효과적인 순서로 정해야 할 것이다. 첫 번째는 진료비 청구·확인·심사·지급 업무인 급여비용의 지급일 것이다. 당장 사전관리를 못하고 사후관리에 매달림으로써 행정적 낭비가 크고, 보험재정의 손실 또한 수백억 원에서 수천억 원으로 규모 또한 크기 때문이다. 다음으로 급여결정에서는 실무를 담당하는 '전문평가위원회'를 보험자의 업무 영역에 포함시켜 정상화하도록 해야 할 것이며, 급여 관리에서는 좁은 의미의 관리인 '의료의 질' 관리를 보험자 업무로 해야 할 것이다.

한편 '세부과제 2 – 개발도상국 제도 지원 등 국제교류를 통한 국격 향상'은 공단이 주최하는 건강보험 국제연수에 참가국과 참가 인원 확대, 베트남·가나·볼리비아 등에 건강보험제도 수출, ISSA(국제사회보장협회)에 상근 인력 파견 등 착실히 다져 나가고 있다.

3. 2013년도 지속발전과제 (2013.1.30 계약)

1) 지속발전과제 A

> 과제 A 보험료 부과체계를 소득 중심으로 개선하여 가입자 간 부담의 형평성을 제고하고 부과
> 기반을 확충함으로써 건강보험제도의 지속가능성을 높인다.

성과지표	측정 방법	성과 목표치	연도별 성과목표치		지표 종류
			1차년도	2차년도	
소득 중심의 보험료 부과 체계 개선	부과체계 개선 및 시행 기반 마련 노력	부과체계 개선을 통한 부담의 형평성 제고와 부과기반 확충	•개선안에 대한 사회적 공감대 형성 •법제화 지원	•개선된 제도에 의한 부과 시행 •적용 결과 분석, 보완책 마련	비계량

❖성과지표의 설정 및 사유
- 직장가입자와 지역가입자로 구분된 보험료 부과체계로 인하여 가입자의 자격 변경 및 재산 증감 등에 따라 보험료가 수시로 변동되어 부담의 형평성에 대한 불만이 지속적으로 제기되고 있음.
- 또한 노인 의료비 및 만성질환 진료비 증가, 보장성 강화에 대한 국민적 요구로 인해 보험급여비는 계속 증가하나, 현행 부과체계로는 중장기적으로 재원 조달에 한계가 있을 것으로 예상됨.
- 따라서 '소득 중심의 보험료 부과체계 도입'은 보험료 부과·징수의 수용성을 높여 사회연대성을 강화함과 동시에, 미래의 건강보험 재원 조달 기반을 마련하기 위한 보험자의 부과체계 개선 노력을 측정할 수 있는 가장 대표적인 지표라 할 수 있음.
- 과제의 중요성 및 사회적 영향을 고려하여 해당 과제 및 성과지표를 2년 연속 추진함으로써 과제 추진의 효율성 및 실현 가능성을 극대화하고자 함.

(이상 경영계획서 인용)

과제 A는 2012년과 같은 '소득 중심의 보험료 부과체계 개선'이다.

2012년 한 해 건강보험공단에서 발생한 총 7,100만 건의 민원 중에서 81%인 5,800여만 건이 보험료와 관련된 민원이었다. 이는 부과체계에 대한 국민의 불만과 문제의 심각성을 방증하는 사례이다.

보험료 부과체계의 불공정성과 불형평성은 제도의 지속가능성을 위협할 만큼 심각한 상황에 봉착해 있다. 부과체계 개선은 이제 선택의 문제가 아니라 건강보험제도의 지속가능성을 위해 반드시 해야 할 과제이며, 지금이 개혁의 최적기라고 판단하여 보험료 부과체계 개편에

대한 강한 의지를 담아 2012년에 이어 2013년에도 경영계획서의 핵심 과제로 선정했다.

2012년에는 부과체계 개선방안 정책 '건의'를 목표로 했고, 같은 해 8월에 '소득 중심의 보험료 부과체계 단일화 방안'(『실천적 건강복지 플랜』)을 마련하여 발표하고 정부에 건의함으로써, 2012년도 경영계획을 성실히 이행했다.

2013년에는 보험료 부과체계를 소득 중심으로 '개편'하여 가입자 간 부담의 형평성 제고와 부과 기반 확충을 성과목표로 설정했다. 이를 위한 1차적인 목표는 부과체계 개선안에 대한 '사회적 공감대'를 형성하고, 시행에 대비한 법령 개정 필요사항 검토 및 업무처리 기준 정비 등 '법제화'를 지원하는 것이다.

그동안 공단은 국회·언론·사회단체 등 각계각층에 부과체계 개편의 타당성과 필요성에 대해 설명하는 등 사회적 공론화를 위해 노력해 왔다. 새 정부도 공단이 마련하여 2012년 8월 건의한 부과체계 개선안에 공감하여 부과체계의 형평성을 높이기 위한 '소득 중심 보험료 부과체계 개편'을 국정과제로 선정했고, 실행 의지도 보이고 있다.

그리고 국정과제 실현을 위하여 2013년 7월 25일 복지부는 학계·연구기관·노동단체 등 각계의 건강보험 전문가가 참여하는 '건강보험료 부과체계 개선기획단'을 발족하고, 개선방안을 검토하기 시작했다.

기획단은 이규식 건강복지정책연구원장을 위원장으로 하여 정부·연구기관(KDI 등)·학계·가입자 대표(노동계·경제계) 등 16명으로 구성했으며, 간사 2인(복지부 보험정책과장, 건강보험공단 부과체계개선단장)을 두었다.

기획단은 지금까지 세 차례 회의를 했으며, 부과체계 개선과 관련된 그간의 연구·여건을 분석하고 개선방안을 논의하여 '연말까지' 부과체계 개선 마스터플랜을 마련하기로 했다. 2013년 연말 부과체계 개선 마스터플랜이 만들어지면 "보험료 부과체계를 소득 중심으로 '개선'한다"는 2013년의 경영계획도 성실히 이행하게 되는 셈이다.

공단은 이미 2012년부터 1급 실장을 단장으로 하는 '보험료부과체계개선단'을 만들어 실무적으로 준비를 해왔다. 그동안의 준비를 토대로 복지부의 '건강보험료 부과체계 개선기획단'이 합리적인 개선방안을 마련할 수 있도록 제도 운영 경험과 축적된 데이터, 현장 의견 및 사례 제공 등 적극 뒷받침해 나갈 것이다.

2) 지속발전과제 B

> **과제 B** 사전예방·사후관리 중심의 맞춤형 건강서비스 제공으로 건강서비스의 질과 만족도를 높이고 국민건강 향상을 위한 보험자의 역할을 강화한다.

성과지표	측정방법	성과 목표치	연도별 성과목표치		지표 종류
			1차년도	2차년도	
검진사후관리 (대사증후군) 만족도	오프라인 만족도 조사	84.50	81.50	84.50	계량
건강정보사이트 (건강iN) 만족도	온라인 만족도 조사	85.65	84.90	85.65	계량

❖성과지표의 설정 및 사유

- 공단의 맞춤형 건강서비스는 크게 건강iN, 주니어 건강iN 등의 사이트를 통해 건강정보를 제공하는 온라인 서비스와 건강검진 결과에 따른 대사증후군 위험요인 보유자 및 노인들을 대상으로 건강상담, 운동프로그램을 지원하는 오프라인 서비스로 나뉠 수 있음.
- 건강서비스에 대한 자원(예산 및 인력 등)의 투입을 확대하는 것도 중요하지만 그보다는 개인 특성에 맞는 맞춤형 서비스를 제공하여 서비스의 질과 만족도를 높이는 것이 국내 최대 규모의 건강 관련 정보를 보유하고 있는 공단의 역할 모델로 더욱 적합하다 할 수 있음.
- 건강서비스 사업의 특성상 그 효과를 단기간에 측정하기 힘들기 때문에, 이런 면에서 검진 사후관리 및 건강정보사이트 운영에 대한 만족도 조사 결과는 공단의 온·오프라인 건강서비스의 성과를 대표할 수 있는 핵심 지표이며 사업의 질적 성과를 가장 잘 측정할 수 있는 객관적인 지표라고 할 수 있음.
- 특히 검진 사후관리사업의 경우 기관장이 취임한 2012년도에 사업수행 체계를 변경하여 본격적으로 추진 중에 있으며, 2013년에 사업 2년차를 맞이하는 만큼 기관장의 주도적 노력이 요구되는 중장기 미래 대비 전략사업의 취지에 가장 부합하는 과제라고 할 수 있음.

(이상 경영계획서 인용)

이 과제는 「국민건강보험법」 제14조(국민건강보험공단의 업무 등) 1항 4호에서 정한 '가입자 및 피부양자의 건강 유지와 증진을 위하여 필요한 예방사업'(건강증진·예방 사업)이다. 법에서 우리 공단이 반드시 수행해야 하는 업무로 정해 놓은 것이다.

그러나 지금까지 공단은 이 업무를 소홀히 했다. '보험급여의 관리(동법 14조 1항 3호)', '보험급여비용의 지급(5호)'과 함께 보험자의 세 가지(가입자 관리, 수입관리, 지출관리) 기본 업무 중 지출관리의 영역인데, 지금껏 공단은 지출관리에서 '보험급여비용의 지급' 업무에만 치중했던 것이다.

아프지 않으면 건강보험 지출이 없는 것은 당연한 일이다. 병에 걸리지 않도록 해야 하고, 병에 걸리더라도 (특히 만성질환) 늦게 걸리게 하는 것은 지출관리를 해야 하는 보험자가 우선적으로 해야 하는 일이다. 고령화와 만성질환 시대에는 더욱 그렇다.

급속한 인구 고령화 등으로 인해 질병 패턴이 급성질환에서 만성질환으로 빠르게 변화함에 따라 최근 10년간 만성질환 진료비는 3.4배가 늘어 전체 진료비의 33.9%를 차지하고 있다.

※ 만성질환 진료비 : 2002년 4.8조 원(25.5%) → 2012년 16.2조 원(33.9%)

하지만 현재의 건강보험 체계는 만성질환 대응에 한계가 있다. 질병 구조 변화에 맞춰 '질병 치료 위주'에서 '질병 치료와 예방·건강증진 중심'으로 건강보험의 패러다임 전환이 필요한 시점이다. 지금 건강보험제도는 지속가능성에 있어 중요한 기로에 서 있다. 2013년도 경영계획의 핵심 추진 과제인 '보험료 부과체계 개선'과 '맞춤형 건강서비스 제공'은 보험료 수입과 급여비 지출의 균형을 통해 제도의 지속가능성을 확보할 수 있는 두 개의 수레바퀴이다.

'맞춤형 건강서비스 제공'에서는 공단의 빅데이터가 핵심적인 역할을 하게 될 것이다. 공단은 5,000만 명의 개인별 소득 등 인적 자료, 건강검진 자료, 진료내역 자료 등 747억 건이 내장된 '건강정보DB' 구축을 2012년 3월 완료했다. 또 DB를 보완하여 맞춤형 건강서비스에 활용하기 위해 16개 과제에 대해 서울대 산학협력단 등 16개 기관과 업무협약을 체결하여 시범연구사업을 진행 중이며, 연말까지 완료할 예정이다. 그리고 노인장기요양보험 자료까지 '건강정보DB'에 내장하는 작업을 진행 중이다.

'건강정보DB'에는 고혈압·당뇨·대사증후군 등 5,000만 명의 개인별 건강검진 자료가 다 포함되어 있다. 이렇듯 건강검진을 계속 강조하는 건 건강검진이 철저해야 하기 때문이다. 그래야 앞으로 실수 없이 완벽한 건강서비스를 제공할 수 있다. 예를 들어 어느 시·군, 어느 지사 관내에 고위험군 환자가 있는지 정확하게 알 수 있고, 전국 178개 지사와 53개 출장소의 인력을 통해 환자 특성에 맞춤형 서비스를 할 수 있다. 「실천적 건강복지 플랜」에 따르면, 예방·건강검진·증진 중심의 맞춤형 건강서비스 강화로 향후 5년간 8조 5,000억 원의 진료비를 절감할 수 있다.

앞에서 인용한 '경영계획서'의 표에서 보듯이 이번 핵심 추진 과제에는 두 개의 성과지표가 있다. '검진 사후관리(대사증후군) 만족도'와 '건강iN 사이트 만족도'이다.

2011년도 건강검진 결과 30세 이상자의 25.6%가 대사증후군을 보유하고 있는 것으로 나타났다. 특히 사업장 근로자의 경우 대사증후군 위험요인 보유 비율이 63.8%로 가장 높지만 사후관리 상담 실시 비율은 2.3%로 가장 낮게 나타나 건강상담, 운동프로그램 지원 등을 통한 검진 사후관리(대사증후군 관리) 강화가 필요함을 알 수 있다. 아울러 건강정보 제공 사이트를 고도화하고, '건강iN' 및 '모바일 건강iN' 사이트를 개편하여 접근성을 보다 강화하는 등 질 높은 건강서비스 제공을 통해 만족도를 높여야 한다.

건강서비스의 효과는 단기간에 측정하기 곤란하므로 검진 사후관리 및 건강정보사이트 운영에 대한 만족도 조사를 통해 사업성과를 객관적으로 평가하고자 두 가지 지표를 제시한 것이다.

지금까지 2012년과 2013년 각 두 가지, 총 네 가지의 핵심 추진 과제에 대해서 살펴보았다. '보험료 부과체계 개선'과 '급여구조 개선을 통한 보험자 기능 정립', '소득 중심으로 보험료 부과체계를 개선하여 제도의 지속가능성 확보', 그리고 '사전예방·사후관리 중심의 맞춤형 건강서비스 제공'까지이다.

돌이켜보면 이들 과제는 2012년과 2013년 공단의 역점 사업이었다. 이 중 '보험료 부과체계 개선'은 2013년 말이면 성과가 보일 것 같고, 2013년 들어 빅데이터의 중요성이 커지면서 공단 빅데이터를 이용한 '맞춤형 건강서비스'의 기초도 만들 수 있을 것 같다. '급여구조 개선을 통한 보험자 기능 정립'은 장기적인 과제이다. '급여결정(급여 여부 및 가격 결정)'에서부터 '급여비용의 지급'까지 급여를 둘러싼 전 과정에 대한 총체적인 개선 작업이다. 급여구조 개선 중 우선해야 할 것은 비정상적인 '진료비 청구·심사·지불 제도의 개선'이다.

건강보험공단 노사 단체협약
└ 공단 이사장으로서 지난 3년간의 고민과 소회

2014년 9월 22일 오후 7시 건강보험공단의 노사 간 단체협약 조인식이 있었다. 이번 단체 협약은 2013년 12월 발표한 정부의 공공기관 방만경영 해소 방침에 따라 우리 공단의 방만 경영 개선과제로 확정된 '퇴직금 가산지급 폐지', '고교 학자금을 공무원 수준으로 지원', '전보 규칙 개정' 등 10개 항목을 완전히 이행하는 내용을 포함하고 있다. 이로써 공단은 정부가 강력한 의지를 갖고 추진하고 있는 공공기관 방만경영 개선을 선제적으로 이행하게 되었다.

이번 단체협약을 체결하기까지 많은 진통이 있었다. 휴일은 물론 새벽까지 7차례의 본 교섭과 23차례의 실무교섭을 거쳐 9월 3일 단체협상(안)에 잠정합의한 후, 9월 18일 전국 사회보험노조와 9월 22일 국민건강보험공단 직장노조가 잠정합의안에 대해 조합원 찬반 투표를 실시하여 과반수 이상의 동의로 가결됨으로써 9월 22일 단체협약을 체결하게 된 것이다.

이는 노조가 경영의 한 축이라는 책임감과 자부심에 공감하면서 노사 간 상호 신뢰를 바탕으로 합일점을 이룬 것으로서 국민건강보험공단 운영의 새로운 지평을 열었다는 점에서 더 큰 의미가 있다고 하겠다.

보험료 부과체계 개선 등 제도의 한계점을 차근차근 풀어 나가는 중차대한 시기에 어려운 결단을 내려준 우리 양대 노동조합과 직원들에게 고마운 마음을 전하며 이번 단체협약 체결을 계기로 이사장 취임 후 지난 3년을 돌아보고 그간의 고민과 소회를 적어 본다.

1. 고민이 시작되다

10여 년간 불신의 노사 문화를 어떻게 개선할 것인가

우리 공단은 1998년, 2000년 두 차례에 걸쳐 서로 다른 문화를 가진 조직이 통합되는 과 정이 있었다. 업무 조직은 통합되었지만 노조는 여전히 두 개의 조직으로 나눠졌다. 통합 후

서로의 이질감을 극복하고 신뢰를 쌓아 원만한 노사관계를 형성했어야 할 시기에 의약분업과 보험수가 인상 등으로 건강보험 재정은 파탄났고 파업·징계·해고 등 파행적 노사관계가 거듭되었다. 필자가 취임할 때에도 경영진과 노조원과의 불미스런 일로 인해 고소·고발이 진행 중이어서 불안정한 노사 관계가 지속되고 있었다.

10여 년에 걸쳐 노사 간 불신으로 얼룩져 온 공단의 노사 문화를 어떻게 탈바꿈시킬 것인가가 큰 고민이었다. 끊이지 않는 노동쟁의와 불신의 노사관계에서는 전 직원의 역량을 모을 수가 없고 제도개선과 직장문화의 혁신은 불가능하기 때문이다.

민생과 복지의 현장인 거대 조직, 국민건강보험공단 노사문제의 애로

먼저, 공단은 소통을 통한 신뢰 형성이 쉽지 않을 것 같았다.

공단은 1만 3천여 명의 직원들이 근무하고 있으며, 보험자 모델 병원인 일산병원에서 근무 중인 900여 명의 직원과 12개 협력업체에 속한 1,500여 명의 고객센터 직원들로 이루어진 큰 조직이다. 또한 전 직원의 80%가 두 개의 노조에 가입해 있고, 두 노조는 또 각각 상급단체인 민주노총과 한국노총에 가입해 있다. 직원들은 본부, 6개 지역본부, 178개의 지사와 54개의 출장소로 전국에 흩어져 있어 여간해서는 소통하기가 쉽지 않아 노사 간 신뢰 형성이 더욱 힘들 것이라고 생각했다.

두 번째는, 공단은 전 국민에게 건강보험과 장기요양보험 서비스를 제공하는 민생과 복지의 현장이기 때문이다.

현재 공단은 5,000만 전 국민의 생명과 건강을 책임지는 건강보험 업무와 630만 노인이 적용 대상인 장기요양보험 업무를 수행하는 등 국민과 최접점에서 필수적인 건강 관련 서비스를 제공하고 있다. 그런데 노사분규 등 공단 내부 사정으로 국민에게 불편을 주게 된다면 공단의 신뢰는 급격히 추락하게 되어 제도도 발전하기 어렵고 직원들은 더욱 힘든 환경에서 업무를 할 수밖에 없다. 이것이 필자가 공단에 들어오기 전에 받았던 느낌이었고 일반 국민의 시각도 큰 차이가 없었다고 생각된다. 이렇게 되면 결국 공단의 존립마저 위협받을 수 있었다.

2. 문제 해결의 실마리를 찾다

'3불(不)의 늪'에 빠져 있는 자조 섞인 패배주의

취임 후 2011년 말까지 각 부서별 업무 현장에 직접 찾아가서 실무자와 현장토론을 하는 방식으로 업무보고를 받았다. 상황 청취를 하면서 바라본 우리 공단은 국민에게 건강복지서비스를 제공하는 명실상부한 최고의 사회보장기관임에도 공단 임직원 모두가 긍지를 갖지 못하고 오히려 자조적이며 패배주의에 빠져 있다는 인상을 받았다.

그 원인은 오랜 기간 누적되어 온 '노사 간 불신'과 '인사 불안정', 왜곡된 건강보험 관리운영 시스템으로 인한 '직무 불안정' 때문인 것으로 판단되었다. 이 같은 문제들은 다음 세 가지 정도의 해법이면 해결할 수 있을 것이라는 생각이 들었다.

첫째, 조직 운영 측면에서 인사 문제를 혁신해야 한다는 것이다.

우리나라 건강보험은 1988년 농어촌 지역, 1989년 도시 지역으로 확대되어 전국민건강보험 시대를 열게 되면서, 이때 일시에 많은 직원들이 채용되었다. 또한 1998년과 2000년 조직이 통합되면서 서로 다른 조직문화 속에서 근무하던 직원들이 새로운 환경에서 같이 근무하게 되었다. 이로 인해 인사 문제가 더욱 민감하게 작용하여 출신별로 불만이 복잡다단했다. 이 같은 불만을 해소하기 위해서는 채용·승진·포상·전보 등에서 누구나 납득할 수 있는 예측 가능하고 공정한 인사 시스템이 반드시 필요했다.

둘째, 불합리하고 비현실적인 보험관리시스템을 개혁하여 직무 불안정을 해소해야 한다는 것이다. 공단은 국민 생활에 필수적인 건강서비스를 제공하는 대국민 서비스 기관으로 국민의 편익을 위해 존재하는 기관이다. 그런데 불합리한 제도로 인해 국민 불만은 한계에 다달아 성난 민원을 달래기 급급한 것이 현실이었다. 제도가 안정되어야 직원들은 국민을 위한 진정한 서비스에 역량을 발휘할 수 있고, 이런 기반 아래 예방·건강증진 등 서비스 확대가 가능하며, 국민 만족을 통해 직원은 보람과 긍지를 가질 수 있을 것이다.

셋째, 이러한 문제를 원활히 해결해 나가기 위해서는 해법 마련과 동시에 진정성 있는 소통이 절실했다.

거대 집단을 변화시키기 위해서는 조직이 처한 상황과 목표를 조직 구성원 모두가 공유하고 함께 발맞추어 나갈 수 있어야 한다. 이는 구성원을 존중하고 진정성 있는 소통을 통해 변화해 가는 세상의 흐름(건강보험의 미래상)을 공유하면서 이해와 공감을 이끌어낼 때 가능하다.

3. 문제해결을 위해 즉시 실천에 착수하다

문제가 있으면 답이 있게 마련이고, 그 답은 현장에 있다는 것이 평소 필자의 신념이다. 폭주하는 민원 해결과 '인사가 만사'라는 현장 위주의 기본적 시각에서 위 세 가지 문제를 해결하기 위한 방법으로 노동조합 대표 등 65명의 운영위원, 35명의 전문가 등 총 199명으로 구성된 '공단쇄신위원회'를 2012년 1월에 출범시켰다.

먼저, 직무 불안정을 해소하고 제도의 지속가능성을 위해 건강보험의 종합적 제도개혁 방안을 담은 「실천적 건강복지 플랜」을 마련하여 2012년 8월과 2013년 4월, 두 차례에 걸쳐 정부와 국회 등에 건의했다.

구체적 개혁 방안을 간략히 정리하면 다음과 같다.

① 7개 부류로 나눠져 연간 5,000만 건 이상의 민원을 야기하는 불형평하고 불공정한 보험료 부과체계를 소득 중심으로 단일화하는 방안

② 연간 3,838억 원에 달하는 재정누수를 야기하고 방대한 민원을 유발하는 진료비 청구·심사·지급 체계와 의료행위, 약제, 치료재료 등 보험급여결정 구조를 사회보험 운영 원리에 맞게 합리적으로 개선하는 방안

③ 급속한 고령화와 생활습관 변화에 따른 만성·노인성 질환으로의 질병 구조 변화에 대응하기 위해 치료와 병행하여 예방·건강검진·증진 중심의 평생맞춤형 통합 건강서비스를 제공하는 방안

④ 62.7%에 불과한 건강보험 보장률을 국민들의 요구 수준에 맞춰 OECD 평균 수준인 80%로 단계적으로 확대·강화하는 방안

⑤ 급증하는 장기요양 수요에 대응하여 등급 인정자 비율 확대, 서비스 질 향상 등 노인장기요양보험을 보완·개선하는 방안

⑥ 진료비 지불제도 개선, 약가 및 약품비 적정화, 의료전달 체계 확립 및 의료자원 관리 강화를 위한 보건의료 공급체계 개선방안

공단 스스로 취할 수 있는 조치는 즉시 실천에 옮겼다. 이러한 방안들은 현장 경험을 바탕으로 제도의 합리적 운영을 위한 최선책이지만 법률을 개정해야 하거나 정부의 정책적인 결정이 필요한 사항들이다. 국정과제에도 대부분 반영되어 정책 지원에도 최선을 다했지만 쉽게 풀지는 못했다. 공단이 자체적으로 해결할 수 없다는 것이 몹시 안타까웠다.

그러나 전 국민 맞춤형 건강서비스 제공 등 건강보험의 패러다임 전환을 위해 공단이 보유하고 있는 자격·보험료, 검진 결과, 진료내역 등 1조 3,000억 건의 방대한 자료를 토대로 '국민건강정보DB'를 구축하여 빅데이터 활용 기반을 마련했다.

또 건강보험의 지속가능성을 가장 위협하고 각종 암을 유발하는 등 국민의 건강을 저해하는 흡연의 폐해를 구축된 빅데이터에 바탕해 실증적으로 확인하여 담배 소송을 제기하는 등 공단이 할 수 있는 일은 모두 추진했다.

한편 '인사 불안정' 해소를 위해 쇄신위원회에서 내부혁신 방안을 마련해서 실천했다. 그간의 공직생활 경험을 뒤돌아보면 '인사가 만사'라는 얘기는 진리에 가깝다는 생각이 들었다. 왜냐하면 모든 일은 사람이 하고 신뢰가 기본이기 때문이다. 그래서 객관성과 합리성을 갖는

공정한 인사시스템을 구축했다.

첫째, 부정기적으로 행해지던 인사를 매년 1월과 7월로 인사 주기를 정례화하여 예측 가능한 인사 원칙을 수립했고,

둘째, 생활권 중심의 전보로 직원들이 안정적으로 근무할 수 있도록 했으며,

셋째, 종래 사지선다형의 초급 간부(3급 차장) 승진시험 방식을 현장업무 중심, 상상력과 창의성 위주의 서술 방식으로 전환하여 시험 준비로 인해 몇 개월간 발생하는 민원 현장의 공백을 해소했으며,

넷째, 승진시 구술 면접 외 서술 면접을 도입하여 공정성을 높이고,

다섯째, 모든 인사 과정에서 이사장은 '무(無)'의 상태에서 확인하고 평가하는 시스템을 마련했다.

아울러 문제를 함께 풀어나가기 위해 별도의 소통 방안을 강구했다.

그동안 공단에서 소통이라고 하면 간부회의와 월례조회, 간헐적 지사 방문 정도에 불과했다. 더 실질적인 방법이 없을까 고민한 끝에 먼저 월례조회에서는 이전 한 달간 있었던 내용과 앞으로 할 일에 대해 상세한 메시지를 담는다는 방침을 정하고 전 직원과 공유하도록 했다. 그리고 지사 및 지역본부 순회 토론회를 열어 직원과 직접 대화에 나섰다.

하지만 전국에 흩어져 있는 1만 3,000여 직원과 소통하기에는 부족한 점이 있어 많은 사람들과 한꺼번에 소통할 수 있는 SNS 활용 방안에 착안했다. 페이스북을 통해 주 4회 이상 경영 상황 등을 공유했는데, 페이스북 또한 많은 사람과 함께 생각해 볼 만한 세부적인 부분, 즉 건강보험의 역사, 이론, 현실 문제 등을 깊이 있게 다루기에는 한계가 있어 블로그를 만들어 전 직원과 소통하기로 결정했다. 지금 이 글을 적고 있는 필자의 블로그 〈김종대의 건강보험 공부방〉은 그렇게 탄생한 것이다. 블로그는 2012년 12월부터 현재(2014년 9월 기준)까지 직원·언론·공직자 등 45만 명이 방문, 많은 사람들이 건강보험제도를 공부하고 소통하는 공간으로 활용되는 등 많은 성과가 있었다고 자부한다.

4. 정부의 방만경영 해소 방침과 양대 노조와의 긴박한 단체협상 과정

이렇게 조직과 제도 개선 노력이 진행되어 가던 중, 정부의 방만경영 문제가 피해 갈 수 없는 현안으로 대두되었다. 2013년 12월 정부는 300여 개 공공기관에 대해 방만경영을 해소하라는 지침을 내렸던 것이다. 우리 공단도 2014년 3월에는 공무원 수준보다 과도한 퇴직금 가산지급, 경조사 휴가 등 10개 항목에 걸친 방만경영 이행 과제가 확정되었다. 이후 정부는 미이행 기관에 대해 임금 동결, 경영평가 감점 등 강력한 불이익 조치를 언급하면서 이행을 독려

했다. 이에 더해 공직사회의 총체적 난맥을 보여준 세월호 사건을 계기로 방만경영 개혁은 피할 수 없는 현실이 되었다.

우리 공단은 최근 안정적인 재정운영이 뒷받침된 가운데 경영평가 결과도 향상되고 국민과 함께하는 담배 소송 등으로 국민의 신뢰를 회복해 가고 있다. 또한 공단에서 추진하고 있는 부과체계 개편 등 제도개선도 국민이 많이 공감하고 있다.

이러한 과정에서 파업·징계·해고 등 노사 불안 사태가 발생한다면 또다시 공단의 신뢰가 추락할 뿐만 아니라, 현재 재직 중인 직원들은 물론 장래 입사할 직원들에게까지 임금 등 각종의 불이익이 초래될 것이라고 생각했다. 하지만 유사한 타 기관보다 적은 임금을 받고 있는 직원의 근로여건 저하 등을 생각하면서 이를 어떻게 해결할 것인가 다시 한 번 깊은 고민에 빠졌다.

무엇보다 '진정성' 있는 '소통'이 중요하다고 생각했다. 지난 3년간의 업무 추진 실적과 공단이 처한 상황을 솔직하게 공개하고 허심탄회한 대화를 하기로 결심했다.

방만경영 개선 과제는 대부분 취업규칙, 근로조건, 복리후생과 관련된 사항으로 노조와의 합의가 필수적이다. 노조와 본격적인 협상에 들어가기에 앞서 5월부터는 월례조회사를 통해 지속적으로 사안의 중요성에 대해 슬기로운 대처가 필요함을 호소했다. 또한 사내통신망을 통한 안내문 게시, 페이스북·블로그 등 SNS 소통, 경영진의 지사 방문 등 방만경영 과제 이행의 불가피성에 대해 전 직원과 상황을 공유하기 위한 노력이 이어졌다.

마침내 본격적인 단체협약 교섭이 시작되었다. 한때 파국 위기도 있었지만 결국 평화적으로 타결되었다. 3월 14일 시작된 단체교섭은 7월 초까지 실무교섭 14회, 본교섭 5회가 이어졌으나 양대 노조는 방만경영 과제 이행으로 인한 근로조건의 현저한 저하를 우려하며 7월 7일에는 단체교섭 결렬을 선언하고, 파업(9.17)을 예고하는 등 위기에 봉착했다.

결렬을 선언한 노조의 입장에서 보면 상급단체의 지침, 근로조건을 저하시키는 협약안 등 대내외적으로 합의하기 어려운 상황이었지만 경영진과 실무진, 또 노동조합은 밤낮을 잊고 파국을 막기 위한 방안을 찾기 위해 서로 노력했다. 그 결과 노조의 결렬 선언 이후 한 달여 만인 8월 18일부터 실무 협상이 재개되어, 이후 8월 26일부터 8월 31일까지 6일 동안 노조원들로서는 가장 큰 고충이었던 차별임금과 인력충원 문제 등에 대한 집중적인 실무교섭이 이어졌다.

협상 재개 후 아홉 차례의 실무교섭과 두 차례의 본교섭으로 마침내 합의점을 이끌어냈다. 그리고 조합원의 찬반투표 결과 과반수 이상의 동의로 가결됨으로써 단체협약이 마침내 체결되었다.

5. 단체협상 타결과 남은 과제

노조가 경영의 한 축으로서의 역할을 충실히 했다. 이번 방만경영 개선 과제 이행 타결과 노사교섭 과정을 보면서 노동조합이 대국민서비스에 대한 책임감과 국민의 건강을 지킨다는 자부심을 가지고 있다는 사실을 재확인할 수 있었다. 그리고 공단의 미래를 위해 합일점을 찾기 위한 노력과 시대의 흐름을 인식하고 경영의 한 축으로서 결단을 했다.

지난 3년 동안 노조와 소통하면서 느낀 점은 우리 노조는 공단과 건강보험을 사랑하고, 직원이 안정된 환경에서 근무할 수 있는 행복한 직장문화를 갈구하고 있다는 것이다. 양대 노조와의 단체협약 타결은 지난 3년간 쌓아 온 노사 간 신뢰의 결과물이라 할 수 있다.

앞서도 말했지만 필자는 취임 이후 현장 중심 경영을 강조하면서 지사 현장을 많이 방문했다. 2012년에는 지역본부별 대토론회 등 모든 임원진과 함께 전국 178개 지사를 모두 순회했고, 2013년에는 수시로 지사를 방문하여 현장토론회를 가졌다. 또한 2014년에는 재정누수 사례, 부과체계 불만 민원 사례를 수집하기 위해 직원과 간담회를 개최했다.

이번 방만경영 이행 과제와 관련해서도 6월부터 협상이 타결될 때까지 경영진들이 105회에 걸쳐 지사를 방문했다. 지사를 방문하고 나면 직원들이 처한 현실을 함께 고민하며, 방법을 찾기 위해 임원진 사이에서도 대화가 많아졌다. 경영진들은 직원과 진정으로 소통하는 자리가 거듭될수록 '노'와 '사'로서 서로 다른 입장이 아니라 이해와 열린 마음이 느껴졌다고 한다.

이렇게 지사를 방문하여 직원들의 고충을 듣고, 또 불합리하고 비정상적인 보험료 부과체계와 진료비용 청구·지급 체계의 개선 등 직원을 힘들게 하는 제도상의 문제와 바람직한 조직 문화에 대해 함께 소통하면서 개혁 방안을 만들고 공론화하는 과정에서 서로 신뢰가 쌓여 왔다고 본다.

이번 타결은 노조가 경영의 한 축으로 인식하고 책임감을 갖고 협상에 임해 준 결과라고 생각하며, 무엇보다 그동안 축적해 온 노사간의 신뢰가 밑바탕이 된 것이란 점에 대해서 노사 모두 공감하고 있다.

그런데 현실적인 문제에서 분쟁의 불씨가 여전히 해결되지 않고 있어 답답한 심정이다.

우선 우리 공단 직원들은 동일 직종보다 노동 강도는 높은 반면 임금 수준이 낮다는 점이다. 그동안 지사 현장을 방문하면서 직원들의 얘기를 들어 보면, 징수 통합으로 국민연금공단 등에서 전환해 온 직원들은 건강보험 업무가 복잡하고 노동 강도가 세다고 어려움을 호소하는 경우가 많다고 한다. 그런데도 임금 수준은 유관 기관보다 더 적은 상태이다. 뿐만 아니라 징수 통합으로 다른 공단에서 전환해 온 직원들은 전환 이전의 임금을 보전받고 있어 동일한 업무를 수행하는 직원 간에도 임금 격차가 발생하고 있다. 이처럼 임금 문제는 조직의 화합을 저해함은 물론, 직원들의 사기를 떨어뜨리는 원인이 되고 있다.

두 번째는 많은 노력에도 불구하고 제도상의 한계점은 해결이 더디다는 것이다.

보험료 부과체계는 한 해 5,730만 건의 민원을 유발하고 있으며, 악성 민원으로 인한 직원들의 고충은 심각한 수준이다. 지난 7월 지사에서 민원인에게 폭행당한 여직원은 해당 지사에 더 이상 근무하기조차 힘든 트라우마에 시달리고 있다.

그런데 이러한 사례는 공단 현장에서 비일비재하게 일어나고 있다. 또한 현장에 근무하는 직원들은 불합리한 부과체계로 민원인을 설득할 때마다 양심의 고통을 받고 있다고 한다. 다행히 복지부의 부과체계 개선기획단에서 개선방안을 발표한다고 하니 더 이상 직원들의 고통이 계속되지 않기를 바란다.

또한 보험자가 재정관리를 할 수 없는 비정상적인 급여결정 구조와 진료비 청구·심사 지급 체계로 인해 재정누수가 상례화되어 있지만, 직원들은 여전히 힘든 사후관리 등에만 주력하여 행정력을 낭비하고 있다. 이러한 문제를 겨우 수면 위로 올려놓았지만 외부에서는 조직이 기주의이고 밥그릇 싸움으로 보고 있는 것 같아 답답하다.

이런 제도상의 문제는 근로여건을 저하시키고, 일에 대한 보람은 차치하고라도 직장과 업무에 대한 냉소적인 분위기까지 만들어 조직문화 형성에 부정적인 요인으로 작용하고 있다. 직원들이 민원의 물리적·언어적 폭력에 시달리고 있고 보험료는 새나가고 있는데, 이를 이해하고 해소하려는 정책은 너무나 멀리 있다는 사실이 안타까울 뿐이다.

세 번째는 노령화와 질병 구조의 변화로 인한 장기요양 인력의 절대 부족이다.

장기요양보험은 도입 당시 수급자 16만 명 기준에 직원 2,500명으로 설계되었다. 하지만 현재 수급자는 38만 명으로 134%가 더 증가한 반면, 직원은 2,997명으로 20%밖에 더 늘어나지 않아 인력부족이 심각하다.

장기요양 업무는 수급 신청자를 찾아가서 인정조사를 하고 서비스 이용을 지원하는 등 개인밀착형 서비스를 제공하는 노동집약적 업무이기 때문에 수급자가 확대되면 인력 증원이 반드시 수반되어야 한다. 특히 간호사·사회복지사 등 여직원 비율이 높아 출장시에도 2인1조로 안전을 확보해야 한다. 그럼에도 대부분 여직원 혼자 출장 업무를 수행하고 있어 성희롱·폭언이 빈번하게 발생하고 있으며, 심지어 유산에 이르는 경우도 있다. 이런 실정임에도 인력증원은 되지 않고 외부에서는 오히려 인력이 과다하다고 오해하고 있으니 참 답답한 노릇이다.

끝으로 또 한 가지 안타까운 것은 과거의 시대적 상황으로 인해 직장을 떠나게 된 이들(해직자)에 대한 문제이다. 그때는 불가피한 사정이 있었겠지만, 평생을 건강보험에 몸담아 왔던 동료 직원이 오랫동안 조직 안으로 들어오지 못하는 현실이 안타깝다.

하지만 이제 노사가 함께 해결해 나간다면 모두가 웃을 수 있는 밝은 미래가 오지 않을까 기대한다.

아직도 공공기관의 60% 이상이 방만경영 개선 과제 이행을 둘러싼 노사 간 이견 때문에 단체협약을 체결하지 못하고 있다 한다. 그만큼 2014년 단체협약 체결은 노사 모두에게 부담스럽고 힘든 과제인 것이다. 이런 상황에서 노사관계가 불안정하다는 인식이 강했던 우리 공단이 평화적으로 단체협약을 체결했다는 것은 공단의 직장(노사) 문화가 달라졌음을 대내외적으로 확인하는 상징적인 사건이라 할 것이다.

물론 우리 앞에는 여전히 마음을 무겁게 하는 과제들이 있다. 하지만 이번 단체협약 체결을 통해 보여준 달라진 직장(노사)문화라면 충분히 우리 앞의 과제들을 슬기롭게 헤쳐 나갈 수 있을 것이다. 경영진이 더 적극적으로 노조와 협의하고 정부와 함께 고민한다면 해결방안을 찾을 수 있으리라고 생각한다. 안정된 직장문화 속에서 대국민 서비스가 향상된다면 국민의 신뢰도 더 받을 수 있을 것이고, 국민들의 신뢰를 바탕으로 우리 앞의 문제 해결도 더욱 쉬워질 것이다.

그리고 이제는 한 발 더 나아가, 변화된 직장(노사)문화를 바탕으로 우리 스스로 우리의 직장을 더욱 자랑스러운 직장으로 만들어 나갈 수 있다. 최근 '보편적 건강보장(UHC)'에 대한 관심이 높아지면서 단기간에 전국민건강보험을 달성한 우리 건강보험제도를 전 세계가 주목하고 있다. 유엔이 새로운 새천년개발계획(Post-MDGs)에 UHC를 포함시키고 우리 건강보험 제도가 롤모델로 인식된다면 더 큰 관심을 얻게 될 것이다.

이를 기회로 건강보험제도 수출을 확대하고 의료기기·의약품·병원산업 등 연관산업의 동반 수출을 통해 일자리 창출과 경제성장으로까지 이어진다면, 우리 공단은 국민과 정부의 신뢰를 받을 수 있고 자랑스러운 직장이 될 것이다.

공부방의 추억

공부방을 열며

세계 제일의 건강보험

우리 건강보험은 세계 최고입니다. 미국 오바마 대통령이 그랬습니다. 오바마 대통령이 세계 다른 나라가 아닌 우리의 건강보험을 거론한 이유가 무엇인지 여러분은 아십니까? 우리 공단은 건강보험 국제연수 과정을 진행하고 있습니다. 올해가 9회째인데, 올해 연수에는 세계 25개국에서 56명이 참가했습니다. 아프가니스탄·러시아·캄보디아·중국·감비아·인도네시아·이란·요르단·라오스·말레이시아·몽골·네팔·오만·파키스탄·필리핀·러시아·소말리아·수단·대만·태국·우간다·우즈베키스탄·베트남·예멘·짐바브웨 등 다양합니다. 참가자들도 오만의 건강기획부 차관부터 관련 부처 실·국장 등 그 나라의 고위 공무원들입니다. 그들은 모두 우리의 건강보험을 배우고 싶어 합니다. 국제연수와는 별도로 우리나라의 건강보험을 벤치마킹하기 위해 공단을 방문하기도 합니다. 그런 나라가 올해만 해도 35개국에 달합니다.

세계로 수출하는 '세계 일류 상품'

벨기에(질병장애보험 INAMI)와 수단(국민건강보험기금 NHIF)과는 올해 MOU를 체결했습니다. 우리가 먼저 원한 것이 아니라 그들이 먼저 손을 내민 것입니다. 그리고 베트남에는 건강보험 제도를 수출하기 시작했습니다. 정책자문 전문가를 파견하여 우리의 건강보험을 베트남 현지에 이식하고 있습니다. 볼리비아·가나·수단 등에서도 건강보험제도 지원 요청이 있어 현재 검토하고 있습니다. 아마 내년부터는 제도 지원이 가능할 것 같습니다. 우리 건강보험은 세계로 수출하는 '세계 일류 상품'입니다.

지속가능한 건강보험을 위한 고민

그러나 지금은 일류이지만 앞으로도 일류일지에 대해서는 물음표입니다. 현재 우리의 건강보험제도에 허점이 많기 때문입니다. 지금의 체계로는 고령화 시대의 급등하는 의료비를 감당

할 수 없습니다. 지속가능하지 않다는 말입니다. 또 세계 10위의 경제 규모에 걸맞게 의료보장 수준도 10위여야 하는데 OECD 중 바닥권인 62.7%입니다. 체계를 바꾸어 보장성도 경제수준에 걸맞게 올려야 하고 저출산·고령화 시대에도 대비해야 합니다. 지속가능한 체계를 만들어야 합니다. 건강보험을 개혁하여 반석 위에 올려놓으면 지금의 일류가 앞으로도 일류가 될 수 있습니다. 어떻게 바꿔야 할지 공부해야 합니다.

SNS를 통한 소통의 시작

외부와 소통해야 합니다. 그래서 페이스북을 시작했는데, 한계가 있었습니다. 너무 짧아 내용을 제대로 자세히 설명하지 못했습니다. 그래서 블로그를 개설합니다. 이름을 '건강보험 공부방'으로 붙였습니다. 이름 붙여 놓고 보니 볼수록 근사했습니다. 공부할 것이 그만큼 많다는 뜻일 겁니다. 오바마 대통령이 왜 우리 건강보험을 그토록 칭찬했는지, 체계를 어떻게 바꿔야 제도를 반석 위에 올려놓을 수 있는지, 건강보험 재정흑자는 어디다 써야 하는지, 공단이 보유하고 있는 각종 건강 정보는 어떻게 활용해야 하는지, 장기요양보험과 건강보험의 관계는 어떠한지 등 공부할 것이 무척 많습니다.

건강보험을 사랑하는 모든 분들, 환영합니다!

공부방에서는 많은 이야기를 할 수 있을 겁니다. 저도 그렇고 여러분도 그렇고……. 건강보험에 애정을 가지신 분들, 건강보험에 따끔한 질책을 하실 분들, 건강보험을 공부하는 학생들, 그리고 건강보험에 궁금증을 가지신 국민들, 모든 분들을 환영합니다. 공부방에 들러 같이 공부하고 토론하고 자료도 공유하고 그러면서 건강보험의 미래를 설계하는 '생각나눔 마당'이 되기를 바랍니다.

2012.12.6
공부방主 김종대

공부방 이력

월별 방문자수 (2012.12~2014.9)

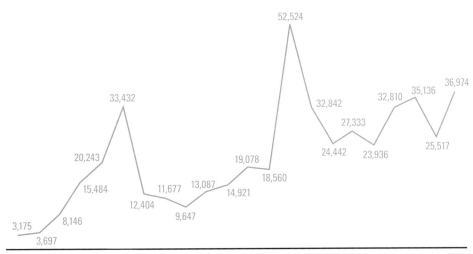

공부방 이력

날짜	공부방 이력	개방(開房) +일
2012.12.06	공부방 개방	–
2013.02.18	방문자 1만 명 돌파	75일
2013.03.12	방문자 2만 명 돌파	97일 (+22일)
2013.03.30	방문자 3만 명 돌파	115일 (+18일)
2013.04.17	방문자 4만 명 돌파	133일 (+14일)
2013.04.30	방문자 5만 명 돌파	147일 (+10일)
2013.05.10	방문자 6만 명 돌파	157일 (+10일)
2013.05.20	방문자 7만 명 돌파	167일 (+8일)

날짜	공부방 이력	개방(開房) +일
2013.05.28	방문자 8만 명 돌파	175일 (+14일)
2013.06.11	방문자 9만 명 돌파	189일 (+14일)
2013.07.10	방문자 10만 명 돌파	217일 (+28일)
2013.08.06	방문자 11만 명 돌파	244일 (+27일)
2013.09.05	방문자 12만 명 돌파	274일 (+30일)
2013.09.27	방문자 13만 명 돌파	296일 (+22일)
2013.10.18	방문자 14만 명 돌파	317일 (+21일)
2013.11.08	방문자 15만 명 돌파	338일 (+21일)
2013.11.24	방문자 16만 명 돌파	354일 (+16일)
2013.12.09	방문자 17만 명 돌파	369일 (+15일)
2013.12.25	방문자 18만 명 돌파	385일 (+16일)
2014.01.08	방문자 19만 명 돌파	399일 (+14일)
2014.01.13	방문자 20만 명 돌파	404일 (+5일)
2014.01.17	방문자 21만 명 돌파	408일 (+4일)
2014.01.22	방문자 22만 명 돌파	413일 (+5일)
2014.01.27	방문자 23만 명 돌파	418일 (+5일)
2014.02.03	방문자 24만 명 돌파	425일 (+7일)
2014.02.09	방문자 25만 명 돌파	431일 (+6일)
2014.02.20	방문자 26만 명 돌파	442일 (+11일)
2014.03.02	방문자 27만 명 돌파	452일 (+10일)
2014.03.14	방문자 28만 명 돌파	464일 (+12일)
2014.03.27	방문자 29만 명 돌파	477일 (+13일)
2014.04.08	방문자 30만 명 돌파	489일 (+12일)
2014.04.18	방문자 31만 명 돌파	499일 (+22일)
2014.04.29	방문자 32만 명 돌파	510일 (+11일)
2014.05.13	방문자 33만 명 돌파	524일 (+14일)
2014.05.25	방문자 34만 명 돌파	536일 (+12일)
2014.06.09	방문자 35만 명 돌파	551일 (+15일)
2014.06.17	방문자 36만 명 돌파	559일 (+8일)
2014.06.25	방문자 37만 명 돌파	567일 (+8일)
2014.07.02	방문자 38만 명 돌파	574일 (+7일)
2014.07.10	방문자 39만 명 돌파	582일 (+6일)

날짜	공부방 이력	개방(開房) +일
2014.07.21	방문자 40만 명 돌파	593일 (+11일)
2014.07.27	방문자 41만 명 돌파	599일 (+6일)
2014.08.11	방문자 42만명 돌파	614일 (+15일)
2014.08.22	방문자 43만명 돌파	625일 (+11일)
2014.09.01	방문자 44만명 돌파	635일 (+10일)
2014.09.13	방문자 45만명 돌파	647일 (+12일)
2014.09.23	방문자 46만명 돌파	657일 (+10일)
2014.09.26	방문자 47만명 돌파	660일 (+3일)
2014.10.04	방문자 48만명 돌파	668일 (+8일)
2014.10.14	방문자 49만명 돌파	678일 (+10일)
2014.10.20	방문자 50만명 돌파	684일 (+6일)

공부방 월별 인기 게시물

월	인기 포스트	조회수
2012.12	공부방을 열며	729
2013.1	'대선 공약'과 「실천적 건강복지 플랜」	650
2013.2	내 인생에 힘이 되어 주는 詩 – 정호승 시인 특강	1101
2013.3	우리는 어디에 있는가? 어디로 가야 하는가? [1편]	1910
2013.4	건보공단의 빅데이터 [1편]	2169
2013.5	보험자 [6편]	3037
2013.6	보험자 [13편–마지막편]	955
2013.7	[퀴즈이벤트] 공부방 방문자 10만 명 돌파, 지난 7개월을 돌아보며	2365
2013.8	부당이득금(기타징수금) 민원에 대한 답글 [1편]	805
2013.9	추가부담 없이 폭발적인 보장성 확대하기 [1편]	1385
2013.10	비정상을 정상으로 [1편]	1534
2013.11	잠만 자고 가는 '모텔형' 사무장 병원	1910
2013.12	담배 종합 – 공단은 무엇을 해야 하는가? [9편–마지막편]	1729
2014.1	흡연 피해 손해배상청구 등 추진계획	3803
2014.2	[2014년 2월 월례조회] 왜 건강보험은 담배 소송에 나서지 않으면 안 되었는가?	4066
2014.3	전월세 대책(주택임대차시장 선진화 방안)과 건강보험료 [1편]	1831
2014.4	보험료와 수가를 누가 결정할 것인가? – 2014.4.14 기자간담회	2283
2014.5	[2014년 5월 월례조회] 건강보험의 거버넌스 – 보험료, 보험 항목, 의료수가는 누가 결정하는가?	2935
2014.6	'건강보험료 부과체계'에 대한 관점의 정립 – 동일 보험 집단 내에서는 동일한 부과 기준이 적용돼야	3788
2014.7	대한민국 건강보험, GLOBAL化로 가다 [1편]	4003
2014.8	대한민국 건강보험, GLOBAL化로 가다 [6편]	2099
2014.9	건강보험공단 노사의 단체협약 타결을 반추하다 – 공단 이사장으로서 지난 3년간 고민과 소회	10430

방우房友 이야기

2014년 1월 16일 〈김종대의 건강보험 공부방〉 누적 방문자수 20만 명 돌파를 기념하여 "가장 인상 깊었던 게시물을 하나 선정하여 그 이유를 덧글로 적어 달라"는 감사 이벤트를 열었다. 122명의 방우들이 참여해 주었고 그중 20명을 선정하여 약소한 선물을 증정하며 블로그에 관심을 가져준 것에 대한 고마운 마음을 표현했다. 이벤트 당시 인상 깊었던 덧글 몇 가지를 소개한다.

「비정상을 정상으로」

"전 건강보험공단 직원은 아니지만, 공단에서 일하고 있는 친구를 통해 이 블로그를 알게 되었습니다. 블로그를 보면서 공부라고 하기에는 거창하지만, 보험료를 내는 국민의 한 사람으로서 너무 무지하지 않았나 반성하게 됐습니다. 특히 '비정상화의 정상화'라는 시리즈가 가장 인상 깊었습니다. 진료비를 심평원에 심사청구를 하면 보험공단은 돈만 대주고 사후관리를 통해 부정수급자를 적발하는 비정상적인 시스템을 처음 알게 되었기 때문입니다. 재정누수를 방지하고 행정력 낭비를 줄이기 위한 공단의 노력이 계속되었으면 합니다." (leeeun0***)

「보험자」

"저는 보험자 시리즈를 가장 좋아합니다. 입사한 지 어언 3년이 지났는데 항상 눈앞에 보이는 업무에만 급급한 나머지 보험자란 무엇인지, 우리 공단이 어떤 역할을 어떻게 수행해야 하는지 생각해 본 적이 이전에는 없었습니다. 배울 수 있는 기회도 쉽지 않았구요. 보험자 전편을 읽으면서 우리 건강보험 업무의 변천사, 세계 각국의 사회보장제도 등 역사와 이론을 함께 배울 수 있는 좋은 기회를 갖게 되었습니다. '보험자'라는 말이 사전적인 뜻 외에도 특별한 사명처럼 와 닿게 되었습니다. 매일 일상적으로 하는 일도, 이 보험자라는 자부심의 틀 안에서 더 의미있게 느껴졌습니다. 저와 같은 신입사원들에게 이러한 이론적 배경을 공부할 수 있는 기회가 귀하고 감사합니다." (estrell***)

「의료보험 전사前史」

"건강보험의 역사, 재미있고 즐겁게 봤습니다. 사회복지를 전공한 나에게는 큰 힘이 되는 내용이었습니다." (daesoo1***)

「추가 부담 없이 폭발적인 보장성 확대하기」

"이 게시물은 건강보험의 모든 문제점을 포괄적으로 진단하고, 종합적으로 대책을 세우는 방안이라고 생각합니다. 77패러다임에서 선진형 패러다임으로의 전환은 건강보험의 심오한 철학적·이념적 문제로서, 단기간의 얕은 대안이 아니라 건강보험의 근본적인 방향을 설정하는 대안으로서 건강보험 종사자는 물론이고, 정책 입안자는 반드시 읽어야 할 글이었다고 생각합니다." (ryol0***)

「담배 종합-공단은 무엇을 해야 하는가?」

"저의 경우는 1980년부터 무려 30년 넘게 하루에 한 갑 이상 담배를 피워 왔으나 건강을 잃고 난 후에야 금연에 성공하게 되었습니다. 아마 이사장님께서 말씀하신 것처럼 간접적인 공단 진료비를 많이 축냈겠지요. 흡연 폐해의 심각성을 온 국민에게 전파하고 이에 따른 담배 제조회사에 대한 책임 추궁을 위해서 담배소송은 반드시 이루어져야 한다고 공감하기 때문에 '담배 종합'을 선정합니다." (jong6***)

한 통의 메일

_ "미처 몰랐습니다"

〈김종대의 건강보험 공부방〉을 운영한 지 석 달째 접어들 즈음, '공부방'과 관련하여 우리 공단 직원이 보내온 메일 한 통을 받았다. 공부방을 시작하는 글 「공부방을 열며」에서 "많이들 오셔서 공부하고 토론하고 자료도 공유하고 그러면서 건강보험의 미래를 설계하는 '생각 나눔 마당'이 되었으면 하는 바람"이라고 적었다. 메일을 읽으면서 애초 바람대로 공부방이 자리를 잡아 가고 있구나 하는 것을 느꼈다. 이 책을 읽는 여러분과 공유하고 싶어 그 메일을 싣는다. 개인정보 보호를 위해 공단 지사명과 보낸 이의 이름은 ○○○으로 처리했다.

안녕하세요, 이사장님. 저는 ○○지사 요양직에서 현지조사 업무를 수행하고 있는 ○○○과장입니다. 부모님을 일찍 여읜 저에게 대학 원서 대신 의료보험법 책을 사주며 시험쳐 보란 오빠의 강압에 고등학교를 막 졸업하던 해인 88년에 시험쳐 89년에 입사한 저는 ○○시 의료보험조합 창립멤버로 25년 동안 일반직과 건강직, 요양직에 이르는 업무 과정을 거치기도 하였습니다.

부끄럽게도 저는 그저 주어진 일에만 급급했고 남에게 피해만 주지 않으면 된다고 여기며 생활의 수단이기도 한 봉급자로서의 삶에 그럭저럭 만족하며 떨어지는 공문과 변경되는 고시 내용을 깊이 숙지해 볼 시간도 없이 걸려 오는 민원 전화를 통해 역으로 업무를 알아 배워 나가기도 하는 참으로 부끄러운 시간을 보냈습니다.

그러다 보니 25년이 지난 현재까지도 제도나 법은 그저 멀게만 여겨지고 어렵게만 느껴지며 때론 복잡하기도 하다는 생각을 해온 것 또한 사실이었습니다. 적어도 이사장님의 블로그를 만나기 전까지만 해도…….

1977년 보건사회부(현 보건복지부) 보험과장으로 일하며 건강보험과 인연을 맺어 건보 제도 기반 구축을 해온, 건보제도 역사의 산 증인이기도 한 이사장님의 부임은 어찌 보면 시대가 요구하고 공단이 필요로 하는 숙명적 결과물이란 생각을 감히 해보았습니다.

제도와 함께 공유해 오신 이사장님의 남다른 프로필, 공부방 하나하나 올려진 제도와 공단의 지속가능한 발전에 대한 고민의 흔적, 제도개선의 필요성에 대한 상세한 내용과 문제점,

개선방안, 해결책 등, 공단 제도 변화의 큰 획을 긋는 피할 수 없고 반드시 극복해 나가야 하는 우리의 숙제이기도 한 '실천적 건강복지 플랜'을 공부방을 통해 이해하기 전까지만 해도 무슨 이런 귀찮은 정책을 펴서 또 힘들게 하나 하는 건방진 생각을 해왔던 것 또한 사실이었습니다.

여태 거쳐 왔던 이사장님과는 남다른 공단 제도 발전의 애정과 고민에 저 자신을 돌아보게 되는 계기도 되었습니다. 공단의 주인인 국민으로부터 신임 받는 기관이 되고자 하는 고민은 비단 임원진에게만 있는 것도 아니고 간부 직원에게만 있는 것이 아니라 일선에서 일하는 저에게도 있다는 생각이 저를 다시금 추스르게 만든 것 같습니다.

이렇게 깨닫게 해주셔서 감사합니다 이렇게 부족한 저를 다시 일깨워 주셔서 감사합니다.

이사장님의 고민은 우리 공단인의 고민이기도 하며 제 고민이기도 하다는 사실을 깊이 각인하겠습니다. 이러한 고민이 공유되지 않고서는 제도 변화의 기대는 어렵다고 여겨집니다.

사람들은 자신이 직접 당하게 되는 일이 아닐 때 그저 구경꾼에 지나지 않게 되는 것이 사실입니다. 해서 이러한 문제들을 여론주도층 등과 공유하여 공론화하고 고민을 함께 해보자는 취지 또한 공감하게 되었습니다.

이사장님의 그 일관된 굳은 제도 발전에 대한 고민을 머릿속에서가 아니라 실천하는 행동에 깊이 박수를 보내 드립니다. 보건복지부 차관이 유력했던 시절에도 소득 부과 체계를 굽히지 않았던 이사장님의 초지일관이 오늘에서야 빛을 보게 되려나 봅니다

우리 공단인 모두가 원하는 지속발전 가능한 공단을 이어 나가는 데 일조하는 제가 되도록 미력한 힘이나마 보태겠습니다.

존경하옵는 이사장님, 내내 건강하시어 문제를 던지셨으니 그 문제에 대한 좋은 결과물 또한 맺어 주실 거라 감히 자부해 봅니다.

이러한 수장이 우리 공단에 있다는 사실에 저는 너무도 행복합니다.

아부할 줄 모르고 인간관계 제대로 할 줄 모르는 제가, 글재주도 없는 제가 이렇게 용기를 내서 글을 쓴 것은 너무도 고맙고 감사하기에 이렇게 용기를 내어 이사장님께 글을 올리는 것도 처음 있는 일입니다.

모쪼록 건강하세요. 그리고 임기가 끝나셔서 공단을 떠나서라도 공단 제도 발전에 대한 고민은 평생 가실 거라 믿어요.

이사장님은 영원한 공단인이시니깐요. 제가 그런 것처럼요……

2013년 3월 6일

방주房主의 살아온 이야기
_ 건강보험과 함께 한 공직생활 27년

〈김종대의 건강보험 공부방〉을 시작하면서 올렸던 필자의 살아온 이야기를 싣습니다.
1976년부터 1999년까지 20년 넘게 보건사회부(현 보건복지부)에 있으면서, 1977년 의료보험 최초
도입부터 건강보험의 역사와 함께해 온 제 인생 이야기입니다.

저는 해방 직후인 1947년 경상북도 예천에서 태어났습니다. 그 시절 대부분 그렇듯이 저
또한 경제적으로 어려운 유년 시절을 보냈습니다. 그래도 공부는 좀 했던 모양입니다. 1966년
1월 대구 계성고등학교를 수석 졸업하고 서울대학교 정치학과 67학번으로 입학했습니다. 대
학교를 졸업하던 해인 1971년에는 제10회 행정고시에 합격해 공직자의 길로 들어섰습니다.

사회보험국 보험관리과장 _ 1976~1980년

의료보험 최초 도입

행정고시 합격 후 1972년 12월부터 조달청으로 발령받아 근무하던 저는, 1976년에 보
건사회부(현 보건복지부) 복지연금국 연금기획과 사무관으로 자리를 옮겼습니다. 복지연금국
은 원래 국민연금 도입을 위해 1973년에 만들었는데, 1차 석유파동(1973년)으로 국민연금 도
입을 중단하면서 대신 의료보험을 도입하는 것으로 정부 정책이 바뀌게 되었습니다. 1977년
3월, 의료보험 도입을 위해 복지연금국이 사회보험국으로 바뀌었고, 저는 그때 보험관리과
(보험관리과는 복지연금국 때 이미 있었음) 초대 과장으로 있으면서 국내에서는 불모지나 다름없었
던 의료보험을 준비했습니다.

당시 우리나라에는 독일과 일본의 제도를 참고한 「의료보험법」(1963년 12월 제정)이 있었으
나, 시행되지 않은 채 사문화된 상태였습니다. 의료보험을 시행하기 위해선 법의 전면개정이
필요해 저는 보험관리과장으로서 제도 시행 준비에 참여하여 법 조문 하나하나와 실행 방안

을 구체적으로 검토했습니다. 당시 법 전면개정 작업은 지금 건강보험 업무에 큰 도움이 됩니다. 당시 각 조문의 입법 취지를 알고 있어, 건강보험법의 해석과 적용에 보다 나은 판단을 할 수 있기 때문입니다.

1976년 12월 「의료보험법」이 전면개정되고, 1977년 7월 500인 이상 사업장 근로자들을 대상으로 의료보험이 최초로 시행되게 됩니다.

청와대 정무비서실 행정관 _ 1980~1985년

1980년부터 1985년까지는 청와대 정무비서실에 행정관으로 파견되어 근무했습니다. 공식 직책은 '보건사회부 국립 소록도병원 교도과장(교도과장이라는 명칭은 추후에 복지과장으로 변경됨)'이었지만 소록도에서 근무했던 것은 아니었습니다. 지금과는 달리, 당시에는 청와대에 근무할 때 교도과장 등의 직책으로 '파견'을 나가는 식이었습니다.

제가 청와대에 파견된 1980년은 최규하 대통령이 재임한 과도기 정부였습니다. 최규하 대통령이 하야하고 1980년 9월 전두환 대통령이 취임하면서 청와대 정무비서실에서 일하던 사람들도 많이 바뀌었습니다. 허화평 청와대 비서실 보좌관, 이학봉 민정수석비서관, 허삼수 사정수석비서관 등이 당시 청와대로 오셨던 분들입니다. 저는 청와대 행정관으로 계속 있으면서 1985년 4월까지 5년여 동안 고건 수석, 안응모 수석, 유흥수 수석, 김태호 수석 등 4명의 수석 밑에서 근무하게 됩니다.

청와대에서 '죽어라 일만 했다'

청와대에서 파견근무를 할 당시, 정무비서실 내 사회부처 담당 행정관은 저 한 사람밖에 없었습니다. 저는 보건사회부·노동청·환경청·감사원·법무부·법제처·원호처(지금의 보훈처) 등 7개나 되는 부처 업무를 담당하면서 다양한 행정 경험을 했습니다. 대표적으로 기억에 남는 것은 1981년 유엔이 '세계 장애인의 해'를 선포한 것에 맞추어 장애인복지법(1981.6.5 심신장애자복지법 제정. 1989.12.30 장애인복지법으로 전부개정)과 노인복지법(1981.6.5 제정)을 만들도록 방침을 정한 것입니다. 또한 1981년(홍천·옥구·군위)과 1982년(강화·보은·목포)에 걸쳐 전국 6개 지역에서 지역의료보험 시범사업을 진행했습니다.

제 기억으로는 이때 처음으로 의료보험 통합 이야기가 나왔던 것 같습니다. 실시한 지 5~6년차에 접어드는 직장의료보험 각 조합에는 적립금이 조금씩 쌓이기 시작했는데, 의료보험을 통합하여 농어민·도시 자영민 의료보험 실시에 이 적립금을 쓰자는 것입니다. 그렇게 되면 농어민·도시 자영민의 부담이 적게 의료보험을 시작할 수 있다는 것입니다. 당시 공무원·교직원

의료보험 공단의 한 임원이 제기한 것이었습니다. 그러나 부담(보험료)을 적게 하여 보험을 시작하면 향후 급여비(의료비) 지출을 감당하지 못하여 결국은 재정적자가 초래될 것이 예상되어 검토 대상에서 제외했던 기억이 납니다.

청와대에서의 기억은 죽어라 일만 했던 기억밖에 없습니다. 여러 부처 업무를 수행하기 위해 아침 7시 30분에 출근했고 퇴근은 기약이 없었습니다. 혼자서 7개 부처를 담당해야 했으므로 항상 시간이 모자랐습니다. 이때 40이 안 된 나이인데도 이가 다 상해서 치주염이 생기고 건강이 좀 나빠졌습니다. 업무 스트레스 때문이었던 것 같습니다.

당시 노사분규에서 시작되어 유혈사태로 번진 사북사태와 전국적으로 창궐한 콜레라(당시는 콜레라가 발생하면 수출도 중단되고 경제적으로 타격이 큰 비상사태였다) 등이 특히 힘들었던 업무로 기억에 남습니다. 국가적으로 중요한 사안이었기에 매일 새벽 7시에 상황 보고를 했던 기억이 납니다. 7시에 상황 보고를 하려면 6시에는 출근해야 합니다. 지금은 컴퓨터로 보고서를 만들었지만, 그때는 일일이 필사본으로 작성해야 했기에 지금보다 시간이 두세 배 더 걸렸던 것 같습니다.

'양·한방 통합'과 '침구사 제도'

1980년 10월, 천명기 당시 보건사회부 장관이 양·한방 통합 및 침구사 제도 부활을 발표했습니다. 이미 총리 결재까지 받은 뒤 대통령 결재만 남은 상태였습니다. 그러던 어느 날, 변정환 한의사협회장이 찾아와 만났는데 잘못된 정책이라는 것입니다. 저는 이 문제에 대해 깊이 알지 못했던 상태였기에 여러 양의사·한의사들을 만나고 책을 찾아보며 공부했습니다. 공부해 보니 전통 의학인 한방을 양방의 한 분야로 통합하는 것은 잘못이라는 판단이 들어 두 쪽짜리 보고서를 작성했습니다.

당시 보고서의 주요 내용은 "양·한방 통합은 인위적으로 할 수 있는 것이 아니다. 이는 과학의 문제로, 과학의 발전에 따라 분리면 분리, 통합이면 통합되는 것이다"는 것이었습니다. 침구사 제도 부활 또한 "양방에서 주사를 맞을 시 진단이 필요한 것처럼, 한방에서도 한의사의 진단 후 침술을 행해야 한다. 또한 30년 동안 없어졌던 것을 다시 만들면 사회적으로 문제가 된다"는 이유로 반대했습니다. 전두환 대통령이 이 보고서를 수용하여 양·한방 통합과 침구사 제도 부활은 이루어지지 않았습니다. 총리까지 결재가 끝난 정책이 대통령 결재 직전에 없던 일이 된 것입니다.

이렇게 총리 결재까지 끝난 정책에 대해 과감하게 반대 보고서를 작성한 것을 보면 당시 저는 겁이 없는 공무원이었던 것 같습니다. 하지만 당시 두 가지 일을 통해 옳은 내용을 합리적으로 주장하면 수용된다는 것을 느꼈습니다. 양·한방 의료제도를 공부한 경험 덕분에 1993년 발생한 한약분쟁 때도 보건사회부 기획관리실장으로서 제가 담당하게 됩니다.

보건사회부 총무과장 _ 1985~1986년

'만 40세 연령제한'에 걸려 국장이 못 되다

1985년 4월부터 1986년 8월까지는 보건사회부 총무과장으로 근무했습니다. 5년간 청와대에서 근무한 뒤였기에 통상적으로 국장이 될 순서였지만, 당시 국장은 만 40세 이상이어야 가능하다는 연령제한 때문에 만 38세였던 저는 과장 직책 중 핵심이라 할 수 있는 총무과장으로 근무했습니다. 이석채 전 KT 대표이사 회장도 당시 '만 40세 제한'에 걸려 국장이 되지 못했던 기억이 납니다. 저는 총무과장이 되기에도 적은 나이였기에, 당시 이해원 보건사회부 장관이 제 총무과장으로서의 자질을 평가하고자 청와대를 방문했다는 사실도 뒤늦게 알았습니다.

보건사회부 사회보험국장 _ 1986~1988년

1986년 국장 승진 연령 제한이 만 40세에서 우리 나이 40세로 낮춰지면서, 저는 1986년 9월 1일자로 보건사회부 사회보험국장 '직무대리'가 되었습니다. 생일인 11월 5일부로 만 40세가 되면서는 직무대리가 아닌 '사회보험국장'으로 사회보험국을 지휘하게 됩니다. 1986년 9월 1일 전두환 대통령이 '국민복지증진대책'을 발의하면서 사회보험국에서는 해야 할 일이 많았습니다. 당시에는 국장으로 승진하면 국립보건원 등의 산하기관 사무국장으로 1~2년 있다가 본부로 돌아오는 것이 관행이었지만, 저는 의료보험 최초 실시에 참여한 경험이 있어 전 국민의료보험 실시를 앞두고 있는 사회보험국장을 맡게 된 것입니다.

전국민의료보험 실시

전두환 대통령이 1986년 9월 1일 발표한 국민복지증진대책은 ① 전국민의료보험(1988년 1월 1일자로 농어촌 의료보험을 실시하고 1989년 1월 1일부터 도시 지역까지 확대), ② 최저임금제, ③ 국민연금 실시(1988년 1월 1일부터) 등이 주요 내용이었습니다. 세 가지 가운데 두 가지인 전 국민의료보험과 국민연금을 보건사회부 사회보험국에서 담당하게 되면서 국장인 제 소관이 되었습니다. 그러다가 1987년 12월경 사회보험국이 의료보험국과 국민연금국으로 나누어지면서부터는 의료보험국만 담당하게 되었습니다. 그 당시 농어촌뿐만 아니라 도시 지역 의료보험 설계를 해보니 신규 소요 인력이 8,000명에 달했습니다. 8,000명 규모의 새 일자리가 생기니까 소위 힘이 있다는 곳에서 연줄을 동원하여 취직 부탁이 들어왔습니다. 쏟아지는 취직 청탁을 일거에 막을 방법은 공개채용뿐이었습니다. 종래의 연고 채용 방식을 지양하고 공개채용 방침을 정한 것입니다. 1977년 의료보험 최초 실시 이후 처음으로 공개채용을 한 것입니다. 이들 가운데 상당수가 지금까지도 공단을 이끌어가고 있습니다.

지역의료보험을 시행하기 위해서 가장 고민되는 부문이 보험료 부과체계였습니다. 당시 소득 파악이 10%에도 미치지 못했고, 그나마 국세청이 공단(당시는 의료보험조합)에 소득 자료를 넘겨줄 생각조차 하지 않았기 때문입니다. 고육지책으로 소득과 재산, 자동차, 세대구성원에 보험료를 부과하도록 가이드라인을 정해 주었습니다. 각 조합은 사정에 맞게 이를 적절히 조합하여 부과체계를 만들었습니다. 이것이 1999년 통합 이후에도 계속 이어져 내려와 아직까지 지역보험료 부과 기준으로 남아 있습니다. 소득 파악이 10%도 안 되던 시절에 고육지책으로 만든 보험료 부과체계를 25여 년이 지난 지금도 유지하다 보니 현재는 연간 1억 2,000만 건 이상 민원이 발생하는 민원의 진원지가 되었습니다. 하루빨리 소득 중심 보험료로 바꾸어야 합니다.

국립보건원 사무국장 _ 1988년 4~12월

9개월의 여유 – 운전면허증을 따다

전국민의료보험 도입을 눈앞에 둔 1988년 3월 초, 부내 모든 국장이 참여하는 회의에서 차관은 농어촌 의료보험과 도시 의료보험을 통합하여 전체를 하나의 체계로 운영하라는 지시를 했습니다. 저는 보험료 부과체계가 이원화되어 있고 소득으로 단일화하기엔 소득 파악률이 낮아 통합 실시가 불가능하다고 판단하고, 차관실 대토론회에 소관 국장으로 참석하여 반대했습니다. 제반 여건이 마련되지 않은 상태에서 통합하게 되면 도시의료보험도 시행할 수 없게 된다고 주장했습니다. 결국 저는 전국민의료보험 도입 업무를 다른 사람들에게 맡기고 그달 말인 3월 31일 국립보건원 사무국장으로 가게 됩니다.

국립보건원 근무 시절은 공직으로 들어선 지 15년 만에 처음으로 맞는 한가한 시기였습니다. 시간이 많아서 운전면허증도 그때 땄습니다. 저의 여유는 9개월 만에 끝나게 됩니다. 1988년 12월 하반기 보건사회부 장관이 권이혁 장관에서 문태준 장관으로 바뀌게 됐습니다. 통합 실시 준비가 제대로 되지 않아 1989년 1월로 계획된 도시 지역 의료보험 실시가 4월로 연기했다가, 또다시 7월로 연기하는 바람에 보건사회부의 신뢰가 떨어졌기 때문입니다. 이듬해 1월 새 장관께서 저를 보건사회부 공보관으로 불러 다시 부내로 오게 됩니다.

보건사회부 공보관 _ 1989년 1~9월

대통령의 법안 거부권 행사

공보관을 맡고 나서 2개월 뒤인 1989년 3월 8일 의료보험 통합을 골자로 하는 국민의료보험법이 국회 보건복지위원회를 통과했습니다. 당시는 4당(민정당·평민당·통일민주당·신민주공

화당) 체제로 여소야대 형국이어서, 여당은 반대했지만 야당이 찬성하여 통과된 것입니다. 이튿날 보건사회부 출입기자들이 공보관인 저에게 의료보험통합법 통과에 대한 설명을 요구했습니다. 저는 이대로 통합하면 "근로자가 2.8배 보험료 부담을 더 하게 된다"고 답변했습니다.

이 내용은 제가 임의로 답변한 것이 아니라, 통계자료를 바탕으로 한 객관적인 예측 결과를 말한 것입니다. 통합법이 국회에서 논의되고 있어서 이미 보건사회부 내 해당 부서에서 통합시 변동 사항이 어떻게 되는지 통계자료를 돌려서 가지고 있던 내용이었습니다. 저는 공보관으로서 그 내용을 사실대로 말한 것입니다. 다음 날 "통합의보 시행시 봉급생활자의 보험료 부담이 2.8배 증가한다"는 제목의 기사가 나와 여론이 들끓었습니다. 결국 노태우 대통령이 거부권을 행사했습니다. 국회로 돌아간 통합법안은 13대 국회가 임기 만료되면서 자동폐기되었습니다.

청와대 경제수석실 비서관 _ 1989~1992년

이런 것들이 모두 인연이다

1989년 9월 하순 청와대 경제수석실(경제수석 문희갑) 비서관으로 발령받아 두 번째로 청와대 근무를 하게 됐습니다(보건사회부를 이전에는 정무비서실이 담당했지만 노태우 정부가 들어서면서 경제수석실로 변경되었습니다). 저는 거기서 보건사회부·노동부·환경부를 담당하게 됐습니다. 전에 비하면 4개 부처나 줄어든 것입니다. 12월경 경제수석실로 김종인 수석이 왔는데, 제가 경제수석실에 들어오기 직전 보건사회부 장관을 역임하여 함께 일한 인연이 있는 분입니다. 1988년 국립보건원 사무국장을 할 당시 한문덕 현 건강보험공단 급여상임이사가 부하직원으로 함께 근무했고, 1985년 총무과장을 할 당시에는 배종성 현 건강보험공단 총무상임이사가 부하직원으로 있었습니다. 25~26년이 지나 이분들을 공단에 들어와서 같은 경영진으로 만나게 되니 이러한 일들이 모두 인연이라고 생각합니다.

보건사회부 사회복지정책실장 _ 1992년

1992년 청와대를 나와 사회복지정책실장으로 보건사회부에 복귀했습니다. 당시 보건사회부에는 안필준 장관이 계시던 때였습니다. 안 장관은 후에 대한노인회장을 역임하셨습니다. 부내 복귀 후 첫 간부회의가 약사법 시행규칙(제11조 1항 7호)에 있는 '청결 조항' 삭제를 논의하는 자리였습니다. "약국에는 재래식 한약장 외의 약장을 두어 이를 청결하게 관리해야 한다"는 조항입니다. 이는 약국에 한약장을 두면 안 된다는 의미로, 약국에서 한약을 짓지 못하도록 해서 약사와 한의사의 업무를 구분하는 조항이었습니다.

저는 조항이 간단해 보이지만 한의원과 약국의 균형을 잡아 주는 역할을 해왔고, 그 조항을 없앴을 때 초래할 결과를 고려하여 신중하게 결정해야 한다고 주장했습니다. 약사법은 제가 맡고 있는 사회복지정책실 소관이 아니어서 회의 후 잊고 있었는데, 얼마 후 청결 조항을 없애는 것으로 기사가 나오게 됩니다. 이것이 한약분쟁의 시발점이 됩니다. 이후 김영삼 대통령 시절 제가 기획관리실장으로 일할 때 본격적으로 한약분쟁이 벌어지게 됩니다.

보건사회부 기획관리실장 ① _ 1993~1995년

한약분쟁

제가 보건사회부 기획관리실장으로 있었던 내내 한약분쟁이 계속되었습니다. 당시 보사부 장관은 서울신문 논설위원 출신인 송정숙 장관이었습니다. 약사 출신인 주경식 차관을 대신하여 제가 '한약분쟁조정위원회' 위원장을 맡았습니다. 약사·한의사 등이 참여한 위원회가 '이름 그대로' 분쟁을 조정하는 역할을 했습니다. 지금도 보건의료계는 직능 간 갈등이 심한데, 당시 한약분쟁의 수습 과정을 스터디하면 좋은 참고가 될 수 있겠다는 생각을 해봅니다.

1994년 한약분쟁이 일단락되면서 분쟁조정위원회에서 몇 가지 정책을 제안했는데, 그중 하나가 보사부 내 한방정책관 신설이었습니다. 1997년부터 한방정책관이 임명되었습니다. 한약분쟁 전 과정에 대해서는 따로 말할 기회가 있으리라 생각합니다.

의약품 약국 외 판매

1994년 약사법 개정으로 한약분쟁은 일단락되었지만, 한약분쟁은 새로운 사회적 이슈를 잉태하고 있었습니다. 그중 하나가 '의약품의 약국 외 판매' 문제입니다. 한약분쟁 과정에서 약국들의 잦은 파업으로 국민들은 의약품 구입에 불편함을 느끼게 되었습니다. 한약분쟁 이듬해인 1995년 규제개혁위원회에서는 국민 불편을 이유로 '의약품 약국 외 판매' 안건이 상정되었습니다. 약국의 일제 휴업시 국민들이 받는 보건·건강상의 심각한 피해를 감안하여, 일반의약품 가운데 응급의약품과 자양강장 드링크류, 영양제 등은 슈퍼마켓 등에서 판매가 가능하도록 약사법을 개정하자는 내용입니다.

어느 날 점심을 먹고 들어왔는데 약사회 사람들이 몰려와 있었습니다. 당시 이규진 약사회 부회장을 앞세워 저를 만나러 온 것입니다. 오후에 규개위에서 '의약품 약국 외 판매'에 대해 논의하는데, 그 회의에서 반대해 달라는 것입니다. 규개위 회의에는 규개위 위원인 차관이 참석하기로 되어 있었는데, 차관이 일이 있어 못 가고 기획관리실장인 제가 참석하기로 갑작스럽게 변경되었다는 것입니다. 저는 예정에 없던 회의 참석인지라 미리 내용 검토를 하지 못했기에 그 자리에서 설명을 들었습니다.

오후에 규개위 회의에 참석했습니다. 이미 복지부는 의약품 약국 외 판매에 대해 반대 입장을 공개적으로 밝힌 상태였습니다. 회의 참석자 중 복지부 대표인 저를 제외하고는 모두 찬성 입장이었습니다. 회의 분위기는 이미 통과가 기정사실화된 상태였고, 이를 반대하는 복지부는 약사의 이익을 대변하는 이익단체라고 비난받던 중이었습니다.

저는 그 자리에서 의약품 슈퍼 판매는 시기상조라고 주장했습니다. 당시에는 의약분업도 안 된 상태여서 의사와 약사의 경계가 모호했습니다. 그런 상황에서 의약품을 슈퍼에서 판매할 경우, 약사와 슈퍼 주인의 경계도 모호해져 결국 사회적 혼란을 가져올 수 있다고 주장했습니다. 게다가 전문가인 약사들의 숫자도 많이 증가한 상태였습니다. 그들의 전문 분야를 마련한 뒤에 이 문제를 다시 논의해야 한다고 주장했습니다. 국가가 면허를 줬다는 것은 배타적 권한을 준 것이므로, 그 직능의 고유 권한을 지켜주는 것이 사회 전체의 이익에 부합하는 것이라고 생각했기 때문입니다. 면허가 부여하는 고유한 업종을 지키지 못할 때 더 큰 문제가 생길 수 있다고 말했습니다. 한 시간가량 토론이 있은 후 결국 제 의견이 받아들여져 의약품 약국 외 판매 문제는 일단락되게 됩니다.

그러나 지난 11월 15일부터 실시된 필수의약품 편의점 판매는 좀 달리 봐야 합니다. 2000년 의약분업 실시로 약사 직능은 '약의 조제권'이라는 고유한 전문 분야가 뚜렷해졌습니다. 이미 약사의 확고한 전문 분야(약의 조제권)가 존재하고, '국민 불편 해소'라는 시대적 요청과 국민의 의식수준 향상 등 17년 전에 비해 시행 여건이 조성되어 가정상비의약품의 편의점 판매는 실시 가능한 정책이라고 생각합니다.

훗날의 일이지만 1999년 복지부를 나온 후 대구에서 양·한방이 함께 참여하는 '통합의료센터'를 만들 때, 서로를 인정하지 않으려고 했던 양방과 한방 양쪽이 제 의견에 공감하여 수용되었습니다. 과거 각종 분쟁을 해결하는 과정에서 이익집단의 편을 들지 않고 사회 전체의 입장에서 객관적 판단을 해왔다는 인식 때문이 아닌가 자위해 봅니다.

차관 후보

1996년 이성호 보건사회부 장관이 취임한 뒤, 제가 유력한 차관 후보로 총리실을 거치고 청와대까지 올라가게 되었습니다. 당시 국무총리 비서실장으로부터 곧 재가가 있을 것이라는 귀띔 전화까지 받은 상태였습니다. 하지만 하루 이틀 재가가 미루어지더니, 제가 아닌 다른 사람이 차관으로 발표가 났습니다. 얼마 후 업무보고차 청와대 당시 경제수석실을 방문하였을 때, 당시 경제수석이 저에게 "김 실장은 아직 나이가 있잖아"라고 말했던 기억이 납니다.

안경사협회 로비사건

1996년 8~9월경, 안경사협회(안경사협회장 김태옥)에서 안경사들에게 10만 원씩 걷어서 복지부에 뇌물을 주려고 한다는 소문이 있었습니다. 저는 이 소문을 듣자마자 이기호 차관에게 소문에 대해 보고했습니다. 당시 안경사 관련 업무는 의료정책과 김태섭 과장, 이동모 국장 소속으로, 저는 당시 기획관리실장으로 업무 라인상에는 있지 않았습니다. 추석을 앞둔 어느 날 집에 갔더니, TV 옆에 안경사협회로부터 등기 봉투가 하나 와 있었습니다. 추석을 잘 보내라는 카드인가 싶어서 열어 보니 상품권이 수십 장 있었습니다.

다음 날 아침 김태섭 과장에게 "실무 라인도 아닌 나에게 이런 봉투가 왔다. 다른 사람들에게도 이런 봉투가 갔을 수도 있으니 확인해서 돌려주고 영수증을 받아 오라"며 봉투를 돌려주게 했습니다. 조사해 보니 봉투는 여러 사람에게 보내진 상태였습니다. 전부 다 수거해서 돌려주고 영수증을 받았습니다.

1996년 10월, 제가 식품의약품안전본부장으로 간 뒤 얼마 후 '안경사협회 로비 사건'이 터졌고, 검찰 수사가 시작되었습니다. 안경사만이 안경테를 독점 판매할 수 있도록 관계 법령을 개정해 달라고 이성호 보건사회부 장관 부인에게 1억 원을 건넨 것이 밝혀졌습니다. 이로써 장관 부인이 구속되고 장관은 그만두게 됩니다. 불행 중 다행으로 안경사협회 사건과 관련해서 복지부 실무진은 한 사람도 다치지 않았습니다. 봉투를 다 수거해서 돌려보내고 영수증을 받아둔 것이 복지부 직원들을 보호했다고 나중에 검찰 수사관으로부터 들었습니다.

보건사회부 기획관리실장 ② _ 1997~1999년

저는 1996년 국정감사 직후인 10월 말 갑자기 기획관리실장에서 식품의약품안전본부장으로 자리를 옮기게 됐습니다. 식약본부장으로 옮긴 뒤 '본부'를 '청'으로 승격시키기 위해 동분서주했습니다. 식의약품 안전관리를 위해선 전문인력이 필요했고, 또 이들을 수용할 수 있는 보다 전문화된 체계가 필요했습니다. 그러기 위해선 한 부서의 소속기관인 본부보다는 독립적 성격을 띠는 '청'으로 승격할 필요가 있었습니다. 미국의 식의약청(FDA)을 모델로 했습니다.

1997년도 대선을 치르고 1998년 초 인수위에서 정부 조직개편 논의 때 이 부분이 받아들여져 식품의약품안전본부는 1998년 식약청으로 승격하게 됩니다.

새 정부의 식약청 초대청장이 누가 될 것인가가 관심사로 떠올랐습니다. 복지부와 식약청 내에서는 제가 당시 식품의약품안전본부장으로 재직하고 있었기 때문에 초대 식약청장이 될 것이라는 공감대가 있었습니다. 그러나 이번에도 차관급인 식약청장 자리는 저의 몫이 아니었습니다. 보직을 따로 받지 못해 쉬게 되는 상황이 되었고, 저는 복지부를 떠날 때가 됐다는 생각을 했습니다.

그러던 어느 날 밤 12시, 김대중 대통령 정부 초대 복지부 장관인 주양자 장관으로부터 기획관리실장으로 같이 일해 보자는 연락이 왔습니다. 정중히 사양했는데, 이튿날 또 전화를 주셨습니다. 결국 주양자 장관을 모시고 함께 일하기로 했습니다.

상당한 시간이 흐른 후, 저를 기획관리실장으로 다시 부르는 것에 대해 이런저런 반대의 소리가 많이 있었던 것을 알았습니다. 노태우 대통령 시절 의료보험통합법에 대한 기자들의 질문에, 당시 보사부 공보관으로서 "통합을 하면 근로자의 보험료가 2.8배 오른다"고 설명하여 결국 대통령의 거부권 행사까지 이르게 한 것이 통합반대론자로 비춰졌기 때문이었습니다. 1997년 대선에서 김대중 대통령은 의료보험 통합을 대선 공약으로 내세웠는데, 통합반대론자를 복지부 기획실장으로 쓸 수 없다는 이유였던 것 같습니다.

그러나 당시 주양자 장관이 청와대 사회복지수석과 민정수석에게 "통합하려면 의료보험과 조합에 대해 잘 아는 사람이 와야 한다"고 설득하여, 저를 다시 보건복지부 기획관리실장으로 부르게 됐다고 합니다. 정부 부처 사상 유례없는 두 번째 기획관리실장으로의 복귀 인사였습니다.

기획관리실장으로 복귀 후 첫 번째로 한 업무가 1998년 4월 김대중 대통령께 하는 복지부 첫 업무보고였습니다. '생산적 복지', '찾아가는 복지'를 업무보고서 첫머리에 등장시켰습니다. 이 두 가지 슬로건은 김대중 정부 시절 내내 복지정책의 주요 슬로건으로 사용하게 됩니다.

'소득 단일 기준 적용 못하는' 의료보험 통합 반대와 직권면직

1999년 봄, 백담사에 갔다가 봉정암을 지나 돌아오는 길에 복지부 인사 소식을 들었습니다. 차흥봉 장관, 이종윤 차관이 새로 취임했다는 소식이었습니다. 이후 본격적으로 의료보험 통합 논의가 시작되었습니다.

1999년 6월 15일 화요일, 간부회의에서 저는 '준비 안 된 의료보험 통합은 안 된다'는 요지로 격론을 벌였습니다. 보통 월요일 8시 30분에 간부회의를 했는데, 그날만 다른 업무 때문에 화요일로 연기되었습니다. 저는 "아무리 공약이어도 안 됩니다. 의료보험통합법에서 정한 소득 단일 보험료 부과 기준은 현실적으로 적용이 불가능하기 때문에 통합이 이루어질 수 없습니다"라고 강하게 주장했습니다.

공식 석상인 간부회의에서 기획관리실장인 제가 대통령 공약 사항에 대해 그렇게 주장했던 것은 나갈 각오가 되어 있기 때문에 가능했습니다. 저는 그 전날 해야 할 발언과 서류들을 미리 다 써놓았고, 회의 자리에서 통합이 안 되는 이유를 설명했습니다. 간부회의가 끝난 뒤, 소식을 들은 기자들이 제 방으로 몰려왔습니다. 서울신문 한종태 기자 등이 왔던 기억이 납니다.

당시 제가 명예퇴직을 하고 사회복지위원회 상근부회장으로 가면 명예퇴직금으로 8,300만 원을 주겠다는 제안이 직·간접으로 있었던 것이 기억납니다. 하지만 저는 그런 제안을 수용하지 않고 그냥 나왔습니다. 당시 가족들도 모르던 사항이었기 때문에 다음 날 조간신문에 대문짝만 하게 실리게 되면 가족들이 걱정을 꽤 하겠구나 하고 생각하면서 집으로 갔습니다. 그런데 공교롭게도 그날 저녁 제1차 연평해전이 일어나 제 사건은 박스기사로 비교적 작게 실리게 됩니다. 의료보험 통합 전 과정에 대해서는 별도로 얘기할 기회가 있으리라고 봅니다.

학계에 몸담은 기간 _ 1999~2011년

1999년 6월 19일 공식적으로 사임(직권면직)하고 2011년 11월 14일까지는 대구에서 교수로 재직했습니다. 1999년 7월 초, 1980년 양·한방 통합 반대 당시 인연이 있었던 대구경산대 변정환 재단이사장이 외국에서 입국하면서 전화를 걸어왔습니다. 변 이사장(그 후 대구한의대 총장 역임)과 저녁을 먹기 위해 만났는데, 제 사임에 대해 아예 모르고 있었습니다. 변 이사장과의 인연으로 대구경산대(현 대구한의대)에 겸임교수로 가게 됩니다.

이후 저는 경산대 교수, 계명대 교수, 대구한의대 교수, 대구가톨릭대 의과대학 겸임교수 등 학계에 몸담으면서 건강보험제도를 가르치고 연구하며 외부에서 객관적인 시각으로 건강보험제도 전반을 바라볼 수 있게 되었습니다.

국민건강보험공단 이사장 _ 2011~

부과체계를 통합하는 것이 '통합의 완성'이다

2011년에 건강보험공단 이사장 후보로 추천되었습니다. 후보가 몇 사람 있었지만, 정부 측에서는 경험 가진 전문가가 필요하다는 판단을 한 것 같습니다. 1977년 의료보험 도입 때 의료보험 관리과장, 1987년 의료보험 전 국민 확대 때 의료보험 국장을 했던 경험이 고려가 됐나 봅니다. 저출산·고령화로 보험료 수입은 줄어드는 데 비해 의료비가 급증하여 건강보험의 지속가능성이 문제가 되고 있는데, 이를 해결하라는 뜻으로 받아들이고 이사장직을 맡았습니다.

저는 건강보험 산파에서 해결사가 되겠다는 각오로 돌아왔고, 35년 동안 바뀌지 않은 건강보험 시스템을 미래지향적으로 바꾸겠다는 목표로 1월 '국민건강보험공단 쇄신위원회'를 구성했습니다. '쇄신위원회'는 제가 직접 챙기면서 건강보험제도 실무에 밝은 공단 임직원, 노동조합 대표 등을 포함한 운영위원과 외부전문가 등이 참여했습니다. 6개월간 총 95차례의 논의와 32차례의 실적보고회를 가진 뒤 지난 8월 보험자 최초로 '실천적 건강복지 플랜'을 마련해서 정부와 국회에 건의하여 현재 공론화되고 있는 상태입니다.

재산과 자동차와 가족구성원에 보험료를 부과하는 지금의 체계는 소득파악률이 10%가 채 되지 않았던 25년 전인 1987년에 고육지책으로 제가 만든 부과체계입니다. 그런데 소득 자료 확보율이 80%나 되는 지금까지 그 부과체계를 쓰고 있습니다. 이로 인한 보험료 관련 민원이 한 해 1억 2천만 건 이상 발생하고 있습니다. 하루빨리 바꾸어야 합니다.

통합은 됐으나 통합이 아닌 상태입니다. 조직이 통합됐고, 재정은 통합됐지만, 부과체계는 통합하지 못한 상태입니다. 부과체계를 통합하는 것이 '통합의 완성'입니다. 새 정부 출범 이후 소득 중심 단일 보험료로 부과체계가 개편되어 지속가능한 건강보험과 보장성 확대의 기반이 마련되기를 바랍니다.